한겨레 창간과 언론민주화

나남출판

■ 저자소개

고 승 우

고려대학교 대학원 사회학과 석사 및 박사
합동통신(연합뉴스 전신) 기자
《말》지 편집장
한겨레신문 창간 멤버, 민권사회부장, 심의실 부국장 역임
국정홍보처 분석국장
80년 해직언론인 협의회 공동대표
현재 한성대학교 겸임교수

■ 주요 저서
《5·6공 언론비판서》, 《기자 똑바로 해야지》, 《언론유감》, 《TV
와 인터넷에서 우리 아이 지키기》, 《논리로 떠나는 통일여행》,
《반핵과 미술》, 《분단을 넘어 통일을 향해》 등

나남신서 1002

한겨레 창간과 언론민주화

2004년 11월 15일 발행
2004년 11월 15일 1쇄

저 자 고 승 우
발행자 趙相浩
편 집 최 승 진
디자인 이 필 숙
발행처 (주)나남출판
주 소 413-756
      경기도 파주시 교하읍 출판도시 518-4
전 화 (031) 955-4600 (代), FAX : (031) 955-4555
등 록 제 1-71호(79.5.12)
홈페이지 http://www.nanam.net
전자우편 post@nanam.net

ISBN 89-300-8002-2
ISBN 89-300-8000-4 (세트)
• 책값은 뒷표지에 있습니다.

나남신서 · 1002

한겨레 창간과 언론민주화

고 승 우

NANAM
나남출판

서 문

 우리나라에서 언론의 위상은 계속 변해왔다. 권위주의 정부 시절 언론은 권력에 예속된 존재였으나 민주화가 진전되면서 강력한 자율적 실체로 군림하고 있다. 권력으로부터 유무형의 간섭과 압박에 시달리던 언론은 시민사회의 줄기찬 민주화 투쟁으로 넓어진 민주화 공간 속에서 그 영향력 또한 막강해졌다. 언론의 사회적 책임론이 강력히 대두되는 것도 그러한 이유 때문이다.

 한겨레신문이 출현한 후 시대상황은 변화를 거듭하고 있다. 언론은 더 이상 정치권력의 통제대상이 아니고 정치권력보다 더 강력한 힘을 가진 것으로 일컬어진다. 정치권력과 언론의 힘의 관계가 역전된 상황이다. 이처럼 힘의 우열이 뒤바뀐 것은 바로 우리 사회의 정치적 자유, 민주화가 진전된 것을 의미한다. 한겨레신문은 정치권력의 영향력이 상대적으로 약화되는 과정에서 민주화를 촉진하고, 부패한 언론에 소금과 같은 역할을 했다.

 참여정부가 지닌 의미는 각별하다. 이 정부는, 일부 언론이 1997년 대선에 이어 언론의 영역을 벗어나면서까지 특정인을 대통령으로 만들기 위해 노력했으나 좌절한 결과물의 성격을 지니고 있기 때문이다. 일부 언론과 이 사회의 여론 주도층은 대통령 선거라는 정치적 선택과정에서 소수자로 전락했다. 주류 언론매체들이 표방한 정치적 지향이 다수를 지배하지 못하는 한계 속에서 한겨레신문은 어떤 역할을 했는가. 반세기만의 평화적 정권교체와 정권 재창출의 정치적 흐름 속에 남겨진 한겨레신문의 발자취는 매우 컸다. 이 신문이 태생적으로 부여받은 역사적 소명은 민주화와 통일을 위한 언론으로 압축된다. 이 신문의 상징이기도 한 그와 같은 책무는 이 신문이 벗어날 수 없는, 벗어나서도 안 되는 고래 심줄같이 질긴 것이다. 이 신문이 지금껏 그 역할의 영역에서 결코 벗어난 적이 없듯이 앞으로도 그래야 할 것이라는 기대감은 아무리 강조해도 지나치지 않다.

이 책을 한겨레신문의 탄생과 그 성장에 기여한 모든 분에게 바친다. 또한 이 나라의 민주화에 몸을 던졌던 모든 이들에게 드린다. 특히 이 시대의 마지막 선비로 불리신 송건호 선생님께 깊은 존경의 마음으로 이 책을 올린다.

어느 사회나 조직에 몸을 담고 있으면 그 사회나 조직에 대해 객관적으로 판단하기 어렵다. 현장에서 벗어난 몸이 되었을 때 과거의 현장이 더 잘 보이게 된다. 중국 속담에 흐르는 물의 속도를 알려면 일단 물에서 벗어나야 한다는 말이 있다. 한겨레신문을 등지고 떠난 뒤 2년이 다 된 시점에 이 신문의 창간과정을 학문적 입장에서 정리해야겠다는 생각이 들었다. 창간 십여 년이 지난 시점에서 창간 때의 많은 것들이 더 잊혀지기 전에 그것들을 한데 모아 적절히 가려내 정리해야 한다는 욕심은 더 커졌다. 그래서 고려대학교 대학원에서 임희섭 선생님의 가르침을 통해 학문적 틀 속에서 그 작업을 시작했다.

크고 작은 사실들을 모아 교통정리를 하면서 한겨레신문의 궤적이 한눈에 들어오게 되었고 백지 위에 그림이 그려지게 되었다. 그러나 그 궤적의 탐색은 창간과정에 국한하기로 하고, 그 이후의 과정은 백지상태로 남기기로 하며 작업을 마치게 되었다. 이 책은 필자의 박사학위 논문을 일부분 덧붙이고 고친 것이다. 학위논문의 특성상 격하게 잘라내고, 최대한 축약하는 과정에서 햇빛을 보지 못했던 내용들이 첨가되고, 이론적 분석틀 속에 포함된 내용 일부는 드러냈다. 그리고 분석기간도 창간 이후 3년으로 늘려 잡았다. 그러나 이것들은 전체 내용 가운데 큰 줄기는 되지 못하고 곁가지 정도의 중요성에 그친다. 창간과정에서 행한 대 국민적 약속의 부분이 무엇보다 중요하기 때문이다. 이와 같은 필요성의 연장선상에서 이 신문의 창간과정 당시 큰 힘으로 도와주신 창간발의자, 창간발기인의 명단과 관련문건 및 창간 당시 이 신문의 임직원 명단과 윤리강령 등을 실었다. 창간과정에 직·간접적으로 도운 인사들은 창간 이후 이 신문의 종사자와 함께 언론사에 기록될 충분한 역사적 근거를 갖춘 분들로 존경의 대상이 되어야 한다.

한겨레신문이 세계에서 유례가 없는 탄생의 과정을 거치고 오늘날에도 건전한 언론매체로 왕성한 역할을 하는 것은 정말 우리를 행복하게 한다. 이 신문이 앞으로 더 성장해서 국내외적으로 큰 신문으로 발전하기를 비는 마음 간절하다. 이 신문은 지금까지 성공적으로 성장을 지속했다고 생각한다. 정치·사회적으로 엄청난 역할을 했을 뿐 아니라, 언론매체로서 전체 언론에 미친 영향도 지대했다. 그러나 이 사회가 아직 여러 부문에서 미흡하고 아쉬운 곳이 많듯이 이 신문도 앞으로 해야 할 역할과 의무가 만만치 않다. 가야 할 길이 멀다해도

자신의 출발점에서 지녔던 초심을 기억하고, 그 자세를 올바로 지켜
간다면 크게 위태로울 것은 없다. 한겨레신문의 창간과정을 정리한
것도 바로 이 신문의 출발점이 무엇이었던가를 다시 한번 확인하자는
데 있다.

오늘날 우리 사회는 정치적 민주화가 급속히 진행되는 상황이고,
남북교류 또한 질과 양적인 면에서 큰 진전을 보이고 있다. 이는 민
주 선진사회를 현실화하고 있으며, 또한 민족의 숙원인 통일달성의
그날이 점차 다가오고 있다는 것을 의미한다. 이런 역사적 격동기 속
에서 언론의 역할은 그 무엇보다 중요하다. 언론이 언론답게 언론을
한다면, 우리 사회가 지불해야 할 민주화와 통일의 비용을 크게 절감
할 수 있을 것이다. 그 역할을 한겨레신문이 할 수 있기를 기대한다.
그것은 이 신문의 역사적 책무라 할 수도 있겠다. 물론 이 신문이 그
런 역할을 충실히 수행할 것을 확신한다. 그 과정에서 이 책이 작은
보탬이 되었으면 하는 마음 간절하다. 이 책의 완성도를 높이기 위해
'미디어 오늘'의 현이섭 사장이 한겨레신문 창간과정에 대해, '민주언
론운동시민연합' 최민희 사무총장이 1980년대 언론민주화운동에 대해
소중한 도움을 주신 것은 매우 뜻깊은 일이었다. 끝으로, 어려운 출
판시장을 무릅쓰고 이 책을 출판하도록 도와주신 나남출판의 조상호
사장과 편집진에게 깊은 감사를 드린다.

2004년 8월

고 승 우

나남신서 · 1002

한겨레 창간과 언론민주화

· 차 례 ·

제1장
서 론

1. 글머리에

한겨레신문 창간은 1987년 6월 항쟁 후 시도되어 다음 해인 1988년 5월 그 결실을 맺었다. 새 신문의 창간운동은 제5공화국의 철권통치에 대한 시민사회의 저항운동이 직선제를 관철하고, 그에 따른 민주화 공간의 확대 속에서 진행되었다.

그러나 대통령 선거를 통해 군인출신 후보가 당선됨으로써 합법적인 군부통치 연장의 길이 열렸지만 제한적이나마 민주화 조치가 여러 부문에서 진행되었다. 대통령 선거에서 민주후보가 당선되지 못하고 군부통치 연장에 합법성을 부여한 것에 대한 시민사회의 상실감이 한겨레신문 창간에 사회적 호응을 더 가속화한 측면도 있었다.

이 신문 창간직후 제한적 민주화 공간의 확대, 언론사 창간과 복간 러시라는 언론시장 변화와 함께 동구권 붕괴 등의 큰 변화가 진행되어 창간 이전과 크게 다른 환경 속에서 생존전략을 수립해야 했다. 이처럼 한겨레신문 창간은 전체 사회의 변동 속에서 많은 변인들이 복합적으로 작용한 특성을 지닌다.

　이와 같은 특이한 탄생과정을 겪은 탓인지 한겨레신문의 정체성을 일컫는 말은 여러 가지가 있다. 때로 그것들은 서로 부딪치는 의미를 담고 있다. 그 가운데 몇 가지를 예로 들어보면, 이 신문을 '6월 항쟁의 유일한 성과물'이라고 하는가 하면 '해직기자의 신문'이라고도 한다. 그리고 '국민주주 신문'이라고 하면서, 한편에서는 '주인 없는 신문'이라고 말한다. 이 신문의 물적 토대를 두고 하는 표현 가운데는 '국민이 투자한 신문'이라고 하는가 하면 '국민이 해직기자의 언론운동에 성금을 보내준 것'이라는 해석도 있다.

　이처럼 한겨레신문이라는 하나의 조직체에 내려지는 다양한 정의가 시민사회와 언론민주화운동세력 등에게 미치는 영향은 간단치 않다. 그와 같은 정체성 혼란은 창간의 기쁨과 희열이 지난 다음 한겨레신문 내부에서 편집전략이나 생존에 필요한 경영전략을 놓고 갈등을 야기한 측면도 있다. 더욱이 창간 후 필연적 세대교체가 이뤄지면서 해직기자와 비해직기자, 그리고 창간 당시 구성원과 최근의 신입사원 간에 이 신문의 정의에 대한 견해차가 더 커질 우려도 있다. [1]

---

1) 2003년 한겨레신문은 사원 퇴직금의 투자전환을 통한 자구책을 사원들의 합의와 주총에서의 추인으로 확정했다. 이로써 1980년대 사회운동의 성공적 결과물로 평가되는 이 신문은 그 창간과정을 통해 공개리에 약속한 '국민주주 신문'의 형태에서 벗어나 '사원지주제'의 형태로 변화할 토대를 갖추었다. 이와 같은 주식 소유 및 물적 토대의 변화가 이 신문의 정체성에 어떤 변화를 초래할지 지켜볼 일이다. 또한 이 신문은 같은 해 이 신문의 상징성을 지닌 대표이사와 편집국장이 모두 비해직기자로 선임됨으로써 그 이전의 해직기자 출신이 두 자리 모두에 선임되거나 한 자리에 선임되었던 것과 대조를 이뤘다. 창간 후 15년 만에 나타난 이와 같은 변화는 언론환경의 변화와 내부 구성원의 세대교체에 따라 불가피한 측면이 있는 것으로 보인다. 그러한 변화가 창간 당시 국내외적 주목의 대상이었던 이 신문의 발전적 변화로 연결되도록 국민적 관심과 협조가 있어야 할 것이다. 이와 같은 변화를 현이섭(미디어 오늘 사장)은 "한겨레신문이 바야흐로 제 2기로 접어든 것"이라고 평가했다.

세계적으로 유일한 탄생과정을 거친 이 신문에 대한 인식차이가 방치될 경우 앞으로 세월이 흐를수록 비생산적 결과를 가져올 가능성이 크다. 사회운동이 진행되면서 그 결과단계에서는 운동과정에서의 이념과 지향성을 수정하거나 변질시키는 경우도 없지 않다. 그렇다 해도 이 신문의 창간이념을 보전할 책임은 창간 당시 창간을 적극 지지한 시민사회와 언론운동세력 공동의 것이며, 먼 미래에도 그와 같은 취지가 온존될 수 있는 제도적 장치를 수립해야 하는 시민사회의 노력이 생략되어서는 안 된다.

한겨레신문 창간 후 십여 년이 지난 뒤 그 창간과정에 대한 분석을 시도하는 것은 이 신문의 탄생과정이 어떤 것이며, 그 생존전략에 어떤 자원의 확보와 동원이 필요했던가를 점검하는 데 그 목적이 있다. 이 신문이 지닌 독창성과 개혁성에 대한 과학적 점검은 6월 항쟁이라는 거대한 사회적 변동 속에서 탄생했다는 역사성에서 출발해야 한다고 생각한다. 시민사회 민주화운동의 적극적 지지 속에 진행된 언론민주화운동이 한겨레신문 창간을 시도하면서 시민사회에 행한 다양한 다짐을 확인하기 위해 창간과정 전체를 정밀 점검하는 작업이 필요하다. 그 다짐 때문에 권위주의 정권 아래 수만 명의 국민주주들이 상상하기 어려웠던 거금을 창간기금으로 모아주었기 때문이다.

세계인의 주시 속에 한국 시민사회의 자랑스러운 저력을 확인시킨 한겨레신문의 빛나는 창간이념을 영속시키기 위한 사회적 노력은 창간과정에서 전개된 사회운동, 언론민주화운동의 이념과 순수성을 정확하게 되돌아보고 확인하는 것에서 출발해야 한다고 생각한다. 이 책은 한겨레신문의 창간이 단순히 언론민주화운동의 결과물일 뿐만 아니라 1980년대 후반 우리 시민사회의 민주화 투쟁의 결과물이라는 좀더 광범위한 역사성을 지니는 것을 확인하려고 한다. 이와 같은 확인작업을 통해 한겨레신문이 창간과정에서 제시했던 개혁적이고 혁신적인 언론상이 무엇인가를 되짚어보고, 언론민주화운동 주체들이 그와 같은 언론상을 보전하기 위해 제시했던 편집과 광고·판매전략 등을 재확인하고자 한다. 이러한 과거성찰 과정을 통해 한겨레신문의 생존전략을 위해 어떤 자원이 동원되어야 했는지가 명확히 드러날 것이며, 그것은 오늘날의 한겨레신문 생존전략의 수립, 집행에도 여전히 도움이 되리라고 생각한다. 이와 같은 과거성찰 작업은 이 신문 창간과정을 추적함으로써 가능하다고 보고 이 책의 영역도 창간과정에 집중되었다.

신문은 보도라는 공적 기능과 생존을 위한 영리추구라는 경영전략의 복합체라는 특성을 지니고 있어서 편집전략과 신문사 생존자원의 확보를 위한 광고·편집전략의 상호보완성이 절대적으로 중요하다. 권위주의 정치체제와 독점자본주의 경제구조 속에서 세계적 독창성을 인정받은 대안언론 한겨레신문이 창간과정에서 약속한 혁신적 언론상을 유지할 수 있는 보전전략이 제대로 수립되었으며, 실제 정체성 위기 등으로 야기되었던 주요한 생존전략 과정에서의 갈등사례는 무엇인가? 그리고 혹시 그것은 십여 년이 지난 오늘날 이 신문의 경영전략에 어떤 시사점을 줄 수 있을 것인가? 이와 같은 한겨레신문 창간과정에 대한 분석은 향후 한겨레가 지속적 생명력을 유지하면서 한국의 대표적 언론으로 자리매김하기 위한 방향모색과 방법론 탐색에 도움이 될 것으로 생각한다.

2. 연구주제, 그 범위 및 연구방법

1) 연구주제

권위주의 정부체제에서 언론의 사회적 의미는 왜곡되고, 언론조직은 정치권력과 상업적 이윤을 추구하는 세력과의 직·간접적 관계를

맺어 권언유착(權言癒着) 또는 경언(經言)유착 관계가 형성·강화된
다. 그와 같은 상황에서는 자유로운 정보유통이 억제되고 수용자의
정보획득권이 제한된다. 이 경우 정보전달자와 수용자의 관계는 일방
적이며 언론조직은 영리를 보장받거나 적극적으로 추구할 수 있는 독
과점적 기회를 획득하게 된다. 권력과 언론의 결탁현상 속에서는 자
유로운 정보유통을 주장하는 사회운동 또는 언론민주화운동이 출현
하게 되고 이는 심각한 사회적 갈등양상으로 전개되는 경우가 많다.

한겨레신문 창간 당시 국가와 언론과의 관계는 권위주의 국가에 의
한 언론자유통제로 나타났고, 그 과정에서 권력과 언론의 관계는 기
능적 보완관계를 유지하거나 때로는 경제적 이해 등을 둘러싼 상호갈
등관계로 나타났다. 권력이 체제순응적 언론에 제공한 반대급부 성
격의 각종 법률, 행정적 특혜는 궁극적으로 언론의 상업주의를 심화
시켰으며, 기업적 언론의 상업주의가 권력의 요구에 순응하는 대가
로 보장받은 경제적 이익은 언론사간 카르텔 형성과 그 유지, 주간·
월간지 발행을 통한 이윤창출 등의 현상이 대표적이다.

그러나 6월 항쟁으로 인한 정치적 자유화 조치와 동구권의 변화 등
은 대안언론의 창간운동과 그 조직화, 그리고 동원화 과정에 결정적
으로 기여했다. 새 신문 창간 당시의 시장은 전통적 언론매체에 광고
라는 당근을 주며 언론을 상업주의에 예속시켰고, 언론사 수입의 대
부분을 광고주가 제공하는 상황에서 언론은 광고주의 기업이익 증대
에 봉사하는 상업주의 언론으로 전락했다. 시민사회는 민주화운동
등을 추진했지만 권력에 예속된 언론은 이를 외면하거나 왜곡 보도했
다. 그와 같은 상황에서 시민사회의 민주화운동이 더 거세졌고, 상업
주의 언론에 반발한 언론민주화운동이 발생했다. 시민사회는 민주화
운동의 담론을 지원할 언론매체가 절실했으며, 그것은 결국 정치적
민주화운동과정에서 언론민주화운동 또는 대안언론운동이 역동성을
획득하는 계기가 되었다.

한겨레신문 창간운동의 전개과정은 ① 창간운동의 조직화, ② 창간을 위한 인적·물적 자원 동원화, ③ 창간결과로서의 제도화, ④ 창간의 정치·사회·문화적 파급효과와 영향 등으로 나누어 설명할 수 있다.

우선 창간운동의 출현과 그 조직화가 이뤄진 과정은 창간운동 주체세력의 창간운동 선언과 그 실천을 위한 단계적 조처, 그리고 새 신문 편집관련 조직체제 형성 등으로 구분된다. 자원동원 과정은 창간기금 모금과 내부노동력 충원을 위한 인력동원 등이 포함되는데, 창간기금 모금은 새 신문의 소식지나 발의자 또는 기존 일간지 등을 통한 선전, 홍보와 지역주주 조직들의 모금운동, 기존 일간지를 통한 모금광고 등이 주요한 역할을 한 것으로 나타났다. 창간운동의 결과는 합법적 대중매체로 이행키 위한 제도화 추진으로 나타났고, 또한 이념, 편집, 인적 구성, 경영 등에서 다른 매체와의 차별성을 드러냈다. 한겨레신문 창간은 당시 권위주의 정치체제를 중심으로 형성된 정치, 경제, 사회와 언론계의 비민주적 성향에 직·간접적 영향을 미쳤다. 권위주의 정부는 새 신문 창간 등으로 대변된 시민사회의 민주화 요구에 따라 제한적 민주화 조치를 취했으며, 그 일환으로 언론사의 창간, 복간이 활발해졌고, 이는 기존 언론에 영향을 미쳤다.

한겨레신문 창간운동은 제5공화국의 권위주의 통치에 대한 시민사회의 저항운동으로 인한 직선제 관철과 그에 따른 민주화 공간의 확대 속에서 진행되었다. 한겨레신문 창간은 1987년 6월 항쟁 후 시도되어 다음 해인 1988년 5월 그 결실을 맺었고, 한겨레신문은 대안언론 또는 제도권 언론의 하나로 자리매김되었다. 이와 같은 과정은 전체 사회의 변동 속에서 많은 변인들이 복합적으로 작용한 특성을 함축하고 있다. 새 신문의 창간이 신문창간 직후 제한적 민주화 공간의 확대, 언론사 창간과 복간러시라는 언론시장 변화와 함께 동구권 붕괴 등의 큰 변화가 진행되었다.

한겨레신문 창간과정에 대한 분석을 시도하는 목적은 이 신문의 탄생과정이 한국사회에서 중요한 정치·사회적 의미를 지닌 사회운동의 하나라는 것을 설명하려는 데 있다. 이 책은 한겨레신문이 지닌 다음과 같은 사회적 의미를 규명하고자 한다.

첫째, 이 신문의 창간은 정치적 민주화운동의 일환으로 또는 그 중요한 수단의 하나로 추진되었다.

둘째, 이 신문 창간운동은 언론 자체의 민주화, 즉 언론민주화운동의 성격도 지니고 있다.

셋째, 상업주의적 언론과 구별되는 시민 또는 국민주주 신문으로서 창간되어야 했던 당위성, 즉 대안언론운동의 성격을 띠고 있다.

넷째, 새 신문 창간운동은 기존 언론이 지닌 보수적 성향을 개혁·진보적 성향으로 탈바꿈시키고자 한 시민운동의 방향성이 주요 추동력으로 작용했다.

이상에서와 같이 이 책은 한겨레신문의 창간이 1980년대 후반 우리 시민사회의 민주화투쟁의 결과물이면서 동시에 언론민주화운동의 성과물이라는 복합적 역사성을 지니는 것을 확인하는 데 그 목적이 있다.

2) 연구의 범위 및 연구방법

이 책의 연구범위는 한겨레신문 창간배경과 창간과정, 그리고 창간 후 3년 이내의 주요 사항에 대한 것으로 국한한다. 그리고 그와 같은 연구를 통해 창간과정에서 창간주체들이 어떤 신문을 어떻게 만들겠다고 시민사회와 약속했는지를 추적하고, 창간 이후 창간 이전의 약속을 지키기 위한 생존전략을 수립하기 위해 어떤 자원을 동원해야 했는지, 현실적으로 어떤 내부갈등이 발생했는지를 고찰했다. 이는 오늘날 이 신문이 창간이념을 유지하기 위한 전략수립이나 수정에서 가장 중요시해야 할 사항이 바로 창간과정에서 행한 사회적 약속이라는 점을 강조하는 것도 의의가 있다고 생각하기 때문이다. 이 신문의 존립을 위해 다양한 전략수립이 가능하고 때로는 창간 당시의 사회적 약속을 수정하는 경우가 발생할 수도 있겠으나, 이러한 상황에서는 창간과정에서 창간을 위해 노력한 시민사회와 언론민주운동 주체들의 약속과 어떤 관련이 있는지를 먼저 살피는 것이 필요하고, 그럴 경우 이 책의 효용성이 입증될 수 있다고 믿는다.

새 신문 창간배경은 권위주의 통치 속에서의 정치·경제적 상황과 기존 언론에 의해 조성된 불평등한 정보자원의 생성과 배분에 대한 갈등의 심화와 언론민주화운동, 6월 항쟁으로 조성된 민주화 진전 등이다. 그리고 창간과정은 시민사회와 한겨레신문 창간기금 모금이 사회민주화 행동으로서 어떻게 설명될 수 있는지를 살피고 이어 창간 조직화 과정, 새 신문의 편집전략과 기자들의 지향성, 창간기금 모금 등 자원동원 과정, 창간 이후 제도권 언론으로 진입해 정착하는 과정과 그 영향 등을 점검한다.

연구기간은 이 신문의 창간운동의 배경이 된 제 5, 6 공화국 시민사회의 민주화운동 및 언론운동 발생상황과 창간작업이 완료되어 제도권 언론으로 정착하기까지로 국한하였다.

이상에서와 같이 대안언론 성격의 한겨레신문 창간과정에 대한 연구를 주제로 삼은 이 책은 아래와 같은 연구과제와 범위를 설정했다.

첫째, 한겨레신문이라는 독특한 신문의 창간운동이 한국사회에서 발생하게 된 사회구조적 배경을 규명코자 한다.

둘째, 한겨레신문 창간운동의 추진이 가능했던 정치과정의 특성을 밝히고자 한다.

셋째, 한겨레신문 창간운동의 전개과정을 자원동원론 과정에서 고찰코자 한다. 그와 같은 고찰을 통해 운동의 추진세력, 운동의 추진을 담당했던 조직, 이념, 물질적 자원의 동원, 인적 자원의 동원과정을 설명할 수 있을 것이다.

넷째, 한겨레신문 창간결과 및 그로 인한 제반 파급효과 등을 연구
코자 한다. 그렇게 함으로써 제도권 신문사 창간, 신문사의 조직과
이념 및 윤리강령의 성격과 함께 이 신문 창간의 역사적 의미와 그
정치적 및 언론문화에 미친 영향 등을 설명코자 한다.

한편, 한겨레신문 창간과정에 대한 연구는 이 신문의 창간이 사회
운동, 언론민주화운동의 결과에 대한 것으로 역사사례분석의 성격을
지닌다. 그러나 한겨레신문 창간과정 등에 대한 본격적 연구사례가
없다는 한계에도 불구하고 그 분석과정에서 1차 자료와 2차 자료를
사용코자 한다. 1차 자료는 창간과정에서 나온 기금모금을 위한 발의
자 성명이나 소식지, 사회 유력인사 지지선언 등이고, 2차 자료는 관
련 연구논문, 신문, 잡지 등이다.

제 2 장
이론적 논의

1. 관련 이론 고찰

1) 권위주의 체제하의 언론의 성격

언론과 국가의 이상적 관계는 언론이 기득권을 가진 지배집단과 변화를 추진하는 피지배집단 사이에서 독립적 위상을 유지하는 것이다.[1] 즉, 지배집단에 의존하거나 종속되는 것을 피하고, 피지배집단에 경도되지 않은 상태에서 정보의 창출과 전달에서 공정한 입장을 취하는 것이다.[2] 여기에서 국가는 인간이 가진 최고의 이성적 능력

---

[1] 매스미디어에 대한 정치적 통제에 초점을 맞춰 시도한 언론체제의 유형화는 F. Siebert와 T. Peterson 등이 시도한 언론의 4가지 이론이 가장 일반화된 것으로 보인다. 이들은 역사적인 제도의 변동과정에 관련해 언론체제에 대한 모델을 권위주의적 이론, 자유주의적 이론, 사회적 책임론, 공산주의 이론 등으로 나누었다.

[2] 계도성을 목표로 하는 언론은 객관적 보도보다 특정의 신념 또는 계획이나 목표를 위해 보도와 선전행위를 병행하는 경우가 많다. 언론의 사회적 책임은 특정개인이나 특정집단, 특정가치의 지향목표나 대상이 아니라 공익을 지향하는 것이 가장 바람직하다(유일상, 1987, 86~88).

에 의해 결성된 존재로서, 언론의 사회적 위치를 올바르게 확보해 주기 위해 국가권력을 합리적으로 활용해야 한다. 실제 언론은 권력과 자본에 의존하는 바가 크기 때문에 이들의 지향성에 의해 큰 영향을 받는다. 지배세력이 언론의 자율성과 시민사회의 삶의 본질적 향상을 도모하는 경우와 공식언론매체의 사회적 역할이 훼손되면서 대안언론이 등장하면서 저항세력이 비대해지는 경우가 가져오는 사회적 생산성은 큰 차이가 있다(유일상, 1988, 24~25).

자유민주주의 사회에서는 언론이 정부의 조정을 받거나 통제하에 있다는 징조만 있어도 언론을 비판하고 언론의 자유를 국민의 자유로 인식하면서 적극적으로 수호하려는 움직임을 보이게 된다.3) 이러한 상황에서 대안언론이 출현하고, 저항적 언론문화운동이 전개될 가능성이 높아진다.

권위주의 국가에서 언론의 사회적 의미에 대한 왜곡과 언론의 제도적 변형현상이 발생한다. 언론조직은 정치권력과 상업적 이윤을 추구하는 세력과 직·간접적 관계를 맺어 거대한 수용자 집단을 정보 전달과정에서 불이익을 당하는 수동적 객체로 전락시킨다. 이와 같은 언론과 권력, 그리고 자본과의 결합은 지배계급의 기득권을 방어하기 위해 권언(權言)유착 또는 경언(經言)유착 관계를 형성하거나 강화해 자유로운 정보유통을 억제하고 수용자의 정보획득권을 제한한다. 이 경우 정보 전달자와 수용자의 관계는 일방적이 되고, 언론조직은 영리를 보장받거나 적극적으로 추구할 수 있는 기회를 획득하게 된다.

정치권력의 정통성이 없는 독재정권의 언론에 대한 물리적 제재에 대해 뮬러는 왜곡된 커뮤니케이션의 유형으로 규정하고 그것을 다음

---

3) 오늘날 서구 등의 매스미디어 산업에서는 여러 매체를 한 자본이나 개인이 소유하는 소유집중이 일어남으로써 그 통제가 커뮤니케이션 체계의 위에서 아래로 내려오는 형식을 취하고 있다. 이는 커뮤니케이션 시스템을 형성하면서 영향을 미치는 모든 요인들 가운데 가장 강력한 것이다.

과 같이 분류했다(이강수, 1999, 96~105). 강제·지시적 커뮤니케이
션은 정부가 매스미디어와 교육제도에 공개적으로 개입해 언어나 커
뮤니케이션 내용을 규제하려고 하는 정부의 정책으로 발생하는 형태
로 그것은 왜곡된 커뮤니케이션의 전형으로 일컬어진다. 억제적 커
뮤니케이션은 자신들의 이익을 우선하기 위해 사적 집단이나 정부기
관이 공공 커뮤니케이션에 손을 대거나 제한을 가했을 때의 커뮤니케
이션을 말한다. 정치권력은 그들 체제에의 동조 또는 체제유지를 위
해 억제적 커뮤니케이션을 이용하는데, 그와 같은 방법은 국민에게
필요한 정보를 제공하지 않거나 제공한다 해도 국민들이 그것을 제대
로 이해할 수 없도록 합리화시킨다. 제약적 커뮤니케이션은 개인이
나 집단이 정치적 커뮤니케이션에 관계하는 능력이 제약된 경우의 커
뮤니케이션을 말하는데, 이는 계급적 이해관계를 표명할 능력이 없
을 경우 나타나는 왜곡된 커뮤니케이션을 말한다.

  권위주의 정부일 경우 언론은 권력에 종속된 상태가 되고 언론이
그와 같은 상황에 안주하느냐, 저항하느냐에 따라 그 결과는 다르게
나타난다. 언론이 권언유착의 상태에서 안주할 경우 독과점적 이익
을 보호받기 위해 법률적으로 신규언론의 등장을 억제하는 방식, 언
론사 경영에 대한 세제혜택 등의 반대급부가 뒤따르는 경우가 많다.
언론기관뿐 아니라 언론인에 대해서도 권력쪽에서의 혜택이 주어져
언론인을 샐러리맨으로 전락시키기도 한다. 이런 경우로는 한국의 제
5공화국이 대표적인데, 당시 언론은 권력의 나팔수 역할만을 담당한
다는 점에서 제도언론으로 불리기도 했다. 이런 상황에서의 언론문
화는 약자에 강하고 강자에 약한 부정적 이미지를 벗어나지 못한다.
그러나 권위주의적 정권하에서의 언론이라 해도 부당한 권력의 간섭
에 저항하는 미디어가 존재하는데, 이 경우 언론과 권력관계는 첨예
한 갈등관계로 규정된다. 그와 같은 상황에서 권위주의 정권이 언론
기관이나 언론인에게 많은 제재를 가하게 되는 경우가 많으며, 그 결

과는 해당 언론기관이 굴복하거나 그렇지 않으면 언론사가 문을 닫는 쪽으로 진전되기도 한다. 4)

2) 시장경제하 언론의 성격

자본주의 사회에서 행해진 매스미디어의 연구는 크게 두 가지 관점으로 대별된다. 하나는 크고 복잡한 사회에서 교육의 수단으로 뉴스와 정보를 제공하는 것으로, 이는 신문, 시사잡지, 일반TV 등에 주목한다. 다른 하나는 언론을 환상과 가상의 세계를 다루는 문화적 생산의 도구로서, 또한 오락의 제공자로서 보는 것이다. 5) 맑스나 네오맑스, 그리고 포스트모던주의자들은 지배적 문화는 사람들의 비판력을 마비시키고 기존의 사회조직과 권력구조를 합리화시킴으로써 기존질서를 유지한다고 주장하는데, 언론이 바로 지배적 문화를 창조하고 배포하는 기능을 하는 것들의 하나라는 것이다. 학자들은 미디어가 문화와 정보의 생산과 분배를 독점함으로써 사회통합에 기여하는 역할을 하는 것으로 보았다. 즉, 언론은 기존의 권력, 계급구조를 강화, 재생산, 관리한다는 것이다. 그러나 포스트모던주의자들이 미디어를 보는 관점은, 사람들이 직접적 경험을 하는 대신 미디어를 세계의 대변자로 받아들인다는 점에 주목한다(Gibbins, J., Reimer, B.

---

4) 언론의 관계를 본격적으로 다룬 국내 논문들도 정치권력과 언론의 관계를 일방적인 것으로만 보고자 했고, 상호갈등의 복잡 다양한 측면을 경시했으며, 권력 자체의 분석에 소홀했다고 지적한다(김영선, 1995, 10~11).

5) Laswell은 매스미디어의 기능을 환경에 관한 정보제공 즉 감시(*surveillance*) 기능, 문제해결을 위한 선택 안을 제시하는 합의성취(*consensus*) 기능, 그리고 사회적 유산을 한 세대에서 다음 세대로 전달시키는 전수(*transmission*) 기능, 또는 사회화(*socialization*) 기능으로 나눴는데, C. Wright는 여기에 오락제공(*entertainment*) 기능이라는 네 번째 기능을 추가했다(LittleJohn, S. W., 김흥규 역, 1996, 422).

1999, 24). 포스트모던주의자들은 미디어가 어떻게 문화적 모순을 초
래하는가에 대해 의견을 달리한다 해도 문화적 모순이 미디어에 의해
강화된다는 것은 동의하는 편이다.

　서구사회의 신문을 중심으로 자본주의 언론의 형성과 전개과정을
살펴보면, 초기에는 부르주아 토론기구 또는 공론의 장(*public sphere*)
으로 출발했다. 봉건지배세력과 신흥부르주아의 권력투쟁 과정에서
신문은 급진신문 단계를 거친 뒤 문화산업 또는 이데올로기 기구로
변모한다(김해식, 1994, 36~42). 신문은 부르주아지가 봉건국가 및
후기 봉건국가의 지배체제에 대항해 만든 정치적 투쟁수단의 의미를
지닌다. 부르주아지가 봉건군주와 귀족의 통제 및 검열에 대해 투쟁
하면서 공론의 장을 만드는 과정이 신문의 성립과정이다. 초기 자본
주의 시대에 봉건세력은 신문에 대해 특허제도와 검열제도로 통제했
으며, 18세기 들어 인지세의 부과를 통한 경제적 통제를 실시했다.
부르주아지는 절대주의 국가권력의 언론통제에 대항해 언론활동을
벌이면서 정치투쟁을 전개해 언론자유라고 하는 시민적 권리를 확립
했다. 19세기 초 최초의 대중신문 형태인 급진신문이 출현해 구지배
층을 공격하고 국가제도의 정당성에 도전했다. 급진신문은 노동계급
의 운동을 급진화시키는 사회비판을 하면서 갈등 또한 노동과 자본
간의 계급투쟁으로 규정했으며, 이에 대한 국가의 통제는 선동비방
법의 발동과 인지세의 부과 등이었다.

　그러나 이와 같은 국가통제는 실패했다. 신문세의 종식 이후 언론
시장의 팽창을 가져왔으며, 이후 언론에 대한 통제는 국가통제에서
시장통제로 바뀌었다. 즉, 신문영역에 대한 자본가 계급의 지배가 확
립되고 신문은 그 이윤을 광고에 의존하게 되었으며, 그와 같은 과정
에서 신문은 전반적으로 정론지에서 상업지로 변했다. 이는 부르주아
지가 국가권력을 장악하게 되어 자신의 이해를 대변하기 위한 정치문
제를 언론이 취급할 필요성이 감소한 것과 무관치 않다. 머독과 골딩

은 매스미디어가 이데올로기적 도구로서 기능한 방식은 자본주의 경제체제하에서 대규모 영리기업이라는 매스미디어의 위치와 체계적으로 연관될 때, 그리고 이러한 연관이 역사적으로 검토될 때 비로소 올바로 이해될 수 있다고 주장한다(Golding, P., 강상호·이원락 편, 1986, 72). 간햄도 매스미디어가 상품생산과 교환을 통한 잉여가치 창출자로서 직접적인 경제적 역할 및 다른 상품생산 부문에서 광고를 통해 간접적 역할을 수행하는 경제적 실체라고 주장한다. 언론사 내부에서는 언론경영층의 상업주의 우선에 따른 이윤추구와 권력의 요구에 순응하는 데 따른 정상적 보도기능의 위축과 왜곡 등으로 시민사회와의 갈등현상이 발생한다.

오늘날 서구 등의 매스미디어 산업에서는 여러 매체를 한 자본이나 개인이 소유하는 소유집중이 일어남으로써 그 통제가 커뮤니케이션 체계의 위에서 아래로 내려오는 형식을 취하고 있다. 이는 커뮤니케이션 시스템을 형성하면서 영향을 미치는 모든 요인들 가운데 가장 강력한 것이다. 6)

자본주의 사회에서 광고와 언론매체는 따로 떼어 생각할 수 없을 만큼 긴밀한 관계다. 7) 즉, 광고 자체는 인간의 경제생활에 없어서는 안될 중요한 구실을 하고 있고, 매스미디어도 광고료에 의존치 않고는 운영이 불가능할 정도다. 8) 광고주는 미디어를 사용해 광고할 정

---

6) 언론의 경영과 편집 간의 갈등관계는 경영 쪽에서 편집 쪽에 직·간접적으로 관여할 경우 심각해지기도 한다. 김경근은 권력과 대자본의 언론기관 통제를 외적 언론자유문제라 한다면, 편집권과 매체 소유주 또는 경영진 간의 갈등을 내적 언론자유문제의 핵심이라고 규정한다(김경근, 1986, 212).

7) 언론매체는 사회적 공기로서의 역할과 최대한의 이윤추구라는 상반된 역할을 수행한다. 언론사의 이윤추구는 순수한 사적 행위이며 객관적 정보전달과 공정한 여론형성의 기능은 공적 성격을 지닌다. 언론이 영리추구에 치중할 경우 정당한 언론매체의 기능이 약화되며 반대로 공적 역할에 충실할 때 영리추구가 상대적으로 왜소해진다(김경근, 1986, 210).

당한 권리를 행사하는 측면이 있고 독자와 시청자들은 광고가 지닌 뉴스적이고 정보적인 내용을 필요로 한다. 광고는 또한 소수집단의 태도·의견·불만 등을 전달하기 위한, 그리고 기업이나 정부가 대중에게 공공 서비스에 대한 메시지를 알리기 위한 중요한 통로 및 전달수단이 된다(서정우 등, 1978, 192).

그러나 상업주의 언론제도하에서 언론자유 또는 편집권 침해는 권위주의 권력에 의한 것과 함께 언론매체를 영리추구 수단으로 간주하는 대자본에 의한 경우가 매우 심각하다. 매스미디어가 전문인으로서의 편집인보다 기업인으로서의 경영진에 의해 통제를 더 받게 됨에 따라 언론매체와 시장의 관계는 광고주 또는 재계와의 관계가 대표적인 경우의 하나이다. 언론매체들은 흔히 잠재적 또는 현재적 광고주들이 만족할 만한 방향으로 제작되는데, 이는 광고주들의 영향력을 가늠할 수 있는 대표적인 경우이다. 일반잡지가 젊고 수입이 많은 도시인들을 대상으로 한 기사를 많이 내거나, 신문이 중산층이 좋아하는 방향으로 편집하는 것은 독자층 확보와 함께 광고주를 의식하는 대표적인 경우이다. 이와 같은 상황에서 미디어들은 메시지 내용보다 독자와 광고주들에게 관심을 두게 되어 편집내용의 조화가 상실된다. 이런 현상은 TV의 경우도 마찬가지인데 대중이 좋아하는 프로그램은 뉴스나 다큐멘터리가 아니라 오락프로그램이라는 점이 TV상업주의가 우선시하는 대표적 판단요건의 하나다.

언론매체 경영이 대량생산, 대량소비를 통해 원가절감과 이윤극대

---

8) Jouet는 자본주의 사회의 매스미디어에 대한 균형 잡힌 시각을 가질 것을 주장하면서 "매스미디어는 문화적 지배와 사회적 통제의 수단일 뿐 아니라 하나의 거대 기업(business)이기 때문에 이데올로기 생산과 자본주의적 기업 사이의 공유영역(interface)에서 중요한 위치를 차지한다"고 분석한다. 즉, 매스미디어는 토대와 상부구조 모두에 속하는 것으로 자본주의적 생산양식에 근거한 경제적 기업이면서 비물질 상품이라는 메시지를 생산함으로써 사회적 규범과 가치를 제공한다는 것이다(Jouet, J., 1981, 86).

화가 가능해지면 광고주에게 그 매체는 매우 매력적인 광고수단이 된다. 이 과정에서 광고수입은 언론기관 경영에 결정적 요인이 된다. 자본주의 사회에서 돈은 또 다른 권력이라고 할 수 있어서 광고주가 직·간접적 영향력을 미디어에 행사하는 것은 피할 수 없는 현상이기도 하다. 미디어는 광고주의 부당한 압력과 통제에 대해 광고를 거부함으로써 방지가 가능하다고 하나 현실적으로는 그와 같은 일이 쉽지 않은 경향이 있다. 이처럼 언론기관과 광고가 밀접한 관계를 맺고 있기 때문에 광고주에 의한 언론의 통제가 여러 가지 형태로 나타난다 (서정우 외, 1978, 185~193). 첫째, 광고주는 광고 자체를 통해 미디어를 통제하는데 신문지면의 약 60%, 방송시간의 10~20%를 광고가 차지하는 것이 바로 광고가 메시지를 통제하는 경우이다. 광고가 늘면 기사가 줄거나 광고와 관련된 기사가 분산되거나 광고가 나오지 않는 다른 면으로 옮아가는 경향이 있다. 수용자인 일반대중은 매일 수백 개의 광고에 노출되며 광고의 내용은 현대사회의 문화현상 가운데 중요한 부분이 되고 있다. 둘째, 광고주의 특정상품이나 서비스에 대한 PR기사가 신문기사로 나오거나 방송내용 가운데 교묘한 방식으로 선전하는 경우이다. 셋째, 광고주의 이익을 위해 광고주의 회사나 상품의 이미지를 좋게 하는 식으로 신문기사나 방송내용을 꾸미는 일이 적지 않다. 넷째, 광고주가 스폰서를 하는 프로그램에서 사회적으로 논란이 되는 예민한 문제를 미디어가 다루지 않도록 압력을 행사하는 경우이다.

이상에서와 같이 언론매체와 광고는 서로 떼어 생각하기 어려울 만큼 밀접한 관계를 맺고 있어 그로 인한 부작용을 피할 수 없을 것처럼 인식되고 있을 정도이다. 그러나 언론의 상업주의로 규정된 그와 같은 측면을 극복하지 않으면 국민의 알 권리를 충족시킬 수 없다는 언론 내부의 각성과 함께 신문윤리규정 등을 통해 언론의 공익성을 유지하려는 노력을 기울이고 있다. 그 구체적 방법으로는 일부 대안

언론의 경우에 국한하지만 광고를 게재하지 않고 신문 구독료에만 의
존해 신문사를 경영하는 방식이 있고, 신문제작에서 기사와 광고란
의 비율을 엄격하게 지키는 경우가 그것이다.

  자본주의 사회에서의 여론은 흔히 공개적으로 표현되는 의견, 공
적 관심사와 관련된 의견, 그리고 사적인 소규모 집단보다는 오히려
집단으로서의 일반적 공중의 의견을 나타내는 것으로 집약된다. 즉,
여론이란 정부뿐만 아니라 개인들의 입장에서 존중해야 하는 어떤 입
장이나 가치가 내재된 문제에 대한 논의, 혹은 현재 진행중인 사회관
계에 대해 가지는 하나의 분별력이다(LittleJohn, S. W., 김흥규 역,
1996, 425~427). 여론은 개인적 관찰과 미디어라는 두 가지 요소에
의해 형성된다는 것에 학자들이 동의하고 있으나, 연구결과들은 매
스미디어의 효과가 여론에 미치는 영향이 뚜렷하지 않지 않은 것으로
나타난다. 즉, 사람들 사이의 토론은 미디어로부터 얻어진 견해와 자
신의 견해 사이의 차이를 분간치 못하게 되는 경우가 많아서 미디어
의 효과는 측정이 불가능해지는 경향이 있다. 그러나 매스미디어에
의해 여론이 형성되고 또 변화된다는 개연성 때문에 여론의 조정수단
으로 선전 등의 중요성이 강조되고 있다(차배근, 1976, 472~473).

  여론에 대한 매스미디어의 효과는 긍정적 측면과 부정적 측면을 상
정할 수 있다. 우선 긍정적 측면을 보면 매스미디어는 대중의 의견을
통합 조정해 정책에 반영함으로써 민주주의의 실천수단이 될 수 있
다. 그 부정적 측면을 보면, 매스미디어는 정치권력의 정권유지와 신
장에 기여하는 논리를 여론의 형태로 확산시킴으로써 민주주의 발전
을 저해한다. 이처럼 매스미디어는 여론형성과 확산과정에서 그 정
기능과 역기능을 동시에 수행한다고 할 수 있을 것이다.

  한편 매스미디어의 의제설정기능은 매스미디어의 영향, 즉 개인들
사이의 인식변화에 영향을 미치고 그들의 사고를 구조화하는 능력이
다(LittleJohn, S. W., 김흥규 역, 1996, 430~431). 의제설정은 공중

의 마음에 중요한 쟁점이나 이미지를 형성해 준다. 의제설정은 매스미디어가 뉴스를 보도하는 데에 선택적일 수밖에 없기 때문에 발생한다. 정보의 게이트키퍼(*gate-keeper*)로서 뉴스 보도국이나 편집국은 보도해야 할 내용과 그 보도방법을 선택하게 되고 이 때문에 일정시점에서 공중의 상황인식은 대체로 매스미디어 게이트퍼의 산물이라할 수 있다.9) 의제설정기능은 3개 부분으로 된 선형적 과정으로 나뉘는데, 첫째 매스미디어 또는 매체의제(*media agenda*)에 관해 논의하기 위해서는 이슈들의 우선순위가 결정되어야 한다. 둘째, 매체의제는 공중이 생각하는 것, 즉 공중의제(*public agenda*)에 영향을 미치거나 상호작용하며, 마지막으로 공중의제는 정책입안자들에 영향을미치거나 상호작용한다. 이와 같은 의제설정이론은 매체의제가 공중의제에 영향을 주며, 공중의제는 다시 정책의제에 영향을 준다는 것으로 요약된다. 다음으로 의제설정의 효과를 측정하는 방식은 매체가 공중의제를 반영하는지의 여부, 어떤 조사기간 동안 공중에 똑같은 의제가 유지되는지의 여부, 매체의제가 공중의제에 영향을 미칠때 발생하는 설득효과의 정도에 대한 것이다.

---

9) 정보와 지식생산을 담당하는 기자 전문직의 자율성이 노동과정의 효율화라는 조직의 목표에 의해 위축되는 경우가 있다. 객관보도 또는 여론형성이라는 보도양식은 경영진으로부터, 정치권력으로부터, 그리고 기타 사회적 압력으로부터 의사결정의 자율성을 확보하기 위한 전문직 이데올로기로 성립된 측면이 있다(강명구, 1993, 164). 대중매체에서 제작되는 뉴스는 일정한 작업공정을 거쳐 흘러가는데, 그 공정의 과정에서 권력의 언론검열이 없다는 것을 전제로 한 게이트키퍼의 행동을 결정하는 영향력이 무엇인지에 대한 연구결과 다음과 같은 것들이 밝혀졌다. 즉, 언론사 고용주의 권위와 그가 피고용인들에게 제기하는 금지사항, 대중매체 전문가들의 규범과 윤리, 개개 게이트키퍼들의 개인적 가치와 그 사회적 배경, 대중매체 동료들의 비공식적 영향력, 대중매체 소비자들의 요구와 반응, 공동체와 사회적 구조로부터 오는 대중매체에 가해지는 압력, 뉴스원을 포함한 준거집단으로부터의 압력 등이 그것이다(고원, 2001, 134~135).

　　언론환경이 민주주의 정부일 경우 언론은 정치권력과 대등하거나 때로는 정치권력보다 더 강한 권력으로 부각되면서 그에 따른 언론문화가 출현한다. 그것은 언론이 무제한적 보도의 자유를 주장할 경우와 사회적 책임의식을 앞세워 보도행위를 할 경우로 대별된다. 무제한적 보도자유를 주장할 때 그로 인한 명예훼손과 경제적 불이익 등이 발생해 그에 대한 소송 등이 발생할 수 있다. 특히 개인의 사생활에 대한 보도에서 공인일 경우 그것이 무제한적으로 허용되어야 하느냐는 항상 논란이 되고 있다. 언론이 사회에서 가장 강력한 권력을 행사할 경우 자칫 특정사항을 선별적으로 보도하는 데 따른 사회적 마찰이 발생한다. 이때 언론은 언론 고유의 보도의 자유를 앞세우기도 한다. 한국처럼 권위주의 정권하에서 제도언론으로 폄하되던 기존 언론이 민주화가 진전되면서 주어진 언론자유를 과도하게 행사하는 경우가 바로 위와 같은 언론행태에 해당한다. 한편 언론이 사회적 책임의식을 가지고 보도행위에 임하는 경우 건전한 언론문화가 정착한다고 추정할 수 있으나, 이런 경우는 현실사회에서 구미의 언론을 제외하고 그리 흔치 않은 듯하다. 10)

---

10) 언론인의 직업의식은 많은 요인들이 조직 내 통제를 받아 여러 가지 반응을 나타내는데 이들이 언론문화에 기여하는 주요 요소로 작용한다. 그 반응들은 다음과 같다. ① 대중매체 조직 내의 언론인들은 자신들의 생산품에 대해 냉소적 태도를 보이면서 자신들의 직업상 지위를 매우 낮게 평가하는 경향이 있다. ② 언론인들은 자신이 속한 대중매체 생산품의 질이 낮다해도 자신들의 능력은 훨씬 뛰어나다는 신념을 지니는 자기합리화 경향이 강하다. ③ 대중매체의 창조적 작업자들은 자신을 더욱 전문적이고 윤리적이며 정치적 목적을 지닌 집단과 동일시하는 경향을 지닌다. ④ 언론인의 전문화는 언론사 조직이 행하는 통제에 대한 강력한 대항무기로 작용한다. 언론인들은 저널리스트의 지위와 전문성을 보호하는 노조 등에 가입하기도 한다. ⑤ 언론인의 직업의식은 때로는 자신의 창조성을 제약하기도 한다. 저널리즘은 이른바 뉴스 가치에 의존하는데, 이 같은 가치판단은 유사한 사건을 과거 경험에 기초한 지식으로 판단함으로써 때로는 큰 실수를

3) 정치적 민주화운동으로서의 언론운동

언론의 책임은 언론이 정치권력으로부터 자유로워야 한다는 전제가 있기 때문에 언론조직이 지향하는 목표와 언론인의 가치관 등에 의해 그 내포하는 의미가 다양할 수 있다. 예를 들어 언론의 지향목표가 중립성이냐, 다원성이냐, 계도성이냐에 따라 언론의 사회적 책임은 차이를 나타낸다. 즉, 중립성을 강조하는 언론은 현실 반영체로서의 성향이 강화되지만 획일화와 규격화의 위험성이 있고, 다원성을 지향할 경우 가치지향이 모호해지고 언론조직 자체의 능동적 역할이 모호해질 가능성이 크다. 계도성을 목표로 하는 언론은 객관적 보도보다 특정의 신념 또는 계획이나 목표를 위해 보도와 선전행위가 병행하는 경우가 많다. 결론적으로 언론의 사회적 책임은 특정개인이나 특정집단, 특정가치의 지향목표나 대상이 아니라 공익을 지향하는 것이 가장 바람직하다(유일상, 1987, 86~88).

공익은 그 의미가 다양하지만, 소수의 이익을 위해 다수의 이익이 유린되거나 공동선(公同善)이 전체주의적 이익에 의해 굴절되지 않는 것을 의미한다. 유일상은 언론의 사회적 책임을 첫째, 언론조직은 매스미디어를 소유하지 못한 대다수 개인을 위해 권력의 위협이나 회유에 맞서 개인의 알 권리를 대행할 의무가 있으며 둘째, 언론조직은 그에 대한 각종 법적, 제도적, 구조적 통제로부터 벗어나 자유롭게 되기 위해 적극적으로 노력해야 할 의무가 있다고 말한다.

저지르게 된다. ⑥ 언론사 내의 통제에 대한 언론인들의 반응은 다른 매체의 언론인들과 은밀한 거래를 주고받는 모습으로 나타나기도 한다. 즉, 이들은 자신들이 수집한 정보를 비공식적으로 교환함으로써 자신의 조직 내에서 가해지는 낙종이나 오보 등에 대한 질책과 압력으로부터 벗어나려 한다. ⑦ 언론인은 창의성과 독립성을 유지키 위해 프리랜서를 하는 방식 등을 택한다. 이는 상업방송이 도입된 후 방송사에서 증대되는 고용형태이다(고원, 2001, 139~146).

현대사회에서 언론의 역할은 사회적 규범과 현실적 상황 등에 따라
그 범위가 제약받지만, 그 영향력은 더욱 비대해지고 있다. 즉, 언론
시장에 진입해 지배적 위치를 점하기 위한 경쟁은 더욱 치열해졌고,
고도의 자본력과 노하우를 갖춘 조직체들의 시장과점(寡占) 현상이
두드러지고 있다. 이미 언론시장을 장악한 조직은 시장진입장벽을 높
이 쌓는데, 이 과정에서 권위주의 정권에 협조하는 반대급부의 형식
으로 신규자본이나 경쟁자의 진입을 저지하는 행정적 규제를 강화하
도록 유도하는 경우도 있다. 언론자유를 억압하는 결과를 초래하는
이와 같은 권력과 언론의 결탁현상 속에서는 자유로운 정보유통을 주
장하는 사회운동 또는 언론민주화운동이 출현하게 되고 이는 심각한
사회적 갈등양상으로 전개되기도 한다. 즉, 제한적 정보배분을 통해
기득권을 유지하려는 세력과 사회변동을 추구하는 세력 간에 갈등과
경쟁, 타협과 같은 사회적 관계가 나타난다.

알튀세(Althusser)에 따르면 기득권을 가진 집단이 언론조직에 대
한 헤게모니를 장악하면 언론은 교회나 학교처럼 이데올로기적 국가
기구의 일부로 편입된다는 것이다(오갑환, 1974, 20~22).11)

서구사회의 대표적 사회분화과정은 도시화 → 과학화 → 공업화로
나타나고, 이 과정에서 시민사회가 형성되었다.12) 그러나 한국의 경

---

11) Garnham은 Althusser의 이데올로기적 국가기구라는 개념에 영향을 받아
   매스미디어의 이데올로기적 역할을 강조하는 시각에 대해 "연구의 시각을
   이데올로기적 국가기구로서의 매스미디어 개념으로부터 관심을 옮겨서 매
   스미디어를 상품생산과 교환을 통한 잉여가치 창출자로서의 직접적인 경제
   적 역할 및 다른 상품생산 부문에서 광고를 통한 간접적 역할을 모두 수행
   하는 경제적 실체로서 간주해야 한다"고 주장한다(Garnham, N., 1983,
   이상희 역, 100).

12) 시민사회 개념은 서구 사회의 발전과정에서 등장한 역사적 개념이다. 그것
   은 사적 시민들 사이의 상호작용과 국가의 통제를 받지 않고 저들 스스로
   다양한 조직을 창출해 활동할 수 있는 사회적 생활영역으로 규정할 수 있
   다. 이는 국가와 시민사회 간에 일종의 상호의존관계가 있다는 것을 나타

우 서구와 달리 공업화→도시화→과학화의 추세로 나타났다. 시민
사회의 형성과정을 통해 사회와 국가의 역사적 변화양식과 통합 정도
를 세 가지 유형으로 구별할 수 있다. 즉, 국가가 사회 위에 군림해
강제적 기계적 통합이 이뤄지는 폭력국가, 폭력국가가 민주적 지배정
당성을 획득한 권력국가로 대체되는 단계, 권력국가가 보다 성숙된
합리화 단계로 진입해 국가가 사회의 법적 구성체로 인식되는 상황
등이다(배동인, 1992, 37~60). 최장집은 자본주의 사회에서 계급 및
정치대립의 구조를 시민사회-정치사회-국가의 3층 모델로 파악하고,
정치사회라는 중간층위에 대해 국가와 시민사회로부터의 상대적 자
율성과 독자성을 인정할 것을 제안한 바 있다. 그는 정치사회를 다시
제도적 수준에서 국가의 정책결정과정에 참여하고 영향을 미치는 제
도권과 그에서 배제된 비제도권으로 나눴다(최장집, 1991, 333).

1970년대 후반 전지구적인 새로운 추세로 나타난 민주화운동은 곧
시민사회 공간의 확장을 의미한다. 그것은 군사독재의 주체로서의
국가에 대한 시민사회의 저항으로 나타났다. 동구와 소련의 붕괴는
사회주의권에서 자율적 시민사회 공간이 부재했거나 아주 허약했기
때문이다. 시민사회라는 역사적 현실은 서구사회의 역사적 특수성과
긴밀하게 연관되는데, 베버는 시민사회 형성의 모체가 된 시민계층
의 발생은 도시와 관료제적 행정, 자본주의적 이해집단들과의 결합,
권력을 둘러싼 경쟁 등의 상호작용의 결과로 해석한다. 서양사회와
는 대조적으로 동양사회에는 시민계층 개념 또는 도시공동체 개념이
존재치 않았다. 헤겔은 시민사회와 국가를 대립적 관계로 보았고, 맑
스는 시민사회를 과거의 신분제도로부터 해방된 자유로운 경제활동

낸다. 즉, 국가가 시민사회의 다양한 집단들에게 자율성을 부여하는 대신
그 집단들은 명시적 또는 묵시적으로 국가에 대한 충성을 서약하게 되거나
정당과 같은 결사체를 만들어 국가에 직접적인 영향을 미치기도 한다(한배
호, 1992, 65~67).

영역 같은 것으로 파악했다. 그람시는 국가란 강제력에 의해서만 지
탱되고 재생산되는 정치영역이 아니며 시민사회를 국가의 윤리적 기
반으로 보았다.

　시민사회와 언론매체의 관계를 문화비판론적 입장에서 고찰키로
한다. 이 관점에 따르면 시민사회, 대중사회와 언론매체의 관계는 매
스미디어의 역기능 심화, 그에 대한 사회적 시정요구 비등으로 요약
될 수 있다. 대중사회를 시민사회의 전 단계로 파악할 경우 그 사회
에서 매스미디어의 대표적 역기능으로 사회조직의 파괴, 사회적 마
취 등을 손꼽는다(김경근, 1986, 91~94). 즉, 매스미디어는 획일적
정보로 사회를 하나의 전체주의 형태로 만들고 언론은 그 도구로 전
락하며, 일정한 방향감각이 잡혀 있지 않은 정보홍수는 정보수용자
에게 혼란을 가져다줘 적극적 행동 대신 정신과 행동을 마비상태로
몰아넣는 경향이 있다는 것이다. 이와 같은 매스미디어의 역기능에
대해 시민사회에서는 직·간접적 저항방식으로 대응한다. 그 간접적
저항방식은 미디어 비평의 강화와 구독 또는 시청거부 운동으로 나타
나며 직접적 대응방식은 미디어감시를 목적으로 한 각종 사회단체의
결성과 활동, 반론권 청구 등 미디어 접근권의 적극 행사나 광고지면
을 활용한 의사표시 등의 형식을 취한다(서정우 외, 1978, 195~246).

(1) 매스미디어와 대중사회

　문화비판론적 관점에서 매스미디어의 특성은 정신적 산물인 전달
내용을 기술적 전달수단을 통해 분산적 대중에게 공개적, 간접적으
로 그리고 일방적으로 전달하는 커뮤니케이션의 한 형태이다(김경근,
1986, 80~94). 매스미디어는 세분화되는 현대사회에서 개개인을 보
다 빠른 속도로 세분하고 분산하며 전체 사회구조로부터 수시로 분리
시켜 때로는 소외감을 불러일으킨다. 또한 매스미디어는 인간 대 인
간의 직접적 대화형식이 아닌 신호, 언어, 행위, 문자 등을 통하여

간접적으로 의사소통을 가능케 함으로써 개개인을 지극히 소극적이고 형식적이며 타산적으로 만들고, 책임감과 부담감을 느끼지 않게 한다. 매스미디어의 일방적 전달은 인간을 독단적이고 차가우면서 이기적 성향을 갖게 한다. 이와 같은 대중사회의 특성은 사회분위기를 획일화시키고, 생산과 소비의 대량화와 표준화를 초래하며 외부 자극에 지배당하고 조작당할 가능성이 커진다.

(2) 시민사회의 매스미디어에 대한 저항적 대응

시민사회의 대중매체에 대한 저항적 대응은 미디어의 주인이 그 소유주가 아니라 수용자인 대중 자신이라는 인식에서 출발하며 그것은 대중매체에 대한 직·간접적 통제의 형식으로 나타난다. 미디어 수용자는 미디어의 방향을 조정할 수 있다는 신념하에 편집인·신문사·방송국 등에 여러 가지 방식으로 자신들의 의사를 피력하고 경제적이고 분별력있는 조직체로서의 기능을 강화해 압력단체의 역할도 수행한다(Rivers, W. L., Schramm, W. 1969, 249~252). 수용자의 간접적 저항방식은 매스미디어에 대한 집단적 시청거부와 구독거부, 상담 또는 대중적 압력의 행사, 비평, 좋은 프로그램 등에 대한 시상으로 매스미디어의 순기능적 측면을 강조하는 방식 등이 있다. 적극적 저항방식으로는 미디어에 대한 접근방식으로 독자투고 등을 통한 신문제작 비판이나 TV 좌담프로 참석을 통한 적극적 의견표시, 의견광고 등이 있다.

(3) 대안언론운동

대안언론운동은 미디어로부터 수용자를 보호하는 가장 적극적 방식의 하나로 그것은 수용자 자신이 송신자가 되는 것이다(서정우 외, 1978, 241~245). 송신자가 되기 위해서는 신문사나 방송국을 설립할 수 있는 경제적 능력의 확보, 언론사 법적 등록 등이 선결과제가 된다. 정치적 민주주의가 보장된 서구사회의 경우 대안언론은 특정정파나 자본으로부터 독립된 언론의 창간운동이 일반적 형식이며, 권위주의 정권 아래서는 사회민주화운동의 한 형식으로 언론민주화운동이 벌어지면서 대안언론 창간으로 발전하는 경우가 있다. 언론기관의 설립에는 막대한 재원이 필요하기 때문에 이를 조달키 위한 방식으로 서구의 경우 소비자단체의 기금이나 소비자의 주식으로 충당하는 사례가 있다. 매체의 성격으로 보아 잡지나 출판사가 좀더 쉽게 대안매체를 창간할 수 있다. 대안언론의 대표적 경우는《한겨레》신문과 함께 스페인의《엘 파이스》와 영국의《인디펜던트》등인데, 이들은 주식공모를 통해 설립자본금을 마련하고 사원지주제 등을 통한 외부의 압력으로부터 안정적인 언론사 경영권을 확보했으며, 창간 이후 정체성 문제에 봉착한 것과 같은 공통점을 지닌다.

4) 사회운동의 동원화 과정

사회운동의 개념은, 공유된 집합적 정체성에 기초해 정치적, 문화적 갈등에 참여하는 개인, 집단, 조직들간에 형성되는 비공식적 상호작용의 네트워크라고 정의된다. 또한 사회운동조직은 사회운동 네트워크에 포함된 모든 개별조직을 의미한다(조대엽, 1999, 50~53). 뚜랜느는 주체성, 적대성, 전체성의 3개 기본요소를 사회운동의 분석틀로 사용했다(이시재, 1992, 451~458). 즉, 행위당사자가 스스로를 어떻게 정의하며, 적대자를 어떻게 정의하느냐, 그리고 그가 생각하는 바람직한 해결책은 무엇인가 라는 것을 중심으로 주체성, 적대성, 전체성을 규정한다. 사회적 갈등은 객관적 존재조건 혹은 사회적 속성에 의해 규정받는 것이 아니라 행위자가 스스로를, 적대자를, 해결방향을 어떻게 정의하느냐에 달려 있다는 것이다. 사회운동은 사람들의 생산관계, 계급관계 등의 객관적 속성에 의해서가 아니라 행위

38

자가 규정하는 바에 따라 행동하는 특성을 지닌다. 계급적 지위, 생산관계에서의 위치 등의 객관적 속성은 사회운동 분석에 필요조건은 될 수 있어도 충분조건은 되지 않는다.

사회운동 분석은 이와 같은 심리적 요인과 함께 ① 투쟁의 장, ② 구조수준, ③ 상호매개성 등 3개 요인에 대한 고찰이 필요하다.

우선 투쟁의 장은 새로운 사회운동이 종래의 노동운동, 계급운동과는 투쟁의 장에서 어떻게 차이가 있는가 하는 점을 밝히는 것이다. 노동과 계급운동은 기존의 경제구조라는 '시장' 내에서 발생하며 사회학도 경제학적인 주요개념의 연장선상에서 발전한다. 욕구충족, 역할과 지위, 집단과 조직 등 시장적 활동과 연관되어 있다. 오늘날 중요한 사회문제는 시장 내에서 발생하지만 그것에 대항하는 사회운동은 시장 밖에서 일어나는 특성을 나타낸다. 시장 밖의 영역에 위치한 새로운 사회운동은 소비자운동·환경운동과 같이 시장 메커니즘에 대항하는 운동이며, 도시주민운동·반핵운동 등은 정부에 대항하고, 여성운동·교육운동은 지배적 문화와 가치에 대항한다. 13)

---

13) 하버마스는 신사회운동과 관련, 분배의 문제를 중심으로 나타나는 복지국가형의 제도화된 갈등과는 다른 유형의 새로운 갈등이 서구사회에 출현했다고 강조했다. 신사회운동은 생활세계가 식민화되는 경향성에 대한 저항이라는 것으로 그의 주장의 요지는 아래와 같다.

첫째, 현대사회의 새로운 갈등은 더 이상 물질적 재생산의 영역에서 발생하지 않으며 정당이나 자원단체를 통해 혹은 물질적 보상을 통해 해소될 수 있는 성질의 것이 아니다. 새로운 갈등유형은 문화적 재생산과 사회적 통합, 그리고 사회화 영역에서 발생한다.

둘째, 행정복합체의 성장이 생활세계의 침해를 야기한다. 후기자본주의 사회에서는 자본주의 성장을 유지하는 데 관심을 갖는 중심부 계층과 그 외의 다양한 집단으로 구성된 주변부 계층 사이에 전선이 형성된다.

셋째, 군사적 파괴의 잠재력, 핵발전소, 핵폐기물, 유전공학, 개인의 프라이버시 침해 등으로 나타나는 새로운 범주의 위기들은 생활세계에 침투해 생활세계의 여러 차원들을 파괴한다. 저항운동은 일상생활에 강요되는 다음으로 사회운동은 사회구조의 어떤 부분을 변경시켜 기존의 사회를 변동시키려 하는가를 고찰하는 구조수준의 문제다. 뚜렌느는 사회운동이 그 목적을 달성하기 위해 변경을 시도하는 세 가지 구조수준으로 조직, 제도, 역사성을 든다. 사회운동이 요구하는 사회구조의 수준은 운동의 성격에 의해 정해지는 경우가 많은데, 예를 들어 평화운동·반핵운동은 조직수준, 제도수준의 문제가 아니고 체제와 가치와 관련된 운동으로 분류된다. 그러나 지역생활운동은 체제변혁을 표방하는 수준의 운동은 아니다.

끝으로 상호매개성은 사회운동 과정에서 대두되는 시장, 생활, 환경 등의 각 영역은 상호 분리되어 있지 않고 상호 밀접히 작용하는 것을 의미한다. 예를 들면, 오늘날의 대량 생산 소비 시스템 속에서는 생활의 교란, 환경파괴가 극심해 시장은 물론, 생활과 환경 모두가 위기에 처하게 된 것과 같은 경우이다.

사회운동에 대해 고전모델은 구조적 긴장에 의해 발생된 단기간의 불만이 증대하는 현상을 강조한 데 반해 자원동원모델은 불만은 이차적 문제라는 입장이다. 틸리, 젠킨스, 페로, 오버샬 등은 불만이라는 것은 사회적 제도 속에서 형성된 구조적 이익갈등으로부터 나타난 것이기 때문에 상대적으로 불변하는 요소라고 본다. 이런 점에서 사회운동은 집단의 자원, 조직, 집합행위의 기회 등의 장기적 변화 때문에 생긴다는 것이다. 불만은 운동이 형성되는 데 필요한 요소라고 하더라도 이는 궁극적으로 권력관계의 변화에 의해 설명되거나 아니면 구조적 이익갈등의 측면에서 설명되어야 한다는 주장이다. 매카시와 잘드는 사회운동의 기업가론적 관점에서 그 형성을 설명했다(Mcarthy, Zald, 1973, 13). 즉, 사회운동이 형성되는 데 가장 중요한 요소는 자원의 이용가능성, 조직간부와 조직설비의 측면이다. 이

이런 추상체를 향해 발생한다(Habermas, J., 정수복 편역, 1993, 68~77).

런 점에서 불만은 구조적으로 주어진 것이거나 운동기업가들의 자원 동원 노력에 의해 만들어진 동시적 구성요소로 인식된다. 많은 연구가들은 사회운동의 출현이 불만보다 조직, 자원, 기회구조의 장기적 변화에서 나타나는 것이라는 견해를 나타냈다.

자원동원모델은 동원화(*mobilization*)를 특정집단이 집합적 행위를 위해 필요로 하는 자원에 대해 집합적 통제를 가능케 하는 과정으로 설명한다. 사회운동에서 가장 중요한 점은 집단에 의해 통제 가능한 자원이며 이 자원은 동원화의 시도에 우선하고 나아가 추구하는 사회 변동을 위해 제공된다는 것이다. 그러나 자원의 종류 등에 대해서는 학자마다 견해가 다른데, 일부 학자들은 목적달성을 위한 행위를 통제하는 데 있어 특별한 자원들이 가진 용도에 기초한 분류체계를 제시했다. 예를 들어 로저스(Rogers, M., 1974, 79)는 실제적 운동을 시도하는 데 사용되는 자원인 도구적 자원과 이런 도구적 자원을 조건짓는 기반자원(*infra-resource*)으로 구분했다. 젠킨스(Jenkins, J. C. 1982)는 집합적 행위를 통제하기 위한 수단을 제공하는 권력자원(*power resource*)과 이러한 권력자원을 동원하기 위해 갖추어진 설비요소를 가리키는 동원자원(*mobilizing resource*)으로 구분했다.

그러나 용도에 기초한 분류는 문제점이 있는데, 이는 대부분의 자원이 다차원적 용도를 지니기 때문이다. 이에 따라 대부분의 학자들은 사회운동에서 높은 빈도로 동원되는 자원의 목록들을 단순히 열거하는 데 그쳤다. 즉, 매카시와 잘드는 돈, 시설, 노동, 정당성을 주장했다(McCarthy, Zald, 1977, 82). 그리고 틸리는 토지, 노동, 자본, 기술적 전문지식을 강조했다(Tilly, C., 1978, 69). 한편 프리만은 돈, 시설, 커뮤니케이션 수단 등을 유형자원으로 규정한 뒤 이를 사회운동에 더욱 핵심적 기반을 이루는 무형자원 혹은 인간자원(*human assets*)과 구별했다. 무형자원은 조직적, 법률적 수단과 같은 특수자원과 지지자들의 일반적 노동을 포함한다. 매카시와 잘드는 1960년

대와 1970년대의 사회운동이 대학생을 포함한 부유하고 풍요로운 중
간계급의 양심적 구성원을 동원했고, 사립재단이나 사회복지제도,
매스미디어, 대학, 정부의 담당자, 기업체로부터 제도화된 자원을 확
보했다고 주장했다.

월슨은 성공적 사회운동이 문제를 해결하기 위해서는 다음과 같은
조건을 갖춰야 한다고 말한다(Wilson, W. J., 1979). 첫째, 집단의 연
대와 도덕적 목적을 수행할 수 있도록 하는 집합적 유인(collective in-
centives)을 제공해야 한다. 즉, 집합적 유인을 제공하는 프로그램을
개발하는 것이 매우 중요하다는 것이다. 둘째, 사회운동 지지자들은
자기이익에 대한 합리적 계산뿐만 아니라 내면적 가치나 감정의 맥락
에 따라 행동한다. 즉, 동원화의 주된 과제는 집합체와의 연대성을
확보하고 도덕적 실천동기를 만들어내는 것이다. 셋째, 집단의 동원
능력은 기존의 조직화 수준에 의해 결정된다. 집단성원에게 배타적
인, 그리고 강력하고 특징적인 동질성과 긴밀한 개인간 네트워크를
공유하는 집단은 높은 수준으로 조직화되고 쉽게 동원화된다(Tilly,
C., 1978, 62~63). 이와 같은 동질성과 네트워크는 더욱 강한 연대성
과 도덕적 실천력을 수반해 집단적 유인을 만드는 기초가 된다. 넷
째, 각각의 사회운동이 요구하는 충원은 개인간의 네트워크에 더욱
깊숙이 연관되어 있는 개인들을 선발하는 경향이 있다(Pinard, M.,
1971). 다섯째, 사회변동을 지지하는 정치조직에서 적극적으로 활동
하거나 이데올로기적으로 사회변동에 관여된, 나아가 구조적으로 참
여하기 쉬운 위치에 있는 개인들이 선별된다.14)

---

14) 신사회운동의 행위양식은 협상과 타협, 개량과 개선, 조직적 전술이나 압
　력을 통해 점진적 목표를 달성한다는 것이 아니라 찬성과 반대, 그들과 우
　리들, 바람직한 것과 참을 수 없는 것, 승리와 패배, 지금 아니면 안 된다
　는 등과 같은 극단적 대립의 관점에 서서 다른 정치행위자나 정치적 적대
　자에게 접근한다. 신사회운동은 두 가지 측면, 즉 집합체의 구성을 위해

42

　사회운동 조직에 대한 논의는 집중화된 관료적 조직모델을 중요시
하는 학자들과 탈집중화된 비공식 조직모델의 중요성을 강조하는 학
자들 사이에 이뤄졌다. 전자는 분업화된 공식적 구조가 규정된 역할
을 통해 업무수행을 확대 가능케 함으로써 동원을 극대화할 수 있으
며, 집중화된 의사결정구조가 내부갈등을 경감시킴으로써 외부와의
투쟁을 위한 예비태세를 강화하는 특성이 있다(Gamson, 1975, 89~
109). 후자는 최소한의 분업구조를 갖고 비공식적 네트워크에 의해
통합되며 더욱 포괄적 이데올로기를 가진 탈집중화된 운동조직으로
연대성을 만들어내고 이데올로기적 참여를 강화하는 광범위한 개인
간 유대를 제공함으로써 동원을 극대화할 수 있다는 것이다.

　조대엽은 이상과 같은 논의는 몇 가지 오해에 의해 지나치게 진행
되어 왔다면서 사회운동 조직은 전형적으로 복합적 운동조직의 특성
을 지닌다고 말한다. 즉, 다양한 조직형태의 공존을 인정하는 복합조
직모델이 특정의 단일한 사회운동에 관련된 조직을 파악하는 데 훨씬
유용하다면서 틸리와 그 동료들에 의해 시도된 집합적 행위의 근대화
에 관한 분석을 제시한다(조대엽, 1999, 87).

　사회운동의 한 부분으로서 언론운동에 대한 결과를 분석할 이론은
사회운동의 결과에 대한 풍부한 연구결과를 응용하는 것도 가능할 것
이다. 사회운동의 결과를 정확히 분석하기 위해서는 사회운동의 여
러 행동들과 그 행동들로 인해 발생한 사회적 결과들간의 인과관계를
경험적으로 입증할 수 있어야 한다. 그러나 사회운동의 경우 그와 같
은 인과관계를 증명하는 작업은 결코 쉬운 일이 아니다. 특정한 사회
운동이 목표로 삼았던 특정한 사회변동(예컨대 가치, 규범, 정책, 제도,
혹은 권력관계에서의 크고 작은 변동들)이 어느 정도 실현되었다 하더라
도, 그와 같은 결과가 반드시 사회운동의 행동만에 의해 실현되는 것

───────────────
　개인들이 상호작용하는 내적 행위양식과 외부세계 및 정치적 적대와 대항
하는 외적 행위양식으로 구분된다(Offe, C., 1985).

은 아니기 때문이다. 사회변동은 사회운동의 활동 이외에도 수많은 상황적 요인들에 의해 복합적으로 일어나는 것이기 때문이다(임희섭, 1999, 182~183).

이상과 같은 점을 감안할 때 한겨레신문 창간이라는 사회운동의 결과는 자원동원론의 관련부분과 함께 신문사 조직원의 정체감과 조직의 상징성 또는 대표적 표상의 보전전략과의 관계·등을 통해 접근이 가능하다. 고전모델에서는 사회운동의 결과에 대해 폐쇄체계적 발전모델을 적용했다. 즉, 사회운동은 기본적 발전과정을 거치거나 혹은 사회운동의 소멸에 이르든지 아니면 관료제도화되어 제도적 적응에 이른다는 것이다. 반면, 자원동원모델은 개방체계적으로 접근하며, 사회운동 결과들은 더욱 확대된 정치환경에 의해 만들어진다는 입장이다. 기존체제에 대한 저항의 결과는 전략적 선택의 측면뿐 아니라 정치엘리트의 입장, 기존 이익조직 및 다른 사회운동들의 지지 및 반대에 의해 결정된다고 본다. 사회운동에 대한 지지와 사회적 통제의 균형은 지배연합의 변화, 체제구조의 변화, 체제위기를 발생시키는 전체 사회적 변화 등에 의해 규정된다는 것이다. 15)

---

15) 일반적 조직의 조직원이 지닌 정체성(identity)과 조직의 대표적 표상의 유지, 확산은 밀접한 관계를 맺고 있다. 정체성이 확고한 집단의 성취목표는 그 달성도가 높은 것이고 정체성이 약하거나 정체성 위기(identity crisis)를 겪는 조직의 목표달성은 목표달성 전략수립 단계에서부터 내부 갈등을 야기할 가능성이 높다. 정체성은 내가 누구인가 하는 의식이며 그것은 자기가 소속한 내집단(we-group)을 외집단(out-group)과 구별하는 사회 심리적 기준이다(김경동, 1980, 298).

2. 연구의 분석틀

이 연구의 분석틀은 ① 한겨레신문 창간운동의 구조적 배경과 ②
한겨레신문 창간운동 전개과정, ③ 창간결과로 3원화시켜 구성하는
것이 합리적인 듯하다. 구조적 배경은 한겨레신문 창간의 필요조건
을 제공한 일반화된 시대상황을 설명키 위한 것이고 새 신문 창간운
동 전개과정은 대안매체 성격의 신생매체 결성이라는 단일사안의 설
명으로 그 분석차원에서 차이가 있기 때문이다. 또한 창간운동의 과
정과 창간결과를 분리시킨 것은 창간 이전은 사회운동의 단계인 반면
그 이후는 사회운동의 단계를 벗어나 제도권 편입의 단계로 설명할
수 있기 때문이다.

구조적 배경에서는 국가, 시장, 시민사회가 당시 기존 언론의 성격
을 어떻게 형성했는지를 밝히고, 기존 언론의 생존전략이 상업주의에
경도됨으로써 언론과 그 환경 간에 구조적 모순이 발생, 결국 정치적
민주화 및 언론민주화운동의 발생을 촉발한 과정을 설명키로 한다.

창간운동의 전개과정은 언론기업의 구조적 모순이 어떻게 언론민
주화운동의 필요조건이 되고, 언론의 상업주의적 생존전략이 대안언
론운동을 어떻게 추동했는지를 규명키로 한다. 또한 틸리의 ‘집합행
동의 기회’ 개념을 통해 한겨레신문 창간조직과 통제기관도 포함된
정치과정의 분석을 시도한다. 이어 한겨레신문 창간운동의 구체적 전
개과정으로 조직화, 동원화, 제도화 과정을 분석한다.

창간운동의 결과부분에서는 새 신문의 정체성 확립과 창간 이후 제
도권에 진입한 한겨레신문이 미친 정치·사회·문화적 파급효과 등을
설명한다. 이상에서 약술한 분석틀을 도식화하면 〈표 2-1〉과 같다.

〈표 2-1〉 한겨레신문 창간과정 분석틀

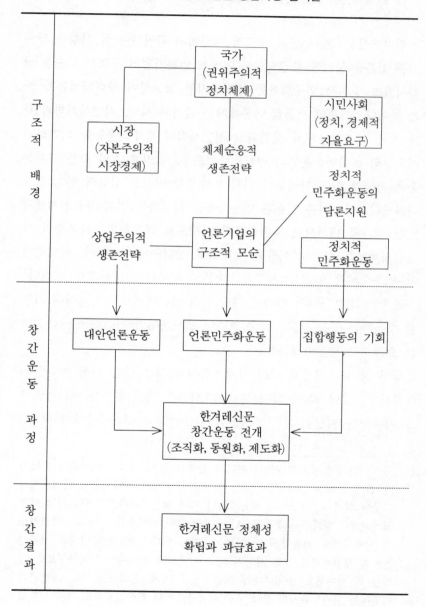

1) 한겨레신문 창간운동의 구조적 배경

한겨레신문 창간운동의 구조적 배경에서 확인해야 할 사항은 당시 기존 언론을 둘러싼 환경요인이 어떻게 언론기업의 구조적 모순을 심화시키고 정치적 민주화운동의 담론지원 필요성이 증대되었는가 하는 점이다. 기존의 전통적 언론매체는 국가와 시장, 시민사회와의 관계 속에서 상업주의가 심화되고 시민사회의 민주화운동을 외면하면서, 결국 대안언론운동과 언론민주화운동, 그리고 그와 같은 사회운동을 가능케 한 집합행동의 기회가 발생할 여건을 성숙케 한 것으로 나타난다. 즉, 기존 언론은 언론자유를 억압하는 권위주의 정치체제였던 국가에 대해서는 체제순응적 전략으로 대응하고, 자본주의 시장경제체제를 상대로 이윤을 극대화할 상업주의적 전략을 채택하면서 민주주의적 이념을 지향하던 시민사회와는 갈등관계에 빠진다. 기존 언론의 환경대응 전략은 결국 공식 언론매체로서의 정상적 기능을 상실하는 구조적 모순이 심화되어 언론분야의 사회운동을 촉발하는 요인으로 작용하게 된다.

당시 국가는 시장에 대해 경제개발의 특혜를 주는 대신 자율성을 침해하고, 시민사회에 대해서는 경제성장의 과실 일부를 배분하면서 그 자율성을 억압했다.16) 또한 국가는 전통적 언론매체에 대해 그

---

16) 우리나라에서 국가와 시민사회와의 관계를 보면, 근대시민사회가 성립하기 전에 일제 식민지 지배 등을 거치면서 국가의 억압기구와 이데올로기 기구에 의한 제약으로 그 활동영역이 크게 제한받았다. 그러나 해방 이후 국가권력이 강화되는 추세였으나 국가권력과 그 자율성의 강화는 역설적으로 시민사회의 자율성을 강화시킨 측면이 있다. 즉, 1950년대의 국가는 원조와 재정정책을 통해 자본가 계급을 육성해 시민사회의 하부구조를 다지는 데 기여했고 1960년대는 경제성장정책으로 산업노동자를, 1970년대 이후에는 산업노동자와 함께 중간 제계층, 특히 신중간계층도 크게 성장했다. 국가는 이들 여러 계층을 성장이데올로기로 포섭, 통합하려 하였고,

자유를 제한 통제하면서 언론카르텔 형성의 이익을 보장했다. 기존 언론은 시장과의 관계에서 광고수입의 대가로 상업주의 언론의 부정적 특성이 비대해지고, 시민사회와의 관계에서는 왜곡된 정보를 제공하면서 구독료라는 경제적 이익을 확보했다.

이상과 같은 국가, 시장, 시민사회, 전통적 언론매체의 관계는 대안언론운동과 언론민주화운동이라는 필요조건을 형성하는 데 기여했다. 언론기업의 구조적 모순을 국가, 시장, 시민사회와의 관계 속에서 고찰하면 아래와 같다.

(1) 국가와 언론

한국에서 해방 이후 한겨레신문 창간 시기까지 국가와 언론과의 관계는 대체로 권위주의 국가에 의한 언론자유통제로 나타나며, 그 과정에서 언론은 생존을 위해 체제순응전략을 채택했다. 권위주의 정

성장의 잉여가치 일부를 시민사회의 상층부에 분배해 체제 속에 포함시키려 했다. 이처럼 국가는 시민사회 위에 군림하면서도 시민사회를 철저히 근절시키지 못했고 국가의 권력정당화의 일환으로 추진했던 경제성장정책을 통해 시민사회의 두 주체인 산업노동자층과 중간계층을 육성시킨 셈이 되었다. 노동자들이 생존권적 기본권 운동을 펼치고 중산제계층이 자유인권적 기본권 운동을 전개하려 하자 국가권력은 더욱 권위주의적으로 강화되었다. 그러나 강화된 국가권력에 비례해서 시민사회세력도 잠재적 또는 비공식적으로 강해졌다.

시민사회의 역동성은 1987년 6월 항쟁에서 극명하게 나타난다. 6월의 학생 및 중간제계층의 항쟁과 동년 7, 8월의 노동자 투쟁은 정치 및 사회 민주화운동으로서 한국 시민사회의 주체라 할 수 있는 노동자층과 중간제계층 및 학생들이 추진했던 일종의 시민사회확장운동의 의미를 지닌다. 당시 노동자들은 계급투쟁보다는 시민사회의 주체임을 강조한 것으로 평가된다. 해방 이후 6월 항쟁에 이르기까지 한국의 억압적 권위주의 국가체제는 자유민주주의를 위축시켜오면서 시민사회의 자율적 운동을 봉쇄해왔다. 그러나 6월 항쟁 이후 언론의 자유는 크게 신장되고 공포억압정치 형태도 자유민주주의 체제로 전환되는 계기를 맞았다.

부는 언론의 생산과정에 직·간접적으로 개입해 그 내용이 지배이데 올로기에 해당되도록 조정하거나 통제했고 그 과정에서 권력과 언론의 관계는 기능적 보완관계를 유지하거나 때로는 경제적 이해 등을 둘러싼 상호갈등관계로 나타났다. 권력이 체제순응적 언론에 제공한 반대급부 성격의 각종 법률, 행정적 특혜는 궁극적으로 언론의 상업주의 심화를 강화시켰다. 기업적 언론의 상업주의가 권력의 요구에 순응하는 대가로 보장받은 경제적 이윤추구는 언론사간 카르텔 형성과 그 유지, 주·월간지 발행을 통한 이윤창출 등이 대표적이다.

그러나 6월 항쟁으로 확보된 정치적 자유화 조치, 동구권의 변화 등은 대안언론의 창간운동과 언론민주화운동 등에 결정적으로 기여하게 된다.

(2) 시장과 언론

기업적 언론의 상업주의는 권력의 요구에 순응하는 대가로 경제적 이윤추구를 보장받는 언론사간 카르텔 형성과 그 유지, 주·월간지 발행을 통한 이윤창출 등의 현상으로 나타났다. 머독과 골딩은 매스미디어가 이데올로기적 도구로서 가능한 방식은 자본주의 경제체제 하에서 대규모 영리기업이라는 매스미디어의 위치와 체계적으로 연관될 때, 그리고 이러한 연관이 역사적으로 검토될 때 비로소 올바로 이해될 수 있다고 주장한다(Golding, 강상호·이원락 편, 1986, 72). 간햄도 매스미디어가 상품생산과 교환을 통한 잉여가치 창출자로서 직접적인 경제적 역할 및 다른 상품생산 부문에서 광고를 통해 간접적 역할을 수행하는 경제적 실체라고 주장한다. 언론사 내부에서는 언론경영층의 상업주의 우선에 따른 이윤추구와 권력의 요구에 순응하는 데 따른 정상적 보도기능의 위축과 왜곡 등으로 인한 시민사회와의 갈등현상이 발생한다.

5, 6공화국 당시의 시장은 전통적 언론매체에 광고라는 당근을 주

는 대신 언론을 상업주의에 예속시켰다. 언론사 수입의 대부분을 광
고주가 제공하는 상황에서 언론은 광고주의 기업이익 증대에 봉사하
는 상업주의 언론으로 전락했다. 당시 시장은 고도성장정책 속에서
각종 특혜 등으로 이윤을 보장받는 대신 국가로부터 자율성을 침해당
하는 대가를 지불했다. 정상적 시장경제의 원칙에서 벗어난 기업행
위는 정부의 비호 아래 가능했으며, 그로 인한 국가적 손실은 국민들
이 떠안았다. 독재권력의 형태로 나타난 국가와 민주주의 이념을 지
향하는 시민사회는 고도경제성장정책의 혜택을 시민사회에 분배하는
대신 국민의 기본권이 헌법개악 등의 방법을 통해 침해당했다.

(3) 시민사회와 언론

시민사회는 권위주의 체제에 저항해 민주화운동 등을 추진했지만
권력에 예속된 언론은 이를 외면하거나 왜곡보도했다. 또한 시민사
회의 권익과 직결된 정치·경제관련 정보를 언론은 왜곡하고 편파적
으로 보도했다. 시민사회의 민주화운동이 더 거세지면서 이에 대한
담론지원의 필요성도 높아졌다. 그러한 기제 속에서 기존 언론에 대
한 시민사회의 비판이 거세져 시청료 거부운동과 같은 구체적 저항운
동이 일어났으며, 새 신문 창간이 시민사회의 지원으로 가능해지는
사회변동이 진행되었다.

2) 한겨레신문 창간운동의 전개과정

사회운동과 관련을 맺는 결사체들의 생성과 성장 등의 과정은 전체
사회와의 관계 속에서 형성된다. 즉, 전체 사회와 특정 조직체는 상
호작용 속에서 영향을 주고받으면서 활동하게 된다. 사회운동으로
표출되는 그 활동상은 조직 내부의 제반 능력과 외부 사회와의 친소
관계 등의 복합적 작용의 결과로 해석된다. 그러나 그 사회운동의 형

태를 미시적으로 분석하는 작업은 단기적으로 조직 내부가 어떤 상태이며 조직이 추구하던 많은 목표 가운데 무엇이 성취되었느냐 하는 것과 밀접히 관련이 있다. 즉, 어떤 조직이 내부 역량과 외부활동력을 증대시키기 위해서는 수많은 필요조건을 충족시켜야 하는데 그것을 일시에 이루기는 어렵다. 사회운동의 목표가 점진적으로 시차를 두고 달성된다는 것을 감안하면 그 조직체의 목표설정과 그 추구노력은 시기별로 차이가 있다.

창간운동의 과정은 대안언론운동, 언론민주화운동이 구체적으로 한겨레신문 창간운동에 기여한 과정을 설명하는 데 필요하다. 그리고 창간운동의 조직화(*organization*), 동원화(*mobilization*), 창간결과로서의 제도화(*institutionalization*)로 나눠 분석할 수 있다.

(1) 대안언론운동

한겨레신문 창간이라는 일회성 사례의 분석은 그 필요조건으로 작용한 구조적 배경에서 등장한 기존 언론의 모순이 어떻게 창간운동으로 이어졌는지를 밝히는 것이다. 앞서 고찰한 바와 같이 시민사회에서 전개된 정치적 민주화운동은 체제순응적, 상업주의적 기존 언론의 대체물로 기능할 새 신문 창간운동의 추동력으로 작용했다. 시민사회는 민주화운동의 담론을 지원할 언론매체가 절실했으며 그것은 결국 정치적 민주화운동 과정에서 언론민주화운동 또는 대안언론운동이 역동성을 획득하는 계기가 되었다.

(2) 언론민주화운동

언론민주화운동은 기존 언론의 부정적 성향에 대항적 성격을 지닌 세력이 구체적으로 사회운동 차원에서 언론활동을 전개한 것을 의미한다. 이 운동의 주체세력은 기존 언론의 모순을 부각시켜 비판하는 방법으로 시민사회의 민주화운동 담론을 지원하거나 대안매체 창간운

동 등을 제시했다. 5공화국 권위주의 체제에서 전개된 언론민주화운
동은 시민사회에서 광범위한 공감대를 획득함으로써 한겨레신문 창간
에 필요한 조직화, 동원화 등을 단시일 내에 달성할 수 있었다.

(3) 창간운동의 전개
한겨레신문 창간운동의 전개를 창간운동의 조직화, 동원화, 제도
화로 나눠 분석키로 한다.

① 창간운동의 조직화
사회운동을 추진하는 조직은 두 가지로 대별된다. 즉, 조직의 핵심
부에서 활동하는 주체세력은 집중화된 조직의 형식을, 주체세력의
지원세력은 탈집중화된 비공식조직의 형식을 취하는 경우가 많다.
한겨레신문 창간의 경우도 유사했다. 즉, 창간 주체세력은 소규모의
창간준비사무실이라는 기구를 통해 주요 사항을 결정 집행하고 유명
종교인, 교수 등 사회저명인사를 망라해서 성명서나 발기인 대회를
열어 창간운동에 대한 공신력 부여와 그 강화를 위한 조치를 취했다.
한겨레신문 창간운동의 출현과 그 조직화가 이뤄진 과정은 창간운
동 주체세력의 창간운동 선언과 그 실천을 위한 단계적 조처, 그리고
새 신문 편집관련 조직체제 형성 등으로 나눠진다. 새 신문의 조직화
과정이 전체 조직의 형성과 편집체제의 구성으로 시도된 것은 사회운
동의 한 형태로서의 민주화운동 과정에서 새로운 대중매체의 출현이
갖는 중요성과, 새 신문이라는 단일조직 내에서 언론영역을 직접 담
당하는 편집관련 조직체제가 필요했기 때문이다. 이는 언론매체를
사회의 한 부분으로 고찰할 수 있는 광의의 시각과, 언론매체라는 단
일조직은 편집과 비편집 등 다소 이질적 조직의 합성체라는 협의의
시각이 병존한다는 논리로 연결될 수 있다.
먼저 새 신문 창간에 필요한 언론사 전체의 조직화 과정을 보면,

창간 언론민주화운동 세력은 새 신문 창간을 위한 첫 단계로 창간발기인 대회를 통해 창간의지를 구체적으로 밝히면서 관련정보 확산을 통한 시민사회 지지획득을 시도하고 이어 사회 각계각층의 지도급 인사를 동원한 창간발기인대회를 통해 창간운동에 대한 공신력 부여와 그 강화를 위한 조처를 취했다. 다음 단계로 창간주체들은 새 신문 주식회사 설립등기, 일간신문 등록신청, 새 신문 창립총회, 사원모집 등을 통한 회사조직 정비, 신문판매와 광고전략 및 기구구성 등을 통해 제도권 언론의 형태를 갖추었다.

새 신문의 편집관련 조직체계 형성과정을 보면, 기존 언론과 차별성이 있는 편집전략의 공표, 이를 통한 새 신문의 정체성 확립과 그 실천을 위한 조직화라는 특성을 지닌다.

② 창간을 위한 동원화

사회운동에서 가장 중요한 것은 운동집단에 의해 통제가능한 자원인 것처럼 한겨레신문 창간에서도 역시 자원의 확보가 그 성공여부를 결정짓는 열쇠가 되었다. 동원대상인 자원은 주장하는 학자들마다 그 종류 등이 매우 다양해 자금, 시설, 노동, 전문지식, 조직 등이 거론된다. 한겨레신문 창간과정에 대한 분석에서 자원동원과정은 창간기금 모금과 내부 노동력 충원을 위한 인력동원 등이 포함된다. 창간기금 모금은 새 신문의 소식지나 발의자 또는 기존 일간지 등을 통한 선전, 홍보와 지역주주조직들의 모금운동, 기존 일간지를 통한 모금광고 등이 주요한 역할을 한 것으로 나타났다. 또한 해외언론의 적극적 보도 등도 한겨레신문 창간기금 모금에 긍정적 역할을 했다. 전문인력 모집은 공개채용과 비공개 채용 등의 방식이 혼용되었다.

새 신문 창간을 위한 기금목표액은 당시로서는 전체 사회운동의 어느 부분에서도 달성이 불가능하게 여길 정도의 거금이었다. 6월 항쟁 이전의 한국사회의 시민의식 수준이나 권위주의 국가의 사회운동 결

사체 결성저지 또는 통제로 과거 한번도 시도된 적이 없는 거액의 창
간기금을 국민주주 모금형식으로 가능했던 것은 언론민주화운동 세
력이 1980년대 중반부터 《말》지 발행과 보도지침 폭로 등을 통해 광
범위한 시민사회의 유형, 무형의 지원을 받을 수 있는 여건을 확보하
고 있었기 때문이었다. 이는 전체 사회의 자원 기회구조 등의 변화를
의미했다. 언론민주화운동은 또한 여타의 사회민주화운동 부문에 비
해 대중들에게 쉽게 접근할 수 있는 대중매체 형식으로 전개되면서
시민사회에서의 신뢰가 축적될 수 있었다. 그밖에 기존 언론의 반
(反)언론성을 극복할 수 있는 대안언론의 필요성에 대한 사회적 수요
가 급등했다는 점 등이 주요인으로 꼽힐 수 있다.

③ 제도화

사회운동의 결과는 다양하게 나타날 수 있으나 한겨레신문 창간운
동의 경우 그것은 Gamson이 분류한 완전 성공(*full success*)의 경우에
해당한다고 볼 수 있을 것이다. 필요한 자원의 확보를 통해 기존 언
론사와 유사한 언론조직체를 형성하게 되었는데, 그것은 사회운동
과정의 종식이면서 제도화 속으로의 편입을 의미했다. 합법적 대중
매체를 지향한 새 신문은 창간과정에서의 사회적 약속을 이행키 위한
제도화를 추진했으며, 그 결과 창간이념, 편집, 인적 구성, 경영 등
에서 다른 매체와의 차별성을 드러냈다.

3) 한겨레신문의 정체성 확립과 창간운동의 결과

새 신문 창간으로 인한 제반 파급효과는 창간 당시의 시대상황의
특성과 밀접한 관계를 나타낸다. 즉, 한겨레신문 창간은 당시 권위주
의 정치체제를 중심으로 형성된 정치, 경제, 사회와 언론계의 비민주
적 성향에 직·간접적 영향을 미쳤다. 노태우 정부는 6월 항쟁과 그

여파 속에 치뤄진 대통령 선거에서 합법성을 획득한 군부정권의 성격이었으나 한겨레신문 창간 등으로 대변된 시민사회의 민주화 요구에 따라 제한적 민주화 조치를 취했으며 그 일환으로 언론사의 창간, 복간이 활발해지기도 했다. 언론은 정치권력의 지배 대신 독점자본의 지배를 받는 상황변화를 겪으면서 언론계의 오랜 관행인 카르텔이 파괴되고 경제활성화의 덕택으로 광고수입의 증대가 가능했다. 이 같은 시대상황 속에서 한겨레신문은 객관적으로 그 존재가치가 규정된 정체성이 확립되었으며 창간 후 언론문화 등에 미친 파급효과는 중요한 의미를 지닌다.

(1) 새 신문의 정체성 확립

한겨레신문의 정체성 확립은 시민사회로부터 집단적 지지를 유인해 낸 구체적 프로그램의 하나였다. 집단의 강력한 동질성이 집합적 유인의 주요인이 되기 때문이다. 한겨레신문 창간을 주도한 주체세력은 새 신문의 정체성을 창간운동의 이념적 지향성이 제시된 창간사와 윤리강령에서 구체화시키고 이어 새 신문의 편집전략과 편집국, 신문체제 구성을 통해 다중에게 확인시켰다.

(2) 새 신문의 파급효과

한겨레신문의 파급효과는 새 신문이 창간 이후 기존 언론계에 편입되는 과정에서 발생한 상호작용의 결과라는 의미를 함축하고 있다. 이 신문은 창간 이후 기존 신문과 일정 부분 차별성을 유지하면서도 공존전략을 펼쳤으나 기존 신문은 새 신문의 등장에 대해 비우호적 태도를 보였다. 한겨레신문의 창간영향은 편집제작에서 기존 언론과 달리 개혁 개선을 지향하는 방향성을 강하게 제시함으로써 과거 언론이 외면했던 분야에 대한 집중보도를 통해 소외계층의 커뮤니케이션 소외감을 해소하고, 민주·민중·통일 가치를 추구하는 보도태도를 보여주었다. 또한, 정부비판과 민중지향적 논조를 강화했으며 학생과 노동자세력에 비중을 둔 보도를 함으로써 사회 여러 분야의 민주화와 개혁을 가능케 하는 단초가 되었다. 새 신문은 언론노동운동의 활성화, 공정보도를 위한 편집·편성권 독립주장 등에도 기여했다.

  이상과 같은 3단계의 분석틀을 통해 한겨레신문의 창간운동의 배경과 과정, 그리고 그 결과를 설명코자 한다. 이에 따라 창간운동의 구조적 배경에서는 권위주의 정권과 언론의 성격, 언론의 생존전략과 시장과의 관계 등을 다루고 창간운동의 과정에서는 권위주의 정권하에서의 민주화운동 및 언론민주화운동을 설명한다. 이어 창간 조직화 과정은 창간발기추진위원회, 창간발기인대회, 창간발기인의 의의 및 계층별 분석, 창간을 위한 행정절차, 새 신문 창간을 위한 내부 조직 정비 등을, 창간운동의 동원화 과정은 주주의 납입 및 직업, 종교별 특성 분석, 창간기금 모금을 위한 동기부여 등을 분석한다. 한겨레신문의 정체성 확립과 창간운동의 결과는, 한겨레신문의 정체성을 창간사, 윤리강령 분석, 편집전략과 편집국, 신문체제 구성의 분석을 통해 설명한다. 이어 창간의 정치·사회적 영향은 정치·경제적 파급효과, 언론기업의 카르텔 파괴와 경쟁심화, 새 신문의 기존 언론계 편입과정에 이어 창간이 언론문화 등에 미친 영향 등을 고찰키로 한다.

제 3 장
한겨레신문 창간운동의 구조적 배경

1. 권위주의 정권과 시민사회, 언론의 관계

　자본주의 체제의 일반적 언론기업은 이윤창출을 위한 기업의 성격
과 함께 정보전달이라는 미디어의 기능을 동시에 지닌다. [1] 이 때문
에 언론은 미디어라는 상품을 생산 분배하는 산업적, 상업적 하부구
조에 속하며 정보라는 관념적 상품의 생산, 분배에 기여함으로써 상
부구조, 즉 이데올로기적 성격을 지닌다. 1980년대 한국의 기존 언
론은 권력의 억압구조와 언론자본의 상업주의 속에서 지배층의 이익

---

[1] Fernand와 Solal은 모든 정치적 통제로부터 완전히 자유로운 언론은 없다
　　는 전제 아래 언론은 정치권력에 완전히 예속된 상태와 비예속적 상태의
　　양극 사이에 무수한 정도의 차이를 나타내면서 존재하는 갈등관계에 있다
　　고 정의한다(Fernand, T. and Solal, L., 1951). Chaffee가 지적한 바와 같
　　이 정부와 언론의 관계는 적어도 세 가지 측면에서 언급할 수 있다. 즉,
　　정부는 언론활동을 통제 또는 제약하기 위해 권한을 행사할 수 있다는 것,
　　둘째, 정부는 보다 긍정적 언론활동을 조장하기 위해 적극적으로 행동할
　　수 있으며, 셋째, 정부는 언론을 매개로 삼아 국민과의 쌍방향 커뮤니케이
　　션의 한 쪽이 될 수 있다는 것이다(Chaffee, Z., 1947, 3~4, 7).

에 부합하는 이데올로기의 전파에 기여했다. 당시 한국사회의 지배 피지배 구조의 특성은 해외자본과 그에 결탁한 국내의 독점자본의 지배, 수출주도형 경제구조, 민중의 경제적 배제, 군부세력의 정치권력 장악 등으로 요약된다(정해구, 1986, 82; 이옥경, 1983, 261). 그 같은 상황에서 언론의 생존전략은 경제적 이익의 확보라는 상업주의에 집중되었다.

권위주의 시대에서 시민사회와 언론의 관계도 정상적인 것은 아니었다. 시민사회는 민주화운동 등을 추진했지만 권력에 예속된 언론은 이를 외면하거나 왜곡 보도했다. 정치·경제관련 정보를 왜곡하고 편파적으로 보도함에도 불구하고 시민사회는 대안언론이 존재치 않은 상태에서 알 권리를 침해당하는 불운을 겪었다.

이상과 같은 구조적 특성 속에서 시민사회에서는 민주화운동이 더 거세지고, 상업주의 언론에 반발한 언론민주화운동이 발생하게 된다. 6월 항쟁으로 정치적 자유화 조치가 취해진 상황은 대안언론의 창간운동과 그 조직화, 그리고 동원화 과정에 결정적으로 기여하게 된다. 한겨레신문 창간을 전후해 상업주의 언론이 편파적이고 일방적 보도를 주입하는 데 대한 시청자 반발운동이 일어났다. 언론사 내부의 경영과 편집의 갈등구조는 언론계 특유의 문화를 조성한다. 그에 대한 문제제기가 편집·편성권의 독립 요구로 나타났다. 주로 젊은 기자들을 중심으로 제기된 이들 문제는 언론사 노조결성과 공정보도 보장 요구 등의 구체적 대안제시로 이어졌다.

권위주의 정부는 언론의 생산과정에 직·간접적으로 개입해 그 내용이 지배이데올로기에 기여토록 조정하거나 통제했고 그 같은 과정에서 권력과 언론의 관계는 기능적 보완관계를 유지하거나 때로는 경제적 이해 등을 둘러싼 상호보완관계로 나타났다. 한편 기업적 언론의 상업주의는 권력의 요구에 순응하는 대가로 경제적 이윤추구를 보장받는 언론사간 카르텔 형성과 그 유지, 주·월간지 발행을 통한 이윤창출 등으로 압축된다.

여기에서는 한겨레신문 창간운동의 구조적 배경을 박정희 시대부터, 전두환, 노태우 정권 시대까지로 삼아 고찰키로 한다.

1) 박정희 정권

한국사회에서 국가·정치사회·시민사회의 구도가 형성되기 시작한 것은 5·16 군부 쿠데타로 집권한 군부집단의 산업화 과정으로, 이때부터 자본가계급은 중소자본가 계급을 장악한 경제적 지배계급으로 성장했으며 1970년대 중반 이후 중화학공업을 중심으로 거대한 산업자본을 형성했다(임영일, 1992, 183~188). 당시 국가는 경제정책 결정권을 장악하고 재정과 금융, 차관도입을 통한 투자재원의 조달자로서 독점자본의 형성 혹은 성장의 직접적인 물적 기반을 제공했다. 중화학공업은 선진국 독점자본과의 수직적 국제분업 연관 속에서 추진되었고 영세 소기업은 대자본의 공세에 밀려 급속히 몰락했다. 1960~1970년대의 독점자본가 계급은 국가 주도하의 고도산업화 과정에서 독자적인 정치적 영향력 행사를 유보하고 정치집단에 예속된 대가로 자본축적의 기회를 제공받았다.

당시 정치사회는 1950년대의 정치구조의 특성을 벗어나지 못했으며 집권당인 공화당은 박정희를 정점으로 하는 강권적 국가권력의 수직적 통제와 관리의 대상에 불과했다. 야당의 역할을 맡았던 신민당 또한 정치·사회적 이해관계를 대변할 계급적 사회세력이나 집단을 지지와 충원의 기반으로 삼지 못하는 한계를 지니고 있었다. 대학과 종교계, 문화 언론계의 진보적 인텔리 계층이 주도하던 '재야'(在野)라는 정치세력은 시민사회 내의 노동자, 농민층의 초보적 계급조직과 연계되어 있었다. 1970년대 말까지 국가의 강력한 통제력은 재야세력과 야당·노동자·농민층의 연계를 차단하려 했고, 그 과정에서

YH여공사건, 사북탄광사태 등이 발생했다.

박정희와 그 추종세력은 쿠데타에 성공한 뒤 군부 권위주의 지배를 강요하고 정착시키면서 4·19 이후 활력을 되찾을 가능성이 보이던 시민사회에 대해 보다 조직화되고 광범위한 통제를 실시했다(한배호. 1992, 72~79). 박 정권은 공업화를 골자로 한 근대화를 추진해 집권 초 수입대체산업 중심의 경제성장 전략을 수출주도형 산업화 전략으로 대치함으로써 고도경제성장을 이룩해 정권의 정당성 기반을 상당히 보충, 강화했다.2) 박 정권은 한일 국교정상화, 월남전 참전 등을 통해 대내외적 지지기반을 굳혔고 공업화를 통한 사회구조변화를 촉진시켰다. 그 과정에서 한국사회에도 자본주의 산업화가 진전되면서 미숙한 수준이지만 시장, 개인주의, 다원주의 등의 시민사회 선행조건들이 집권세력의 의도와는 관계없이 출현했다.3) 공업화의 진척으로 임금 노동자의 급증에 따른 계급분화가 발생해 소득분배를 놓고 대립하는 기업집단과 노동단체의 갈등, 이념 사상적 자율성을 주장하는 지식인 집단의 저항 등이 나타났다. 그 과정에서 전문화의 진전으로 화이트 칼라층과 중산층이 급증했다.

박정희 정권과 전두환 정권의 왜곡적 커뮤니케이션의 특성을 이강

---

2) 경제적 지배계급이면서도 국가권력의 통제하에 있던 독점자본도 국가 개입으로부터 자율성을 주장하면서 한편으로는 국가권력을, 다른 한편으로는 자본주의 질서에 도전하는 급진적 민주세력을 비판하는 양면전략을 펴게 되었다(정태석 등, 1995, 273).

3) 1970년대 이후의 한국시민사회의 성장은 중산층에 의해 선도되었으며, 그 전개과정은 한국자본주의의 특수성으로 인해 몇 가지 특이한 내용이 있다. 즉, 한국자본주의의 발전과 시민사회의 성장은 일정기간 역관계를 유지했다는 점이다. 이는 한국자본주의가 처음부터 정치적 의지에 따른 경제적 결정이라는 특성을 지녀 국가가 자본가를 만들어내고 지배하는 것이어서 국가의 시민사회에 대한 우위가 분명했다. 자본주의적 산업화가 심화되면서 정치적 통제도 강화되어 1970년대 유신체제 성립은 시민사회에 대한 전면적 탄압을 의미했다(김성국, 1992, 154~157).

수는 히틀러, 무솔리니, 일본 제국주의 정권의 그것과 유사하다면서
아래와 같이 설명한다(이강수, 1999, 308~315). 박정희 정권과 전두
환 정권의 강제-지시적 커뮤니케이션의 특징으로 선전장치, 혹은 커
뮤니케이션 조직기구의 확대설치, 법제적 통제의 강화, 언론사 정리
또는 통폐합, 사전검열, 언론인 구속과 해직 등이 지적되었다. 그리
고 조작적 커뮤니케이션 방식으로는 히틀러 나치정권이나 일제 언론
통제와 같은 방식으로 보도지침을 들었다. 한편 박정희 정권은 권력에
순응하는 언론인을 정치권력층에 포섭, 신분상승을 시켰는데 1961~
1963년 사이에 23명, 1972년~1973년 38명으로 집계되었다(김지운,
1989, 18).

  5공화국 독재의 뿌리가 된 박정희 정권은 집권 초부터 언론에 대
한 집요한 공세를 폈으며, 그 결과 언론계는 점차 위축되어 1967년
이후 기자의 구속·폭행 등의 사건이 발생해도 보도조차 않게 되었
다. 이 같은 언론의 무기력증에 대해 1967년 선거를 고비로 대학생과
독자들의 비판 및 언론계 내부의 자성(自省)이 잇따랐다. 즉, 1971년
4월 젊은 기자들을 중심으로 '언론자유 수호운동'이 전국적으로 확산
되고 그해 10월 제2의 언론자유 수호운동이 일어났다. 그러나 군부는
1971년 12월 '국가보위에 관한 특별조치법'을 통과시켜 언론탄압을
더욱 강화할 수 있는 길을 열어놓았다. 그리고 1972년 7·4 남북공
동성명 발표에 이어 10월 유신헌법이 등장하자 언론은 유신체제의 홍
보기구로 전락했다. 4)

----

4) 당시 사회의 지배이데올로기는 분단, 외래문화 지향, 상업적·소비지향적
   이데올로기로 대별된다. 분단이데올로기는 자본주의와 사회주의의 체제적
   대립상태의 한국적 표출로, 군부 쿠데타를 통해 집권한 정권이 안보지상주
   의를 표방하는 데 활용되었다(고성국, 1985, 261). 분단이데올로기는 국
   민 대다수에게 노동운동을 비롯한 여타 사회계층의 사회운동에 대한 부정
   적 견해를 정착시켜 이들 사회운동에 대한 통제를 정당화하는 데 기여했
   다. 외래문화 및 소비지향적 이데올로기는 한국 자본주의의 대외의존성과

박 정권은 기자 신분증 발급제도를 통해 행정적 언론통제를 강화했다. 즉, 기자 신분증을 발급하는 과정에서 권력이 언론인 자격유무를 사전심사할 수 있게 된 것이다. 박 정권은 이어 '언론자율정화'라는 이름으로 언론사를 통폐합하고 언론인을 내쫓았다. 즉, 8개 지방지가 3개로 줄어들고 전국 기자 수는 6,300여 명에서 3,400여 명으로 감소했다. 1973년 방송법이 개정되어 방송윤리위원회가 자율기구에서 법적 기구로 바뀌어 검열기능이 커졌다.

군부독재에 대한 저항이 커지자 박 정권은 1974년 1월 긴급조치 1호 선포에 이어, 다음 해 5월까지 9회에 걸쳐 긴급조치를 양산했다. 긴급조치 9호가 선포된 1975년 5월은 인도지나반도가 공산화되고 국내에서 개헌논의가 고개를 드는 상황이었다. 군부는 긴급조치 9호로 개헌논의 금지, 집회·시위금지와 함께 언론이 이를 보도하는 행위도 금했다(언론을 극도로 위축시킨 긴급조치 9호는 4년 7개월이 지난 1979년 12월에야 해제되었다. 9호 해제는 10·26으로 비상계엄이 선포된 상태에서 더 이상 존속시킬 필요가 없었기 때문이었다).

긴급조치 아래에서 정부의 언론탄압이 더욱 노골화되자 기자들의 자유언론 수호운동이 다시 시작되어 동아일보, 한국일보에서 노조결성이 시도되었으나 좌절되었다. 그리고 1974년 12월부터 이듬해 7월까지 동아일보 광고탄압이 일어났다. 1975년 언론자유운동에 앞장섰던 동아일보, 조선일보 기자들이 무더기로 해직되었고 이 운동을 지원하던 기자협회보가 폐간되었다. 이후 10·26까지 4년여 동안 언론은 철저하게 권력에 유린당했다. 정보기관원은 언론사에 전화 한 통화로 기사를 줄이고 뺄 수도 있었다. 물론 권력에 편입되기를 바라던 어용언론인의 자발적 협조도 국민의 알 권리를 크게 훼손했다.

정치, 사회적 예속상태라는 객관적 구조 속에서 발현한 것으로 선진자본국가에 대한 호의적 이미지를 조성하고 소비지향적, 향락적 상업문화의 전파는 민중부문을 탈정치화하는 데 기여했다(신홍범, 1983, 48).

2) 5공화국

10 · 26 박정희 피살사건, 1980년 '서울의 봄' 등은 기존의 계급세력 관계의 근본적 변화나 본질적 연관 속에 이뤄진 것이 아니라는 점을 최장집은 다음과 같이 기술했다.

> 유신체제의 몰락은 반체제세력이 정권을 붕괴시킬 잠재적 역량을 갖추기 전에 발생했고, 집권세력 입장에서 본다면 그들이 가용한 모든 강권적 국가권력의 자원들을 남김없이 동원할 수 있기 전에 발생했다. … 이들 적대적 세력의 직접 충돌은 박정희 사망에 의해 갑자기 발생한 권력의 공백기에 이뤄진 것이다(최장집, 1989, 195).

그 결과 전두환 등을 중심으로 한 신군부는 짧은 기간동안 격심한 갈등과 대립의 정치위기 속에서 손상받지 않았던 강력한 국가기구를 동원해 다시 정치사회와 시민사회 전 영역을 장악했다. 당시 정치위기가 체제위기로까지 증폭되지 않은 것을 임영일은 독점자본을 중심으로 한 자본가 계급의 역량증대에서 나왔다고 지적한다(임영일, 1992, 190~192). 비약적으로 증대된 독점 대자본가층의 물질적 자원 동원력은 큰 사회경제적 비용을 감당하면서 당시의 정치위기를 수습할 간접적 기능을 담당했다는 것이다. 1980년대 초 신군부와 독점자본가층과의 관계는 양면적인 것이었다. 우선 독점 자본가층은 신군부에 대해 막대한 정치자금을 제공하는 대가로 당시 자본축적위기를 극복할 수 있는 중요한 경제적 계기를 확보했다. 신군부가 집권한 1980년대 들어 한국의 독점 대자본가계급은 지배계급으로 성장하는데, 그것은 1970년대까지의 경제적 지배계급에서 사회적 지배계급으로 그 모습을 바꾸는 것으로 나타났다(임영일, 1985, 192~198). 즉, 한국 독점자본은 경제적 영역뿐만 아니라 학술, 언론을 포함한 시민사회의 다양한 영역 속에서도 그 헤게모니 기반을 확충하고 있었다.

　1980년대의 정치위기 심화과정에서 자본가계급은 점차 군부를 중심으로 한 국가부문의 권력 테크노크라트들에 대한 정치적 지지를 철회하고 있었다. 자본가계급은 1980년대 중반 이후 재야 민중운동권에서 표출되던 급진적 사회변혁 이데올로기를 경계했으며 노태우 후보를 중심으로 한 기존 지배층을 동반자로 선택했다.

　1987년 노동자 대투쟁 시기 이전 한국에서 노동자 계급이 계급정치의 주요 변수가 된 적은 없으며 1960년대 이래 한국에서의 격렬한 정치변동은 시민사회의 영역에서 전개된 자본과 노동의 계급투쟁과 이에 대한 국가의 탄압적 개입의 특성을 나타냈다. 1960년대 이후 1970년대를 통해 산업화 과정에서 점차 거대한 사회층으로 성장한 노동계급은 그 잠재적인 구조적 역량에 비해 주체적, 이념적 역량의 성장정도는 지극히 미미했다. 따라서 그 기간동안 노동은 자본에 의한 포섭, 국가에 의한 노동의 배제와 탈정치화로 요약된다. 당시 공식적 노조단체인 한국노동조합총연맹은 1961년 군사정권에 의해 만들어진 뒤 '어용노조'의 역할에 충실할 뿐 노동운동에 긍정적 영향력을 거의 행사하지 않았다. 1987년 이전까지 노동운동은 한국노총이 아닌 소수의 단위노조들에 의해 일어났을 뿐이고 도시산업선교회라는 진보적 기독교 조직의 지도를 받았다. 도시산업선교회는 1980년대 초까지 국가와 자본에게 위협적인 유일한 친노동자적 조직이었다.

　새로운 지배세력으로 등장한 신군부는 강권통치를 통해 정치와 시민사회에 대한 지배력을 강화하려 했으나 학생, 재야, 야당 등으로부터 점증하는 강력한 저항에 직면했다. 일부 야당세력과 재야는 노동자, 농민과 도시빈민층 등의 민중세력과 유기적 관계 속에서 조직적 저항세력으로 등장했다. 의회와 제도정당의 기능이 무력화된 상태는 5공화국에 결정적 질곡이 되었고 해체과정을 밟던 정치사회와 활성화 과정의 시민사회의 접점에서 민주·반민주 전선이 형성되었다.

　1980년대 민족민주운동 발전의 출발점은 광주민주항쟁에서 비롯된다. 유신체제를 승계하려는 신군부 독재체제의 재편기에 나타난 광주민중항쟁은 공수부대의 진입과 양민학살에 대한 국민의 무장저항, 군부의 무차별 진압으로 전개되었고, 이 광주항쟁을 통해 1980년대 민주화운동은 변혁적 사회운동으로 탈바꿈하게 되었다(조희연, 1990, 15~25). 광주항쟁을 계기로 확인된 1980년대 사회운동의 특성을 보면, 지배권력의 폭력성을 극복대상으로 부각시킨 의식이 확산되면서 미국의 군부세력에 대한 지원의 확인을 통해 반외세 자주화역량 확보의 필요성에 대한 사회적 공감대가 형성되었다. 군사정권은 군부독재체제를 강화하기 위해 민주화 추진세력에 대한 탄압, 와해노력을 벌이게 되고, 학생운동권을 중심으로 1980년대 사회운동이념 및 실천방안이 다양하게 제시된다.

1983년 들어 군사정권이 체제의 재정비와 권력의 공고화를 마친 뒤 민중적 불만을 체제 내로 수렴키 위한 유화정책을 실시하게 되면서 사회운동 세력들은 확대된 합법적 활동공간을 활용, 사회운동의 대중적 활성화를 촉진키 위한 활발한 활동을 전개한다. 1984년 11월 민정당사 농성사건, 1985년 5월 서울 미문화원 점거농성사건 등을 통해 한국사회의 본질적 모순으로 잠재되었던 민족문제가 전면적으로 공론화되었다. 노동운동의 경우 1985년 8월 서울노동조합연합(서노련)이 창립되어 사회구조적 변혁을 전제한 정치투쟁을 지향함으로써 노동운동이 새로운 단계로 이행하게 되었다. 사회의 여러 영역에서 전개된 사회운동의 연계를 위한 민주통일민중운동연합(민통련)이 1985년 3월 결성되어 전국적인 공개적 사회운동조직의 발전이라는 성과를 거뒀다. 1984~1985년 시기의 한국사회운동의 전반적 지향성은 '민족, 민주, 민중혁명'으로 압축되었지만 각론 부분에서는 운동세력들간의 대립이 발생했다.

1985년 후반기부터 군사정권은 그 이전의 유화정책을 거둬들이고, 민족민주운동에 대한 대대적 탄압정책을 시행하게 되고 그에 대해 사

회운동진영의 투쟁이 지속되면서 1987년 2월 박종철 군 고문살인사건
이 발생해 이에 분노한 민중들이 반군사독재투쟁에 합류하면서 6월
민주화대투쟁이 일어난다. 6월 항쟁으로 군사정권의 억압적 통치체제
가 균열되면서 노동대중의 광범위한 투쟁이 7~9월 동안 전국적으로
전개된다. 즉, 전국 4천여 개 기업체에서 270여 만 명의 노동자들이
파업, 농성시위에 참여했고 6·29 이후 10월까지 신규노동조합이
1,100여 개에 이르렀다. 민중들의 군사독재정권에 대한 저항이 고양
되자 지배층은 대통령직선제를 골자로 한 6·29선언을 내놓게 되어 9
월 이후 정국은 대통령 선거국면으로 들어간다. 민중운동진영은 선거
혁명을 통한 군부독재 종식을 시도했으나 양 김씨의 분열 등으로 결국
노태우 후보가 당선되었다. 노태우의 당선은 합헌적 형식을 통한 군
사정권의 재생산의 의미를 지닌다.

한편, 1980년대 언론에 대한 국가와의 관계는 정권의 언론통제와
혜택의 제공, 즉 채찍과 당근을 구사한 것이라고 규정할 수 있다. 1980
년 5·17 쿠데타로 집권한 신군부는 언론장악을 위한 각가지 조치를
취하는데, 그것은 박정희 정권의 그것보다 더욱 체계화하고 확대하는
방식이었다(김해식, 1994, 188~191). 10·26 이후 선포된 계엄령에
따라 언론은 사전검열을 받게 되고 군부는 유신체제 아래에서 억눌린
민주화 주장이 분출하는 것을 통제하기 위해 교묘한 방법으로 언론검
열을 이용했다. 당시 계엄사 검열단은 자의적 판단에 의해 특정 사실
의 보도여부는 물론 기사내용까지 수정 또는 삭제함에 따라 많은 유언
비어가 발생했다.

군부는 공적 언론을 통제하면서 궁극적으로 군정을 연장하려는 저
의를 교묘한 방법으로 드러냈다. 즉, 민주화운동의 확산을 막기 위해
그와 관련된 정보를 차단, 축소, 왜곡했다. 반면 군부는 막힌 언로
(言路)에 갈증을 느끼는 사회정세를 역이용해 유언비어 형식으로 중
요한 정보를 흘려보내 사회적 반응을 떠보기도 하고 여론을 조작하기

도 했다. 유언비어의 생리를 확실히 파악했던 군부는 5공화국 내내
'유언비어 작전'을 폈다. 즉, 권력에 대한 공포를 확산시키기 위해 위
협적 유언비어를 흘려보내는가 하면 권력자의 자애스러움을 드러내
기 위해 감격적 내용의 유언비어를 퍼뜨렸다.

　언론계의 젊은 기자들은 4년 동안 언론을 짓누르던 비상조치 9호
가 해제된 1979년 12월을 전후해 유신시대 언론을 반성하고 언론 본
연의 자세로 되돌아가야 한다는 움직임을 활발히 전개했다. 그러나
이런 언론자유운동은 계엄사 검열단에 사전검열을 받아야 하는 현실,
특히 민주화추진운동을 부정적으로 보도하도록 유도하는 상황에서는
그 한계가 명백했다. 이 때문에 검열철폐 주장이 제기되어 기자협회
는 1980년 5월 20일을 기해 전국 언론사가 검열을 거부토록 의결했
다. 군부는 언론을 비롯한 대학가, 재야 등에서 불어오는 민주화 열
풍에 위협을 느낀 나머지 1980년 5월 17일을 기해 계엄을 전국으로
확대하는 조치와 함께 군정연장을 위한 탄압책을 썼다.

　이는 결국 광주항쟁을 유발했고 민간인 대량살상으로 이어졌다.
언론은 현지에 특파된 기자들이 보낸 기사와 외신보도에 담긴 군의
파괴적 행위에 반발해 5월 20일경부터 전국 언론사가 부분적 검열 및
제작거부에 들어갔다. 그러나 신문·방송·통신사 간부들이 제작에
참여, 제작업무가 중단되지 않아 국민들에게 언론의 군부에 대한 항
거가 널리 알려지지는 않았다. 그러나 광주항쟁기간 동안 광주 일원
을 제외하고 군부에 저항한 세력은 언론계가 유일했고 그 때문에 광
주를 점령한 신군부의 언론탄압도 자심(滋甚)했다. 군부는 내란을 자
행하는 과정에서 최우선적으로 언론장악을 시도, 1,300여 명의 언론
인을 강제해직하고 40여 개의 언론사를 통폐합했다. 이어 행정명령
으로 언론사 등록을 취소할 수 있는 독소조항이 담긴 언론기본법을
만들었고 5공화국 출범 이후에는 매일 보도지침을 언론사에 보내 국
민의 알 권리를 짓밟았다.

5공화국을 전후해 자행된 언론탄압을 합법, 불법적 형태로 분류해보면 아래와 같다. 법률적 통제로는 헌법, 국가보안법, 신문·통신 등의 등록에 관한 법률, 계엄법, 반공법, 대통령·국회의원 선거법, 집시법 등이었고, 행정적 통제로는 기자 신분증제 실시, 정부 각 부처 대변인제 도입 등이 손꼽힌다. 불법적 탄압은 보도지침을 통한 규제, 기관원의 언론사 출입, 임의동행 형식의 언론인 불법 연행조사, 기자에 대한 폭력행사 등이 포함된다.

이상과 같은 언론통제를 통해 정부에 유리한 기사와 대통령 기사는 크게 다루어지고 정권에 불리한 기사는 축소, 왜곡, 삭제되었다. 또한 재벌위주의 경제구조로 고속성장정책을 펴면서 노동자들의 권익을 짓밟는 경제현장의 보도는 철저히 억제되었다. 군사정부는 이 시기에 언론에 대한 탄압과 함께 언론의 상업주의적 속성을 이용한 행정적 재정적 지원과 특혜로 언론을 권력에 편입시키는 방법을 동원했다(고승우, 1998, 84~93). 즉, 언론에 대한 통제를 간편화하기 위해 언론인 숙청, 언론사 통폐합을 통해 언론구조를 단순화했다. 비판적 언론인을 언론현장에서 몰아내고 대대적인 신문 방송매체의 통폐합과 방송 공영화 조치를 취했다. 언론에 대한 감시기구로 기존의 문공부 외에 한국방송광고공사, 방송위원회, 언론중재위원회, 언론연구원, 방송심의위원회 등의 법정 언론유관기관을 만들어 언론에 대한 행정적 규제를 강화했다. 정보의 유통을 통제하기 위해 통신사를 통폐합하고 주재기자제도를 폐지한 후 연합통신만이 지역기사를 취재토록 했다.

행정적 통제로부터의 이탈을 방지하기 위해 언론에 대한 총괄적 법률체계인 언론기본법을 제정했다. 이 법은 문공부장관에게 행정적 판단에 따라 언론사의 정간 또는 폐간을 명할 수 있도록 했다. 이 법의 등록조항은 허가제의 성격을 띠고 있었고 신문사의 시설기준을 엄격하게 함으로써 자본가만이 언론을 소유할 수 있게 했다. 즉, 자본이 부족한 변혁운동은 원천적으로 언론을 소유할 수 없게 제도적으로

막았다. 이 법은 1987년 폐지되고 대신 정기간행물 등록법과 방송법이 새로 제정되었다. 그러나 정기간행물법도 등록기준, 시설기준, 문공부장관의 발행정지권한과 등록취소 심판청구권, 발행인과 편집인의 자격제한 등이 언론자유를 위협하는 독소조항으로 지적받았다.

일상적 언론통제를 위해 문공부의 홍보조정실에서 '보도지침'을 하달했다. 보도해야 할 기사와 말아야 할 기사, 크게 부각시켜야 할 기사 등을 구체적으로 지시한 보도지침의 이행률은 중앙종합일간지의 경우 70~80%나 되었다(김동규, 1988, 168).

언론사 통폐합은 살아남은 언론에게는 큰 혜택의 의미가 있었다. 정부는 1960년대 이래 지속된 구독료와 지면수에 대한 신문 카르텔을 묵인했고 윤전기를 수입하는 신문사에 감세혜택을 주었다. 신문사들은 권력의 허용으로 출판업을 확장해 많은 잡지들을 창간했으며, 중소기업 고유업종인 상업인쇄, 부동산 임대, 스포츠사업, 문화사업 등의 진출이 가능해졌다. 또한 당시 언론인에 대한 특혜를 보면 우선 임금을 대폭 인상했고, 소득에 대한 면세혜택도 주었다. 방송광고공사가 조성한 공익자금으로 해외연수, 주택자금 및 생활안정자금 대출, 자녀 학자금 등을 지원했다. 이 같은 공식적 혜택 외에도 언론인 출신의 정치권 충원, 촌지제공 등이 행해졌다.

1986년 9월 보도지침이 폭로되어 5공화국의 야만성과 기만성이 드러났고 그로 인해 국내외에 가해진 충격은 컸다. 5공화국에서 문공부장관을 지냈던 이광표 씨는 1988년 12월 국회에서 열린 청문회에서 보도지침의 70%는 지켜졌다고 증언한 바 있다. 군부통치 기간동안 공식 언로가 권력에 의해 차단되고 왜곡되면서 비공식적 매체가 그 역할을 대행한 현상이 발생했다. 즉, 각종 유인물과 테이프, 미등록 주·월간지 등이 가려진 사실과 진실을 전달했다. 유인물은 1980년대 중반부터 활발히 보급되기 시작한 복사기 등을 통해 대량제작이 가능했고, 녹음기의 대중화로 테이프를 통한 각가지 노래 등을 보급해 민주화운동을 촉진할 정보전달이 활성화되었다. 또한 해직언론인들이 주축이 되어 제작한 《말》지 등의 매체는 공식언론에서 다루지 않는 각가지 국외정보를 전달해 큰 호응을 받았다. 이처럼 국민의 입과 귀를 틀어막는 권력의 횡포가 극심할수록 보완적 기능을 하는 정보전달 수단도 개발된다는 것이 입증되었다. 특히 5공화국 중반 이후 대량 보급된 복사기는 정보전달 메커니즘에 혁명적 변화를 가져왔다. 복사기가 등장하기 전에는 등사기와 인쇄업소의 시설에 의존할 수밖에 없어서 경찰 등 권력기구의 단속이 용이했던 측면이 있었다. 그러나 복사기의 등장은 공식언론이 침묵하는 사실들을 단시간 안에 광범위한 대상에게 배포할 수 있는 길을 열어놓았다. 이처럼 정보전달을 용이케 하는 전자기기의 보급은 군사정권의 정보를 차단 왜곡할 여지를 크게 좁혀놓았던 것이다.

그러나 군부는 언론탄압 과정에서 교묘한 당근정책을 병행해 언론사들의 상업주의적 이윤을 크게 해 주고 언론인들에 대한 혜택을 제공했다. 그 결과 언론은 위축되었지만 언론사는 비대해지는 기현상이 일어났다. 이를 구체적으로 살펴보면, 신문은 1980년 통폐합조치 이후 8면에서 12면으로 늘어났고 윤전기 도입관세가 20%에서 4%로 인하됐다. 광고물량은 4배로 늘어났지만 신문사가 줄어들어 광고수입은 크게 늘어났다. 신문업계는 카르텔을 형성해 물품구입과 판매 영업 등에서 경쟁을 회피하고 고속성장의 계기를 만들었다. 5공화국 기간동안 6대 중앙일간지의 대차대조표를 보면 1987년 성장률은 1981년에 비해 300%에 달해 일반 제조업의 성장률을 웃돌았다. 동아일보의 경우 자본총계가·1981년에 비해 1987년은 4.5배로 늘었다.

또한 5공 정부는 언론인들에게 집권 5년 동안 300억 원의 특혜를 주었다. 즉, 1,313명의 해외시찰에 44억 원, 자녀 학자금 177억 원, 해외연수 235명, 기자월급 가운데 취재수당 20% 면세, 9천 명에게 주택자금 융자, 생활안정자금을 제공했다. 5공화국 기간동안(1980년~

87년) 정치권력으로 이동한 언론인은 55명으로 이는 1961년부터 1987년까지 정치권으로 신분상승한 전체 언론인 188명의 약 30%에 달했다(김지운, 1989, 18).

정치군인들이 요리한 5공화국 언론은 보도지침에 조종되어 반언론적 보도관행을 되풀이 한 어두운 그림자를 남겼다. 5공화국의 폭정과 기만술에 대한 민중적 분노는 1987년 6월 항쟁으로 폭발, 군부독재를 끝장내지는 못했으나 민주화를 진전시키는 결정적 계기가 되었다. 군사정권은 6월 항쟁 이후 언론기본법 폐지, 보도지침 폐지 등을 공언하면서 언론자유를 최대한 보장하겠다고 국민에게 약속하기도 했다. 그러나 1987년 12월 대통령 선거가 끝난 뒤 KBS와 MBC는 교묘한 영상조작, 방송시간 차별 등의 방법으로 여당후보 당선을 위한 득표공작을 한 것으로 두 방송사 기자들에 의해 폭로되기도 했다.

이상에서 개관한 바와 같이 군부독재의 나팔수 노릇을 하던 '제도언론'의 반사회적 행위와 그에 대한 반발, 그리고 수많은 민주투사와 언론운동가들의 활약은 한겨레신문 창간에 6만여 명의 국민주주가 참여하는 사회운동으로 이어져, 새 신문 창간에 필요한 200억 원의 창간기금이 모아졌다. 제도언론에 대해 이태호는 체제, 즉 통치체제 또는 언론통제 체제 속에 함몰된 언론이라고 규정하면서 유신체제의 말기에 그 본성을 드러낸 이런 언론형태는 자유언론과 배치되는 개념으로 파악해야 한다고 주장했다(이태호, 1984, 13~15).

3) 노태우 정권

한국사회 변혁운동은 1987년 6월 항쟁과 노태우 정권의 등장 이후 중대한 전환기에 접어들게 되는데 그 전환국면은 몇 가지 복합적 요인에 의한 것으로 분석된다(이종오, 1992, 427~439). 조희연은 6공화국이 그 본질에서 반민족적, 반민중적, 반민주적 성격이었지만 강경책과 유화책의 배합 등을 통한 형식적 민주체제로서의 형식을 갖추려 했다고 본다. 선거혁명의 노력이 실패한 사회운동세력은 일시적으로 민주화투쟁의 목표점과 구심점을 상실해 소강상태에 빠졌지만, 학생운동을 중심으로 한 통일운동의 활성화, 노동조합운동의 확산 등을 통해 변혁적 대중운동의 흐름이 확장되었다(조희연, 1990, 25~30).

1987년 6월 직선제 쟁취를 구호로 내건 전 국민적 시위운동은 1960년대 이래 최대였으며 그것은 최후의 대중적 민주화운동의 형태로 평가된다. 그러나 6월 항쟁은 과거청산이 생략된 채 대통령선거가 실시되는 제한적 성공으로 귀결되었고 노태우 정권이 들어선 해인 1988년의 5공화국 청문회 또한 그 성과가 제한적이었다. 1987년 민주후보의 단일화 실패는 군사정권의 실질적 연장이라는 성격을 지닌 노태우 당선으로 귀결되면서 지역주의 정치구조의 심화라는 부작용을 심화시켰다. 1987년 대선은 야당후보의 단일화와 민중운동의 독자후보를 추대하자는 비판적 지지, 후보 단일화, 독자 후보의 세 가지 입장이 공존하면서 사회운동의 분열을 초래했다. 노태우 후보의 당선, 야당과 사회운동의 패배는 사회운동의 위축과 방향상실을 불가피하게 했다. 유신 이래 정치적 목표였던 대통령 직선제는 실시되었지만 그 결과는 사회운동의 패배와 지배권력에 대한 정통성의 부여였다.

노태우 정권, 6공화국의 성격규정은 두 가지 방향으로 이뤄졌는데, 하나는 노 정권을 파시즘 정권으로 규정하고 비타협적 투쟁의 연속을 주장하는 입장과 다른 하나는 6공화국은 5공화국과 차이가 있으며 과거에 비해 더 커진 정치공간을 활용해 합법적, 제도권 내에서의 투쟁을 주장하는 입장이었다. 대외적으로, 소련의 페레스트로이카 정책 이후 국제질서의 전면적 개편이 이뤄지면서 한국사회의 변혁운동에 큰 영향을 미쳤다. 사회주의권 변혁과 함께 사회운동은 문화, 예술에서의 포스트모더니즘으로 나타났으며 지역운동, 환경운동, 소비자운동, 교육운동, 지역문화운동 등이 활발히 대두되기 시작했다. 지배구조는 독점자본 위주로 재편이 이뤄지면서, 사회운동은 과거 반독재 저항운동에 결집했던 다양한 계층의 이해관계와 관점을 대변하던 사회운동 집단들이 1987년 이후 급속히 분화, 재결집하는 양상을 보였다. 이 같은 정치적 상황변화는 시민운동, 민주화운동에 모아졌던 대중적 지지와 열기가 민주언론이라는 비정치적 슬로건을 내건 한겨레신문 창간운동에 대한 사회적 관심과 참여의 정도를 고양시켜 단기간 내에 창간기금 모금과 창간조직화 성공, 그리고 창간을 가능케 한 요인의 하나가 되었다.

노태우 정권 출범 당시의 사회운동 흐름 가운데 하나는 강력한 통일운동의 출현이다. 학생운동과 재야에서 자주적 교류, 방북, 공동 올림픽 추구 등의 주장이 대두되었다. 1988년 서울 올림픽 개최의 영향은 스포츠를 매개로 한 남북관계 증진 주장으로 나타났다. 1987년 7, 8월의 노동자 대투쟁은 노동운동의 대중적 조직화 특히 노동조합 운동의 획기적 진전을 가져왔다. 지역과 업종별 협의회와 이의 전국적 조직체로서 전노협의 결성 등이 이뤄지면서 노동운동은 더욱 추진력을 얻게 된다. 즉, 그해 12월 마산창원지역 노동조합총연합회가 결성되고 1990년 12월 전국노동조합연합회(전노협)가 결성되었다. 농민운동은 1987년 2월 가톨릭농민회(가농), 한국기독교농민총연합회(기농)가 발족한데 이어 1989년 3월 가농·기농을 중심으로 한 전국농민운동연합회(전농연)가 결성되었다. 그리고 1989년 5월 전국교직원노동조합(전교조)이 결성되었으며, 1988년 4·26 총선을 통해 여소야대의 정치구도 속에서 진행된 광주청문회, 5공 비리 청문회는 대중들의 정치의식을 발전시키는 주요한 계기가 되었다. 그러나 6공화국은 1989년 2월 보수야당과의 타협을 통해 중간평가 공약사항을 백지화시킨 뒤 문익환 방북 및 서경원 의원 밀입북사건을 계기로 민족민주운동에 대한 전면적 탄압을 감행했다.

6공화국 들어 5공화국까지 철저히 억제되던 신문사 창간규제가 완화되면서 한겨레신문 등을 비롯해 수많은 매체가 전국적으로 등장했다. 정부수립 이후 억제되었던 언론사노조가 결성되고 '권력과 자본으로부터 자유로운 언론'을 쟁취하기 위한 운동이 활발히 전개되어 신문과 방송사의 파업으로 비화되었다. 언론자본의 무한경쟁이 벌어져 신문업계의 완강하던 카르텔이 깨지면서 증면, 중앙과 지역 동시인쇄 등이 꼬리를 이었다. 이런 와중에서 일부 신문은 경영난 등으로 폐간되기도 했다. 이런 언론계 내부의 경쟁격화와 정치·사회적 보수화 물결 속에서 언론노조운동도 '자사이기주의'의 한계를 극복치 못하는 등의 한계 속에서 소강상태에 빠졌다.

1987년 11월 언론기본법이 폐지되고 그 다음 해 일간지 등록 요건이 완화된 뒤 1988년 12월 말 현재 전국적으로 34개의 일간지가 문공부 등록을 마쳤으며 그 중 21개 신문이 발행되었다. 그 결과 기존 30개의 일간지를 합해 모두 51개 신문 1천만 부가 발행되었다.

1987년 10월 한국일보가 최초로 언론노조를 설립한 데 이어 1988년 말 현재 42개 언론사 노조가 조직되었다. 그리고 1988년 11월 26일 전국언론사 1만여 명의 권익을 대변할 산별노조인 전국언론노동조합연맹이 결성되기에 이르렀다. 이에 따라 편집권과 경영권을 분리해 제도적으로 언론자유를 보장할 장치를 마련하자는 운동이 활발히 진행되어 나름대로의 성과를 거두었다. 부산일보는 언론사상 최초의 파업 끝에 편집국장 후보 추천제를 쟁취했고 한겨레신문과 충청일보는 편집국장 직선제를 제도화했다. 동아일보, 중앙일보, 서울신문 등은 편집국장 임명 동의제를, KBS와 MBC 등은 보도국장 추천제를 관철시켰다.

그러나 1990년 3당 합당 이후 여소야대 구조가 깨지면서 야당을 중심으로 진행된 정치·사회적 민주화 추진작업이 중단되고 언론운동 또한 그 힘을 잃어갔다. 이런 시대적 변화는 권력이 언론을 통제하던 상황에서 언론자본과 그 경영권이 언론노조가 중심이 되어 제기한

'공정보도운동'에 제약을 가하는 형국으로 바뀌었다. 편집권과 편성권을 둘러싼 언론내부의 갈등은 다수의 해직언론인을 양산했다. 또한 정부의 통제가 강화된 방송구조 개편작업이 강행돼 방송사 파업이 일어났다.

6공화국이 시작된 뒤 정치권력의 언론에 대한 통제는 5공화국에 비해 그 방법에서는 훨씬 세련된 모습을 나타냈다. 즉, 1988년 12월 중순 폭로된 문공부의 언론인을 상대로 한 매체조정활동은 6공화국이 들어선 이후인 1988년 3, 4월에도 권력의 언론조작이 실시되었음이 확인되었다. 이 같은 매체조정은 언론통제를 위해 상설적으로 운영되어 기사내용과 크기를 조정하는 기제로 활용되었다. 5공화국의 보도지침은 주로 전화를 통한 요구의 형식을 취했으나 6공화국의 신종 보도지침은 협조와 조정을 가장한 교활한 언론통제 형식을 취한 것이다. 즉, 그것은 문공부 부이사관급 공무원들이 언론사의 사장, 주필, 편집국장, 부·차장, 평기자 등을 고급 음식점, 골프장, 호텔, 요정 등으로 불러 1인당 최고 20만 원씩의 향연을 베푸는 가운데 이루어졌다. 이를 위해 문공부는 매월 500~600만 원의 국민혈세를 지출한 것으로 나타났다. 또한 청와대를 중심으로 한 권력은 신문과 방송에 직·간접적 압력을 행사해 권력이 못마땅해하는 기사와 방송프로를 빼거나 축소 보도·방영토록 했다. 이와 함께 언론사 사주들이 권력의 눈치를 보아 '미리 알아서 기는 식'의 자기검열을 통해 국민의 알 권리를 외면하는 사례가 빈발했다.

2. 권위주의 정권하의 언론의 생존전략

권위주의 체제하에서 언론기업은 이윤추구의 최대화를 보장받기 위해 기업 목표추구에서 정부가 요구하는 이데올로기와 상충되지 않고 조화를 이루고자 하는 경향이 있다. 언론은 정부로부터 독과점적 이익을 제도적으로 보장받는 대신 정부의 요구를 우선적으로 받아들이는 호혜적 관계를 형성하는 것이다.

1980년대 기존 언론의 생존전략은 제도언론으로 비하될 만큼 권력의 요구에 순응하고 재벌경제구조의 특성을 지닌 일반시장과는 광고주의 이윤창출 논리에 영합하는 상업주의적 특성을 나타낸 것으로 요약된다. 기존 언론의 부정적 특성은 한겨레신문 창간의 구조적 배경의 하나가 되었음은 물론이다. 기존 언론의 특성은 우선 1980년 초 언론사 통폐합 조치 이후의 언론사 카르텔 형성과 그에 따른 독과점적 특혜제공 등으로 압축된다. 다음에는 언론사 성장의 직접적 자양분이 된 광고와 언론의 상업주의, 그 과정에서의 언론통제 현상을 분석했다.

1) 언론의 독과점적 특혜

언론통폐합에 의해 독과점적 지위를 보장받은 소수 언론기업은 정부의 특혜와 광고수입 증대에 힘입어 크게 성장했다(김해식, 1994, 228, 267~270). 신문기업은 1980년대 동안 물가안정의 효과로 자재비용이 안정적인 반면 매출액의 급격한 신장으로 수익의 누적적 증대가 가능했다.

5공화국하에서 언론은 각종 세제혜택까지 입으면서 재벌그룹 성장률을 훨씬 웃돌았다. 국세청 자료에 따르면 8대 언론기업의 1981년 총 매출액은 3,078억 원이었지만 1987년에는 7,692억 원이었다(김승수, 1989, 136). 6년 동안 매출액은 약 2.5배나 늘어난 것이다. 매체별로 보면 6대 신문기업은 1981년 1,457억 원에서 1987년 3,750억 원으로 늘어났고, KBS와 MBC는 1981년 1,620억 원에서 1987년 3,942억 원으로 증가했다. 〈표 3-1〉은 4대 일간지의 1980~1989년 매출액 증가추이를 보여준다.

1980년대 4대 일간지의 매출액은 858억 5천만 원이었으나 1989년에는 4,020억 6천만 원으로 약 4.69배 증가했다. 같은 기간 국민총생산은 2.5배 늘어난 것과 비교해보면 언론산업의 비약적 성장을 알수 있다. 특히 조선일보의 성장은 특히 주목할 만하다. 1980년 매출액 161억 원으로 4대 일간지 가운데 가장 매출액이 적었던 조선일보는 1989년까지 무려 6.6배의 성장을 한 것이다.

1980년대 한국 언론기업이 얼마나 많은 수익을 올렸는지는 법인세 납부순위를 보면 알 수 있다. 동아일보는 1980년 26억 원의 소득으로 전국 기업 중 62위를 차지했고, 1981년, 1982년에는 각각 77위, 80위를 기록했다. 또한 조선일보는 1982년 신고소득 28억여 원으로 법인세 납부순위 87위, 1983년 1985년에는 각각 65위, 77위를 기록했다. 조선일보의 신고소득은 1982년 28억여 원에서 1983년, 1984년에는

〈표 3-1〉 4대 일간지 1980~1989년 매출액 추이

(단위: 억 원)

	1980	1981	1982	1983	1984	1985	1986	1987	1988	1989
조선일보	161.3	264.3	335.0	405.8	475.4	543.0	572.2	690.2	914.4	1056.3
동아일보	265.4	312.6	373.1	451.5	519.7	556.1	611.3	710.8	885.7	939.7
중앙일보	214.7	294.0	375.6	441.2	534.2	655.1	736.9	830.3	1018.3	1224.1
한국일보	217.1	304.0	343.6	419.1	479.1	465.6	501.3	564.1	713.7	800.5
계	858.5	1174.9	1427.3	1717.6	2008.4	2219.8	2421.7	2795.4	3532.1	4020.6
성장률 (%)		36.85	21.48	20.34	16.93	10.53	9.10	15.43	26.35	13.83

출처: 《기자협회보》, 1990.7.6.

60억 원대로 크게 늘었다.

한국의 언론기업들은 이윤을 늘리기 위하여 이른바 다각경영을 함으로써 복합기업화되어 갔다. 언론기업은 외국 유명무용단이나 관현악단 등을 초대하여 공연수입을 올리기도 하며 문화센터의 문화사업, 출판물의 인쇄대행, 부동산 임대 등으로 수입을 늘리기도 한다. 그리고 특히 여성지, 시사종합지 등의 잡지출판을 통한 수입은 커다란 몫을 차지한다. 각 신문사는 신문수입 이외에 다각경영을 통한 부대사업이 전체 수입의 20~30%를 차지하고 있다.

1980년대 언론과 시장의 관계를 보면, 신문의 경우 시장경제 논리에 따른 경쟁을 유보하고 상호 공존하는 카르텔이 지속되었다(김해식, 1994, 238, 288). 신문사 카르텔은 언론의 과당경쟁이 정부관련 기사의 양산이나 비판논조의 등장가능성이 있다고 본 정치권의 묵인하에 이뤄졌다. 카르텔의 존속으로 언론사들의 이익이 일정하게 보장되었다. 신문 카르텔은 언론사간의 담합행위에 의해 지면수와 구독료는 물론 신문 판매, 신문 수송, 광고단가를 사전에 책정했다. 이 같은 신문 카르텔은 신문기업들이 국가로부터 각종 특혜를 얻어내는 수단으로 이용되기도 했으며 신규 신문의 시장진입을 어렵게 하는 장벽으로 작용하기도 했다. 이는 결국 한국언론의 획일화와 상업주의를 심화시켰다.

신문기업은 신문협회의 이름으로 발행 면수의 제한에서부터 휴간일의 조정, 구독료의 결정, 더 나아가 판매에서 공동운송체제로까지 발전했다. 이 카르텔은 1962년 신문사간 지나친 경쟁으로 야기될 수 있는 비판적 기능을 약화시키기 위해 군사정부가 조장한 제도이다. 이것이 1980년대 들어와서는 더욱 강화되어 신문기업의 이익을 보호해 주는 불공정 담합행위로 굳어졌다(박인규, 1989년 1월, 211).

정권은 언론에 각종 면세혜택을 주기도 했다. 신문협회는 1981년말, 관세법의 부칙개정안을 국회에 제출, 윤전기 도입에 대한 20%

의 관세를 1982년 1년간에 한하여 4%로 대폭 감면해 주었다. 이 기간에 전국 12개 신문사에서 30여 대의 윤전기를 도입, 수억 원의 감세혜택을 받았다. 또한 정권은 1984년 방송광고공사에서 광고수수료로 조성한 공익자금에서 80억 원을 무이자 9년 거치 2년 상환조건으로 연합통신에 대부해 부지 3,500평을 매입토록 했다. 1987년 2월 연합통신은 거기에 새 사옥을 지을 돈을 마련하기 위해 이 중 2,200평을 한국일보사에 팔았다. 정권은 이 과정에서 연합통신이 내야 할 양도차익에 대한 법인세와 특별부가세 10억 원, 한국일보가 내야 할 취득세와 등록세 4억 원을 면제해 주었다.

뿐만 아니라 공익자금으로 직접 언론기업을 지원해 주기도 했다. 기독교 방송에 47억 5천만 원(1981~1988년), 연합통신에 2억 원(1986년), 코리아헤럴드에 19억 7,200만 원(1985~1988년), 극동방송에 2억 7,500만 원(1987년)이 지원되었다. 그밖에도 전두환의 장기집권 시나리오를 만든 경향신문사 부설 정경문화연구소에도 9억 5천만 원을 지원했다(《언론노보》제39호, 1989).

문공부는 각 신문기업에 잡지발행을 허가해 주었다. 5공 시절 문공부는 언론통제의 일환으로 잡지발행을 극도로 억제했다. 잡지등록이 어려워지자 잡지발행이 이권화했다. 수천만 원의 권리금을 받고 잡지등록증을 제3자에게 양도하는 일도 있었다(한국잡지협회, 1990년 1월, 12). 문공부는 이 기간에 경향신문 3종, 동아일보 3종, 서울신문 2종, 조선일보 4종, 중앙일보 4종, 한국일보 3종, 한국경제신문 1종, 연합통신 3종, KBS 방송사업단 2종 등의 잡지를 등록해 주었다.

또한 정부기관 및 지방자치단체의 관보, 공보, 반상회보, 사보 등 연간 약 600억 원어치의 인쇄물을 신문기업이 수주했다. 이것도 언론기업에 대한 정부의 특혜였다. 인쇄업은 중소기업 고유업종이므로 대기업 언론은 참여할 수가 없었다. 서울신문사에 대해서는 시내버스 광고사업 대행권을 주었는 바, 시내버스와 좌석버스의 외부에 붙이는 광고는 연간 수익금이 120억 원에 달했다(《한겨레》, 1989년 12월 8일). 이 가운데 50%가 광고대행사인 서울신문사의 몫이었다.

정부는 당시 단일 광고주로서는 최대광고주였다. 정부광고는 해마다 큰 폭으로 늘었다. 1985년 이후 연간 100억 원 이상을 기록하고 있다. 정부광고는 1987년 147억 원, 1989년에는 317억 6,800만 원이나 된다. 반면 1989년 최대광고주인 삼성전자는 262억 2천만 원의 광고비를 지출했다. 따라서 광고에 의한 언론기업 지원도 정부가 언론을 통제할 수 있는 유력한 수단이었다. 내무부는 1987년부터 1988년까지 2년 동안 주민계도 명분으로 147억 원을 들여 서울신문, 경향신문 및 지방지를 구입하여 무료로 배포했다.

언론기업에 대한 각종 특혜는 권력과 언론자본과의 유착을 더욱 강화한다. 언론은 자연 권력의 시혜에 보답하게 된다. 그리하여 독재권력의 지배체제를 정당화하는 홍보기관 구실을 한다.

그 외에도 정부는 취재기자들에게 각종 보도자료 등의 관급자료를 제공함으로써 언론을 통제했다. 언론기업은 그 관급자료를 통하여 취재비용을 크게 절감할 수 있게 된다. 언론기업은 언론상품의 생산비를 낮추게 되고, 정부는 언론생산물의 내용을 통제하게 됨으로써 이해가 맞아떨어지는 것이다.

한편 정권은 언론을 보다 효과적으로 통제하기 위해 언론인에 대한 복지혜택을 크게 강화하였다. 예를 들면, 방송광고공사가 조성한 공익자금 가운데 일부를 가지고 언론인 순치(馴致)를 위해 썼는데, 한국방송광고공사는 1981~1987년에 모두 38억 원을 들여 1,124명의 언론노동자들을 평균 2주일씩 '해외시찰'이라는 명목으로 해외여행을 보냈다(장윤환, 1989, 47). 또한 전국 언론인 자녀 18만 4천 명에게 학자금 117억 원을 대주었다. 그리고 언론인금고에도 주택자금 36억 원과 생활안정자금 17억 원을 출연 모두 9천 명에게 자금을 대출해 주었다. 또한 언론연구원은 공익자금으로 언론인 해외연수사업을 주

관했다. 1981~1983년 사이에 모두 252명의 언론노동자가 6개월 내
지 1년간 외국의 대학에서 연수를 받았다.

방송광고공사는 1981~1988년까지 언론인 자질향상이라는 명목으
로 208억 1,500만 원, 언론인 복지후생증진이라는 명목으로 196억
3,300만 원을 사용하였다.

한국기자협회는 1984년 '언론인 복지'를 내세워 서울지역 기자들로
주택조합을 구성한 뒤 문공부와 건설부의 도움으로 개포동의 토지개
발공사 땅 1만 4천 평을 불하받고 800가구의 기자아파트를 지어 분양
했다(한국방송프로듀서연합회, 1989년 11월 1일, 8).

언론노동자에 대한 면세혜택도 주어졌다. 1981년 12월 마련된 소득
세법 시행령 8조 12항은 "언론기본법에 의한 통신, 방송, 신문을 경영
하는 언론기업에 종사하는 기자가 취재활동과 관련하여 지급받는 취
재수당으로서 월정액 급여의 20%를 초과하지 아니하는 금액은 과세
대상에서 뺀다"라고 규정하고 있다(《기자협회보》, 1989년 8월 25일).
그리하여 언론노동자들은 매달 적게는 3~4만 원, 많게는 10만 원 정
도를 감면받았다.

이러한 각종 혜택과 복지는 권력에 대한 비판의식을 약화시킨다.
정권이 제공하는 특혜가 언론노동자의 순치 수단으로 사용되었던 것
이다. 이것은 언론자본가에 대한 간접적 지원이기도 하다. 언론노동
자에 대한 복지혜택은 언론기업이 제공해야 한다. 정부가 이를 제공
하는 것은 사적 기업에 대한 또 다른 지원이다.

2) 언론의 상업주의와 광고의 영향

1980년 언론사 통폐합조치로 재벌이 소유한 언론사가 등록이 취소
되거나 다른 언론사로 흡수되었다. 그러나 6·29선언 이후 정기간행
물의 신규허가 규제조치의 완화로 신문, 방송, 주간지 등이 폭발적으

로 늘어났다. 5, 6공화국의 연도별 정기간행물 증가추세를 보면 1986
년 2,134개 사, 1987년 2,412개 사, 1988년 3,388개 사, 1989년
4,402개 사, 1990년 5,183개 사 등으로 나타난다(공보처, 정기간행물
일람표, 1990년, 160). 언론사의 창·복간은 물론 규모가 큰 언론기업
들은 중앙일간지와 경제전문지 또는 잡지, 스포츠지 등에 다투어 진
출해 언론산업의 소유집중 현상이 심화되었다. 이와 함께 재벌그룹의
언론사 인수와 종교자본의 언론사 진출이 활발해졌다. 이는 언론에
대한 통제가 일정부분 정치권력에서 언론자본 또는 독점자본으로 옮
아간 것을 의미한다. 한겨레신문이 창간된 직후인 1989년 종교, 언
론, 독점자본, 언론자본, 국가 및 종교자본에 의한 언론사 소유집중
및 소유형태는 〈표 3-2〉와 같다(김승수, 1989, 25~26).

신문이 증면되면서 광고주 등 자본의 영향력이 강화된다. 즉, 새로
운 매체가 등장하면서 광고주를 유치하기 위해 언론사간 경쟁이 심화
되어 자연 광고주의 매체에 대한 영향력은 1988년 광고주협회가 발족
해 광고주의 이익을 도모하기 위한 연합적 압력단체의 역할을 하게 된
다(김해식, 1994, 222~225). TV의 영향력이 신문보다 커지면서 광고
주들은 광고매체로 신문보다 TV를 더 선호하게 되어 신문사는 광고
유치가 더욱 어려워지고 그 통제력은 강화되었다.

재벌들은 언론 등에 대한 광고전략을 강화하기 위해 광고대행사들
을 설립해 경영했다. 1989년 현재 삼성, 럭키금성, 대우 등 재벌들의
광고대행사 소유 및 매출현황은 〈표 3-3〉, 〈표 3-4〉와 같다(임동욱,
1990, 137~139). 광고주의 언론통제에 대한 사례를 보면 한겨레신문
이 창간된 해인 1988년 파스퇴르 우유기사를 둘러싼 경우이다. 즉,
이 우유회사는 자사의 제품에 유리한 기사를 내보낸 신문에만 광고를
싣고 비방기사를 실은 신문에는 광고를 주지 않았다. 그리고 광고가
실린 신문은 이 회사의 제품에 긍정적 기사를 보도한 반면 광고가 실
리지 않은 신문은 이 회사에 대한 비판기사를 연이어 내보냈다.

〈표 3-2〉 언론산업의 집중현황 및 소유형태

자본의 성격		소유주체	주요 언론매체	매체관련 산업	기 타
사적 자본	독점재벌자본	삼성그룹	·신문: 중앙일보, 중앙경제신문 ·잡지: 10종	·종이: 전주제지 ·광고: 제일기획 ·출판: 삼성문화재단 ·여론조사: 중앙SVP ·영화상영: 호암아트홀	·40개 기업 ·연간매출액 (25조)
		삼양사 경방그룹	·신문: 동아일보, 소년동아일보 ·잡지: 5종	·광고: 연합광고 (주식 20,000주)	·고려중앙학원
		한국화약그룹	·신문: 경향신문 ·잡지: 3종	·광고: 삼희기획	
		롯데그룹	·신문: 국제신문	·광고: 대홍기획	
		대우그룹	·신문: 항도일보		
	언론자본	조선일보그룹	·신문: 조선일보, 소년조선일보, 중항생조선일보, 스포츠조선 ·잡지: 5종	·인쇄: 조광인쇄소	·코리아나호텔
		한국일보그룹	·신문: 한국일보, 서울경제신문, 일간스포츠, The Korea Times, 소년한국일보 ·잡지: 3종	·출판: 소년한국도서, 한국일보 타임라이프	·한주여행사 ·한국조립건물(부동 산임대) 등 10개 기업

〈표 3-2〉 계 속

자본의 성격	소유주체	주요 언론매체	매체관련 산업	기 타
국가자본	정 부	·신문: 서울신문(재무부 49.9%, KBS 49.9%), 스포츠서울 ·잡지: 6종 ·방송: 한국방송공사(12개 TV국, 25개 라디오국, 문화 방송국, 교통방송국) ·통신: 연합통신	·출판: 국정교과서 ·광고: 한국방송광고공사, 연합광고(45%), 국제문화협회 ·방송사업: 미주방송국(KTE), 한국 방송사업단 ·금융: 언론인금고 ·통신: 한국전기통신공사(한국통신으로 민영화), 데이터통신(30%)	·프레스센터 (사옥임대) ·한국문화진흥회사 (골프장업)
종교자본	통일교그룹	·신문: 세계일보, 전교학신문 ·잡지: 3종		·종교단체: 5 ·교육기관: 20 ·언론기관: 12 ·기 업: 150
	순복음교회	·신문: 국민일보 ·잡지: 1종	·출판: 신명출판사, 도서출판 주류, 도서출판 임마 ·인쇄: 진화인쇄	
	천 주 교	·신문: 매일신문 ·방송: 평화방송		
	기 독 교	·방송: 기독교방송		
	불 교	·방송: 불교방송		

출처: 김승수, 1989, 25.

〈표 3-3〉 재벌의 광고대행사 소유현황

(단위: 백만 원, 명)

순위	재 벌 명	광고대행사	창립연도	매 출 액	인 원
1	삼 성	제일기획	1973	165,444	492
2	럭키금성	엘지애드	1984	107,749	312
3	두 산	오 리 콤	1979	106,000	309
4	롯 데	대홍기획	1982	104,479	250
5	해 태	코 래 드	1981	80,200	267
6	태 평 양	동방기획	1982	59,513	172
7	현 대	금강기획	1983	46,869	158
8	한국화약	삼희기획	1983	39,700	145
1~8	소 계			709,954	2,195
9~47	기 타 인 정 대 행 사			232,323	1,573
기 타 광 고 비				854,681	-
총 광 고 비				1,564,635	-

출처: 임동욱, 1990, 137.

〈표 3-4〉 기사면적 대 광고면적의 점유비율 변화추이

(단위: %)

신문 \ 면수	12면		16면		20면	
항목	기사	광고	기사	광고	기사	광고
조선일보	55	45	55	45	51	49
한국일보	55	45	54	46	52	48
동아일보	57	43	57	43	52	48
중앙일보	54	46	52	48	51	49
평 균	55	45	55	45	52	48

출처: 김기태, 1990, 134.

거대기업 광고주들은 자기 기업을 비판하는 소설에 대한 광고를 신문에 싣지 않도록 영향력을 행사하기도 했다. 6공화국 초 재벌그룹들은 언론사를 인수해 재벌의 이해관계를 신문에 직접 반영하기도 했다 (김주득, 1991, 73).

이상에서 살펴본 바와 같이 1980년대 한국 언론의 광고수입 의존도 심화는 언론의 내용이 광고주들의 이익에 봉사하는 것으로 나타난다. 우선 신문의 경우 보도면과 광고면의 비중변화가 두드러진다(김기태, 1990, 134). 〈표 3-4〉에서와 같이 신문의 지면이 12~16면에서 20면으로 늘어나면서 기사면적 점유비율은 줄어들고, 광고면적 점유비율은 늘어난다. 신문의 경우 광고와 직·간접적으로 관계 있는 기사들이 게재되고 생활정보라는 이름으로 거의 모든 신문이 매주 한 번꼴로 백화점 관련기사·영화평·책 안내 등을 싣는데, 이 또한 광고와 무관치 않다. 방송도 오락, 퀴즈 등의 프로그램에서 협찬이라는 이름으로 간접광고가 이뤄졌다. 광고주에 의한 이 같은 언론통제는 언론의 자정(自淨)을 주장하는 대안매체의 등장을 가로막는 장벽 역할을 하기도 했다.

3) 언론기업의 모순 심화와 민주화운동

1980년대 시민사회 각 부문에서 활발히 전개된 민주화운동과 함께 등장한 것은 권위주의 정권의 '나팔수' 노릇을 하는 기존 언론에 대한 배척과 함께 언론자유 확보의 중요성에 대한 사회적 각성과 그 실천 운동이다. 5공화국 당시 가장 대표적 시민사회의 언론운동은 KBS 시청료 거부운동이었다. 이 같은 시민사회의 기존 언론에 대한 압박은 자연 기존 언론사에 영향을 미쳤으며 그 과정에서 젊은 언론인들의 자성운동이 KBS, MBC 등을 중심으로 전개되었다.

(1) 시민사회의 민주화운동

정치적 민주화운동 과정에서 운동세력의 지향성과 그 이념을 알리고 동조세력을 모으기 위한 동원화를 위해 언론은 필수적이다. 전두환 신군부 세력의 민주주의 억압 및 언론탄압은 동시적으로 이뤄졌으며 이에 대한 대항운동도 정치적 민주주의 쟁취, 언론민주화 쟁취를 목표로 한 부문운동으로 시작되었다. 정치적 민주주의는 정통성 없는 비민주적 공권력에 대한 저항과 민주주의를 실천할 제도의 확립 요구 등으로 나타났고 언론자유 운동은 당시 기존 언론을 제도언론으로 규정짓고 가려진 진실을 알리기 위한 구체적 방법으로 비합법적 매체를 만들어 시민사회에 배포하는 방식을 취했다.

6월 항쟁을 이끈 조직의 기반은 재야 민중운동세력과 온건시민단체, 보수야당이 연대한 범국민적 민주화운동의 연합체인 민주헌법쟁취 국민운동본부였다. 이 조직은 기본적으로 재야민주화운동의 중심축이었던 민족통일민중운동연합이 주축을 이루었다. 국민운동본부는 1987년 5월 출범하면서 시·도 본부와 시·군·구 지부 등 지역조직을 만들었다(조대엽, 1999, 126). 이 같은 운동은 기존 언론이 철저히 외면하고 보도하지 않았으며《말》지와 같은 비합법적 매체가 그 실상을 시민사회에 알리는 역할을 맡았다. 당시 기존 언론은 권력의 요구에 따라 시민사회의 민주화운동을 부정적, 또는 안보에 위협이 되다는 식의 적대적 논조로 보도했다. 이처럼 기존 언론과 국가권력이 일체가 되어 민중을 억압하자 민주화운동세력은 자생적으로 자신들의 홍보선전 매체를 만들었다. 이를 당시에는 '민중언론'이라 불렀는데, 강태완은 그 개념을 다음과 같이 정리했다.

당시 제도언론이라고 비판받던 기존 언론이 지닌 반민주, 반민중적 성격을 극복하고 자신의 의사를 전달하기 위해 자발적이고 주체적으로 결집해 확립시킨 계층별 매체다. 또한 제도언론에 대칭되는 개념으로 자유언론 또는 소규모 커뮤니케이션 매체 등으로 불리는 언론 적 현상으로 여기서는 민중언론이란 용어는 주체적 민중을 강조하는 말이고, 자유언론은 민중언론의 목적을, 그리고 소규모 커뮤니케이 션 매체란 표현은 매체의 특성을 강조한 말이다(강태완, 1985, 102).

이 같은 민중언론은 당시 독점자본과 국가의 지배이데올로기를 확 대재생산하는 기존 언론에 세뇌되어 주체성을 상실한 일반대중에게 불평등한 사회구조·비민주적 제도·왜곡된 문화형태 등을 정확히 인식시켜 왜곡된 의식의 편향성을 극복하고, 모든 인간이 자유롭고 평등한 새로운 사회로의 전위역할을 담당케 하는 모든 공식·비공식 적 언론활동을 의미한다. 이는 그 배포범위가 한정되어 있고 주장하 는 내용이 그것을 발행하는 주체들의 이해관계에 국한되어 있다는 한 계가 있어, 이른바 불특정 다수의 대중을 상대로 사회 각계각층의 정 보를 담는 대안매체와는 차이가 있다.

그러나 5공화국의 언론규제는 행정적으로 허용된 공식매체 외에는 실정법으로 비합법적 매체로 규정해 그 발행과 배포를 억제했기 때문 에 민중매체의 존재는 한겨레신문과 같은 대안매체가 등장하기 위한 필수적 전단계의 의미로 해석할 수 있다. 학생·노동자·농민·도시 빈민·재야지식인들의 민주화운동이 활성화되면서 등장한 민중언론 은 신문·소책자·자료집·유인물·대자보 등의 형태를 취했으며, 제도권 미디어에 대항하여 사회적 모순구조를 폭로·비판하고 이를 변혁하고자 하는 뚜렷한 목적지향성을 지녔다(정진홍, 1989, 83~86).

민중언론 가운데 노동언론의 활동이 가장 활발했는데, 민주노동· 청계노보·노동청년·서노련신문·원풍소식·근로자 함성 등이 서울 과 경기도 일원에서 발간되었다(김대호, 1986, 69). 노동자복지협의회 기관지인 민주노동은 창간호에서 노동언론의 역할은 "노동문제 전반 의 '진실한' 보도와 해설·평론을 하며, 노동자들의 자유스러운 의견

교환을 유도하여 노동자적 의식을 고양하고 확산하는 데 있다"고 밝혔다(《민주노동 1호》, 1984. 4. 25, 2). 또한 노동자신문의 창간호는 "우리 사회에서 벌어지는 중요한 사건들을 요약·정리하여 현장노동자에게 세상이 어떻게 돌아가는지를 알려서 올바른 사회의식·정치의식을 갖도록 하는 데 목적이 있다"고 주장했다(《노동자신문》, 1985. 2. 25).

농민운동단체 중 대표적인 것은 한국가톨릭농민회, 한국기독교농민회 총연합회로 전국적 분회를 가지고 있는 이들 단체는 각각 '농민의 소리'와 '함성'이라는 매체를 통해 농축산물 수입반대, 농산물 가격보장, 농가부채 탕감운동을 펼치고 농촌사회의 제모순에 대한 개혁을 위해 여러 가지 실천사업을 전개했다(한은경, 1987, 82). 여성운동, 재야운동, 청년운동의 사회운동은 그 대상을 일반 민중을 상대로 하여, 사회의 각 계층을 망라한 모든 계층의 소식을 전했다. 이는 다른 민중언론이 그 발행 주체들의 권익옹호만을 위한 매체인 것과 차이를 나타냈다.

(2) 시민사회의 언론운동 ─ KBS 시청료 거부운동

신군부는 언론 통폐합 등으로 언론을 장악했으나 민주화운동이 전개되면서 언론은 비판의 대상이 되었다. 언론은 사실을 보도하지 않았으며 왜곡보도까지 일삼았다. 방송매체의 경우 이런 현상이 더 심했으며, 1985년 12대 총선에서 방송의 불공정 보도가 국민적 지탄의 대상이 되었다. 이에 따라 종교단체를 중심으로 전개된 KBS 시청료 납부 거부운동이 벌어지기도 했다(김민환, 1996, 551).

기존 언론이 5공화국의 정통성 없는 권력의 이해관계를 대변하는 나팔수 노릇을 하는 데 대한 시민사회의 저항운동은 1980년대 중반까지는 매우 산발적이었으나 해직언론인들이 만든 대항매체 《말》지가 비합법적으로 발간되어 일반 시민들에게 판매되면서 KBS 시청료 거부 운동 등이 다각적으로 전개되는 등 본격적 단계로 접어들었다(정연우, 1990, 253~254). 1980년대 중반이후 시민사회의 가장 적극적인 지지를 받았던 기존 언론에 대한 대항운동은 KBS 시청료납부 거부운 동이었다. 1986년 1월 20일 KNCC에서 KBS TV시청료거부 범국민운동본부가 창설되어 종교단체와 여성단체 등을 중심으로 전국으로 확산되어 나갔다. 이 운동은 당시 동아일보 등 일부 기존 신문매체의 지지를 받았는데, 전국적 범시민운동으로 연결된 것은 1987년 민주화 투쟁에서 민주세력의 조직화에도 기여한 것으로 평가받는다.

KBS 시청료 거부운동은 1985년부터 3년간 왜곡·편파보도로 비판받던 공영방송에 대한 전국적 단위의 저항이었고 5공화국 언론정책에 큰 타격을 주었다(김민남 등, 1993, 399~341). 5공화국은 방송을 홍보 기구로 전락시켰는데, 1980년대 KBS의 프로그램에 그 같은 사실이 잘 드러난다. 즉, 학생들을 용공, 좌경, 폭력과 극렬세력으로 규정하고 이들을 뿌리뽑기 위해 학원안정법을 제정해야 한다는 요지로 방영된 1985년 8월 6일 보도기획프로그램 〈학원안정법〉이 방영되었다. 그리고 1986년 12월 10일부터 6회에 걸쳐 방영된 TV특강 〈민중민주주의란 무엇인가〉에서는 당시 정권을 비판하는 것은 북한을 이롭게 하는 것으로 반국가적 이적행위로 규정했다. 특히 밤 9시 저녁 뉴스 때 9시 시보가 울리자마자 진행앵커는 뉴스 머리를 "전두환 대통령은…"라고 시작해 항간에서는 이를 '땡전 뉴스'라고 비아냥댈 정도였다.

KBS 시청료 거부운동은 농촌실정을 왜곡 전달했다고 주장한 전북 완주군 고산면 고산부락 가톨릭농민회와 고산천주교회를 중심으로 전개되었다. 1985년 4월 28일 "TV시청료는 민정당과 정부만 내라"는 제목의 성명이 발표된 것이다. 이처럼 지역농민들에 의해 시작된 시청료 거부운동은 기독교단체인 한국기독교협의회에서 동참하면서 전국적으로 확산되었다. 1986년 1월 20일 시청료거부운동 기독교 범국민운동본부가 결성되었고, 이어 9월 15일 천주교 정의평화위원회와 신한민주당, 민주통일민중운동연합, 민주언론운동협의회 등이 참여하고 시청료거부 및 자유언론 공동대책위원회를 결성해 전국적으로 이 운동을 확산시켰다. 시청료 거부운동이 가장 활발했던 1988년 시청료 징수액은 785억 원이었는데 이는 1984년의 1,148억 원에 비해 매우 낮았다. KBS 시청료 거부운동은 당시 방송을 둘러싼 정치·사회적 요인들에 대한 저항의 의미가 컸으며 방송민주화운동의 필요성을 확인시켰다. KBS 시청료 거부운동은 1990년 이후 YMCA, YWCA, 여성단체협의회, 한국여성민우회, KNCC 언론대책위원회 등을 중심으로 한 언론감시와 비판운동 전개의 추동력이 되었다.

한편 시민사회에서의 언론에 대한 불신이 팽배해지면서 1987년 6월 항쟁 이후 언론사 내부에서도 언론사 내부 부조리에 대한 자성의 움직임이 일어났다(고승우, 1989, 195~198). MBC의 경우 보도국 기자들은 1987년 9월 발표한 '공정보도와 뉴스의 활성화를 위한 우리의 제언'이라는 성명을 통해 외부 압력과 경영진의 간섭 등으로 MBC 불공정 보도가 심화되고 있다면서 불공정 보도사례 10건을 공개했다. 즉, 외부의 압력 또는 청탁의 경우가 4건, 경영진의 반언론적 태도에 의한 압력과 간섭의 경우가 10건이었다는 것이다. KBS기자들은 1987년 11월 KBS 경영진이 6·29 선언 이후 노태우 씨를 차기 대통령으로 당선시키기 위해 여론조작과 방송계획을 수립해 편파·왜곡보도를 은폐하는 고도의 기만성을 발휘했다고 폭로했다. 한편, 월간조선과 신동아 출판국 기자들은 1987년 11월 안전기획부가 이후락 씨의 김대중 납치사건과 관련한 기사를 개재하지 못하도록 두 회사에 강요하면서 인쇄소에 요원을 파견해 잡지발간을 중단시킨 것에 항의하는 성명을 발표했다.

이상에서와 같이 시민사회의 기존 언론에 대한 문제제기의 수위가 높아지면서 기존 언론 기자들은 권력과 경영진의 부당한 압력으로 정상적 언론기능이 훼손된다고 주장하게 된다. 이는 기존 언론에 대한 시민사회의 불신이 심화되면서 언론자본의 내부 검열 메커니즘의 하나로 강조된 위계질서와 기자들의 샐러리맨화를 둘러싼 언론 내부의 갈등으로 비화되었다. 즉, 자본과 권력으로부터 자유로운 언론이 되기 위해서 편집권5) · 편성권이 보도기능을 담당하는 편집국이나 보도국에서 행사되어야 한다는 주장이 제기되었다(김해식, 1994, 235).

4) 보도지침의 파문

한겨레신문의 창간 필요성이 사회 일각에서 적극적으로 수용된 것은 당시 언론상황이 언론 본연의 역할과는 너무 거리가 멀었기 때문이다. 만약 오늘날처럼 언론자유가 만개한 상황이라면 어느 누가 국민주 신문을 만들겠다고 나선다 해도 아무런 호응도 받지 못할 것이다. 한겨레신문을 창간하겠다고 국민을 향한 호소가 이뤄졌을 때 수많은 사람들이 호응한 것은 당시 언론이 권력당국의 보도지침에 의해 피동적으로 보도하고 있다는 사실이 폭로된 데 따른 것이다. 이는 매체에 의한 정보자원의 불평등 분배현상을 확인한 의미를 지녔고 많은 사람들이 그 같은 불합리한 상황을 시정키 위한 사회운동이 필요한 것으로 인식한 것이다. 이 때문에 당시 보도지침에 대해 좀더 상세히 살펴볼 필요가 있다(고승우, 1989, 146~162).

(1) 보도지침의 역할과 위치
보도지침은 제5공화국이 갖가지 방식으로 강제한 언론통제 구조의

---

5) 편집권에 대한 논의의 주체는 1960년대의 경우 편집국장, 편집국의 각 부장과 편집인 출신 논설위원들이었고, 1970년대는 기자협회, 그리고 1980년대는 노조로 변화되었다. 이는 발행인과 편집인, 기자가 일체감을 가지고 연대를 형성했던 시대에서 발행인과 편집인, 기자 사이가 갈등관계로 옮아가고 마침내 편집진과 기자의 관계도 대립으로 진전된 것을 나타낸다(유재천, 1988, 155~156).

일부분에 지나지 않는다. 보도지침에 대한 구체적 분석에 들어가기에 앞서 실재했던 각종 언론통제 장치를 간략히 점검, 보도지침의 역할과 위치를 규명하는 것이 좋을 것 같다.

언론사 통폐합과 언론인의 대량축출에서 제5공화국 언론정책의 성격이 상징적으로 드러난다. 알 권리와 알릴 권리의 박탈에 대한 국내외의 비판이 제기되었을 때마다 '절대 그런 일이 없다'고 발뺌해온 정부의 태도에서 정책의 차원을 벗어난 윤리적 차원에서의 비뚤어진 언론관이 노출되곤 했다. 그러나 이 같은 '비판'과 '부인'의 단순 반복에 종지부를 찍는 결정적 증거로 제기된 것이 1986년 9월의 보도지침 폭로였다.

그 이전 수년간 언론매체에 하달되어온 권력이 보도, 선전에 관한 지시사항 중의 일부가 활자화되어 만천하에 공개된 보도지침은 제5공화국 권력집단이 지니고 있던 폭력과 기만이라는 속성의 응집물로 평가될 수 있을지 모른다. 보도지침이 공개된 후 정기국회에서 한 야당의원의 질문에 답변한 문공부장관의 발언에서 1980년대에 엄청난 사회적 낭비를 몰고 온 기만성의 실체가 감지된다.

　　민주언론운동협의회 명의로 발간된 보도지침이란 표현은 적절치 못하며, 언론에 대해 이해와 협조를 구하는 선을 넘지 않고 있다. (《동아일보》, 1986년 10월 24일자).

이 같은 공식적 위증에 대해 기존 언론은 간략한 사실보도로 일관, 불평등한 정보유통 현실에 대해 거의 침묵하는 태도를 나타냈다. 제5공화국의 권력계층이 행사한 언론에 대한 통제는 실정법에 의한 통제와 자의에 의한 통제로 구별될 수 있다. 실정법에 의한 통제는 편집권을 국가안보와 관련시켜 보도를 억제하거나 언론에 대한 등록허가제를 실시하여, 등록 취소 또는 정간을 통제수단으로 활용하는 방

법 등이었다. 권력의 자의에 의한 통제는 권력이 실정법에 의하지 않
거나 실정법에 위배되는데도 언론에 대한 상설 통제기구를 운영한다
든지 각종 권력보조기관에 의한 언론간섭을 유도하는 방식을 말한다.

　이상과 같은 언론통제에 대해 언론 종사자가 비협조적이거나 이를
거부하는 행동을 취할 경우 체포, 구금, 해고 등의 불이익이 가해지
는 반면 권력순응형 언론 종사자들에게는 파격적인 경제적 신분적 특
혜가 제공됨으로써 전체 언론집단의 성향이 권력복종 또는 추종의 방
향으로 유인되었다. 특히 언론집단과 권력기구 간의 인적 교류를 통
해 언론의 종속성을 심화시키는 방식도 병행되었다. 이처럼 당근과
채찍이 동원된 권력과 언론의 유착관계는 언론이 권력의 하부기관화
함으로써 불평등한 보도태도로 기울어져 왔다. 권력의 소리만을 되
풀이하게 된 언론은 민중의 저항 또는 주장을 외면 또는 왜곡하면서
'폭력적 펜'의 모습으로까지 변질되었다.

　당시 언론통제의 또 다른 형태는 언론을 공영 또는 국영화하거나
재벌기업의 계열사화하여 합법적 권력 하부기구 또는 상업주의적 영
리추구의 역할을 최우선시 하도록 만든 것이다.

　그러면 당시 언론에 대한 권력의 제도적 탄압장치인 언론기본법과
문공부의 언론통제 실상은 어떠했는가? 먼저 언론기본법은 언론자유
보다 공적 책임을 강조해 권력의 개입가능성을 높이고 정기간행물과
언론인 자격요건을 강화, 헌법에 명시된 기본권에 위배된다는 지적
까지 받았다. 또한 정기간행물 등록취소 요건의 강화 등 독소조항이
포함되었고 언론기관의 존립여부가 법원의 판결이 아닌 행정부처의
판단에 좌우될 수 있었다.

　한편 문공부는 매월 홍보계획서와 국민정신 교육지침서를 언론매체
에 배포하여 보도내용 및 방법까지 사전에 통제, 언론의 자주성을 원
천적으로 봉쇄했다. 홍보계획서는 매월 홍보사항을 사전에 언론매체
에 통고함으로써 주요 보도내용을 통제했다. 즉, 신문과 방송이 사

설·해설·기획·특집·좌담 등을 통해 어떻게 정부사업을 집중 홍
보, 선전할 것인가에 대한 보도통제였다. 이와 병행해서 당시 권력은
매일 언론매체에 권력의 지시사항을 전달하는 보도지침을 강요했다.

이상에서 살펴본 바와 같이 제5공화국의 언론통제를 위해 동원한
법적 장치·기구·조직은 방대하고 대단히 치밀했다. 이는 대중적 지
지기반 없이 비정상적 방법으로 집권한 세력이 언론통제를 통한 홍
보·선전정책을 강화, 대중조작, 대중동원 등 통치술의 효과를 높이
려 한 데서 연유했음은 물론이다.

보도지침의 분석은 제5공화국이 행한 실정법적 또는 자의적 언론
통제 전반과 연관해 착수되어야 마땅할 것이다. 그러나 우선 전체는
부분들의 복합체라는 점에서 보도지침의 지시유형·지시대상 등을
통해 그 실체를 규명해보기로 한다.

민주언론운동협의회가 1986년 9월 발간한 《말》지 특집호 보도지침
에 수록된 1985년 10월 19일부터 1986년 8월 8일까지의 보도지침 전
체를 모집단으로 해서 표본을 추출, 통계처리하는 방법을 택했다. 표
본추출 방법은 1985년 10월 21일부터 1986년 8월 8일까지 매주 3회,
즉 월·수·금요일의 보도지침을 선정하는 것을 원칙으로 했다. 단,
해당 요일에 보도지침이 없을 경우 해당 요일의 앞뒤 요일의 것을 추
출해 보충했다. 그 결과 125일분의 보도지침이 분석대상으로 선정되
었다. 보도지침은 형식상 1건이라 해도 지시내용 중에 여러 종류의
지시사항을 포함하고 있어 개개 규제사항을 별개의 규제 건수로 집계
했다. 이에 따라 총 688건의 규제건수로 집계되었다.

그리고 보도지침은 어떤 방법으로 언론을 규제하는가에 대한 지시
유형과, 어떤 부문을 대상으로 하는가에 대한 지시대상으로 구분했
다. 지시유형은 보도내용규제와 보도형식규제로 다시 나누었다. 그
러나 보도기사에 대한 내용규제와 형식규제는 상호 밀접히 관련되어
있다는 지적이 제기될 수 있었다. 보도내용에 대한 통제는 보도형식

의 통제를 함축하고 있으며, 톱기사 또는 1단 기사로 취급토록 보도
형식을 강제할 경우 보도내용도 자연히 규제되기 때문이다. 이 같은
상호구별의 모호성에도 불구하고 보도지침의 지시사항은 보도의 내
용 또는 형식을 규제하도록 구체적으로 요구하고 있어 양자를 구분하
였다. 보도내용규제는 어떤 정보를 홍보, 선전하거나 그 확산을 억제
하려는 규제형태로 규정했다. 이는 다시 홍보, 선전성 보도, 축소보
도, 보도금지, 용어사용 불가, 사진통제 등 5개 항목으로 나눠졌다.
또한 보도형식규제는 정보유통에 직·간접적 영향을 미치는 기사형
식에 대한 통제방식으로 기사크기, 컷·제목·해설용 보충기사, 보
도지면 지정 등 4개 항목으로 재분류되었다.
　보도지침의 지시대상은 정치·경제·외교·민주화운동 등 다방면
에 걸쳐 나타나는데, 이를 9개 유형 17개 항목으로 분류했다. 유형별
분류기준과 항목들은 다음과 같다.

　① 집권세력
　제5공화국 발족 후 집권층에 대한 홍보, 선전이 집중 강화된 점을
고려해 대통령과 정부·여당 등 2개 항목으로 분류했다.

　② 야당
　친여 성격의 정당은 배제하고 1985년 2·12 총선과 함께 출현한
신민당으로 국한했다.

　③ 개헌주장
　2·12 총선 이후 최대 관심사로 부각된 개헌주장은 신민당, 종교
및 재야단체와 인사들의 주장을 모두 포함시켰다.

　④ 민주화운동
　독재 반대·타도를 주장한 민주화운동은 전 사회적으로 다양한 형

태로 전개되었지만 다음과 같은 세 가지 형태로 분류했다. 학생운동 (시위관련 학원문제 제기 등 포함), 종교, 재야단체 및 개인운동, 분신자살, 고문주장, 5·3 인천항쟁 등 연합시위.

⑤ 여론·언론

KBS 시청료 거부운동, 언론자유 촉구, 한국 내 민주화와 관련된 외국의 여론과 언론 등이 포함되며 국내와 해외로 구분했다.

⑥ 경 제

정부 및 정부보조 연구기관 등의 발표자료와 노동자·농민의 참담한 현실 고발을 대변한 야당의원들의 국회질의, 노동쟁의 등 2개항으로 분류했다.

⑦ 대외관계

한·미, 한·중공, 남·북한, 기타(각종 국제기구와 국가 포함) 등 4개항으로 분류했다.

⑧ 최은희·신상옥 북한탈출, 독립기념관 화재사건

한국의 정치이념 및 사회구조적 특성 등과 밀접히 관련된 상징적 사건의 성격을 나타내면서 집중적 보도대상이었기에 단일 항목으로 선정했다.

⑨ 기 타

이 상의 8개 항목에 포함되지 않은 보도지침을 한데 모았다. 국방·안보에 관한 보도지침은 모두 8개항에 불과해 기타 국방·안보 문제의 홍보·선전성 보도에 익숙해져 별도의 지시가 필요치 않게 된 상황 때문이 아닌가 보여진다.

(2) 보도내용 통제분석

보도내용을 규제토록 지시한 보도지침 사항은 466건으로, 표본조사된 전체 보도지침 지시사항 688건의 67.7%에 달했다. 이는 보도형식에 대한 규제 22건의 2배를 넘었다. 보도내용에 대한 규제 중 보도를 금지하거나 특정 보도용어 사용과 사진게재를 불허한 '불가' 총계는 267건으로 전체 보도내용 규제사항 466건의 57.3%로 나타났다.

① 홍보·선전성 보도

"크게", "눈에 띄게", '적절히', "강조해서" 등과 같은 주문이 붙은 경우에 해당한다. 정부·여당이 28.1%(32건), 남북관계 18.4%(214건), 대통령 10.5%(12건), 학생운동 7.9%(9건) 등으로 홍보·선전은 집권층에 큰 비중이 주어진 것으로 나타났다. 남북관계가 2위를 차지했는데 이는 정부당국 발표, 내외통신기사 등이 주류를 이룬다. 민주화운동과 야당의 경우 당국은 '비판적 시각'으로 크게 다룰 것을 요구하고 있다.

② 축소보도

"신중히", "조용히", "단순히", "추측하지 않고" 등의 단서가 붙어 소극적·부분적 보도가 요구된 경우이다. 야당이 17.3%(13건)로 가장 높고, 학생운동이 16.0%(12건), 최은희·신상옥 북한탈출, 독립기념관 화재사건이 12.0%(9건), 개헌주장 10.7%(8건) 등의 순위를 보였다. 반정부적 주의·주장·행동에 관한 정보로 보도가 불가피할 경우에는 축소지시로 일관했다.

③ 보도불가

"불가", "절대불가", "별도 지침이 있을 때까지 불가" 등으로 보도가 금지된 경우이다. 국내 여론·언론이 14.4%(31건), 한·중관계가 9.3

%(20건), 분신자살·고문주장·연합시위 8.8%(19건) 등의 순이며, 이어 개헌주장, 해외여론·언론, 최은희·신상옥 북한탈출과 독립기념관 화재가 각각 7.9%(17건)로 나타났다. 권력의 비밀주의가 적용되는 부문이 권력 비판적 정보라는 사실이 여기에서 확연히 드러난다. 정부·여당의 경우 보도금지 비율이 4.2%(9건)인 것은 정부 부처간의 이견 또는 갈등관계에서 비롯된 것으로 보인다.

④ 용어사용 불가

'개헌서명운동 확산'을 '개헌서명운동 계속'으로, '공권력의 성폭행 사건'을 '폭행주장 관련' 또는 '성모욕 행위'로 강제하는 등 특정 용어의 사용을 금지한 경우가 해당된다. 이 같은 용어통제는 어떤 사건·사고·현상의 의미를 왜곡, 축소하려는 시도의 하나이다. 야당이 31.2%(10건)로 가장 높고 학생운동 18.7%(6건) 등으로 나타났다.

⑤ 사진통제

보도사진의 전달효과는 매우 크기 때문에 집중적 통제대상으로 나타난다. 특히 어떤 현상의 일부분만이 표현된 특정 장면의 보도사진을 게재토록 강요하는 것은 전체 의미를 왜곡 또는 축소하려는 시도이다. 이에 따라 사진통제는 "반드시 사진을 실을 것", "이러이러한 요건을 갖춘 사진만 허용됨", "사진 불가" 등 세 가지 형태로 나타났다. 전체 사진통제 빈도수(30건)에서 게재 불가가 66.7%(20건)에 달했다. 일방적 또는 조건부 게재허용의 경우 학생운동 40%(4건), 야당 20%(2건)로 사진이 부정적 이미지 조작에 이용되고 있음을 나타낸다. 즉, 1985년 12월 18일 민정당 연수원 점거학생 석방과 관련된 사진은 출감 등 단순한 모습만 나오도록 하고, 1986년 3월 31일 신민당 광주 개헌집회시 시위군중들이 '축 직할시 승격'이라고 쓴 아치를 불태우는 것을 사회면에 싣도록 주문한 경우 등이 이에 해당한다.

　보도내용에 대한 전체 규제사항 466건을 지시유형별 순위로 보면 보도불가(215건)가 46.1%로 가장 높고, 홍보·선전성 보도 24.5% (114건), 축소보도 16.1%(75건), 용어사용 불가 6.9%(32건)의 순으로 나타났다.

　전체 규정사항을 지시대상별로 보면 학생운동 11.1%(52건), 야당, 정부·여당이 각각 9.8%(46건), 남북관계 8.2%(38건)의 순위이다. 보도내용 규제 중의 불가 총계 267건 중에서 보도불가가 80.5%(215건), 용어사용 불가 12.0%(324건), 사진게재 불가 7.5%(20건)이다. 불가 총계를 지시대상별로 구분하면 국내 여론·언론이 12.0%(32건), 학생운동 10.1%(27건), 야당 9.0%(24건), 개헌주장, 분신자살·고문주장·연합시위, 한·중공관계가 각각 8.2%(22건)의 빈도수를 나타낸다.

　보도내용 규제 총계와 불가 총계의 비율을 보면 한·중관계 부문이 23건의 규제 총계 중 22건의 불가 총계로 95.7%라는 가장 높은 비율을 나타냈다. 이것은 한·중 간에 경제·스포츠 등 실질적 교류가 급격히 증대하는데도 관련정보가 권력에 의해 철저히 은폐되고 있음을 나타낸다. 그 이유는 여러 가지가 있겠으나 권력층이 국내 통치용으로 반공 이데올로기를 앞세우기 위해 취하는 독선적 사고방식도 그 중의 하나인 듯 하다.

　한·중관계에 이어 규제 총계 중 불가 총계의 비율이 높은 부문은 국내 여론·언론으로 86.5%(32건/37건), 종교·재야단체가 80%(16건/20건), 해외 여론·언론 79.2%(19건/24건) 등 반정부적 주장·행동과 관련된 분야들이다. 이에 반해 대통령은 7.7%(1건/13건)로 최하위로 나타나 집중적 홍보·선전대상이었음을 말해주고 있다.

(3) 보도형식 통제분석

　보도형식을 규제한 지시사항은 총 222건으로 전체 보도지침 사항

688건의 32.3%이다. 보도형식규제 중 불가 총계는 38건으로 전체 형식규제 222건의 17.1%에 불과, 보도지면 구성에서 강요된 권력의 간섭형태가 다양하고 구체적인 것으로 나타났다.

① 기사크기

보도지침은 "톱", "중톱" 또는 "1~4단"으로 보도하도록 강제하고 있다. 이에 따라 톱, 눈에 띄게(중톱~4단), 1~3단 등 3개항으로 분류했다.

기사크기를 지시한 총 85건 중 1~3단으로 작게 보도하도록 강제한 경우가 64.7%(55건)로 가장 높은 반면 톱기사를 요구한 대상은 집권세력이 66.75%(8건)로 압도적이다. 1~3단으로 강제된 대상 중 민주화운동·야당·개헌주장 등 3개 분야가 63.6%(35건)를 차지했다. 특히 학생시위는 산발적일 경우 한데 묶어 크지 않게 보도하고 학원문제에 대한 정부·여당의 발표는 사이드 톱으로 하도록 지시하고 있다.

② 컷·제목

독자들이 기사내용보다 컷·제목을 먼저 읽는다는 점을 감안한 언론통제의 한 형태이다. 특별히 컷·제목을 요구한 경우, 이러이러한 점을 고려하라는 조건을 제시하거나, 완전불가로 못박는 경우 등 세 가지로 분류되었다.

컷·제목의 조건부 게재허용이 전체 46건의 73.9%(34건)로 나타났는데, 이것은 현상을 왜곡하거나 특정 부분을 부가시켜 전체 국면을 악화시키려는 의도의 결과로 보여진다. 1986년 3월 3일 학생시위 중 외대 학생과장이 얻어맞아 중태인 사건에 대해 권력은 주요제목을 "학생 폭력화" 등으로 보도하도록 주문한 것 등이 그 예이다.

③ 해설용 보충기사

"게재불가"를 지시한 사례가 51건의 56.9%(29건)로 게재지시(22
건)보다 높은데, 여기에서도 정보유통 억제경향이 강하게 나타난다.
민주화운동·야당·개헌 주장 등 3개 대상이 불가 총계 중 72.4%(21
건)가 되어 집중적 규제대상이 되었음을 입증하고 있다. 그러나 해설
용 보충기사 게재가 요구된 대상 중 집권세력이 45.5%(10건)를 차
지해 홍보·선전의 대상이었음을 드러낸다.

해설용 보충기사에 대한 지시유형을 아래와 같이 3개항으로 재분
류, 분석해 보았다.

㉠ 스케치·인터뷰·뒷이야기: 어떤 상황 또는 사태의 분위기나
상황을 현장감 있게 전달하는 이 같은 보도형식은 해설용 보충기사에
대한 전체 지시사항 51건 중 47.1%(24건)를 차지했다. 그런데 24건
중 83.3%인 20건이 게재 불가를 강제했다.

㉡ 해설·사설: 어떤 사실을 홍보, 선전하거나 배경 등 상세한 내
용까지 설명하려 할 때 사용되는 형식인데 총 13건의 지시 중 불가가
46.2%(6건)였다.

㉢ 박스·요지·전문: 특정 사건·현상을 분석하거나 객관적 사실
을 전달하는 이 같은 보도형식에 대한 총 14건의 지시 중 불가가
21.4%(3건)에 불과했다.

이상에서 나타난 바와 같이 권력은 대중의 알 권리를 외면하고 자
신들에게 유리한 보도 자원만을 알리고자 할 때 스케치·인터뷰·뒷이
얘기의 보도형식을 가장 기피하는 반면, 홍보·선전의 필요시 박
스·요지·전문의 보도형식을 선호하는 것으로 보인다. 1980년대 들
어 보편화된 신문의 기자방담란에 대한 지시사항이 전무한 것은 기자
방담 형식의 전달효과가 매우 낮기 때문인 것으로 보인다.

④ 보도지면 지정

권력은 기사의 성격 또는 의미를 자의적으로 규정하여 정치면·사회면 또는 외신면에 싣도록 구체적으로 지시하고 있다. 이것은 정치적 성격의 정보를 사회면에 싣도록 강요해 그 의미를 약화시키거나 눈에 잘 띄는 1면 대신 외신면 등 간지에만 싣도록 지시, 독자의 눈에 잘 띄지 않게 하는 사례 등으로 나타난다. 민주화운동, 여론·언론 등 2개 분야가 전체 40건의 60.0%(24건)로 가장 많다. 특히 1986년 초 코라손 여사가 집권한 필리핀 대통령 선거관련 기사는 1면에 싣지 말고 외신면에만 싣도록 지속적으로 강요하고 있다.

보도형식을 규제한 지시사항 총계 222건 중 지시 유형별 순위는 기사 크기가 38.3%(85건), 해설용 보충기사가 23.0%(51건), 컷·제목이 20.7%(46건), 보도지면 지정이 18.0%(40건)로 나타났다.

보도형식에 대한 규제를 가장 많이 받은 것은 학생운동 분야로 15.8%(35건), 그 다음이 야당 14.0%(31건), 정부·여당이 12.6%(28건) 등이다. 불가 총계 38건 중 학생운동이 26.3%(10건), 야당이 21.1%(8건)의 순위로 나타났다. 반면 집권세력의 경우 불가 지시는 한 건도 없어 홍보·선전대상의 특성이 잘 나타나 있다.

(4) 종합분석

보도지침 분석에서 나타난 바와 같이 제5공화국의 언론통제는 정보유통의 차단(blocking)과 홍보·선전(publicity)이라는 두 가지 특징으로 대별된다. 정부의 비밀주의는 사회 내의 원활한 정보유통을 차단했으며 정부의 홍보·선전정책은 정부·국민 간 정보 유통량의 불평등 현상을 초래한 것으로 보인다. 정보의 차단과 과잉이 모두 정보유통의 불평등 현상을 결과한다고 할 때 당시 끊임없이 제기되어 온 유언비어 범람의 원인이 어디에서 비롯되었는가는 자명해진다.

보도지침이 가장 많이 내려진 대상은 민주화운동 169건으로 전체 688

건의 24.6%, 그 다음이 대외관계 18.5%(127건), 집권세력 13.8%(95건), 여론·언론 12.1%(83건), 야당 11.2%(77건), 개헌주장 7.4%(51건) 등이다. 민주화운동이 전체 보도지침 빈도수에서 1위를 차지한 것은 군부독재에 대한 민중적 항거가 얼마나 치열했던가 하는 점을 웅변해 주고 있다 하겠다.

특히 대외관계가 2위로 집계된 것은 제5공화국 출발시부터 나타난 대외관계 중시정책과 밀접히 연관된 것으로 보인다. 제5공화국은 광주민중항쟁 유혈진압 등으로 심화된 국내 지지기반의 결여라는 취약점을 대외정책의 강화로 보완하려는 듯한 태도를 보였다. 제5공화국은 '외교는 내정의 연장이다'라는 일반적 논리를 역행, 국가 원수급의 빈번한 해외방문·초청과 올림픽·아시안 게임 등 빈번한 각종 대규모 국제행사·회의를 유치했다. 여기에서 중요한 사실은, 권력은 제도언론에 대한 집중적 규제를 통해 대한민국의 지도자가 세계 각국으로부터 공인받은 위대한 지도자라는 허상(虛像)을 강조토록 유도했다는 점이다.

내용 및 형식규제의 불가 총계는 305건인데, 대상별로 빈도수가 가장 높은 것은 민주화운동으로 26.2%(80건)이고, 그 다음이 대외관계 18.7%(57건), 여론·언론 17.7%(54건), 야당 10.5%(32건), 개헌주장 8.5%(26건) 등의 순이다. 이 같은 순위는 전체 보도지침을 집계한 대상별 순위와 유사하다. 즉, 전체 보도지침 집계에서 3위인 집권세력을 제외할 경우 그 순위는 동일하다.

내용·형식규제에 대한 총계(688건)에서 불가 총계 305건이 차지하는 비율은 44.3%로 전반적으로 비밀주의적 성향이 돋보인다. 내용·형식규제 총계와 불가 총계의 비율을 대상별로 보면 여론·언론이 65.1%(54건/83건), 최은희·신상옥 북한탈출과 독립기념관 화재사건 56.8%(21건/37건), 개헌주장 51.0%(26건/51건), 민주화운동 47.3%(80건/169건) 등의 순서로 나타난다. 여기에서 부당한 권력이 비판적 여론·언론에 대해 어느 정도의 부정적 태도를 지니고 있는가가 확실히 드러난다.

내용규제의 대상별 순위는 민주화운동, 집권세력, 대외관계, 여론·언론 등으로 나타난다. 여기에서 민주화운동은 내용·형식면에서 집중적 규제대상이었음이 나타나며, 이 밖의 홍보·선전과 확산억제 대상 간에 내용·형식규제 면에서 상관관계가 높을 것으로 추정된다.

모든 사회의 지배집단은 기득권을 유지하기 위해 가장 효과적 통치방법을 모색해왔다. 특히 현대사회로 접어들어 최첨단 과학기술이 통치술에 적용되면서 사회적 통제기능은 혁신적 변화를 거듭하고 있다. 전체 사회에 대한 엄청난 통제력은 가공할 효율성을 발휘하고 있는데, 언론 또한 그 영향력에서 벗어나지 못하는 것 같다.

지배집단의 언론통제는 그 집단의 성향에 따라 다양한 형태로 나타난다. 지배집단이 비민주적·폭력적일 때 언론통제 또한 유사한 형식을 취한다. 지배집단이 대중적 지지기반을 상실할 경우 언론은 지배집단의 하부기관 역할을 담당하게 되어 지배논리만을 반복, 강조하는 배타성을 지닌다. 이에 따라 기존의 지배질서에 대항적인 주의주장은 적대시되거나 왜곡되고 때로는 보도대상에서 제외된다. 지배집단이 대중에게서 유리될수록 언론의 하부구조적 기능은 강조되어 대중적 신뢰를 상실해간다. 이러한 상태에 빠진 언론은 지배집단과의 공동운명체적 유착관계가 심화되어 반민중적 독소를 만연시킨다. 보도지침으로 상징된 한국 언론의 일그러진 모습도 이상과 같은 맥락에서 그 실상이 확연해질 수 있을 것이다.

언론의 보도자세에 따라 밀가루가 빵도 되고 독도 된다고 하는 말은 알릴 권리의 회복과 신장이 얼마나 중요한 것인가를 지적한 경고이다. 수많은 사회의 역사를 통해 입증된 바와 같이 알릴 권리의 진정한 형태는 언론 당사자의 적극적 노력 없이는 확보 또는 증진이 불가능하다. 특히 국민의 알 권리를 충족시켜야 한다는 의무적 권리인 알릴 권리에 대한 일차적 방어·보호역할은 언론인에게 있다 할 것이다.

알릴 권리에 대한 권력의 탄압이 가중되고 국민의 알 권리가 손상될 때 민중의 권리회복을 위한 저항운동이 결국 한겨레신문 창간운동으로 연결되었다. 보도지침 등으로 강화된 알 권리와 알릴 권리의 규제 속에서 나타난 1980년대의 민중언론 분출은 새로운 언론의 창간이라는 사회운동을 가능케 한 것이다. 즉, 제5공화국 이후 가일층 심화된 민주화 관련정보의 차단, 권력의 홍보·선전기능의 과대 확산에 대한 국민적 저항이 한겨레신문이 실체화할 수 있는 사회적 여건을 제공한 셈이다. 불평등한 정보자원을 배포하는 특정 언론에 대한 불매운동, 방송청취 거부, 반민중적 프로그램의 광고상품 불매운동뿐만 아니라 민중 스스로 언론매체를 개발, 확산시키는 적극적 운동의 단계로까지 수위가 상승되었다.

한겨레신문의 창간이 이뤄지기 전 당시 학생·청년·농민·노동자·종교인 등 민주화와 민중 생존권 확립을 주장한 모든 계층에서 자신들의 주장과 운동을 확산시키기 위한 정보전달 수단을 개발해, 유인물·연극·테이프·만화 등 다양한 형태로 발전시켰다. 이 같은 제한적 매체들이 지닌 정보전달 능력의 한계에 대한 사회적 인식이 일간지라는 신속한 대량 전달매체의 창간운동으로 비화한 것이다.

권력의 부단한 탄압이라는 상황적 제약을 극복한 이 같은 민중언론은 새 사회를 목표로 하는 새 언론의 기본이념을 제시하는 방향타로 풀이될 수 있겠다. 특히 전국적 규모로 벌어진 공영방송 시청거부운동은 권력의 언론정책에 대한 저항권 행사라는 성격을 지녔을 뿐 아니라 전국규모의 신생매체의 필요성에 대한 의식의 고양으로 나타났다. 그것은 알 권리와 알릴 권리의 축소 또는 억압이라는 부당행위에 대한 국민 분노의 폭발이었다. 1980년대 말 한국사회에서 알 권리의 주장이 사회운동화한 것은 민중의 민주역량 성숙도를 실증하는 대표적 사례라 할 수 있겠다.

3. 권위주의 정권하에서의 언론민주화 및 대안언론운동

권위주의 정권으로부터 민주주의 정권으로 이행하기 위해서는 언론, 출판, 집회, 결사의 자유와 같은 시민적 권리가 보장되어야 한다는 점을 학자들은 강조한다. 1980년대 한국사회에서 발생한 정부와 시민사회와의 갈등의 이유 가운데 하나가 바로 정치·경제민주화였고 당시 시민사회의 민주화운동은 언론민주화운동과 따로 떼어 생각하기 어렵다. 기존 언론이 시민사회의 민주화 추진운동 등의 움직임에 대해 침묵하고 있었기 때문에 시민사회의 운동세력들은 기존 언론의 그 같은 행동을 비판하는 한편 자신들의 투쟁소식을 알리기 위해 스스로 민중언론매체를 만들어서 선전홍보에 활용했다.

그 같은 활동은 노동자, 농민운동 단체들의 경우 매우 활발했다. 언론민주화운동세력은 1980년대 중반 조직체를 발족시켜 《말》지라는 대중매체를 만들어 시민사회를 상대로 배포활동을 벌였으며 특히 '보도지침'을 폭로해 6월 항쟁의 기폭제의 하나가 되기도 했다. 6·29 이후 언론민주화운동세력은 새 신문창간운동을 시작했으며 《말》지가 그 창간초기 단계를 선전, 홍보하는 역할을 담당했다.

1) 언론민주화 및 대안언론운동

5공화국의 독재와 언론탄압 속에 자생적으로 등장한 민중언론운동은 제도권 미디어가 사회적 공기로서의 역할을 다 하지 못하고 있으며 이 때문에 이 같은 반민중적 매체를 진정한 언론매체로 대체해야 한다는 의도가 그 저변에 깔려있다. 그러나 당시 민중언론은 전문성의 결여, 재정적 빈약함 및 특정계급에 대한 독단적 옹호 등으로 인해 시민사회로부터 대중성을 확보하지 못하는 결정적 한계를 가지고 있었다. 즉, 빈약한 재정형편과 열악한 제작환경 속에서, 특정계층 또는 계급의 이데올로기를 강조하는 이들 민중매체는 풍부한 자본력과 인적 자원, 그리고 최신 기법으로 생산되는 기존의 제도권미디어에 대항하는 데는 많은 어려움이 있었다. 이 같은 한계를 돌파해야 한다는 필요성은 시민사회 민주화운동집단과 언론민주화운동단체를 중심으로 간헐적으로 제기되었다. 사회운동의 생산성은 사회운동에 호의적인 합법적 매체가 등장하면 급속히 높아질 것이며, 기존 언론의 모순을 인식치 못하는 대중의 각성에 크게 도움이 될 것이라는 주장들이 기회 있을 때마다 제기되었다.

기존 언론매체에 대한 대안은 기존 언론에서 해직된 전직 언론인과 1980년대 들어 활발한 출판활동을 통해 시민사회의 민주화운동에 활력소를 불어넣었던 출판계에서 기존 언론에 대한 비판을 제기하는 과정에서 표출되었다. 1980년대 5공화국의 탄압 공간 속에서 많은 민주화운동 조직체들은 자신들의 운동이념과 방법론을 알리거나 권력의 부당성을 알리기 위한 수단으로 다양한 매체를 만들어 시민사회에 배포했다. 이 같은 민주세력의 언론운동을 저항언론(resistance communication), 지하언론(clandestine or underground communication), 대안언론(alternative communication), 민중언론, 민주언론 등으로 불렀다. 이처럼 다양한 호칭은 당시 언론운동이 다양한 주체들에 의해 수행되고 있었다는 것을 의미한다. 이 가운데 대안언론은 언론노동자들이 매체를 전적으로 혹은 부분적으로 소유하고서 민주적 방식으로 편집, 제작, 편성과 영업을 하는 매체민주주의의 한 형태를 의미하며, 유럽 등지에서 이를 위한 실천노력이 결실을 맺었다(정용준, 1990, 300).

그 성격상 대안언론의 범주에 속하는 한겨레신문 창간운동의 주체들은 민주화운동, 통일운동, 문화운동, 언론운동 등에 동참하던 범민주화 세력이었다. 이들은 1980년대의 민주화 투쟁과정에서 쌓았던 도덕성과 선명성을 내세워 국민들의 한겨레신문 창간 동참을 설득했다. 새 신문의 창간은 당시 정기간행물법에 의해 일정규모의 인쇄시설을 갖춰야 했기 때문에 막대한 창간자금이 필요했다. 이 같은 법률적 장치는 권력이 신규언론의 등장을 저지하기 위해 설치한 방어벽과 같은 것이었고, 재야운동세력의 입장에서는 천문학적 자금이 필요한 일간지의 소유와 활용은 거의 불가능한 일이었다. 재야언론은 6·29를 통한 직선제 개헌 쟁취에 이어 이뤄진 대통령 선거전의 기간동안 당시까지 사회적 공개논의 또는 보도가 금지되었던 5공화국의 비리, 폭거에 대한 폭로로 기존 언론의 침묵에 대한 비판과 극복의 필요성에 대한 사회적 인식을 고취시켰다.

즉, 당시 《말》지와 같은 언론운동매체는 기존 언론이 보도하지 못하거나 침묵 또는 왜곡하던 광주항쟁 진상, 부천서 성(性)고문 사건, 대학가를 중심으로 한 반정부 운동에 대한 진상, KAL기 폭파사건에 대한 의혹 등을 보도함으로써 한겨레신문 창간을 가능케 할 사회적 토대를 쌓았다.

(1) 1980년 해직언론인 협의회와 민언협 결성

전두환 정권은 전 사회적으로 통제와 억압기조를 유지했지만 그 같은 독재는 대내외적 도전에 시달리게 되었다. 학생과 재야, 민중세력의 저항운동이 거세지면서 사회 각 부문의 자율화 요구가 뒤따랐다. 경제통제에 대한 국제무역기구 통상강대국들의 압박도 가중되었다. 한편 집회 및 시위에 관한 법률로 구속된 학생과 민주인사의 수도 전 정권의 비민주성을 대내외적으로 폭로하는 증거가 되었고, 전두환 정권을 압박하는 한 요인이 되었다. 이에 전두환 정권은 1983년 부분적 자유화 조치를 취해, 정치인에 대한 규제가 풀리고, 구속학생 및 민주인사들이 석방되었다. 재야와 학생 민주화세력은 그 같은 호기를 놓치지 않았으며, 재야·청년·노동·농민 등 각 부문이 조직결성의 움직임을 보이면서 민주화운동의 구심점인 민주통일 민중운동연합이 결성되었다(김태홍, 1997, 185~220).

　재야 공개기구가 결성되면서 제도언론을 견제하고 민주언론을 구현하는 견인차 역할을 할 공개기구의 필요성이 제기되었다. 당시 우리 사회에는 언론운동을 담당할 특수한 집단이 존재하고 있었다. 그들이 바로 해직언론인들로서, 1975년 언론자유를 외치다 언론현장에서 쫓겨난 동아·조선 양 투위의 해직기자들이 해직언론인 1세대이다. 그러나 해직 이후 수년의 세월이 흐름에 따라 양 투위만으로는 새로운 언론운동을 담당한다는 것이 어렵게 되었다. 새로운 언론운동이 가능하기 위해서는 새로운 언론운동 주도세력의 형성이 요구되었다. 1980년 신군부에 의해 1천여 명이 해직되었고, 이들은 대부분 30대 중반, 40대 초반의 젊은이들이었다.

　무력으로 정권을 잡은 전두환은 언론인을 대거 언론현장에서 추방했는데 각 사에서 언론자유운동을 주도한 해직기자들이 1984년 3월, '80년 해직언론인 협의회'를 결성했다. 이들은 창립총회의 성명서를 통해 당시 언론에 대해 "물샐 틈 없는 언론탄압은 제도언론, 관제언론이라는 참담한 결과를 초래, 국민의 언론불신감을 심화시키고 있다"고 지적하고, "권력의 강압으로 설 땅을 빼앗긴 채 우리 언론은 국민의 알 권리를 외면하고 민중의 목탁이기보다는 정권유지를 위한 홍보기구로 전락해 있다"고 주장했다(이태호, 1984, 13). 창립선언문은 또한 "민주화는 조속히 실현되어야 하며 언론에 대한 자유는 보장되어야 한다"고 전제하고, "국민 각계각층의 침해당한 생존권에 대한 정당한 회복노력을 지지한다", "부당해직된 언론인은 즉각 원상회복되어야 한다"고 주장했다.

　1980년 해직언론인 협의회 결성과 유지에 주도적 역할을 담당했던 해직기자들은 김태홍, 정남기, 노향기, 정상모, 전진우, 김동호, 최형민, 정연수, 이원섭, 윤덕한, 박우정, 박성득, 홍수원, 이경일, 표완수, 고승우, 정동채, 백맹종, 현이섭, 이영일, 왕길남, 김상기, 이회찬 등 비교적 젊은 연배의 기자들이었다.

1980년에 해직된 언론인들은 민주언론운동 협의회(이하 민언협) 결성의 또 다른 한 축이 되었다. 특히 1980년에 해직된 언론인들은 동아·조선 양 투위의 해직언론인들보다 상대적으로 젊은 층이 많아 민언협 실무역량의 많은 부분을 담당하게 된다. 김태홍 사무국장은 물론 제 2대 이후 계속 편집장을 맡았던 박우정 실행위원(전 한겨레신문 편집위원장), 홍수원(전 한겨레신문 편집부위원장), 총 진행을 책임졌던 박성득(전 한겨레신문 기획실장), 정상모 사무국장(전 한겨레신문 부국장), 고승우 편집장(전 한겨레신문 부국장) 등 주요 민언협 실무역량은 대부분 '80년 해직언론인 협의회'에서 배출되었다.

〈표 3-5〉 민언협 임원명단

직 책	이 름	소 속
의 장	송 건 호	동아투위
공동대표	김 인 한	동아투위
	최 장 학	조선투위
	김 태 홍	80년 해직언론인 협의회
	김 승 균	출판인 대표
실행위원	윤 활 식	동아투위
	신 홍 범	조선투위
	이 부 영	동아투위
	성 한 표	조선투위
	노 향 기	80년 해직언론인 협의회
	박 우 정	80년 해직언론인 협의회
	이 호 웅	출판인
	김 도 연	출판인
감 사	이 경 일	80년 해직언론인 협의회
	나 병 식	출판인
사무국장	성 유 보	동아투위
간 사	원 인 옥	주부

출처: 김태홍, 1997, 20.

동아·조선 양 투위와 80년 해직언론인 협의회, 진보적 출판인 대표들은 1984년 12월 10일 서울 청진동의 한 음식점에서 민언협 발기인 대회를 열었다. 발기인 대회에서 해직언론인들과 진보적 출판인들은 민언협 결성을 통한 자유언론운동의 부활을 다짐했다. 그리고 9일만인 12월 19일 서울 장충동 베네딕트 수도원 피정의 집에서 민언협 창립총회가 열렸다. 양 투위와 80년 해직언론인 협의회의 해직언론인과 사회운동 인사 100여 명이 참석한 가운데 열린 이날 창립총회에서 민언협은 당시의 상황을 '언론부재의 캄캄한 암흑기'라고 전제하고 "오늘의 언론은 반민중적 언론기관에 의해 독점되어 권력의 소리만 일방적으로 전달, 권력의 지배도구로 전락했다"고 제도언론을 통렬하게 비판했다.

민언협 창립선언문은 또 "외부권력의 언론탄압으로부터 언론을 수호해야 할 일차적 책임이 언론을 직접 제작하고 있는 언론 당사자에게 부과되는 것은 당연한 일"이라고 하면서, "그러나 우리는 1975년과 1980년 죽어 가는 언론을 되살리고자 민주언론을 외치며 싸우던 언론인들을 언론기관 스스로가 대거 수백 명씩이나 언론현장에서 추방한 언론에 의한 언론부정의 극치를 경험했다"고 폭로했다. 민언협 창립선언문은 제도언론을 언론의 자기 부정이 낳은 불행한 결과물로 규정하고 강제된 힘에 의해 국민의 의사를 지배하려는 것이 폭력이므로 당시의 제도언론은 가장 큰 정신적 폭력이고 말했다. 이날 선출된 임원명단은 〈표 3-5〉와 같다.

(2) 《말》지 창간과 '보도지침' 발간
민언협 창립은 우리 언론사에 획기적 전환점을 이룬다. 언론의 민주화를 전문적으로 담당할 단체가 형성된 것이다. 민언협은 대안언론으로서의 새 언론창간, 민주운동세력과의 연대를 민주화와 통일에의 노력, 제도언론 개선투쟁 등의 목표를 제시함으로써 언론전문 운동단체로서의 자기 위치를 분명히 했다. 민언협은 또한 언론기본법의 폐지, 신문방송의 독과점과 카르텔의 해체, 신문방송의 편집권 독립, 신문사 소유구조 개선 등을 구체적 목표로 설정했다.

민언협은 당시 기존 언론을 제도언론으로 규정짓고 그 성격을 다음과 같이 규정했다. 첫째, 제도언론의 특성은 반민주성이다. 당시의 제도언론은 사물이나 사건을 전 국민적 시각에서 보는 것이 아니라 권력의 시각에서 보는 권위주의적 시각을 지녔다는 것이다. 두 번째 특징은 반민족성이다. 제도언론은 사대성에 매몰되어 친일, 친미적 성향을 노골적으로 드러내면서 통일문제도 우리의 주체적 시각으로 바라보지 않고 있다.

박 정권의 성장우선주의 정책은 대다수 민중의 고통과 희생을 강요하고 있었지만 제도언론은 그 같은 민중적 진실을 외면했다. 1970년대부터 주요 이슈로 등장한 노동자 권익옹호문제, 수입농산물로 인한 농민들의 피해와 투쟁, 도시빈민문제, 학생들의 정부비판문제를 제도언론은 외면하거나 왜곡했다. 제도언론이 언론본연의 임무를 저버린 채 권력의 홍보에 앞장서자 민중들은 1985년 이후 6월 항쟁기까지 자기 표현수단을 스스로 강구, 민중언론의 시대를 열었다. 각계 국민들은 제도언론에 대항해 각기 자기 목소리를 담을 매체를 만들었는데, 대표적 매체들은 여러 대학학보·농민신문·도시빈민신문·서노련신문 등이었다.

민언협도 1985년 6월 《말》지를 창간해 민족·민주언론의 디딤돌이라는 부제를 달고 출판했다. 《말》지 창간호는 서점에 깔린 지 하루만에 재판에 들어가는 성공을 거두었다. 전두환 정부와 제도언론은 이를 충격으로 받아들였고, 학생과 재야 등 민주화운동세력은 신선한 자극을 받게 되었다.

《말》지 성공요인에 대한 민언협의 자체분석은 다음과 같았다.

우선 《말》지를 만드는 주체에 대한 신뢰감으로, 제도언론에 식상

《말》지 창간호 표지 사진

해 있던 국민들은 자유언론을 외치다 언론계에서 쫓겨난 해직언론인들이 진실을 보도하는 것으로 받아들였다. 다음으로 해직언론들의 전문성이다. 민중언론의 홍수시대를 맞고 있었지만 당시의 민중언론들은 객관적 언론매체라기보다는 선전매체에 가까웠다. 그들은 객관적 사실 전달보다 매체 작성자들의 입장을 전달하는 데 주력했다. 그러나 《말》지는 제도언론이 외면하거나 묵살한 진실을 보도했는데, 그 같은 뉴스는 도시빈민들의 고난과 철거반대 투쟁·농민들의 소몰이 시위의 진실·대우자동차 파업과 구로지역 연대투쟁의 전말·경제문제·군비축소문제 등이었다.

민언협 조직이나 상부구조는 동아·조선 양 투위가 주로 이끌었지만, 《말》지 제작을 하면서 일선에서 뛰기에는 연배가 조금 높았고 상대적으로 젊은 80년 해직언론인 협의회가 《말》지를 이끌었다. 《말》지 창간 제작진은 〈표 3-6〉과 같다.

1985년 12월 19일 민언협 제2차 정기총회를 통해 김태홍 80년 해직언론인 협의회 회장이 제2대 사무국장에 취임했다. 김태홍 사무국장은 《말》지를 격월간으로 정착시키고, 《말》지 영업망을 전국적으로 구성해 《말》지의 초석을 닦는 한편, 민주화운동권과의 연대투쟁도 활발하게 벌여 민언협의 위상은 점점 높아졌다. 김태홍 사무국장 체제의 민언협 실무팀 명단은 〈표 3-7〉과 같다.

1986년 9월 6일 민언협이 《말》지 특집호를 통해 보도지침을 발간

<표 3-6> 《말》지 창간 제작진

	사무국장	성유보	
창간호	편집장	故 김도연	출판인
	편집기자	최민희 우찬제	현 민언협 사무국장 문학평론가
	레이아웃	장진영 이화영	화가 아트디렉터
	영 업	도서출판 공동체 대행	
제2호 '분단의 현실, 통일에의 꿈' 이후	사무국장	성유보	
	편집장	박우정 홍수원	한겨레신문 80년 해직언론인 협의회 80년 해직언론인 협의회
	편집기자	최민희 정수웅 이화영 정시진	 대학원 재학 정치인
	영 업	김태홍	80년 해직언론인 협의회
제3, 4호는 제2호와 같음.			

출처: 김태홍, 1997, 206.

<표 3-7> 민언협 실무팀 명단

제5, 6, 7호		제8호 이후	
사무국장	김태홍	사무국장	김태홍
사무차장	이석원	사무차장	이석원
편집장	박우정 홍수원	편집장	박우정 홍수원
편집기자	최민희 정수웅 정시진 김태광	편집기자	최민희 김태광 이근영 한승동
영업부장	배시병		권오상 정의길

출처: 김태홍, 1997, 20.

116

《보도지침 표지 사진》

하자 정부당국은 즉각적으로 김태홍 사무국장을 수배하는 한편, 보도지침 전담반을 구성하여 수사에 나섰다. 그해 12월 10일 김태홍 사무국장이 치안본부 남영동 대공분실로 연행되었고, 같은 날 민언협 신홍범 실행위원이 연행되었다.

같은 해 12월 15일 한국일보 김주언 기자가 또다시 남영동 대공분실로 연행되었다. 당국은 민언협과《말》지 편집실에 대한 압수수색을 자행하여《말》지 특집호를 비롯, 보관본들을 압수하는 한편 박우정·홍수원 편집장, 박성득 실행위원(이상 80년 해직언론인 협의회), 이석원 사무차장, 김도연 전 편집장에 대해 수배령을 내렸다. 연행된 3명의 언론인이 국가보안법으로 구속되자 민언협은 즉각적으로 성명을 발표해 이들의 석방을 촉구했다. 그 후 천주교 정의구현 전국사제단, 전국 목회자 정의평화실천 협의회를 비롯한 종교계와 민중문화운동 협의회, 민주교육 실천협의회 등 문화 5단체, 민주화추진협의회, 민주통일 민중운동연합 등 재야민주화운동단체들이 민언협의 보도지침 폭로를 지지하는 성명을 발표했다. 3인의 언론인 구속은 국제사회에서도 큰 파문을 일으켜 엠네스티 인터내셔널, 미국언론인 보호위원회, 국제출판 자유위원회, 미국·캐나다 신문협회, 바바라 복서 미하원 의원 등이 이들의 석방을 촉구했다. 1987년 5월에는 동아일보와 한국일보의 현직기자들이 구속된 언론인의 석방을 촉구하는 성명서를 냈다.

그해 5월 31일 김태홍, 김주언, 신홍범 3인의 언론인은 가톨릭자유언론상을 수상했고, 김수환 추기경은 강론을 통해 보도지침 폭로가 정당한 것이었다고 선언했다. 6월 3일의 선고공판에서 재판부는 김태홍 사무국장에게 징역 19월에 집행유예 2년, 신홍범 씨에게 선고유예, 김주언 씨에게 징역 8월에 자격정지 1년, 집행유예 1년을 선고해 3명의 언론인은 모두 석방되었다. 이후 보도지침 사건 관련공판은 10여 년의 세월 동안 이어졌다. 마침내 재판부는 1996년 보도지침 사건과 사건 관련 언론인에게 무죄판결을 내렸다.

민언협은 보도지침 폭로를 통해 제도언론의 가면을 벗기고 권력과 언론의 야합고리를 잘라 냄으로써 제도언론에 대한 투쟁수위를 한 단계 높였다. 이후 민언협은 언론운동이 민주화투쟁의 중요한 요소가 될 수 있는지 직접 체험함으로써 언론민주화와 사회민주화에 대한 인식을 한층 공고히 할 수 있었다. 다른 한편 보도지침 폭로를 통해 민언협과 해직기자들에 대한 사회일반의 신뢰는 더욱 굳어져 갔다.

1987년 박종철 군 고문치사 사건을 계기로 5공 군부독재 체제에 대한 국민들 저항과 민주화 요구는 6월 항쟁으로 폭발했다. 민언협의 《말》지는 제도언론이 외면한 민중적 진실을 알림으로써 국민의 민주적 의식함양에 크게 기여했다. 특히 민중운동권과 재야 민주화운동권의 투쟁소식과 운동이론의 심화발전에 대한 객관성 있는 기사는 기층운동과 재야운동의 발전에 일정 부분 기여했다는 평가를 받았다. 《말》지가 6월 항쟁의 기폭제 역할을 한 것은 무엇보다 군부독재의 반민주적, 반민족적, 반민족적 실상을 폭로한 데 있다. 《말》지는 권인숙 양 성고문 사건을 비롯한 5공 시절 각종 고문사건과 간첩조작 사건에 대해 용감하게 보도한 유일한 잡지였고, 《말》지의 폭로를 통해 시민들은 군부독재의 실상을 알게 되었던 것이다. 앞서 언급한 보도지침의 폭로는 국민들에게 5공 정권의 언론통제 실상을 폭로함으로써 전두환 정권의 반민주성을 전 국민과 함께 확인하는 계기가 되었다.

6월 항쟁 초기 제도언론은 전 국민적 민주화 요구를 철저히 묵살했다. 동아·조선·한국일보 모두 시위규모를 축소 보도했고, 민주화를 요구하는 학생 및 민주시민을 폭도로 매도했다. 또한 시민들의 정당한 민주적 요구를 폭력난동으로 몰아붙였다. 민언협은 6월 항쟁의 실상을 생생하게 전달하는 또 하나의 특집호 《말》소식지를 격주간으로 발행, 6월 항쟁 현장을 국민대중에게 알리는 데 앞장섰다. 이후 6월 항쟁의 불길이 전국적으로 타오르자 제도언론의 논조가 서서히 바뀌기 시작했고, 이제 6월 항쟁의 직선제개헌은 시대적 대세로 자리잡게 된다. 제도언론의 논조가 바뀌어 가는 데에도 《말》지가 일조했음은 두 말할 여지가 없다.

보도지침 공판결과 김태홍 사무국장이 출소하자 민언협 사무국 체제도 재정비되었다. 내외적으로 급박하게 돌아가는 상황에서 재정비된 민언협과 《말》지의 조직체계는 다음과 같다.

상임실행위원: 임재경(전 한겨레신문 부사장)
사무국장: 김태홍
총무: 최민희
편집장: 고승우
편집팀: 왕길남, 한승동, 김태광, 권오상, 정의길, 이근영, 윤부철
영업팀 부장: 배시병

1987년 6·29 선언으로 직선제 개헌이 받아들여졌고 《말》지는 그해 12월에 대통령선거에서 군부독재를 끝장내자는 민주세력의 요구에 부응키 위해 종래 격월간 발간에서 격주발간으로 발간주기를 대폭 축소했다. 당시 전 국민적 관심사였던 민주후보 단일화 문제와 공명선거 감시운동 등을 유권자들에게 신속히 알리기 위해 《말》지 발간주기를 4분의 1로 줄여 제작하는 과정에서 편집팀의 부족한 일손을 80년 해직언론인들의 적극적 참여로 메워 나갔다. 이렇게 제작된

《말》지는 전국 선거유세장 등에서 큰 호응을 받았다.

그해 12월 대통령선거에서 후보단일화에 실패한 야권이 노태우에게 대통령 자리를 내주었지만 민주화 요구는 지속되었다. 노태우는 대통령이 되자마자 부분적 민주화 조치를 취했고 이 과정에서 반민주 악법이 개정되기 시작했다. 언론부문에서도 획기적 새 언론창설을 제안했던 해직언론인들은 6월 항쟁의 민주화 열기를 한겨레신문 창간으로 연결시켰다.

2) 《말》지에서 새 언론으로

(1) 《말》지 창간호에 표명한 새 언론 창설선언

민언협은 1985년 6월 《말》지 창간호 제언 "새 언론 창설을 제안한다"를 통해 민언협의 궁극적 목적이 민주, 민족, 민중언론의 창달에 있음을 분명히 했다. 《말》지의 제호가 "민주, 민족, 민중언론을 향한 디딤돌"로 결정된 것도 해직언론인들의 새 언론 창설의지의 한 표현이었다. 민언협은 《말》지 창간호 제언을 통해 "현재 전개되는 민중언론시대의 요청에 따라 새로운 언론기관의 창설을 제안한다"고 전제하고 새 언론 창설제안의 이유를 "민중언론은 민주적, 민족적, 민중의 토대 위에서는 참다운 언론현실을 열망하고 있음에도 불구하고 갖가지 현실적 조건과 제약 때문에 제대로 역할을 하고 있지 못한 안타까운 현실"에서 찾았다. 그래서 민언협은 "민중언론의 지향과 성과들을 올바로 수렴하면서 그 형식과 내용을 새롭게 하는 진정하고도 창조적인 언론의 필요성"을 강력히 제기하고 나선 것이다.

또한 민언협은 새 언론기관의 소유구조에 대한 기본 골격도 제시하였다. 《말》지 창간호 제언은 "새 언론기관은 기존 언론기관이 소수 또는 개인의 언론기업들에 의해 독점되는 것과는 달리 민주언론을 갈망하는 민중 스스로가 출자하여 공동으로 소유하고 함께 움직이는 민중의 표현기관"이어야 한다고 명시했다.

(2) 6월 항쟁 직후의 새 신문 창간 표명

《말》지 14호(1987년 9월 28일)는 한겨레신문의 창간을 위한 최초의 본격적 행동인 창간발의자 총회와 관련한 기사를 보도해 언론운동 세력이 합법적 매체 창간운동을 시작한 사실을 자세히 알렸다. 《말》지 14호 표지는 9월 23일 열린 새 신문 발의자 총회에서 송건호 위원장이 많은 해직기자들이 바라보는 가운데 '새 신문 창간 발의'라는 붓글씨를 쓰는 모습을 담은 사진을 실었다. 그 사진 밑에는 아래와 같은 글을 실었다.

> 언론의 자유 없이 진정한 민주화는 불가능하다. … 오늘날 제도언론은 부활된 보도지침과 공권력의 강압적 규제 속에 공허한 민주화를 줄기차게 외치고 있다. … 언론에 대한 부당한 간섭과 불법적 탄압에 국민의 이름으로 맞서 싸울 새 신문에 대한 국민적 요구는 시간이 흐를수록 뜨거워지고 있다. 새 신문의 출현은 이제 시대적 요청이 되었다. 해직 언론인과 현역 기자들이 착수한 새 신문 창간작업은 주어지는 것이 아닌 쟁취되는 언론자유를 실현하려는 도전과 희생의 첫 걸음이라 하겠다.

이는 공개적으로 《말》지 독자 등에게 한겨레신문 창간의 의지를 밝힌 것이다. 《말》지 14호는 이러한 표지와 함께 "우리는 새 신문을 창간하고자 한다"는 제언과 전·현직 기자 196명이 새 신문 발의자 총회 개최에 대한 기사 등을 실었다. 《말》지 14호의 제언은 기존 언론의 폐해를 지적하면서 민주언론의 창설에 민주화를 염원하는 모든 국민과 각 분야의 동참과 협조를 요망했다. 제언의 주요 내용은 다음과 같다.

민주화를 추진하는 이 마당에 가장 시급하게 요청되는 것이 모든 굴레를 벗어던진 언론의 자유요, 제 모습을 갖춘 언론의 출현이다. 언론의 민주화는 언론의 자유이며, 언론의 자유는 곧 발행의 자유이다. 언론의 자유는 만인의 것이고, 누구나 인쇄할 수 있는 것이 당위이며 또 그렇게 되어야 한다. 다만 우리는 민주 언론인으로서 우리가 가진 기능을 살려 본격적인 언론매체를 창설코자 하는 것이다. 그것이 이 시대의 요구에 부응하는 우리의 사명임을 확신한다. 민주화를 염원하는 모든 국민과 각 분야 민주인사의 동참과 협조가 요망된다.

이 같은 기사는 일부 해직기자들이 7월 중순 송건호 발행인을 방문해 새 신문 창간작업을 주도해 줄 것을 요청했고, 그후 그 문제가 민언협 실행위원회에 부쳐져 '새 언론 창설연구위'를 구성토록 결정한 것과 관련이 있다.

《말》지 17호(1987년 11월 20일) 는 그해 10월 30일 3,319명의 창간발기인들에 의해 서울 명동 YWCA 대강당에서 열린 창간발기인대회에 대해 자세히 소개했다. 즉, 이날 대회에서는 채택된 새 신문의 사업계획과 창간발기인 명단을 실었다.

《말》지 19호 62쪽에는 송건호 한겨레신문 대표이사의 "《말》지 독자께 드리는 말씀"이 실려있다. 이는 송건호 발행인이 《말》지 19호를 끝으로 발행인 직책을 김태홍 씨에게 넘겨 준 것과 관련이 있는 것으로 풀이된다. 송씨의 친필 사인이 들어가 있는 그 글은 《말》지 독자들에게 보내는 작별인사 겸, 새 신문에 대한 지원당부의 내용을 담고 있으며 민주언론운동협의회를 중심으로 한 해직언론인들이 한겨레신문 창간을 위해 모금중이라는 사실을 강조하고 있다.

추운 날씨에 안녕하십니까? 그동안 《말》지를 구독해 주시고 성원해 주신 선생님 덕분에 민주·민중언론을 구현하기 위한 저희들의 노력이 결실을 맺어가고 있습니다.

　이 땅에 민주주의를 실현하기 위해 우리가 해야 할 일이 한두 가지가 아니겠지만 권력에 굴하지 않고 진실을 보도하는 참 언론을 탄생시키는 일이야말로 그 무엇보다도 중요한 과제라고 생각합니다.

　이미 알고 계시시라 믿습니다만 저희 민주언론운동협의회를 중심으로 한 해직언론인들이 한겨레신문 창간을 위해 현재 전국적 모금을 하고 있습니다. 한겨레신문은 권력으로부터의 독립은 물론 대자본으로부터의 독립을 제도적으로 실현하기 위해 특정인의 소유를 거부하고 국민들을 주인으로 모시려는 것입니다. 모쪼록 새로 태어날 한겨레신문에 많은 격려와 성원이 있으시길 간곡히 부탁드리며 선생님은 물론 주위 분들에게도 참여를 적극 권유해 주셨으면 합니다. 이같이 글로만 부탁드리는 점을 양해해 주시기 바라며 건투를 빕니다.

　《말》지 20호(1988년 2월 1일)는 '한겨레신문 창간작업 순조'라는 제목의 기사에서 새 신문 주식회사 설립과 편집진용 구성, 윤전기 구입 소식 등을 전했다.

　《말》지 22호(1988년 4월 1일)는 한겨레신문 발행인 송건호 씨의 인터뷰를 실었다. 《말》지는 새 신문 창간과 관련해 많은 질문을 하면서 송씨가 1984년 민주언론운동협의회 창설 이래 1988년 1월까지 협의회 의장을 역임했다고 소개했다. 송씨는 인터뷰를 통해 "새 신문과 관련해 편집권이 회사 안팎에서 존중되어야 한다, 국민은 권력에 예속된 기존 신문에 실망하고 있어 해직기자들이 새 신문을 창간키로 했다, 새 신문은 특별히 진보적, 보수적인 사상적 색채를 띠지 않을 것이고 단지 참된 신문이 되기 위해 창조적으로 노력한다, 새 신문은 외부의 어떤 압력도 배제하고 다수 국민이 알아야 할 것을 보도하고 논평하고, 노조를 인정하고 노조 대표가 경영에 참가하도록 문호를 개방한다, 새 신문은 해직기자들에 의해 만들어지는 합법지로서, 기

존 신문들과 우호적 태도로 친하게 지내려 한다, 새 신문이 대자본의
광고를 안 받을 이유가 없고 광고는 광고, 기사는 기사라는 원칙을
지킨다" 등의 기본원칙을 제시했다. 송씨의 이 같은 새 신문 창간전
략은 기존 일간지와 과연 어떤 큰 차별성이 있으며 그 차별성을 창간
이후 10~20년 뒤까지 보존할 제도적 장치가 무엇인가라는 의문점을
남겼지만, 창간 이후 경영에 거의 그대로 반영되었다. 《말》지에 실
린 인터뷰 주요 내용을 요약하면 아래와 같다.

　① 6공화국의 언론정책
　새 신문이 당초 약속했던 3월 1일 발행 약속을 지키지 않은 이유는
문공부에서 신문사 등록필증을 내주지 않아서이다. 언론을 통제하고
규제한다는 면에서 5공화국과 큰 차이가 없다. 5공화국 때는 보도지
침과 같은 것을 통해 직선적이고 노골적인 통제를 했다면 6공화국은
완곡하게 기술적으로 음성적으로 하고 있다. 기존 언론은 정부에서
말을 안 해도 자진해서 협조한다. 기업구조나 신문사 체질 면에서 정
부에 대한 비판적 기사를 쓰기 어렵다. 새 신문은 기자나 발행인 등
이 기자 출신이기 때문에 편집권 독립은 존중될 것이다. 권력의 간섭
이 있을 때 경영진과 기자 모두가 저항할 것이다. 편집위원장이 진두
지휘한다 해도 기자평의회, 출판노조에서 상당한 발언권을 가진다.
언론의 독립과 자유를 쟁취한다는 것은 같은 목표이지만 방법에서 젊
은 사람들이 성급한 면이 있어 만류하는 입장이다.

　② 새 신문 발족취지와 언론사에서의 의미
　제도언론은 권력의 영향으로 독립된 입장에 서지 못하고 국민에게
알릴 것을 알리지 않고 논평할 것을 논평하지 못했고 이에 대한 국민
의 실망이 컸다. 이리하여 해직기자를 중심으로 신문을 창간하게 된
것이다. 새 신문은 전 국민 전 세계의 관심 속에 창간이 진행되고 있

124

다. 새 신문은 국민의 모금으로 창간이 시작된 것으로 한국 언론사는 물론 전 세계적으로 전례가 없다. 이 때문에 전 세계의 많은 언론이 새 신문을 찾아와 인터뷰하고 있다.

③ 새 신문의 보도방향

새 신문은 특별히 진보적, 보수적인 사상적 색채를 띠는 데 관심이 없다. 참된 신문을 만들기 위해 창조적으로 노력할 뿐이다. 참된 신문은 다수 국민이 알아야 할 것은 알리고 다수 국민의 입장에서 바람직하지 못한 것은 비판하는 국민 절대다수가 원하는 것을 보도하고 논평하는 것이다. 기존 신문은 이것을 하지 못했다.

④ 새 신문의 창간이 미칠 영향

현재 20여 개 신문이 창간 신청을 했는데 대부분 지방신문, 종교신문, 전문지 등이고 전국 종합일간지는 한겨레신문뿐이다. 한겨레신문이 언론상황에 미칠 영향은 첫째, 새 신문은 외부의 어떤 압력도 배제하고 다수 국민이 알아야 할 것을 보도하고 논평한다는 점에서 신문지면이 달라질 것이고 이것이 다른 신문에 영향을 미칠 것이다. 둘째, 제도권 언론은 노조를 반대하는데 새 신문은 노조를 인정하고 노조 대표가 경영에 참가하도록 문호를 개방했다는 점이다.

⑤ 기존 언론과의 관계설정

새 신문이 해직기자들에 의해 만들어지는 합법지로서, 똑같이 합법적 절차를 밟은 기존 신문들과 우호적 태도로 친하게 지내려 한다. 그러나 기존 신문이 우리를 이단시할 것 같다. 기존 신문은 권력의 입장에서 모든 것을 바라보고 만들지만 한겨레신문은 국민의 입장에서 보고, 노조활동을 보장한다. 결국 언론자유에 대해 호감을 가진 사람들은 새 신문에 대해 우호적이겠지만 자기 신문에 충실한 사람들은 새 신문을 이단시할 것이다.

⑥ 대자본의 광고 등에 대해

광고주들은 사상적, 정치적 이념을 지니지 않았기 때문에 이익이
된다면 새 신문에 광고할 것이다. 그러나 한겨레신문에 광고를 주지
않도록 음성적 압력이나 작용은 있을 것이다. 한겨레신문이 대자본
의 광고를 받지 않는다는 말이 있으나 이는 모략이다. 새 신문이 대
자본의 광고를 안 받을 이유가 없다. 다만 새 신문이 기존 언론과 다
른 점은 한겨레신문은 광고는 광고, 기사는 기사라는 원칙을 지킨다
는 것이다. 기존 신문은 광고주와 결탁해 보도 및 논평을 제대로 하
지 않는다.

⑦ 새 신문의 기자들에 대한 처우와 촌지문제

국민에게 모금한 돈으로 신문을 만들기 때문에 월급을 많이 줄 수
없다. 새 신문의 발행인도 기존 언론의 신입사원 초봉보다 못하다.
35만 원이 기본이다. 그런데 다른 데서 150~200만 원 받던 사람들
이 새 신문에 와서 30~40만 원 받고 일한다. 촌지는 절대 받지 않
고, 만약 촌지를 받고 기사를 허위, 날조, 은폐하면 처벌받는다. 촌
지를 안 받으면 처음에는 촌지를 받는 다른 언론사들로부터 고립되고
취재에 지장이 있을 것으로 예상되나 시간이 지나면 해결될 것이다.

⑧ 노동조합의 경영참여

새 신문의 경영과 제작, 편집 등 모든 것이 창조적이다. 발행인의
입장에서 언론노조에 대해 우호적이고, 노조에 협조하고 도움을 받
을 생각이다.

제 4 장
한겨레신문 창간운동의 전개

1. 창간을 위한 초기 조직화 과정

새 신문 창간운동은 조직화, 동원화, 제도화의 3단계로 나눠 기술
한다. 사회운동에서 조직화는 그 성패를 결정하는 주 요인의 하나다.
조직화 초기단계는 제도권 밖에서 추진되기 때문에 그 위세가 크지
못하지만 그 조직이 내세운 이념과 방향성 등이 강한 대중 유인력을
가질 때 많은 동조세력을 얻어 그 위력이 강해진다. 한겨레신문의 경
우 권위주의 정권하에서 금기시되던 언론운동을 추진하기 위해서는
창간업무를 직접 추진할 내부조직과 함께 민주화운동에 동참하거나
동조적이던 시민사회 지도층의 지원이 필요했다. 그 같은 전략은 단
계적으로 추진되어 창간발기추진위원회, 창간발기인대회 등을 구체
화하고 그 움직임을 대중적 지지를 획득하기 위한 유인책으로 활용했
다. 한겨레신문 창간과정에서의 조직화는 창간발기 추진위원회, 창간
발기인 대회, 창간을 위한 행정절차 추진과 내부 조직정비 등으로 나
타난다.

128

1) 창간발기추진위원회

6·29 선언에 따른 정치적 제도의 변경여부를 둘러싼 갈등이 심화되는 과정에서 동아일보와 조선일보에서 1975년 언론자유를 외치다 쫓겨난 해직기자들과 1980년 언론통폐합조치로 역시 일터를 빼앗긴 해직기자들은 간간이 모임을 가지면서 새로운 신문을 만들 필요성을 논의해 왔었다. 이는 당시 민주화 추진세력의 유일한 언로(言路)로 자리잡은 《말》지라는 부정기적 간행물만으로는 민주화운동의 촉매제로 역할하기에 역부족이라고 판단했기 때문이다. 즉, 부정적기적 간행물이 아닌 정기간행물, 특히 일간지가 최적의 민주화 추진수단으로 본 것이다. 이 때문에 성공적 민주화운동을 위해 일간지라는 매체자원을 확보하려는 움직임이 추진되었다. 이는 당연히 당시 비민주적 정부가 행사하는 억제력의 대상이 되었다.

당시 집권층은 민주적 매체가 출현할 경우 민주화운동이 큰 힘을 얻을 것으로 판단해 한겨레신문과 같은 매체의 출현을 억제하기 위해 노력했다. 그러한 노력은 법률적으로 일간지 등록의 절차를 어렵게 만들거나 필요한 자금조성에 제동을 거는 식으로 나타났다. 그 같은 힘겨루기가 계속되던중, 6월 항쟁의 거센 물결이 전국을 휩쓸었고, 7월 초 해직기자들이 모인 자리에서 "온 국민이 한 주씩 갖는 국민주 캠페인을 벌여 회사설립 자금을 마련하자"는 의견이 나왔다.

해직기자들은 7월 중순 송건호(전 동아일보 편집국장, 당시 민주언론운동협의회 회장) 씨를 찾아가 새 신문 창간작업을 주도해 줄 것을 요청했다. 이 문제는 민언협 실행위원회에 부쳐진 끝에 이병주(전 동아투위 위원장)·정태기(전 조선투위위원장)·김태홍(당시 민언협 사무국장) 씨로 하여금 '새 언론 창설연구위'를 구성토록 결정했다. 여기서 '민중신문(가칭) 창간을 위한 시안'이 나오고, 이것이 '국민신문'으로 바뀐 뒤 다시 '새 신문'이란 이름으로 바뀌게 된다. 이 시안은 새로운 신문이 띠게 될 형태로 국민적 참여, 편집권 독립, 한글 가로쓰기, 독자의 반론권 보장 등을 들고 있다.

그해 9월 1일 서울 종로구 안국동 안국빌딩에 50평짜리 창간사무국이 들어섰다. 이어 창간발의 준비위원회(위원장 송건호)가 196명의 전·현직기자들에 의해 결성됐고, 1인당 50~100만 원씩 모두 1억여 원의 창간발의 기금을 내고 창간발의 동의서에 서명했다(자료 1).

9월 23일 서울 종로구 안국동 안국빌딩 602호 준비위원회 사무실에서 새 신문 창간발의자 총회가 열렸다. 해직언론인과 현직기자 등 100여 명이 참석한 이날 총회는 국민의 열망에 부응키 위해 진실과 용기, 긍지를 바탕으로 전 국민적 참여의 주식공모를 통한 새 신문 창간을 다짐하는 발의문과 발의자 명단이 발표되었다.

총회는 새 신문 발의문을 통해 새 신문 창간의 방향성 등과 관련해 "새 신문에 대한 어떤 세력의 간섭과 폭력도 용납하지 않고 민주주의적 모든 가치의 온전한 실천, 민중의 생존권 확보와 민중의 생활수준 향상, 분단의식의 극복과 민족통일의 지향을 최대 이념으로 삼는다. 이를 위해 정치권력, 대자본, 광고주로부터의 독립을 확고히 할 제도적 장치와 경영·편집진의 혁신적 구성방침을 정한다. 국민적 자본 참여를 통한 편집권 독립실현, 선정주의 배격, 광고지면의 정보화 지향, 독자의 반론권을 보장한다" 등의 원칙을 제시했다(자료 2).

이날 총회는 주주 한 사람이 출자액을 창립자본금 50억 원의 1% 이내로 제한하도록 했다. 발의자 총회 바로 다음날 창간발의준비위는 창간발기추진위원회로 개편됐고, 이어 대규모 발기인단 구성에 들어갔다. 창간발기 추진위원회는 새 신문 창간작업의 최고의사결정기구로, 9월 23일 열린 발의자 총회에서 인준을 받은 23명으로 구성됐다. 위원회는 매주 토요일 오후 2시 정례회의를 열고 창간 준비작업에 대한 종합기획 및 추진현황을 점검하고 향후 방향을 결정했다. 창간발기위원회 중 매일 사무국에 나올 수 있는 위원 10명으로 상임위원회가 구성되어 매일 상오 10시 정례회의를 열기로 했다. 상임위원은 임재경, 강정문, 권근술, 김태홍, 신홍범, 이병주, 이원섭, 정태기, 조성숙, 홍수원 등이었다.

10월 1일 위원회는 새 신문 창간준비 사무국 요원을 다음과 같이 결정했다.

> 정태기(국장), 홍수원(사무차장, 기획, 조정), 이원섭(대변인, 홍보, 섭외), 안정숙(경리), 현이섭(총무), 이병효(기획, 조정), 이상현(홍보, 섭외), 신동준(발기대책), 김현대(발기대책), 조병욱(서무), 박옥숙(서무).

10월 2일 열린 회의에서는 경상비 예산 승인, 제호 검토 등이 있었다. 이날 회의에서는 또 재정위원회(위원: 이병주, 이경일, 성한표)를 구성했는데 재정위원회는 납입금 현황파악 및 회계감사 등을 맡았다. 새 신문의 제호를 발기인 대회 전까지 결정키로 하고, 10월 16일까지 공모를 했다. 제호를 공모하기 전까지 유력한 제호는 독립신문, 민주신문, 자주민보 등이었다.

10월 22일 전체회의에서 새 신문의 제호를 '한겨레신문'으로 결정했다. 공모된 제호는 한겨레신문, 민주신문, 자주민보, 독립신문 등으로 압축되었고, 위원회는 발기인들과 청장년층으로부터 압도적 지지를 받은 한겨레신문을 민주적 절차에 의해 만장일치로 결정했다.

제호 도안은 유연복 씨의 목판화 '백두산 천지'를 배경그림으로 하고 '오륜행실도'의 글씨를 조합시켜 최종결정을 보았다.

《한겨레신문 제호 도안》

위원회는 발기인 선언대회가 끝난 뒤 시작될 국민적 모금에 '주주 모집 후원회'를 결성해 주주모집에 박차를 가하기로 했다. 즉, 발기 선언대회가 끝나면 발의자와 발기인이 1차로 후원인회의 구성원이 되어 각자 5명의 후원인이 될 수 있는 사람들을 추천하고 그 사람들 이 다시 5명의 후원인을 추천하는 방식을 택하기로 했다.

2) 창간발기인대회

1987년 10월 30일 3,319명의 창간발기인들에 의해 창간발기인대 회가 서울 명동 YWCA 대강당에서 열렸다. 이날 대회에서는 새 신문 의 사업계획 기본원칙을 민주주의의 실현, 분단의식 극복과 통일 지 향 등으로 삼고 주요 사업으로 일간지 및 도서와 잡지발행과 판매, 교육, 문화, 사회사업 등을 추진키로 했다.

새 신문은 현 언론산업의 낙후성 극복과 대중정보 시장의 수요공급 체제 불균형 시정을 목표로 창간을 준비중인 일간지, 일요판 신문, 월간지의 편집과 제작방침을 확정했다. 일간지는 전국 종합지 석간 으로 하되 단계적으로 조·석간을 지향하며, 주 72면(현 일간지 크기), 1일 3판으로 발행한다. 일요판 신문은 일반 주간지 성격으로 일간지 크기의 36면으로 하고, 월간지는 시사 종합지 국판 320면을 목표로 한다. 이 같은 간행물의 편집원칙은 제도언론의 타성적 편집태도와 획일주의를 극복, 취재원을 권력기구 중심에서 민생 중심으로 이동하 고 가로쓰기, 독자의 반론권 보장에 두기로 했다. 또한 정치권력으로 부터의 독립과 편집자의 특권의식과 독단주의 배격에 주력해 보도할 가치가 있는 기사만 중점, 심층보도하기로 했다.

이상에서와 같이 사업계획은 새 신문의 총체적 경영전략의 성격을 띠고 있다(《말》지 17호, 1987년 11월 20일).

한편, 홍성우 변호사는 창간발기인대회에서 발기인단을 대표해 "오늘의 언론은 몇 사람의 사유물이 되거나 권력에 예속된 제도언론으로 전락했다. 이를 극복하기 위해 민주화를 염원하는 국민의 참여로 국민이 주인이 되는 신문의 창간을 공식 선언한다. 새 신문의 출범은 이 땅에 언론매체가 부족해서가 아니라 국민의 목소리를 대변하는 바르고 용기 있는 언론이 없기 때문이다"는 요지의 발언을 통해 새 신문 발기의 취지를 설명했다(〈한겨레신문 소식〉 2호, 1987년 11월 24일).

이날 대회에서 박형규 목사, 변형윤 교수, 송월주 스님, 문익환 민통련의장 등이 축사를 했다. 대회장에는 강정문 작사, 김도향 작곡의 '한겨레신문의 노래'가 울려 퍼졌고 한겨레신문 창간발기 선언문이 발표되었다(자료 3).

이날 대회에서는 발기인들을 대표하는 각계 대표 56인으로 '창간위원회'를 구성했다. 창간위원회는 주주총회에 이사진 후보를 선정 · 보고하고 회사의 기본방향과 관련한 주요사항을 논의하는 주요기구가 된다. 창간위원들은 다음과 같다.

〈각계 대표〉
계훈제 고 은 김윤수 김승훈 김정한 김지길 김천주 문제인 변형윤 서경원 성 문 심성보 안평수 이기웅 이돈명 이소선 이우정 이효재 조아라 조준희 차범석 천영세 최원식 팽원순 한승헌 한용희 홍성우 황인철

〈언론계〉
송건호 임재경 김인한 최장학 강정문 권근술 김명걸 김종철 김태홍 박우정 박화강 배동순 성유보 성한표 신홍범 안정숙 윤활식 이경일 이광우 이병주 이부영 이종욱 이원섭 정상모 정태기 조성숙 하봉룡 홍수원

창간위원회는 11월 14일 첫 회의를 열고 업무추진 현황 및 회사설립계획에 대한 보고를 받고 이를 인준했다. 위원회는 송건호, 이돈명

두 사람을 공동대표로 추대하고 실무를 맡을 상임실무위원회와 인사
위원회, 재정위원회를 구성 다음과 같이 구성했다.

　〈상임실무위원회〉(14명)
　이효재 최원식 팽원순 한승헌 홍성우 임재경 권근술 김종철 김태홍
　신홍범 이병주 이원섭 정태기 조성숙
　〈인사위원회〉(5명)
　송건호 임재경 김태홍 성한표 이병주 조준희
　〈재정위원회〉(4명)
　변형윤 황인철 김명걸 이경일

3) 창간발기인의 의의 및 계층별 분석

새 신문에 범국민적 참여를 촉구하기 위해서 새 신문에 대한 사회
적 신뢰감 부여가 필요했으며 창간발기인들은 그 같은 역할을 담당했
다. 새 신문 창간발기인을 보면 교육계, 종교계, 문화예술계, 민주사
회단체, 의료계, 여성운동계 등과 함께 전국 각지의 교수, 종교 사회
단체들이 포함되어 있기 때문이다. 새 신문이 단기간 내에 창간기금
을 모금하고 전국종합일간지로 출발할 수 있었던 것은 창간발기인과
이들의 활동에 힘입은 바 크다 하겠다.

한겨레소식지에 실린 창간발기인들을 전문분야 또는 지역별로 분
류해 보면 당시 사회의 주요 단체나 직업인들이 포함된 것으로 나타
난다. 이들은 새 신문 창간준비사무국 등 창간과정에 직·간접적으로
관여된 조직이나 인사들의 권유 등으로 참여하게 된 것으로 알려졌
다. 그러나 이들의 참여권유 강도 등은 당시 정치상황이 민주적이지
못했기 때문에 매우 차등적이었다고 추정이 되지만 최소한의 대표성
은 지닌다고 볼 수 있을 것 같다.

새 신문이 발표한 창간발기인 3,342명 가운데 한겨레 소식에 그

명단을 실었던 3,317명을 전문분야와 지역 등으로 분류하면 아래와 같다(자료 4).

〈전문분야〉
독립운동 원로 3명, 대학교수 485명, 천주교 146명, 기독교 143명, 불교 65명, 문화예술 272명, 민주사회단체 122명, 여성운동 68명, 교육 85명, 출판·광고 78명, 법조 91명, 의학·한의학·약학 125명, 시민 232명, 건축 43명, 언론계 203명.

〈지역〉
인천·경기 192명, 강원 27명, 부산·경남 381명, 충북 100명, 충남 74명, 제주 17명, 전북 98명, 전남·광주 192명, 대구·경북 75명.

이상의 창간발기인 분류는 당시 창간사무국에서 엄격하게 시행한 것으로 보기 어려운 것이 대학교수가 486명으로 되어 있으나 지역별 발기인 가운데 대학교수가 다수 포함되어 있고 종교인들도 전문분야와 지역 쪽에 모두 포함되어 있기 때문이다. 이 같은 한계를 감안해서 전문분야와 지역별 발기인들을 다시 세분해 보면 당시 전체 사회의 주요 분야를 망라한 것으로 나타난다. 예를 들어 문화예술 분야의 경우 문학, 연극영화, 음악, 무용, 방송, 미술, 서예, 바둑 등의 전문분야로 세분되고, 민주시민단체에는 민통련, 서울민통련, 가톨릭농민회, YMCA, 흥사단, 가농, 민가협, 노동운동, 청년고학기술자협회, 가톨릭노동사목, 가사연, 민청련 등이 포함되었다. 여성운동계는 가톨릭 여성농민회, 가정법률상담소, 여성단체연합, 여성단체협의회, YWCA, 여성의 전화, 여성민우회, 주부클럽, 소비자운동단체 등이 참여했으며, 언론계는 해직언론인과 전직언론인, 그리고 현직언론인 등이 포함되었다. 지역의 경우 대부분 교수, 종교인, 민주사회단체 법조, 의료인 등이 공통적으로 참여한 것으로 나타났다.

2. 한겨레신문 창간을 위한 내부 조직정비

1) 새 신문 창립총회

새 신문은 설립등기 하루 전인 12월 14일 창간위원 42명 가운데 34명이 참석한 가운데 안국동 창간사무국 근처의 한 식당에서 한겨레신문주식회사 창립총회를 열었다. 이날 총회는 임원선임, 정관확정 등 법적 요식절차를 마무리지었다. 이날 선임된 임원은 대표이사 송건호, 이사 편집인 임재경, 이사에 김정한, 이돈명, 이효재, 홍성우, 이병주, 정태기, 그리고 감사에 황인철 변호사가 선임되었다. 총회는 또 추후 설립될 노동조합 대표 한 명을 이사로 추가 선임키로 의결했다. 창립총회는 새 신문의 창간정신을 지속적으로 살려나가기 위해 법인설립 이후에도 창간위원회를 존속시켜 주주를 대표해 이사회 구성이나 한겨레신문 기본방향 등 주요 사항에 관해 의견을 개진할 수 있게 했다(〈한겨레신문 소식〉 4호, 1987년 12월 29일).

2) 이사회와 창간사무국의 활동

이사회는 1988년 1월 16일 효과적 창간작업 추진을 위해 등기이사 8명 외에 비등기이사로 김인한, 신홍범, 권근술, 성유보, 김태홍 씨 등 5명을 선임했다. 이에 따라 송건호, 임재경, 이병주, 정태기 씨 등 상근 등기이사 4명과 비등기 이사 5명으로 임원회의를 구성, 실무 최고의사결정기구의 역할을 담당했다. 이사회는 이어 2월 29일 열린 이사회에서 부서별 정원을 의결하는 등 기구조직을 확정했다.

〈표 4-1〉에서와 같이 새 신문 기구조직표를 보면 최고 의결기구인 이사회에 이어 대표이사, 운영기획실로 이어지고, 편집인, 영업이사, 관리이사가 그 아래에 자리잡았다. 임원회는 대표이사를 보좌하고

136

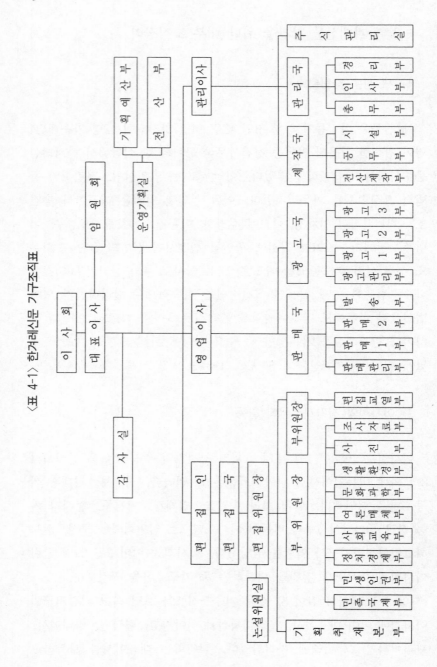

〈표 4-1〉 한겨레신문 기구조직표

감사실은 대표이사와 운영기획실 사이에 위치했다. 운영기획실은 기획예산부와 전산부라는 자체 기구로 업무를 수행하며 편집국, 영업부서, 관리부서의 모든 업무를 총괄한다. 편집국은 논설위원실과 편집위원장의 기구로 구성되며 두 명의 부위원장은 11개 편집국 부서를 관장한다. 기획취재본부는 편집위원장 직속으로 두었다. 영업이사는 판매국, 광고국을, 관리이사는 제작국과 관리국, 주식관리실을 관장한다. 인원구성은 소수 정예주의를 원칙으로 편집국 135명(편집인, 편집위원장, 편집부위원장 제외), 판매국, 광고국, 제작국, 관리국 등 비편집국 195명(부국장급 이상 제외)으로 되어 있다(자료 5).

새 신문은 3월 28일 이사회를 열어 신문을 조간으로 발행키로 하고 기존 일간지와는 달리 매일 8면을 발행, 월 2,500원의 구독료를 받기로 결정했다. 기존 일간지들은 4월 1일부터 매일 16면을 발행해 3,500원씩의 구독료를 받고 있는데 한겨레신문은 광고수입 의존도를 다른 일간지보다 줄여 권력과 자본으로부터의 독립이라는 창간취지를 살려나가기 위해 구독료를 기존 일간지보다 약간 높게 받기로 했다. 이사회는 또한 인쇄사정이 호전되면 12면으로 증면키로 하고 창간호는 50만 부를 발행키로 했다.

창간사무국은 1988년 1월초부터 새 신문 창간작업을 구체화하기 위해 내부 조직에 착수, 윤전기를 구입하고 편집진용 구성, 사원 공채에 이어 전산제작체제(CTS)도입 등을 발표했다(〈한겨레신문 소식〉 5호, 1988년 1월 22일).

(1) 윤전기

당시 정기간행물 등록에 관한 법률에 따라 일간신문 등록에 필수적인 윤전기를 구입했다. 한겨레신문 제1공장에 설치된 옵셋방식의 윤전기 1, 2호는 일제 하마다 EMINET 및 하마다 CORRECTA 형으로 최대 인쇄능력은 대판 8면을 시간당 2만 4천부씩 찍을 수 있다.

(2) CTS

새 신문은 연판과 납을 쓰는 재래식 인쇄방식 대신 전산제작체제(CTS)를 국내 최초로 도입했다. 이 체제는 PC를 이용하는 전산 사식기(워드프로세서)를 이용해 기사를 입력하고, 32비트 워크 스테이션을 이용해 사진, 도안 입력과 조판 및 편집을 하며, 각종 프린터를 이용해 교정 및 필름 출력작업을 할 수 있다.

(3) 편집진 구성

새 신문은 기존 언론사와는 달리 편집국을 회의제로 운영키로 하고 편집위원회제를 도입했다. 기존 신문들의 편집국장을 편집위원장으로, 부장, 차장을 편집위원과 편집위원보로 부르고, 편집국 운영시스템을 민주적 방식으로 운영키로 했다. 취재, 제작, 보도의 전 과정은 국장이 부장에게, 부장이 차장에게, 차장이 기자에게 일방적으로 지시하는 구조가 아니라 각부는 소속 기자들끼리, 각부 담당 편집위원은 편집위원회를 통해 협의 토론해 논조와 보도방향을 결정키로 했다. 이 같은 논의구조를 통해 외부의 간섭과 영향력 행사를 배제할 수 있다고 판단한 것이다.

이에 따라 1988년 1월 12일 편집위원장에 성유보를, 편집·교열·CTS 담당 편집부위원장에 이종욱, 편집위원으로는 민생인권부 홍수원, 정치경제부 성한표, 여론매체부 이기중, 사회교육부 김두식, 문화과학부 이종욱을 각각 선임했다. 편집교열부 이종욱(문화과학부 편집위원과 동명이인), 민족국제부 박우정, 생활환경부 지영선, 조사자료부 임응숙 등의 편집위원급도 뒤이어 선임되었다. 또한 특별기획 취재본부의 기획위원에 장윤환, 김명걸, 조성숙 등이 임명되었다.

(4) 조사자료 기증

새 신문은 소식지 등을 통해 신문제작에 필요한 각종 자료를 기증해 주도록 요청했으며 그 결과 많은 자료가 기증되었다(〈한겨레신문 소식〉 6호, 1988년 2월 9일). 변형윤 교수는 자신이 소장하던 경제관계 통계자료 일체를 기증했고, 철학관계 서적을 주로 출판하던 서광사(대표 김신혁)는 80여 권의 철학, 종교관계 도서와 철학백과사전 8권 1질을 비롯 인문, 사회과학 계통의 서적 800여 권을 기증했다. 허웅 한글학회 이사장은 학회간행물들을, 중앙대 김성훈 교수는 한국농촌경제에 대한 자료를, 경원문화사 대표 김도원 씨는 해방 이후 카프 문학 등을, 남광우(평택 거주) 씨는 《창작과 비평》, 《문학과 지성》 창간호부터 폐간호까지를 기증했다. 이창옥(인천 거주) 씨는 1981~1987년까지의 중앙일보와 동아일보 일부를 보냈고, 박한광(용산구 동자동 22-19) 씨는 중앙일보 1965년 창간호부터 1988년 현재까지 23년 치를 기증한다는 의사를 전해왔다.

3) 사원모집과 기구확정

1988년 1월 13일 경력 및 신입사원 모집공고를 내고 사무직과 기자직, 제작 및 광고, 관리 부문 등의 사원을 공채하자 8,052명이 지원했다. 지원자들을 분야별로 보면 수습사원은 기자직 1,894명, 업무직 2,665명, 공무직 222명, 그리고 경력사원은 기자직 870명, 일반직 1,145명, 전산사식 오퍼레이터 및 사무보조요원 899명 등이다. 수습사원 지원자 4,700명에 대한 1차 필기시험은 1988년 1월 31일 중앙대학교에서 실시되었다. 1차 합격자에 대해서는 2차로 논문, 외국어 및 기사작성 시험이 실시되고 경력사원은 서류심사와 면접방식이 실시되었다. 1988년 3월 2일 경력기자 38명과 수습기자 23명을 뽑고, 3월 7일 업무직 경력사원 44명과 수습사원 11명을 선발했다. 이로써 기자직 사원은 95명, 여사원 95명, 업무직 사원은 119명이 충원되었다. 4월 18일 광주·전남과 전주·전북, 부산·경남, 대전·충남지역담당기자 4명을 확정해 편집국 사회교육부로 발령했다.

한겨레신문사는 한국 언론사에서 새 신문의 위치를 바로 알고 국민적 모금에 의해 창간되는 새 언론의 목표와 과제를 올바로 설정하기 위해 사원 토론과 연수를 1988년 3월 8일부터 26일까지 실시했다. 이 프로그램은 전 사원이 3일간 참가하는 새 신문의 목표와 과제에 대한 토론을 벌이는 사원연수회, 한국사회와 현실을 바로 인식하기 위한 일반교양강좌 프로그램, 수습사원만을 대상으로 한 연수프로그램 등 세 부문으로 진행되었다.

3월 11일부터 13일까지 강화도 산업화랑연수원에서 열린 제1회 한겨레신문 연수회는 새 신문이 국민들의 열렬한 지원과 귀중한 성금으로 창간되는 만큼 한겨레신문에 거는 국민들의 기대를 어떻게 수렴해 충족시킬 것이며 제도언론을 극복해 민주언론을 어떻게 구현하느냐에 대한 논의가 있었다. 일반교양강좌는 민족, 국제, 정치, 경제, 인권, 법률, 노동, 농민, 문화, 교육, 환경, 여성, 매스미디어 등 각 분야의 전문가들을 초청해 한국사회의 현실인식 방법과 그러한 인식을 바탕으로 새 신문을 어떻게 제작할 것인가에 대한 질의토론이 있었다. 수습사원 연수 프로그램은 수습기자, 수습업무사원 전원이 참석한 가운데 언론의 사회적 역할과 책임, 신문제작의 이론과 실제 등 60개 강좌가 실시되었다.

4) 한겨레신문 광고·판매전략

새 신문의 생존을 보장하고 성장잠재력을 키울 경영전략은 언론사회운동의 성과물인 새 신문의 혁신적 편집전략을 장기적으로 유지, 발전시킬 수 있느냐를 결정짓는 생존전략으로 볼 수 있다. 새 신문의 생존을 가능케 하는 자원의 확보는 신문에 게재하는 광고수입과 신문이라는 상품을 판매한 대가로 거둬들이는 지대수입이다. 새 신문 창간 주체세력은 생존전략으로서의 광고와 판매전략을 수립했는데, 그 것은 기존 신문에 비해 큰 차이가 있다고 보기 어려웠다. 즉, 새 신 문이 시민사회운동세력에게 공약한 언론매체로서의 파격적 전략은 독창적인 것이었으나, 신문의 재정적 수입원을 기존 신문처럼 광고 에 의존하는 등 경영전략적 측면에서 개혁적 방안을 제시하지 못했 다. 즉, 한겨레신문은 기존 언론이 시행하는 광고수입, 상품판매전 략을 채택함으로써 기존 언론의 경영전략과 큰 차이가 없는 생존전략 을 수립한 것이다.

(1) 광고전략

한겨레신문 광고원칙에 대한 공식적 언급은 〈한겨레신문 소식〉지 1, 8, 9호에 실렸다. 신문의 광고는 주요 수입원으로 관심을 모았으 나 기존 일간지와 큰 차이가 없는 신문사 경영체계를 택함으로써 광 고전략도 약간의 차이만 나타냈을 뿐이다. 새 신문은 광고영업의 두 가지 목표로 신문사 경영에 필요한 최소한의 이익을 추구하는 것과 당시 한국 신문 광고업계에 새 바람을 일으키는 것으로 정한다면서 이를 위해 새 신문의 창간호부터 발행부수를 정직하게 공개하고 창간 1년 후부터 ABC(발행부수공사기구)에 가입하고, 독자의 인구사회학 적 특성을 정밀하게 조사해 광고주의 마케팅 활동을 과학화, 경제화 하는 데 최선을 다한다고 밝혔다.

새 신문은 전체 지면에서 광고가 차지하는 비율을 39%선(약 47단) 으로 유지키로 했다고 4월 15일 발표했으며, 이 같은 비율은 기존 신 문의 45~50%에 비하면 훨씬 낮은 편이라고 설명했다. 새 신문은 기 존 신문광고가 도덕적으로 용납할 수 없는 사실상의 인신매매 광고까 지 싣고 있다면서 광고윤리강령 제정의 필요성을 제시했다. 이와 함 께 새 신문은 실제 국민생활에 도움이 되는 알림광고, 안내광고 등을 중점적으로 싣는 등 새로운 광고형태를 개발할 것이며 기업체의 광고도 취급하겠지만 광고주로부터의 압력 때문에 신문의 본질을 흐리는 일은 없을 것이라고 밝혔다.

광고국 윤성옥 부국장은 창간 이전인 1988년 3월 23일 한겨레소식 8호에 새 신문의 광고전략을 제시했다. 그는 새 신문의 광고실무 책임자로 창간 이후 상당기간 근무한 바 있어 그가 밝힌 광고전략은 실제 많은 영향을 미쳤을 것으로 추정된다. 그 같은 의미에서 그의 새 신문광고전략을 요약 소개한다.

새 신문의 광고영업 전망은 3만 명이 넘는 국민주주의 후원, 참 언론을 갈구해온 독자들의 기대, 양심 있는 사회엘리트들의 명시적, 묵시적 동조 등을 고려할 때 매우 밝다. 그리고 광고영업의 두 가지 목표는 신문사 경영에 필요한 최소한의 이익을 추구하는 것과 당시 한국 신문광고업계에 새 바람을 일으키는 것으로 정한다.

우선 최소한의 이익추구는 새 신문의 발간과 지속적 발전에 필요한 금액 이상의 수익을 원치 않는다는 것으로 목표 이상의 잉여이익이 생기면 광고료 단가를 낮추든지 신문대금을 낮추어 기업과 소비자의 부담을 덜어준다.

두 번째 목표인 새 신문이 광고시장에 새 바람을 일으킨다는 의미는 기존 신문의 증면, 새로운 신문 20여 개 창간 등으로 광고수주 경쟁이 치열해질 전망이지만 새 신문의 독특한 전략으로 한국 광고산업의 합리화와 과학화에 기여한다. 이를 위해 새 신문의 창간호부터 발행부수를 정직하게 공개하고 창간 1년 후부터 ABC(발행부수공사기구)에 가입한다. 이와 함께 독자의 인구사회학적 특성을 정밀하게 조사해 광고주의 마케팅 활동을 과학화, 경제화하는 데 최선을 다한다.

광고산업의 균형있는 발전을 위해 전문광고대행사의 역할을 존중하고 종합대행사는 물론 미디어 랩(영업소)을 포함한 모든 관련업체들의 역할분담이 이뤄지고 영역 전문화가 이뤄지도록 한다. 그 같은 과정에서 게재단가가 낮더라도 대행사에 소정의 대행 수수료를 지급토록 한다.

광고인의 양심을 지키기 위해 기사를 미끼로 광고를 강요하지 않는다.

한겨레신문이 대기업의 광고를 싣지 않을 뿐 아니라 대기업에 적대적이라는 소문이 돌고 있으나 그것은 사실이 아니다. 한겨레신문은 국민주주들에 의해 설립된 상법상 주식회사이기 때문에 다른 기업을 적대시한다는 것은 논리상 맞지 않는다.

이상과 같은 새 신문의 광고전략은 창간 이후 인건비 인상 등으로 고정비용이 증대됨에 따라 광고수입의 증대요구가 지속적으로 상승하면서 기존 신문사의 광고전략과 유사한 방향으로 변질되는 길을 걷게 된다. 그러나 새 신문 창간 당시 광고담당자들도 국민주주 신문의 의미를 광고시장에 적용해야 한다는 의지가 매우 강했다는 점에서 큰 의미가 있다고 본다.

한겨레신문사는 전체 지면에서 광고가 차지하는 비율을 39%선(약 47단)으로 유지키로 했다고 4월 15일 발표했다(〈한겨레신문 소식〉 9호). 이 같은 비율은 기존 신문의 45~50%에 비하면 훨씬 낮은 편이다. 광고국은 창간 초기에는 인쇄능력이 모자라 1일 8면밖에 발행할 수 없기 때문에 기사를 한 줄이라도 더 넣기 위해 광고량을 늘일 수가 없다고 밝히고, 윤전기가 추가로 도입되어 증면이 되더라도 광고비율은 45% 이상 높이지 않을 방침을 밝혔다. 이날 광고국이 밝힌 광고료 단가를 보면 일반영업 기본단가는 1단 1cm에 2만 8천 원으로, 면별 개정료는 1면 60%, 7면 43%, 8면 25%를 더 받기로 했다. 광고국은 새 신문이 가로짜기로 편집하지만 광고면 계산은 기존 신문의 종래 방식에 준하므로 1단은 세로 3.5cm에 해당한다고 밝혔다. 이밖에 한겨레신문은 광고료 할인제도를 도입, 게재량, 게재빈도, 현금결제 등에 따른 할인제도, 중소기업 또는 공익성 광고에 대한 우대제도 등을 실시기하기로 하고 개인 또는 비영리 단체의 창간

144

축하 광고의 경우 1단 1cm에 2만 원으로 낮추어 받기로 했다. 한겨
레신문이 밝힌 광고 종류별 창간호 임시단가는 다음과 같다.

① 서적광고: 1단 1cm 2만 원
② 극장광고: 1단 1cm 3만 5천 원
③ 법정공고와 모집광고: 1단 1cm 4만 5천 원
④ 성명서와 정치광고: 1단 1cm 5만 원
⑤ 안내: 1단1행 1만 5천 원
⑥ 세로짜기 전1단: 가로 4.6cm×세로 51cm 3만 원
⑦ 돌출광고는 별도의 단가산정

(2) 신문 판매정책
새 신문은 판매정책으로 정가 판매제를 철저히 이행하고 구독신청
을 받은 후 신문을 배달해 주는 '선 신청 후 구독' 방침을 정했다. 신
문사와 지사·지국의 관계는 종래 기존 언론의 수직적 관계가 아닌
공존공생하는 공동체관계를 추진키로 했다. 기존 신문사들의 과당경
쟁이나 지나친 판매부수 확장경쟁 과정에서 구독료 할인이나 일정기
간 무료구독 관행이 있으나 한겨레신문은 국민의 성금으로 이뤄진 만
큼 무가지 살포나 무료구독 사례를 용납하지 않기로 했다.
기존 일간지들의 보급소에서는 이사를 가는 사람의 이삿짐을 날라
주고 무조건 신문을 넣거나 판매부수를 밝히지 않은 채 일정액의 광
고단가를 유지하기 위해 이른바 무가지와 확장지를 대량으로 찍어내
고 보급소는 보급소대로 수단방법을 가리지 않고 이를 소화하려는 데
서 악순환이 거듭되고 있다는 점을 한겨레신문은 지적했다.
새 신문사는 판매조직의 골격인 지사와 지국망을 1988년 2월 말부
터 공개모집하기 위해 중앙일간지에 모집광고를 내, 4월 15일 175명
을 확정 발표했다. 새 신문사는 1988년 2월부터 지사와 지국경영을

희망하는 주주들을 대상으로 지국운영 지원서를 교부해 모두 700여
명이 응모해 평균 4대 1의 경쟁률을 보였다. 지사와 지국경영자를 주
주로 국한한 것은 국민의 신문이라는 신문사의 설립취지와 부합된다
는 결론에 따른 것이다.

새 신문이 마련한 지사와 지국장 선정기준은 새 신문의 창립에 공
이 있거나 해당 지역사회에서 신망이 있는 민주인사, 신문판매 경험
이 있거나 경영능력이 있는 사람으로 새 신문 창간취지에 찬성하는
사람 등이다(〈한겨레신문 소식〉 8호, 1988년 3월 23일). 지사가 설치
되는 지역은 부산, 대구, 광주, 전주, 대전, 인천 등 6개 도시이고
편집국 사회교육부의 지역담당기자들이 이 지사에서 사무실을 두고
취재활동을 벌이게 된다(자료 8 참조).

지국은 시 단위에 국한해 설치되므로 읍 단위 및 그 이하 지역에
거주하는 주주들과 구독자들은 우편배달에 의한 구독이 불가피하게
되었다. 그러나 창간 이후 추가로 윤전기가 도입되는 1988년 7월경
에는 산간벽지의 독자들에게도 신문을 배달할 수 있는 체계를 갖출
예정이다.

5) 한겨레신문 편집전략과 기자들의 지향성

(1) 기본적 편집전략

한겨레신문 창간이라는 언론민주화운동이 시민사회에 그 존재의
필요성을 확인시키는 데는 편집전략이 기존 언론과 어떤 차이가 있느
냐 하는 것을 인식시키는 것이었다. 이는 새 신문 창간운동의 성패를
좌우할 만큼 중요한 의미를 지니고 있었다. 새 신문의 창간정신을 구
체화시킬 기본적 편집방향과 편집국 구성, 지면 배정, 신문체제 등에
대해 〈한겨레신문 소식〉 등을 통해 수차에 걸쳐 공개되었는데 그 주
요 내용은 다음과 같다.

새 신문의 기본적 성격은 권력과 자본으로부터 독립하고 보도지침과 같은 외부의 간섭과 압력을 배제해 사실과 진실만을 알리는 것이 가장 중요한 원칙이며 뉴스와 보도가치를 정하는 원칙도 민주적, 민족적 관점에서 정립한다. 새 신문이 해직기자와 재야인사를 중심으로 추진되고 있어 운동권을 대변하는 신문이 될 것이라는 우려가 있는 반면 새 신문이 법에 따라 등록된 신문인만큼 여러 가지 법적 제약을 벗어날 수 없어 재야를 제대로 반영하지 못하고 또 하나의 제도언론으로 떨어질지 모른다는 우려도 있어 독자적 길을 모색해야 한다.

새 신문의 독자는 우리 사회의 양식 있고 땀흘리며 일하는 건강한 사람으로 설정해 대중적 정론지를 지향한다. 새 신문이 국민의 요구에 부응한 신문이 되기 위해서는 기사의 가치척도, 취재원, 지면구성 등 모든 것에 대한 발상이 새로워져야 한다. 즉, 새 신문은 기존 신문과 같이 정부를 포함한 관변기사를 객관적으로 평가, 해석하고 각계의 의견을 수렴하지 않고 보도하는 관행을 탈피한다.

편집국 구성은 기존 신문이 축적해온 경험 가운데 필요한 것은 새 신문에서 채용하지만 편집국 내부의 민주화를 확립한다. 새 신문은 기존 신문처럼 정치, 경제, 국제정치, 여성, 가정, 생활경제, 문화와 같은 뉴스를 다루는 부서와 함께 독자부를 따로 두어 여론을 수렴하고 별도의 심층취재부서를 두는 독창성을 도입한다.

새 신문은 12면에 한글 가로쓰기를 원칙으로 하고 한자가 꼭 필요한 경우 제한적으로 사용할 것인가는 검토의 여지가 있으나 가로쓰기는 반드시 실시한다. 보도할 가치가 있는 진실을 보도하기 위해 각 분야별 기사의 취재지침을 확립해 우연적 사건, 역설에 집착하는 선정주의와 상업주의에서 탈피해 노동자들의 근로조건, 도시 철거민의 고난, 인권문제와 같은 가치 있는 현실의 보도에 노력과 지면을 제공한다.

권력은 광고탄압이라는 물적 형태를 취할 수 있기 때문에 광고로부터 자유롭기 위해 광고정책을 세워야 하고 광고주의 이해에서 파생하는 압력에서도 자유로워야 한다.

　한편 새 신문에 참여한 기자들은 창간을 앞둔 시점에서 방담을 통해 새 신문이 나가야 할 방향에 대해 기존 언론 카르텔의 부조리 청산, '자체검열'을 하지 않아야 하고 새 신문은 역사와 사회에 대한 분명한 시각, 명확한 입장에 서서 신문을 만들어야 하며 '가진 자'의 횡포가 통하는 구조적 병폐를 과감히 지적해 보도함으로써 '못 가진 자'가 당연히 누려야 할 몫을 법의 테두리 내에서 향유할 수 있도록 노력해야 한다는 점 등을 제시했다.

　이상과 같은 새 신문의 편집관련 전략과 인력충원 원칙, 자본과 편집과의 관련 등에 대한 원칙이 확립되기 이전 〈한겨레신문 소식〉지 1호에 아래와 같이 초안의 형식으로 소개되었다.

　　새 신문은 민주주의적 기치와 정의를 실현하고 민중의 생존권 확보와 민족통일의 지향에 편집의 역점을 둔다. 새 신문은 권력과 자본으로부터 어떤 압력이나 간섭에도 굴하지 않고 사실과 진실만을 충실하게 보도한다. 상업주의적, 선정적 편집태도를 배격하고 보도할 가치가 있는 진실만을 중점적으로 깊이 있게 보도한다. 새 신문은 편집자나 기자의 특권의식과 독단주의를 철저히 배격하고 독자의 반론권을 보장한다. 새 신문 제작실무는 해직기자와 함께 수습기자 공채 등의 방식으로 한다. 새 신문 기자는 촌지를 받지 않는 품위 있고 존경받는 기자상을 지켜나간다. 전 국민을 상대로 주주를 모집하는 이유는 언론이 바로 서려면 정치권력으로부터의 독립 못지 않게 대자본으로부터의 독립이 필수적이기 때문이다. 언론이 몇몇 특권층의 사유물이 되지 않기 위해서도 전 국민이 주인으로 참여해야 한다.

　이상과 같은 새 신문의 정체성 실천을 위해 기자 98명은 4월 16일 기자평의회 창립총회를 가졌다. 기자들은 결의문을 통해 이 땅의 민주화와 언론자유의 실현을 염원하여 한겨레신문을 탄생시킨 온 국민의 뜻이 언제까지 한겨레신문 맥박 속에 살아있도록, 기자평의회는 편집권의 독립성을 지키고 조직의 민주성을 확보하는 일에 앞장설 것이라고 밝혔다. 또한 문공부 당국은 한겨레신문 등록필증을 즉각 교부하고, 한겨레신문에 대한 어떤 위해가 있을 때 국민 앞에 서서 결사투쟁할 것이라는 4개항의 결의문을 만들었다. 이날 총회에서는 의장에 이태호, 부의장에 정상모, 유희락 기자를 뽑았다.

(2) 송건호 발행인이 밝힌 새 신문의 정체성

송 발행인은 〈한겨레신문 소식〉 8호 등에서 새 신문의 정체성 등에 대해 아래와 같이 밝혔다. 송 발행인은 새 신문 창간에 핵심적 역할을 한 주요인사 가운데 한 사람이다. 새 신문 창간기금을 모을 수 있었던 것도 그가 1980년대 중반 이후 《말》지 등을 통해 꾸준히 언론운동의 선봉역할을 했기 때문이었다. 또한 창간과정에 이질적 인적 요소가 참여했지만 그에 대한 조정과 통합이 가능했다. 새 신문의 상징적 인물이었던 그가 소식지 등을 통해 새 신문의 정체성을 밝힌 것은 매우 자연스런 과정이었고 그의 편집원칙 등은 새 신문 창간에 결정적 역할을 했다는 점에서 그가 소식지 등에 밝힌 관련내용을 살펴볼 필요가 있다.

그는 해직기자들이 만드는 새 신문은 보도지침과 같은 관행을 따르지 않으며, 중요한 사실은 빠짐없이 국민에게 알리고, 왜곡보도를 배격하고 사실의 원인과 결과를 다 함께 밝히며, 사회의 부조리한 사실들을 널리 파헤치고 깊이 있게 추적해 국민들에게 알릴 것이라고 밝혔다. 그가 〈한겨레신문 소식〉지에 밝힌 내용을 요약하면 다음과 같다.

새 신문은 해직기자들이 중심이 되어 창간을 서두르는 가장 정직한 신문이다. 자유언론을 위해 싸운 900여 명의 해고, 투옥된 기자들 가운데 참된 신문을 만들어 보겠다는 기자들이 중심이 되어 창간작업이 진행되고 있다. 해직기자들은 지난 10여 년 간 온갖 수난 속에서도 언론의 독립과 자유를 위해 뜻을 굽히지 않았으므로 이들에 의해 만들어지는 신문은 가장 올바르고 믿을 수 있는 신문이다.

새 신문은 어느 정당의 기관지가 아니며 특정 정치세력을 반대, 지지하는 것을 목적으로 하지 않는다. 오직 진실만을 국민에게 알릴 것은 알리고 주장하고 비판할 것은 주장하고 비판할 것이다. 신문 밖의 간섭이나 압력에 굴복하여 국민의 뜻을 대변하는 방침을 굽히는 일은 절대 없을 것이다.

새 신문은 이 나라가 민주화하고 남북의 동족간에 친선이 증진되어 하루속히 자주적 통일이 실현되기 바란다. 이 같은 민족적 숙원이 실현되도록 새 신문은 참된 민주언론, 민족언론이 될 것을 다짐한다. 우리는 민주주의를 사랑하는 많은 국민들의 광범위한 지지를 업고, 결코 외롭지 않게 어려움을 무릅쓰고 정도를 걸어갈 것이다.

새 신문은 국민을 위한 참된 신문을 만들기 위해 다음과 같은 제작방침을 정하고 있다.

첫째, 과거 신문내용을 완전 통제하고 조종하던 당국의 보도지침과 같은 관행을 새 신문은 따르지 않는다.

둘째, 새 신문은 기존 신문의 관행인 이른바 1단 벽 따위는 무시하고 중요한 사실은 빠짐없이 국민에게 알리는 신문이 될 것이다. 지금까지 거의 모든 신문은 집권세력의 눈치를 살피거나, 혹은 그들의 지침을 따라 문제의 크고 작음과는 상관없이 '1단'으로 처리하여 국민이 정말 알아야 할 내용을 알리지 않은 경우가 많았다. 새 신문은 1단의 벽을 깨고 문제가 중대하다고 판단되면 4단, 5단으로 보도할 것이고 그 내용도 소상히 밝혀 국민들이 알아야 할 사실을 제대로 보도할 것이다.

셋째, 새 신문은 지금까지의 온갖 왜곡보도를 배격하고 사실의 원인과 결과를 다 함께 밝혀, 지금까지 정책적 잘못인 원인에 대해서는 거의 말하지 않고 결과만을 크게 보도하는, 가령 학원문제와 노동쟁의의 결과만 비난, 공격하는 신문은 만들지 않을 것이다.

넷째, 한겨레신문은 기성 언론들이 외면하는 사회의 온갖 부조리한 사실들을 널리 파헤치고 깊이 있게 추적해 국민들에게 알릴 것이다.

(3) 새 신문 편집기획팀의 편집시안 공개

새 신문은 권력과 자본으로부터 독립해 국민들 편에 서서 사실과 진실만을 보도·논평한다는 창간정신을 구체화시킬 기본적 편집방향과 편집국 구성, 지면 배정, 신문체제 등에 대해 소식지를 통해 최초로 공개했다(〈한겨레신문 소식〉 3호, 1987년 12월 12일). 이는 공식적인 설립기금 모금을 시작한 지 한 달여 만의 일이다. 새 신문 편집기획팀은 이 시안은 향후 수정·보완될 여지가 많다는 것을 밝히고 있으나, 이 시안의 뼈대는 창간신문의 편집토대가 되었다는 점에서 의미가 있다.

시안을 작성하는 데 토론자로 참석한 사람은 임재경·조성숙·신홍범·권근술·이경일·성한표·박우정·안정숙 등으로, 이들은 새 신문 창간 이후에도 주요 역할을 담당했다.

① 새 신문의 기본적 성격

권력과 자본으로부터 독립하고 보도지침과 같은 외부의 간섭과 압력을 배제해 사실과 진실만을 알리는 것이 가장 중요한 원칙이다. 뉴스와 보도가치를 정하는 원칙도 민주적, 민족적 관점에서 정립해야 한다. 기존 언론의 오랫동안 길들여진 상식을 용인해서는 안 된다. 새 신문은 법률적 요건을 갖춘 합법매체가 될 것이지만, 합법의 한계를 제도언론처럼 스스로 제약해서는 안될 것이다.

② 새 신문의 독자적 노선개척 문제

새 신문이 해직기자와 재야인사를 중심으로 추진되고 있어 운동권을 대변하는 신문이 될 것이라는 우려가 있다. 그러나 새 신문이 법에 따라 등록된 신문인 만큼 여러 가지 법적 제약을 벗어날 수 없을 것이며 기업으로서의 경영문제도 있기 때문에 재야를 제대로 반영하지 못하고 또 하나의 제도언론으로 떨어질지 모른다는 우려도 있다. 자칫 양쪽에서 공격받는 곤경에 빠질 가능성도 있으나 독자적 길을 모색해야 한다. 예를 들면, 일부에서는 새 신문이 정치신문이 돼야 한다고 요구하나 이는 적절치 못한 것이며 정치적 센세이셔널리즘이야말로 한겨레신문이 피해가야 할 가장 큰 함정일지 모른다. 새 신문은 프로파간다(선전지)가 되어서는 안 되고 보도의 객관성과 정론성을 지녀야 한다. 새 신문 창간정신을 담은 윤리강령을 제정해 촌지거부 선언 등을 포함할 것을 검토한다.

③ 대상 독자

새 신문의 독자는 우리 사회의 양식 있고 땀흘리며 일하는 건강한 사람으로 설정해 대중적 정론지를 지향해야 한다. 새 신문은 외국의 고급지가 겨냥하는 지식인 중심의 독자층을 상정할 수는 없을 것이다. 기존 신문들은 상업지에 가까울 뿐 취재방향도 대동소이하고 권위주의적 정치문화와 상업적 이해관계가 겹쳐 권력과의 유착관계가 두드러진다. 새 신문은 건강한 의미에서의 대중성을 확보해야 한다. 여기서 말하는 대중이란 불특정 다수라기보다는 이 사회의 건강한 일반시민, 생산주체는 물론 민주사회를 원하는 모든 이들이 포함된다. 대중성을 확보한다는 것은 바로 이들의 생활과 현실, 의사를 반영하면서 이들과 더불어 간다는 것을 의미한다.

이 과정에서 철저히 배격하고 경계해야 할 것은 선정주의다. 선정주의 신문은 대중을 비정치화시키고 체제에 순응하도록 길들이는 역할을 떠맡고 있는데, 그 기본적 세계관은 현상을 고정적인 것으로, 변화하지 않는 것으로 보거나 변화를 원치 않는다. 선정주의는 또한 중요한 정치사회문제에 침묵하고 주로 정치 가십을 많이 싣는 특성을 나타낸다. 선정주의 신문은 체제상으로 정론지와 구별되는데, 예를 들어 제목을 크게 뽑고 정보성이 없는 사진을 많이 사용하며 기사보다 광고가 더 많은 지면을 차지한다. 새 신문은 정보전달에 역점을 두어 가능한 제목이 차지하는 면적을 줄이고 기사를 충실히 신도록 노력한다. 또한 메시지 없는 사진을 가능한 줄이고 대신 만화나 판화 등 민주화운동에 성과를 거두고 있는 표현수단의 활용을 신중히 검토해야 한다.

④ 기사 취재와 보도

새 신문이 국민의 요구에 부응해 온전하게 새로운 신문이 되기 위해서는 기존 언론의 상식으로 된 것을 전면 재검토할 필요가 있다. 기사의 가치척도, 취재원, 지면구성 등 모든 것에 대한 발상이 새로워져야 한다. 즉, 새 신문은 기존 신문과 같이 정부를 포함한 관변기사를 해석하고, 각계의 의견을 수렴하지 않고 보도하는 관행을 탈피해야 한다. 기존 신문이 관변기사를 우선적으로 다루는 것은 '관'을 '민'보다 중시하는 풍조를 반영하는 것으로 이는 권력의 통제나 간섭이라는 외부적 요인 외에 이들 신문이 지닌 보수적이고 권력지향적 성향 때문이다.

편집국 조직이 정부 구성을 편집국 내에 축소해 놓은 것과 같다는 점도 문제다. 고정된 출입처의 사람을 만나는 식의 기자들 출입처 제도 때문에 기사성격이 미리 관주도 쪽으로 결정되는 것이다. 새 신문은 문제를 주체적으로 발굴해 쟁점을 만들어 가면서 여론을 형성하고 정책을 선도한다는 취재의 기본입장을 유지할 것이다. 이와 함께 새로운 취재원, 취재대상을 폭넓게 개발해 다변화시켜 나갈 것이다. TV프로, 스포츠 경기기록은 싣지 않으며 사진사용도 엄격히 한다.

⑤ 편집국 구성

편집국 구성은, 기존 신문이 축적해온 경험가운데 필요한 것은 새 신문에서 채용한다. 그러나 편집국 내부의 민주화가 매우 필요하다. 새 신문은 기존 신문처럼 정치, 경제, 국제정치, 여성, 가정, 생활경제, 문화와 같은 뉴스를 다루는 부서와 함께 독자부를 따로 두어 여론을 수렴하고 별도의 심층취재 부서를 두는 방안도 고려해야 한다. 예를 들어 통일문제의 경우 국내문제이면서 국제정치문제인 만큼 이를 유기적으로 결합시킨 편집국 체제가 필요하다. 농민문제도 사회문제이면서 경제문제이기 때문에 이를 조각조각 나눠 보도하는 기존 언론과 달리 새 신문에서는 취재와 논의를 효율적으로 할 수 있는 편집국 체제가 필요하다. 즉, 통일문제와 국제뉴스를 같은 부서에서 취급하고, 민중의 생존권 문제와 인권문제도 하나의 부서에서 다뤄야 한다. 노총, 노동자, 농민단체와 각종 인권단체들이 주요 출입처가 되고 종래 문화부에서 다루던 여성문제도 성차별을 비롯한 인권문제로 취급해야 한다.

대중의 생존권, 인권, 공해와 환경, 여성 등 우리 사회의 주요문제에 대해 지속적으로 관심을 집중시키고 심층보도할 방안이 필요하다. 따라서 주요한 쟁점이 발생하거나 문제를 제기할 필요가 있을 때 심층보도 부서에서 팀을 구성해 집중취재하는 방식이다. 각 부서는 분야별 팀을 두어 그 팀의 수석이나 장이 편집위원회의 구성원이 되고 논설을 담당한다. 신문, 방송, 잡지 등 여론매체를 건설적으로 비판하고 감시할 상설부서가 필요하다. 독자의 반론권만이 아니라 그 의사까지 지면에 보장할 독자부의 기능도 강화하고 외부 필진도 이 부서에서 담당해야 한다. 한겨레신문 발의자, 발기인, 설립회원들은 다른 신문에 없는 귀한 자산으로 각 분야의 필진과 적극적인 독자, 모니터가 이들 가운데 나올 것이다.

여론을 형성하고 주도할 매체와 독자부를 여론매체부로 하고, 제도권 정치와 함께 재야 정치세력의 동향과 여론도 포함시킨 정치에다 경제를 합친다면 취재인원도 줄일 수 있다. 보사·교통·체신·체육부 등 민중생활과 관계깊은 부서는 생활분야로 분류하고, 환경청은 환경의 범주로 분류해 공해반대운동·소비자운동단체·병원과 의료 관계기관을 합쳐 생활환경부의 출입처로 삼는다. 사건기사를 중심으로 한 사건과 학원문제를 다룰 사회교육부를 만든다.

새 신문은 독자적 지방뉴스 체제와 조직을 확보하기 위해 기존 언론이 지방관청 주변에 기자를 배치하는 대신 공업단지와 같은 주요기사 공급지대 중심으로 배치하고, 이들 상주기자 외에 여러 부문의 활동가, 학생, 노동자, 농민 등 각 분야 자원봉사자를 활용할 수 있을 것이다. 이들 자원봉사자는 일정기간의 본사 교육을 거쳐 우수한 취재인력으로 일할 수 있다.

⑥ 한글 표기와 가로쓰기

새 신문은 12면에 한글 가로쓰기를 한다. 한자가 꼭 필요한 경우 제한적으로 사용할 것인가는 검토의 여지가 있으나 가로쓰기는 반드시 실시한다. 가로쓰기는 교과서를 비롯한 인쇄물의 대부분에 채택되어 있고, 읽기 쉽다는 것이 과학적으로 검증되었다. 기존 신문만이 유독 세로쓰기를 고집하는데 20~30대 젊은층에게는 가로쓰기가 훨씬 익숙하고 편할 것이다.

⑦ 기사 양식(스타일)과 표제

보도할 가치가 있는 진실을 보도하기 위해 각 분야별 기사의 취재 지침 확립이 중요하다. 사람이 개를 물면 기사가 된다는 식으로 우연적 사건, 역설에 집착하는 선정주의와 상업주의에서 탈피해 노동자들의 근로조건, 도시철거민의 고난, 인권문제와 같은 가치 있는 현실의 보도에 노력과 지면을 제공해야 한다.

새 신문은 정치기사의 경우 정치의 주요 동향을 가늠하는 데 계기가 될 만한 사건이나 현상을 진지하게 다뤄야 하고 대신 정치를 한낱 얘깃거리로 다루는 정치가십 기사란을 아예 처음부터 두지 않는다. 외신, 국제뉴스도 강대국의 입장이 일방적으로 실려 있을 시각편차가 존재할 가능성을 감안해 국제정치, 제 3세계문제, 우리 민족의 문제기사들을 재구성한다. 새 신문 자체의 해외취재망을 확보한다. 외국에 나가있는 해직기자나 학자, 지식인 중에서 최소의 취재활동비용으로 동참할 사람을 구한다.

신문의 면 배정은 새 신문의 의견을 강조하기 위해 최소한 1면과 논설면에 광고를 싣지 않도록 하고, 주목도가 높은 12면도 기존 신문이 광고를 위해 희생시켰지만 새 신문은 좀더 효과적 활용방안을 찾아본다.

⑧ 광고

광고는 새 신문의 아킬레스건이 될 가능성이 크다. 권력은 광고탄압이라는 물적 형태를 취할 수 있기 때문에 광고로부터 자유롭기 위해 광고정책을 세워야 한다. 광고주의 이해에서 파생하는 압력에서도 자유로워야 한다. 비윤리적 광고는 싣지 않고 독자의 일상생활에 도움을 주는 분류광고, 안내광고, 의견광고, 소비자에게 정보를 줄 수 있는 광고를 시도한다.

(4) 새 신문 기자들의 기대와 각오

새 신문 창간을 앞둔 기자들이 방담을 통해 언급한 새 신문에 거는 기대와 새 신문에 몸담기까지의 과정은 이 신문 편집국의 지배적 분위기, 신문의 정체성과 지향성 등을 추정할 수 있는 기초적 자료의 의미가 있다. 이 같은 취지에서 〈한겨레신문 소식〉8, 9호에 실린 기자들의 방담내용을 몇 가지 범주로 나눠 정리해 보았다.

① 새 신문에 대한 기대와 우려

기자로서 써야할 이야기, 쓰고 싶었던 얘기들을 쓰겠다는 생각으로 입사했다. 전에 몸담고 있던 신문사에서는 꼭 실려야 한다고 생각한 기사들이 빠지는 일이 많았다. 새 신문 독자들은 왜곡보도를 걱정 안 해도 될 것이다. 새 신문 기자들은 보도지침 같은 것을 거부하고 사실을 정확하게 옳고 그름을 따질 줄 아는 전문가가 되어야 한다.

우리 사회가 민주화의 물결 속에 휩싸여 있으나 새 신문의 행로가 순탄치만은 않을 것이다. 조금이라도 방향을 잘못 잡거나 속도가 너무 느리면 그 물결 속에서 전복해 버릴 것이다. 새 신문으로 옮긴 뒤 봉급이 절반 이하로 떨어지고 촌지도 거부하기로 했기 때문에 생활규모를 줄였지만 자본주의 사회에서 경제적 문제는 중요하다.

② 기존 언론사에서 힘겹게 옮긴 경우

주변에서 새 신문으로 옮기는 데 대한 재고 요청, 설득에 어려움을 겪었다. 새 신문에 가면 당면할 경제적 악조건에 모험할 필요가 있느냐로 고민했다.

③ 기존 언론사에서 흔쾌히 옮긴 경우

친여매체에 있으면서, 잘못된 구조 속에서 기자는 자신의 의지와 관계없이 권력의 응원단으로 전락할 수밖에 없다고 판단해 새 신문으로 주저 없이 옮겼다. 기자가 독자를 속일 수는 있어도 자기를 속일 수는 없다는 점에서 새 신문에 왔다.

④ 새 신문으로 옮긴 뒤 주변의 반응

걱정하는 사람도 있었으나 격려하고 축하하는 사람들이 더 많았다. 대통령 선거에서 민주후보가 패하자 이제 믿을 것은 한겨레신문밖에 없다고 창간을 고대하는 사람이 많았고 종래 구독하던 신문을 끊어버린 사람도 있다. 주위에서 새 신문의 봉급이 적다는 소문이 널리 퍼져있어 전망이 불투명하다고 걱정하기도 했지만 격려를 아끼지 않았다. 친했던 취재원들이 축하전화도 해주고 정기구독을 하겠다거나 기사제보를 하겠다고 약속했다.

⑤ 새 신문 편집국 분위기

기존 언론사와는 달리 매우 민주적이고 의욕적인 편집국 분위기이지만 신문 제작업무의 성격상 강한 팀웍이 필요하기 때문에 논의과정은 최대한 민주적이어야 하지만 실행은 일사분란해야 할 것이다. 다른 언론사는 자기에게 어떤 일이 떨어질까 피하는 편인데 새 신문은 일을 찾아하려고 해 매우 능률적이다. 전에 있던 언론사에서는 상하간이나 동료간에 의사소통이 막혀있다고 느꼈으나 이곳은 그렇지 않다. 허심탄회한 의견개진을 통해 합리적 결론을 이끌어내는 민주적인 의사결정 방식이 정착되고 있다.

⑥ 기존 언론에 대한 비판과 대안제시

기존신문은 1960년대 초부터 카르텔을 형성해 신문 발행횟수, 지면 수, 구독료, 용지와 잉크 구입 등에서 공동보조를 취하면서 경제적 기득권을 유지 확대하고 있고, 권력은 신문 카르텔을 존속시켜 매체간 경쟁을 억제하고 언론의 알릴 의무, 국민의 알 권리를 왜곡해왔다. 또한 신규신문의 참여를 봉쇄해왔다. 한겨레신문 등이 카르텔 조직을 외면하고 국민과의 관계를 긴밀히 할 때 기존 언론의 카르텔이 존립 근거를 잃을 것이다. 카르텔에 길들여진 기존 언론은 계층간의 갈등에서 힘있는 자의 편에 서서 그들의 논리를 부각시켜 때로는 민중의 흉기가 되고 있다.

외신보도는 강대국 위주의 경사된 시각을 지닌 외국통신사의 기사가 연합통신을 통해 국내에 여과 없이 유통되고 있다. 문화면은 요일별로 기사를 작성하는 편의주의가 정착되어 문화의 시의성이 무시되고 있고 기자들이 특정 출판사나 필자를 외면하는 등의 잘못된 관행이 있다. 새 신문의 문화면은 시의성 있는 기사작성, 민족문화의 창달에 기여할 수 있어야 한다. 경제기사는 정부당국의 발표기사가 주류를 이루면서 기자들의 취재경쟁을 막고 있고, 재벌기업의 광고 때문에 재벌 비리에 관한 기사가 나가지 못하기도 한다. 신문사들이 세금과 금융면에서 특혜를 받고 있어 국세청이나 은행에 약한 측면이 있는데 이런 점에서 신문의 경영이 정상이어야 한다.

기자들 스스로 기자실이라는 카르텔을 만들어 기사담합이나 정보왜곡의 경우가 있고 청와대 공보비서관이 제공하는 대통령 동정기사나 사진이 신문에 그대로 실린다. 환경공해문제도 공해전문가들이 아닌 환경청 발표만이 언론에 주로 보도된다. 언론은 공해피해 주민들의 주장에 귀를 기울이지 않는다.

신문판매도 카르텔에 묶여 무가지 살포, 정가 이하 판매, 강제투입 등이 되풀이된다. 신문광고도 발행부수가 아닌 카르텔에 의해 일률적으로 가격이 정해져 있어 결국 국민이 피해를 보고 있다. 이것을 막기 위해 신문발행부수가 공개되어야 한다.

⑦ 새 신문이 나가야 할 방향

새 신문은 보도 내용과 질, 발행지면 결정 등에서 카르텔의 부조리를 청산해야 한다. 스스로 알아서 기는 '자체검열'을 하지 않아야 한다. 새 신문은 역사와 사회에 대한 분명한 시각, 명확한 입장에 서서 신문을 만들어야 한다. 또한 '가진 자'의 횡포가 통하는 구조적 병폐를 과감히 지적해 보도함으로써 '못 가진 자'가 당연히 누려야 할 몫을 법의 테두리 내에서 향유할 수 있도록 노력해야 한다.

새 신문은 민중과 애환을 같이 하되 사회 중산층의 합리적 사고와 건전한 삶의 양식을 포괄하는 전진적 자세를 보여야 한다. 중산층이

두터운 사회는 곧 안정된 사회이지만 중산층의 허위의식까지 미화할 수는 없다. 새 신문은 국민의 자발적 참여를 최대한 보장할 수 있는 구체적 방안을 마련해야 한다. 한겨레신문사는 국민들과 협력해 독자들의 지면인 '국민 기자석'이나 반론권을 보장하면서 적극적인 모니터 그룹을 만든다. 또한 기자가 상주하지 못하는 전국 주요 취재대상 지역에는 통신원제도를 통해 신문제작 참여, 보급확장을 추진한다.

6) 편집국 체제구성

신문사의 편집국 체제는 정보 가공을 어떻게 하느냐 하는 기술적 문제뿐 아니라 전체 사회와 언론사와의 관계를 설정한다는 중요한 의미를 지닌다. 국민주주 신문으로서의 편집국은 당연히 당시 기존 언론과 다른 정보가공체계를 갖춰야 했다. 즉, 당시 기존 언론이 잘 다루지 않거나 다룬다 해도 매우 미흡하게 보도하는 분야를 주로 부각시켜 보도한다는 원칙 등이 수립됐다. 그것은 사회운동의 일환으로 창간된 신문이 갖춰야 할 기본요건의 하나였다. 그러나 이 신문은 당시 민주화를 촉진해야 할 시대적 요구를 담아내야 할 국민주주 신문이기는 하나 기본적으로 대중지의 방향을 완전히 저버릴 수 없다는 점, 특히 광고업계의 기호를 완전히 외면할 수 없는 상황이라는 점 때문에 신문제작 과정에서 내부적 조율이 불가피했다. 신문제작에는 민주화 또는 사회운동의 기사를 충분히 다루되 운동권이 아닌 일반 독자도 이 신문의 고객으로 끌어들일 수 있도록 신문을 만들어야 한다는 것은 사실 어려운 일이었다. 우선 신문지면이 제한되어 있어서 동시 다발적인 많은 요구를 다 들어줄 수 없었다.

특히 어려운 일은 편집국 구성원간의 의식 및 인식차이였다. 편집국 구성원들은 여러 부문, 예를 들어 언론운동 현장의 매체나 당시 정부 기관지 등에서 기자로 일하다가 이 신문의 창간과 함께 같이 모여 일하게 되었기 때문에 사물을 보는 방식이나 판단원칙이 매우 달랐다. 그 같은 차이에도 불구하고 매일 신문을 만들면서 의견수렴을 기해보지만 결국 적지 않은 갈등이 발생할 수밖에 없었다.

일반인을 주요 독자로 하고, 일반 광고주를 광고 고객으로 삼지 않을 수 없는 현실적 한계는 편집국 구성원들이 기존 언론에서 통용된 시각의 일부를 공유해야 한다는 필요성의 강조로 나타났다. 평균적인 독자와 광고주를 만족시킬 기사의 발굴과 보도는 결국 장기적으로 이 신문의 생존여부와 직결된다는 쪽으로 받아들여졌다. 이는 시간이 흐를수록 이 신문이 다른 일간지와의 차별성이 줄어들 수밖에 없는 요인으로 작용할 가능성이 컸다.

한겨레신문 창간을 앞두고 창간위원회와 편집위원회는 물론이고 기자들도 대거 참여한 가운데 각 면을 어떻게 구성할 것인가 하는 문제를 놓고 토론을 벌였다(《신문연구》49호, 1990, 60~63). TV 프로그램을 실을 것인지의 여부, 주식시세표 게재 여부, 프로스포츠를 다룰 것인지의 여부, 연재소설의 필요성 등에 대한 논란이 벌어졌다. 기존 신문이 당연시하는 지면구성의 요건을 꼭 따라가야 하느냐는 반론이 많았지만 결국은 일반 독자들에게 필요한 정보를 제공해야 한다는 선에서 결론이 지어졌다. 즉, 대중이 요구하는 것을 억지로 외면할 수는 없지 않느냐는 의견이 수용됐다.

그러나 한글전용과 가로쓰기를 국내에서 최초로 시도하고 이를 다른 신문들이 수년 내에 뒤따라 온 것은 한겨레신문이 선도한 대표적 신문제작 방식의 하나였다. 우선 한글전용과 가로쓰기는 일제 강압으로부터 벗어난 지 수십 년이 지난 뒤에도 변치 않았던 일제 잔재의 하나였다. 이는 언론이 일제 잔재를 청산하지 않았다는 하나의 주요한 증거이기도 했다. 지식산업 가운데 가장 영향력 있는 신문이 일제 치하의 지면제작 형식을 전혀 수정치 않고 있었다는 것은 우리 사회가 지닌 뿌리깊은 일제 잔재의 온존현상과 무관치 않았다.

한겨레신문이 한글만을 사용하고 가로쓰기를 시도하자 많은 한겨레신문 독자들이나 그 밖의 시민들은 그것이 적절치 않다는 부정적 의견을 내놓았다. 정보 전달수단인 문자사용에서 일간지가 시도한 혁신적 조치가 그들에게는 익숙하지 않았다. 즉, 신문지면이 한글만을 사용하는 것은 한자와 병용하는 신문에 비해 기사를 이해하는 데 어려움이 따르고, 그리고 무게가 있어 보이지 않는다는 것이었다. 또한 가로쓰기의 경우도 불만이 제기된 것은 마찬가지였다. 반대론자들은 세로쓰기가 조선 때부터 내려온 전통적 문자쓰기 형식이라서 새삼스럽게 가로쓰기를 하는 것은 우선 눈을 피로하게 한다는 것이었다.

이처럼 변화를 싫어하는 사람들이 많았지만 한겨레신문은 한국 언론사상 최초로 한글전용과 가로쓰기를 실현했고 그후 다른 일간지들이 이를 뒤따라오게 되었다. 이는 신문제작 형식면에서 한겨레신문이 달성한 혁명적 변형이었다.

한겨레신문은 창간일자를 5월 15일로 확정하고 본격적 창간준비에 돌입하면서 편집국 구성에 들어갔다. 편집국의 구성은 민주적 방식으로 구성원의 역량을 최대한 발휘하게 하는 민주집중제라는 논의구조를 도입해 편집위원회가 탄생했다. 이 위원회는 위원장과 위원들로 구성되지만 모두 동일한 위치에서 의견을 내고 의결권을 행사하는 원칙에 따라 운영되었다. 이는 편집권이라는 자원의 집행방식이 기존 언론사의 경우 편집국장이 배타적으로 행사하는 것과 차이가 있다.

신문사 편집국의 논의구조는 기사마감, 신문 제작시간 등의 준수가 절대적으로 필요한 업무상 특징이 있어서 시급한 결정이 필요할 경우 최고 책임자가 결단을 내리는 식이었다. 그러나 한겨레신문은 그 같은 과정에서의 부작용을 막는다는 취지로 편집국의 권한을 각 부서의 장인 편집위원과 편집위원 가운데 뽑은 편집위원장 등이 공유하는 방식을 택했다. 이 같은 편집국의 편집권이라는 자원활용방식은 그후 편집권 독립이라는 영역으로 옮아가면서 또 다른 갈등을 겪

게 된다. 초대 편집위원장(편집국장)엔 오랫동안 재야 민주화운동에
헌신해온 성유보(전 동아일보 기자) 씨가 선임됐다. 그리고 편집국의
각부를 이끌어갈 편집위원(부장)들은 성씨와 마찬가지로 해직기자들
로 채워졌다.

국장·부장에 해당하는 직책의 명칭이 위원장·위원으로 붙여진
것은, 앞서 언급한 바와 같이 기존 언론에서와 같은 상하관계·지시
와 복종의 관계가 아니라 민주적 절차에 따른 협의를 통한 의사결정
을 존중하겠다는 의도가 깔린 것이었다. 이와 함께 후배기자가 선배
기자를 부를 때도 '님'이란 존칭을 붙이지 않기로 함으로써 사소한 문
제에서부터 권위주의를 배제키로 했다.

한편 편집국의 편제도 기존 신문사와는 달랐다. 편집국은 전체 사
회에서 발생하는 사건 사고, 즉 다양한 정보를 수집해서 전달하는 역
할을 하는 조직이다. 이 조직이 어떻게 짜여지는가 하는 것은 정보라
는 자원을 바라보는 눈 높이, 평가방식의 차이를 의미한다. 즉, 정보
를 수집, 가공해서 기사라는 최종 생산품을 생산하는 과정의 차이는
결국 상품의 차이로 나타나기 때문이다. 한겨레신문의 편집국은 그
같은 점에서 기존 신문사의 편성과 차이를 나타냈다.

(1) 여론매체부

한겨레신문이 다른 신문사에 없는 편집국 부서를 만든 것이 바로
여론매체부이다. 이는 한겨레신문의 창간 자체가 기존 언론이 언론
의 기능과 역할을 못하기 때문에 이뤄진 것이라는 역사적 현실을 구
체화시킨 의미를 지닌다. 이 부는 다른 신문의 보도와 논조를 감시
비판함으로써 전체 언론의 정상화를 꾀한다는 취지로 만들어졌다.

이와 함께 독자의 참여를 최대한 보장한다는 의미에서 '국민기자석'
을 상설운영하기로 했다. 당시 대부분의 신문은 독자들의 의견을 실
어주는 난을 '독자의 소리', 또는 '독자의 글' 등의 이름으로 운영하고

있었다. 그러나 한겨레신문은 국민주주 신문의 취지를 살려 독자들도 기자의 역할을 할 수 있다는 취지에서 '국민기자석'으로 이름을 붙였다. 이는 편집국 기자와 독자들의 보도 편집 참여가 원칙적으로 동등하다는 취지의 반영이었다.

그리고 이 부가 운영하는 면에는 각 분야의 전문가들로 하여금 시사성 있는 문제를 깊이 있게 분석·논평하는 칼럼을 정기적으로 싣기로 했다. 이는 전문가들의 견해를 보도함으로써 급변하는 사회변화에 대한 독자들의 이해를 높이기 위함이었다.

이 부서는 이처럼 기존 신문과 달리 다른 대중매체에 대한 비판, 독자 또는 일반 국민의 편집 참여, 전문가의 견해 보도라는 역할을 담당했다. 이 부서는 이 신문의 창간취지를 가장 대표적으로 실현했다고 보여진다. 국민주주 신문의 특성을 살려 단순히 주주들은 신문사 설립자금을 낸 데 그치지 않고 신문사 편집권이라는 자원의 활용에도 참여할 수 있게 되었기 때문이다. 이는 특히 편집권의 행사를 누가 하느냐에 대한 중대한 문제제기의 의미를 담고 있었다.

당시 기존의 대중매체들은 상호 감시·비판하지 않고 언론시장을 분점한 상태에서 신문구독료들을 동시에 인상하고 발행면도 통일함으로써 하나의 카르텔을 형성하고 있었다. 이 같은 상황에서 모든 언론이 다 비슷한 기사를 보도하는 등의 부작용이 빚어졌고 한겨레신문은 그 같은 관행의 파괴를 표명한 것이다. 즉, 동업자라 할지라도 왜곡 편파보도가 있을 경우엔 가차없이 질책·지적하겠다는 것이었다. 또한 방송에 대해서도 마찬가지로 뉴스 프로 중심으로 감시 비판하는 기사를 보도한다는 취지였다. 그러나 이 신문의 매체비판은 창간 이후 얼마간 지속되다 안팎으로부터의 이론(異論)에 부닥쳤다. 특히 신문비판에 대한 반발이 내부에서 강하게 일어났는데 그 이유는 왜 한겨레신문의 보도에 대해서는 평가, 비판하지 않고 다른 신문만 비판하는가에 대한 문제제기였다. 결국 한겨레신문 스스로 자신의 보도에 대한 비판과 함께 다른 매체의 비판이 이뤄지는 것이 정당하다는 논리가 제기되었으나 편집위원회에서 거부되고 결국 다른 신문비판은 창간 이후 수개월 만에 중단되었다. 그러나 방송비평은 존속되었다.

이는 자신의 상품을 내부에서 비판하는 것을 관용하는 것이 얼마나 어려운 것인가를 나타내는 사례의 하나다. 즉, 남을 비판하는 것은 쉽지만 자신에 대한 비판의 여지를 제도화시킨다는 것이 쉽지 않다는 것이다.

또한 한겨레신문이 국민주주의 형태로 출발한 취지를 보도부문에서도 살려야 한다는 주장이 관철되지 않은 것을 의미했다. 즉, 신문사라는 실체의 구성을 가능케 한 당사자들이 당연히 보도에서도 일정 부분 개입할 권리를 가져야 하지 않나 하는 논리전개가 차단된 것이다. 신문사 설립을 가능케 한 당사자와 신문보도편집을 담당한 구성원 사이에 편집권이라는 자원의 사용에 대해 일정한 경계선이 그어진 것이다. 편집국 구성원이 자신들의 노동의 결과인 보도기사에 대해 외부의 평가를 거부한 것은 이 신문주주들의 경영참여가 실제 봉쇄되는 과정으로 이어지는 결과를 가져왔다.

(2) 민생인권부

한겨레신문 편집국이 다른 신문사와 차별성을 나타내게 된 대표적 부서의 하나다. 이름부터 드러나듯 민생문제와 인권문제를 집중적으로 다룰 목적으로 설치됐다. 노동자·농민·도시빈민 등 대중의 민생문제를 사회구조적 측면에서 종합 취재·보도하기 위해 노동부·농림수산부 등 정부부처와 농협·수협 등을 출입처로 삼았다. 또 인권문제는 법원을 출입처 삼아 다뤘다. 이와 함께 인권관련단체들과 노동자·농민·도시 빈민문제를 다루는 연구단체·활동단체들도 중요한 취재원으로 삼았다. 그러나 실제로 운영해본 결과 또 다른 취재부서인 사회교육부와 업무가 중첩되는 부분이 많이 생겨, 후일 사회교육부에 흡수통합된다. 그리고 좀더 시간이 흐른 후 이 부서 명칭은 다른 신문사와 같이 사회부로 바뀌었다.

(3) 민족국제부

기존 언론의 외신부·국제부에 해당하는 부서로, '민족'이란 단어가 붙은 것은 분단극복·민족통일을 지향하는 한겨레신문의 방향성을 강조하기 위함이다. 한반도 관련 외신은 물론, 외무부·통일원·국방부 등을 출입하면서 정부의 통일정책과 군 관련문제도 다루기로 했다. 국제정세를 다루는 데도 서방통신들에 의한 강대국의 시각이 아니라 우리의 주체적 관점에서 보도·논평하는 자세를 견지하기로 했다. 나중에 부서조정에서 외무부·통일원·국방부 등 출입은 정치부와 민권사회부로 넘겨주게 된다.

(4) 정치경제부

정치부와 경제부를 합해놓은 부서로 나중에 분리된다. 창간 당시 정치와 경제를 한데 묶어놓았던 것은, 우리 상황에서 두 가지 현상이 따로 파악될 수 없다는 점과 경제담당기자를 국회상임위에 출입하게 함으로써 전문적 시각에서 보다 질 높은 기사를 쓰게 하겠다는 의도에서였다. 실제 운영결과, 정치와 경제는 물론 불가분의 관계를 갖고 있긴 하나 각각의 전문성을 필요로 하고 있어 부서운영의 효율성을 위해 분리하게 된다. 정치면의 경우 제도권 정치에만 과도하게 비중을 두는 것이 아니라 주요한 재야운동권의 흐름에도 역점을 두어 보도하기로 했다.

(5) 사회교육부

기존 언론의 사회부에 해당된다. 일반 사건기사는 물론이고 특히 교육문제를 중점적으로 다루기로 했다. 제도교육에 대한 비판적 관점에서 교육현실·교육정책 등을 심도 있게 취재·보도하겠다는 것이다. 이를 위해 교육자문위원회의를 상설화, 담당 기자들과의 토론을 통해 문제를 올바로 볼 수 있도록 했다. 또 지역담당기자들이 지역뉴스를 커버하는 동시에 각 지역의 활동가 등 자원봉사자들의 도움을 받기도 했다. 후에 민생인권부를 흡수하여 민권사회부가 됐다.

(6) 문화과학부

단순히 호기심을 유발하는 기사보다는 삶의 질을 높이고 인간화에 이바지할 수 있는 기사를 폭넓게 소화하며, 상업주의 문화·지배계층의 문화보다는 민족혼의 토양인 민중문화의 보존·육성에 기여할 수 있도록 했다. 아울러 문화의 식민지적 구조를 탈피함으로써 문화 주체성의 회복에 힘쓰는 한편, 외국문화의 긍정적 요소를 흡수하는 데도 인색하지 않도록 했다. 과학분야는 나중에 생활환경부에 넘겨주게 된다.

(7) 생활환경부

환경·공해문제에 중점을 두었다. 은폐된 공해현실의 사실보도, 차단된 공해관계정보의 정확한 전달을 바탕으로 공해문제의 원인과 해결방안을 모색하기로 했다. 체육기사도 이 부서에서 다루다가 후일 체육부는 따로 신설된다.

(8) 편집 및 교열부

기존 신문들이 사용하는 납활자와 연판을 쓰지 않고 전산조판체계(CTS)를 도입했다. 컴퓨터의 키를 두드려 기사를 입력·교정하고, 조판기의 화면을 보면서 편집하며 출력기를 통해 편집된 필름을 뽑아 PS판을 만들어 윤전기에 걸도록 했다. 이 같은 전산체계는 우리나라에서 처음 시도하는 것이었다. 즉, 해외에서 개발된 편집시스템을 국내에 최초로 도입해 활용함으로써 경제적 이익을 실현하고 향후 다른 언론사들도 뒤를 따름으로써 국가 차원에서 인쇄문화의 새 장을 여는 기여를 하게 되었다.

한편 한겨레신문은 기존 언론들이 일상적으로 사용하는 요란한 컷을 최대한 억제함으로써 선정주의적 편집을 지양키로 했다. 또한 메시지가 담기지 않은 사진이나 구색을 맞추기 위한 인물사진을 단순히 지면장식을 위해 사용하지 않기로 했다. 아울러 한글 가로쓰기 신문에 걸맞은 아름다운 우리말 표제의 개발에 노력하기로 했다. 초기의 논의에서는 컷을 일절 쓰지 말아야 한다거나, 1면에는 사진을 일절 쓰지 않아야 한다는 등 일부 주장도 있었으나 채택되지 않았다. 그같은 일부의 주장은 외국의 '권위지'가 그렇게 하고 있다는 데서 나온 것이다. 나중에 편집부와 교열부를 분리됐다.

(9) 조사자료부, 사진부

조사자료부는 각종 자료들을 전산화, 과학적으로 분류·정리할 계획을 갖고 출발했다. 각계로부터 정기간행물·서적 등을 기증받기도 했다. 연륜이 짧은 탓에 자료부족 등 여러 가지 취약점을 안고 있었다. 사진부는 별 의미 없는 회의장면 사진 등의 사용을 억제하고 생생한 현장사진 위주로 꾸며나가기로 했다. 그러다 보니 창간 이후 시위현장 등에서 사진부 기자들이 여러 차례 경찰들로부터 폭행당하는 등 수난을 겪기도 했다.

7) 신문 지면구성

새 신문은 한글 가로짜기 8단으로 편집키로 하는 등 전체 8개 면의 지면구성 내용이 〈한겨레 소식〉 10호에 소개되었는데, 그 주요 내용은 다음과 같다. 1, 2면은 종합면으로 정치, 경제, 민생, 인권, 민족,

국가, 사회, 교육 관련 뉴스 중 비중 있는 기사를 싣는다. 기존 일간지가 주로 정치관계 기사를 1면에 싣고 있으나 뉴스가치에 따라 문화나 과학 관련기사도 1면에 다룬다. 무게 있는 기명칼럼 "한겨레 논단"이 주 1회 1면에 실리고, 보통 두 편이 될 사설은 2면에 싣는다. 이와 함께 2면에 주로 정치경제부와 민족국제부의 해설기사를 싣는다.

3면에는 그때그때 제기되는 문제나 사건, 현상이 어떤 의미를 지니고 앞으로 어떻게 전개될 것인가를 알기 쉽게 설명하고 전망하는 해설기사를 싣는다. 이 같은 일반 해설기사와 함께 정기성을 띤 고정란도 2, 3개 정도 싣는다. 즉, "국제초점"은 세계 도처에서 나타난 가장 중요한 문제나 흐름 중 한 주일 동안 가장 두드러진 움직임을 잡아 파헤치는 심층해설기사로 주 1, 2회 실린다. "세계의 맥박"은 흥미 위주의 해외토픽을 싣지 않는 대신 바깥 세계의 신선한 소재를 골라 4, 5매 정도 주 3회 다룬다. 또 "정국 기상도"와 "경제 프리즘"은 각각 한 주일 동안 정치·경제분야에 나타난 중요한 흐름을 분석하는 것이고, "도리깨"는 취재기자가 우리 사회의 모든 문제를 개연성 있는 시각으로 재조명하는 가십과 같은 고정란이다.

4면은 새 신문의 가장 특색 있는 면으로 여론매체부가 꾸민다. 즉, 기존 신문과 달리 담당기자의 특권의식과 독단주의를 배격하고 독자들의 견해나 주장을 가감 없이 반영하며 또한 TV, 신문, 잡지 등의 대중매체의 기능을 비판, 감시한다. 이를 위해 매체 비판과 함께 독자의 편지는 "국민기자석"이라는 이름으로 폭넓게 받아들이고 한겨레신문의 기사와 논조에 대한 반론권은 "반론 … 그건 그렇지 않습니다"라는 제목아래 적극 반영된다. 각 분야의 전문필진이 시사문제를 깊이 있게 분석, 논평하는 칼럼 '이렇게 본다'와 시사만평도 4면에 싣는다.

5면은 문화과학면으로 문학, 예술, 학술, 출판, 종교, 과학 등의 기사들이 실린다. 흥미보다는 삶의 질을 높이고 인간화에 기여할 기사를 폭넓게 소화해 상업주의 문화, 지배계층의 문화보다는 민족혼의 토양인 민족문화의 보존, 육성에 주력한다. 과학부문은 '과학의 생활화'에 역점을 두어 새로운 정보제공은 물론 생활을 윤택하게 해 주는 기사를 중점적으로 다룬다. 또한 한 주일 동안 분야별로 나타난 특징적 문화현상을 다룬 문화시평을 주 1회 싣고, 연재소설과 TV프로그램도 5면에 싣는다.

6면은 사회교육부와 민생인권부의 해설기사로 채워진다. 해설기사는 사회적 문제성을 지닌 사건이나 교육, 학원, 노동, 농업, 인권 관련 문제들을 다룬다. 한 주일 동안 노동, 인권 부문에서 주목의 대상이 된 인물을 골라 초점에 맞춰 짧게 인터뷰하는 고정란도 주 1회 이 면에 싣는다.

7면에는 사건기사를 중심으로 교육, 학원관계 기사, 지역뉴스, 노동자, 농민, 인권관련 기사가 실린다. 기존 일간지의 사회면에 해당하며, 이 면에는 기자가 현장에서 보고 느낀 것을 약간의 주관성을 곁들여 쓰는 "동네방네"를 싣는다.

8면은 건강하고 행복한 삶을 누릴 국민의 권리를 지키는 면이다. 공해문제는 행복한 삶과 관련, 우리 사회가 해결해야 할 시급한 과제라는 면에서 중점적으로 다뤄지고 건강한 삶을 위한 스포츠기사도 이 면에서 다뤄진다.

3. 창간기금 모금 등 자원동원 과정

특정 집단이 사회운동의 집합적 행동을 하기 위해 필요한 가장 중요한 것은 집합적 통제가 가능한 자원의 확보다. 사회변동을 위해 긴요한 자원은 목적달성을 위한 용도에 따라 자원의 종류는 다양하다. 한겨레신문 창간운동을 추진하는 과정에서 그 용도에 따른 자원을 분류한다면 창간기금과 내부 인적 자원의 충원이 대표적인 것이다.

1) 창간기금 모금과 출자상한 1%의 의미

창간준비사무국은 새 신문이 정치권력과 특정 자본으로부터 독립할 수 있는 제도적 보장을 위해 전 국민을 대상으로 주식을 공모키로 하고, 1987년 11월부터 일반 국민을 상대로 주식모집에 들어갔다.

새 신문은 1988년 3월 1일 창간을 목표로 '백만인 1구좌 갖기 운동'을 벌이면서 창립자본금으로 책정한 50억 원을 마련키 위해 1주당 액면 가격을 5천 원으로 하고, 새 신문의 편집권을 제도적으로 보장하기 위해 1인당 출자상한액이 창립자본금의 1%를 넘지 않도록 제한키로 했다. 창간사무국은 10월 30일 발기인선언대회를 마치고 11월 2일부터 전 국민을 상대로 본격적 설립기금 모금을 시작했다. 모금방식은 국민은행과 우체국을 통해 송금하거나 창간사무국에 직접 납입하는 방식이었다.

창간사무국은 1988년 1월 중순부터 국민은행에만 한정되었던 은행 접수창구를 서울신탁은행, 조흥은행, 한일은행 등으로 확대하고 우체국을 이용한 온라인 송금방식도 대체구좌에 의한 방법으로 바꿨다. 설립기금의 내역을 보면 새 신문 창간을 발의한 해직, 전직, 현직기자 200여 명이 1인당 50만 원 이상 낸 창간준비기금 1억여 원, 한겨레신문 발기인으로 참여한 각계인사 3,200여 명과 일반주주가 납부

〈표 4-2〉 언론사 소유구조 현황

신문사	소유 구조
동아일보	인촌기념회 23.8%, 김상만 15.3%, 김병건 6.09%
조선일보	방우영 45.0%, 방일영 4.22%, 방상훈 30.0%, 방영훈 10.6%
중앙일보	이건희 21.5%, 이병철 5.3%, 제일제당 22.0%, 제일모직 11.0%, 삼성물산 5.1%, 전주제지 4.2%
한국일보	장강재 57.5%, 장씨의 동생 4명이 각각 10.0%

출처: 국회 문공위 자료, 1989.

또는 청약한 설립기금으로 구성되었다.

한겨레신문이 창간 당시 정치권력과 특정 자본으로부터의 독립을 제도적으로 보장하기 위해 전 국민을 대상으로 주식을 공모해 자본을 형성키로 결의하고 주식은 1주당 5천 원으로, 주주 한 사람의 출자상한은 창립자본금 50억 원의 1% 이내로 제한키로 한 것은 언론의 소유구조에 따른 취약성을 보완키 위한 것이었다.

언론의 성격은 소유구조에 따라 결정될 가능성이 큰데, 자본가가 대주주인 경우 자본의 이익을 옹호하고 개인소유의 신문은 그 개인의 입장을 반영할 개연성이 높기 때문이다. 이렇게 볼 때 한겨레신문의 구조는 양적인 면에서나 질적 측면 모두에서 한국의 다른 언론사들이 지니지 못하는 나름대로의 뚜렷한 특징을 지니고 있다(김정탁, 1990, 84~108).

이 같은 한겨레신문의 소유 구조적 특징은 분명 다른 언론과 구별된다. 1989년 국회 문공위 자료에 나타난 언론사의 소유 구조는 위의 《표 4-2》와 같다.

이상의 자료에서 밝혀진 것과 같이 당시 대부분의 언론사 소유형태는 거의 예외 없이 소수의 손에 맡겨져 있고, 또 그 구성원들이 가족이나 기관이 대부분이다. 따라서 이들 언론사의 최대 관심사는 소유주의 이해관계였고, 언론의 사회적 책임 등에는 거의 주의를 기울이지 않았다. 반면 한겨레신문의 구조적 특징은 이 신문이 외부의 압력으로부터 좀더 자유롭고 보다 독립적인 언론의 기능을 할 개연성을 높여준다는 것이다. 그러나 이 같은 국민주주 자본금 형태에 대해 김정탁은 주주들이 신문제작 과정에 어떻게 참여할 수 있는지가 명확치 않다는 점을 지적한다(김정탁, 1990, 90)

한겨레신문의 이 같은 구성형태는 주주의 이견이 신문의 메시지 제작에 어느 정도 반영되는지는 여전히 숙제로 남아 있다. 이는 주주들의 의견이 한겨레신문의 보도태도에 어느 정도 반영하는가 하는 문제와 직접적으로 연결된다. 이 같은 측면에서 한겨레신문은 주주가 다수라는 사실이 오히려 제한점으로 등장할 수 있다. 즉, 양적으로는 주주의 숫자가 너무 많기에 한겨레의 보도태도 결정과 관련하여 의견이 제대로 수렴되기 어렵고, 질적으로는 주주가 서로 이질적이기에 의견수렴 자체가 손쉽게 가능할 수 없다는 점이다.

김정탁은 이어 한겨레신문의 주주들이 신문의 보도태도에 관한 사항을 경영인에게 위임했을 경우 편집권이 경영인으로부터 어느 정도 독립되어 있는가의 문제도 똑같이 제기될 수 있다고 지적한다. 즉, 소유와 경영이 분리되었다 하더라도 마찬가지로 편집과 경영이 서로 분리되어 있느냐는 것이다. 이 같은 김정탁의 우려는 1991년 한겨레신문의 내부문제들이 외부에 알려짐으로써 구체적 사실로 확인된다.

2) 주주의 납입 및 직업, 종교별 특성 분석

한겨레신문 창간에 필요한 자원의 하나인 창간기금 50억 원의 확보에 동참한 주주들은 6만여 명으로 이들에 대한 관련자료는 매우 희귀하다. 즉, 한겨레신문 창간사무실이 1988년 3월 29일 공개한 창간기금 주주에 대한 통계자료는 미흡하기는 하나 이 신문이 공개한 유일한 자료다. 이에 따르면 전체 창간기금 주주는 27,052명이다.

주주들을 납입금액별로 보면 10만 원에서 50만 원 사이가 9,644명 (35.6%)으로 가장 많고, 100만 원 이상 낸 주주는 1,368명(5.1%)이었다. 연령별로는 20대가 34.6%로 가장 많으며 30대가 26.4%로 20~30대가 전체의 61%로 나타났다. 20세 미만은 2,212명으로 8.2%였다. 주주의 지역별 분포는 서울이 15,197명(56.2%), 경기가 9.6%, 경남이 5.4%, 부산 4.7%, 광주 3.8%, 전북 3.7%, 전북 2.9%, 인천 2.8%, 경북과 대구가 각각 2.6%, 충남이 2.5%, 강원

1.4%, 충북 1.3%, 제주 0.5%였다(〈한겨레신문 소식〉9호, 1988년 4월 19일).

한편, 한겨레신문이 창간기금 모금 이후 추가로 자본금을 증액한 이후 주주 61,616명(2002년 2월 현재)에 대한 통계자료 가운데 연령별 비율을 보면 〈표 4-3〉과 같이 창간기금 주주들의 분포와는 달리 30~50대까지의 분포가 64.6%에 달하는 것으로 나타났다. 창간기금에 분포빈도가 가장 높았던 20대는 4.3%에 불과했고, 20세 미만도 4.9%로 창간기금 주주의 절반 수준이었다. 전체 주주를 성별로 보면 남자가 65%인 40,068명, 여자가 34.6%인 21,322명, 성별이 분간되지 않는 인원이 0.4%인 226명이다.

설립기금을 보내온 사람들의 분포는 매우 다양해 적게는 1만 원(2

〈표 4-3〉 주주 6만여 명에 대한 통계

연 령	남 자		여 자		기타(신원불명)		합 계 (비율%)
	인원수	비율 (%)	인원수	비율 (%)	인원수	비율 (%)	
1~10세	38	0.06	19	0.03	0	0.00	57 (0.09)
11~20세	1,698	2.76	1,268	2.06	0	0.00	2,966 (4.81)
21~30세	1,623	2.63	1,020	1.66	0	0.00	2,643 (4.29)
31~40세	10,444	16.95	6,668	10.82	0	0.00	17,112 (27.77)
41~50세	16,921	27.46	5,783	9.39	0	0.00	22,704 (36.84)
51~60세	5,983	9.71	1,601	2.60	0	0.00	7,584 (12.31)
61~70세	2,513	4.08	641	1.04	0	0.00	3,154 (5.11)
71세~	768	1.25	4,287	6.96	0	0.00	5,055 (8.20)
기타 (신원불명)	80	0.13	35	0.06	226	0.37	341 (0.55)
총합계	40,068	65.0	21,322	34.6	226	0.4	61,616 (100%)

주: 총합계의 비율은 소수 첫째 자리까지 구함.
출처:《한겨레》, 2002년 2월.

주)에서 많게는 1천만 원까지 납입한 경우가 있는 것으로 나타났고, 이들의 직업별 분포는 민주화를 위해 앞장서온 인사는 물론 의사, 약사, 건축가, 공인회계사 등 전문직종 종사자나 회사원, 공무원 등이 포함되고 대학생, 노동자, 농민 등 매우 광범위했다. 총학생회, 노동조합, 시민단체 등을 중심으로 1인당 1주 또는 2주에 해당하는 액수를 모금한 뒤 대표자 명의로 설립기금을 납부한 경우 신문사가 설립된 뒤 발행되는 주식은 그들의 공동재산으로 관리하기로 의견을 모은 것으로 알려지기도 했다(〈한겨레신문 소식〉 1호, 1987년 11월 18일).

한편 새 신문 창간기금의 공개모금이 시작된 후 1개월여가 지난 12월 10일 창간사무국이 직장, 종교계, 대학가, 노동조합, 지방 등의 범주로 분류한 모금상황을 소개했다(〈한겨레신문 소식〉 3호, 1987년 12월 12일). 소식지에서 기업체나 공사 또는 학교의 실명을 밝히지 않은 것은 당시 새 신문 창간에 동참한다는 것을 공개하는 것은 혹시 불이익을 당할지 모른다는 분위기가 강했기 때문이다.

우선 설립모금 과정에서 가장 두드러진 현상이 셀러리맨들의 집단 참여 현상이었다. D주식회사의 경우 60여 명의 직원들이 설립회원으로 참여해 11월 급여에서 기금을 떼어내기도 하고 연말 보너스에서 내기로 약정서를 쓰기도 했다. 이밖에 D산업, P식품, W출판, J서적 등에서도 직원들이 스스로 후원회를 만들어 설립기금을 냈고, 국영기업체인 H공사, S공사, N공사 등의 직원들이 참여했다.

천주교의 경우 서울대교구 평신도 사도직협의회(회장 한용희)가 새 신문 창간 지원성명을 내는 등 서울과 지방의 여러 성당에서 신부들이 앞장서 신도들의 모금에 나서는 등 가톨릭의 후원활동이 활발했다. 11월 29일 발표된 이 협의회 성명서는 "우리 사회의 민주화와 정의를 위해서는 정치권력의 민주화 못지 않게 중요한 일이 언론의 정도를 걷는 신문다운 신문, 방송다운 방송을 만드는 일"이라고 밝혔다. 이 협의회는 KBS 시청료 거부운동을 벌인 바 있는데 성명서와 각계 원로들의 지지성명, 천주교 단체 및 신부들의 메시지를 담은 홍보전단 10만 부를 만들어 서울대교구 소속 전 성당을 통해 주보와 함께 배포했다. 인천교구는 12월 6일 주보와 함께 이 전단 4만 부를 배포했고, 원주교구도 1만 5천 부를 배포했다.

한편 신도들의 모금도 활발해 서울의 경우 홍제동, 혜화동, 용산, 청담동, 천호동, 신월동 성당 등에서 신부들이 앞장서 설립기금을 모았고, 지방에서도 삼량진 천주교회를 비롯해 여러 성당에서 모금활동을 벌였다.

중·고교 교사들은 학교별로 집단으로 모금운동에 동참했다. 서울 Y여고의 경우 교사 50여 명이 180만 원을 모아 창간사무국에 전달했고 K여고도 주임교사 등 4명을 포함한 23명의 교사들이 각자 2주씩 사기로 합의, 23만 원을 모아 창간사무국을 찾았다. B여중·고는 47명, D고교에서는 60명의 교사가 설립회원으로 참여했다.

대학가는 당시 대통령 선거에 큰 관심을 보이고 있었지만 서울대, 이화여대, 인하대, 인천대, 성심여대 등에서 총학생회를 중심으로 새 신문 설립기금 모금에 적극적이었다. 이화여대는 총학생회의 결의로 '이화가족 한겨레신문 설립기금 모금운동'이 11월 30일부터 시작되었다. 서울대는 총학생회가 주축이 되어 새 신문 창간 후원활동을 벌였다. 대학원생들의 연합체인 전국대학원생연합회(회장 조정관)와 대학신문 기자들의 연합체인 전국대학신문기자연합회(의장 차재훈)에서도 새 신문 창간작업을 적극 후원키로 하고 학교별 모금활동을 벌였다.

동창회 모임의 경우 중·고교나 대학교 동창모임에서 새 신문 설립기금 모금운동에 동참했다. K고교, 서울의 Y고교 동창회 등에서 모금했고, 민주서강동우회, 연세민주치과의사회 등에서도 활발한 모금활동을 벌였다.

노동조합의 경우, 증권, 금융, 보험, 단자, 리스회사 노조 연합체

176

인 한국자유금융노조연합회(회장 최재호·한국산업리스)는 조합원들을 상대로 설립기금 모금활동을 펴기로 결의했다. 이에 따라 한국리스에서는 조합원 140명 대부분이 설립회원으로 참여해 294만 원의 설립기금을 냈다. A보험, T보험, E조합중앙연합회, H보험, Y투자금융 등도 노조를 중심으로 모금운동을 벌였다. 한국자동차보험노조(위원장 권세현)는 1,800만 원의 기금을 1988년 1월 27일 창간사무국에 접수시켰고, 동양화재해상보험 노조(위원장 황원래)와 해동화재해상보험노조는 각각 450만 원과 200만 원의 기금을 납입했다.

불교계의 경우, 경기도 안양에 있는 한마음선원(원장 대행 스님)의 스님 20여 명이 1,050만 원을 설립기금으로 내놓았다.

3) 창간기금 모금을 위한 동기부여

창간기금을 모으는 데는 시민사회의 불특정 다수에게 자원해서 동참하도록 동기부여를 하는 것이 무엇보다 중요했다. 당시 시대상황이 권위주의 정부에 대한 저항과 민주화 요구 등으로 창간기금이라는 자원을 동원할 수 있는 분위기는 성숙되었다 해도 사회 각계각층에서 기금을 내도록 하기 위한 동기부여는 창간주체 세력의 몫이었다. 따라서 창간기금에 관한 정보를 대중이 쉽게 접할 수 있는 방식이 동원되었으며 그 대표적인 것은 새 신문 소식지 발행, 발의자를 통한 홍보, 외부 창간추진 세력의 지원, 지역별 주주들의 모금 캠페인, 일간지를 통한 광고 등이었다.

(1) 새 신문 소식지 발행

새 신문 창간준비사무국은 창간 준비과정을 알리기 위해 1987년 10월 최초로 '새 신문 소식지'를 만든 데 이어 〈한겨레신문 소식〉을 발행·배포해 창간기금 모금상황과 유명인사의 지지선언, 시민사회

단체의 동조 등을 홍보하기 위한 활동을 벌였다. 이와 함께 발의자와
창간위원, 사무국 요원들을 통한 직·간접적 홍보와 가두 캠페인을
실시했으며 종교, 여성단체, 교수 등 외부지원 세력들의 지원활동이
벌어졌다.

새 신문 소식의 경우 1987년 10월 10일 새 신문 창간발의자들에게
창간작업 진척상황을 알리기 위해 발행한 소식지 1호인 '새 신문 소
식'을 11월 10일까지 3회에 걸쳐 발간해 배포했다. 이 소식지는 A4용
지 크기의 2~3장으로 만들어졌다. 발행인은 정태기, 편집인은 이원
섭이었다.

〈한겨레신문 소식〉지 발행을 보면, 사무국은 11월 18일부터 '창간
사업에 동참할 사람'을 대상으로 1988년 4월 28일까지 총 10회에 걸
쳐 〈한겨레신문 소식〉지를 발행하였다. 보통 신문지 크기의 이 소식
지는 2~4면으로 만들어졌으며 발행횟수를 거듭하면서 점차 그 발행
부수를 늘려 수천 부 또는 수만 부를 발행해 새 신문의 창간 준비작
업을 외부에 알리는 주요 매체의 역할을 했다. 당시 기존의 신문 방
송이 새 신문 창간작업에 침묵하는 상황에서 외부에 창간 준비과정을
알리는 주요한 역할을 소식지가 담당했다. 소식지는 한겨레신문 창
간을 궁금해하던 많은 시민들에게 필요한 정보를 제공했다.

사무국 요원들은 어깨띠를 두르고 시내 중심가 또는 지하철역 등에
나가 소식지를 나눠주었고, 모금 팀은 교회·대학·노조 등을 대상
으로 노력했다. 소식지와 신문광고 등을 통해 일반인에게 전달된 내
용에는 당시 사회운동으로 추진된 민주화 촉진과 신문의 정상적 제작
에 필요한 윤전기 구입 등에 대한 것들이 포함되어 있다.

이는 사회운동의 형식으로 한겨레신문이 사회적 호응을 받았다는
점과 효율적 사회운동의 성공적 조건의 하나가 신문사 자본금인 자원
의 확보라는 것이 강조되었고 사회적 공감의 대상이 된 것이다. 이 같
은 취지가 담긴 신문광고 문안 가운데 몇 개를 소개하면 다음과 같다.

"대통령 뽑는 일만큼이나 중요한 일!! 한겨레신문에 출자하십시오.
내일의 민주주의에 투자하는 일입니다."
"한겨레신문이 나오면 대통령 노릇 힘들어진다?"
"민주화는 한판의 승부가 아닙니다—허탈과 좌절을 떨쳐버리고 한
겨레신문 창간에 힘을 모아 주십시오."
(1987년 12월 대통령 선거가 끝난 뒤 4대 일간지에 실린 광고)

또 '발전기금 모금 캠페인'이란 이름으로 한겨레신문 광고면에 연달
아 게재된 것들은 아래와 같다(《신문연구》 49호, 1990).

"해 지면 호주머니에 소주 한 잔 값이 없는 가난한 한겨레 기자들.
해 뜨면 독재정권 총칼부리도 무섭지 않은 용감한 한겨레 기자들.
월급 많아 좋은 직장, 신문사 다 팽개치고 박봉도 좋다 껄껄 웃으
며 제 발로 모여든 한겨레 기자들. 술 고픈 것도 좋고, 안식구 시
린 눈치도 참을 수 있으나, 그러나 윤전기 명색이 워낙 못나 신문
발행이 늦습니다. 속보성이 생명인 신문인쇄가 늦습니다. 뜻 있는
분들께 도움을 청합니다. 새 윤전기를 사 주십시오."

"그 민주화를 다지던 시대, 아빠, 엄마는 무얼 하셨나요? 뒷날 우
리 자식이 묻습니다."

(2) 발의자를 통한 홍보
기존신문은 새 신문에 대한 기사를 10, 11면에 1단 기사로 보도해
거의 눈에 띄지 않을 정도로 취급하고, TV에서도 완전히 묵살되자
창간준비 사무국은 대책을 마련했다. 즉, 10월 24일자로 발간된 〈한
겨레신문 소식〉을 통해 본격적인 국민주주 모집 캠페인을 활성화시
키기 위해서 발의자가 발벗고 나서자고 촉구한 것이다.
사무국은 "국민들의 피땀어린 돈으로 꾸려 가는 살림이라서 신문이
나 방송의 대형광고를 이용할 수도 없기 때문에 각자 연고가 있는 모

든 매체(신문, 방송, 주간지, 월간지, 무크지, 전문지, 대학신문 등)에 최대한 협조를 당부해 기사화시키자"고 촉구했다. 특히 고등학교, 대학교별로 발행되는 동문회지도 홍보효과가 적지 않으니 이를 활용하자고 제안했다.

새 신문 창간위원들과 사무국 요원들은 11월 중순부터 교회와 성당, 시내 중심가 지하철역으로 나가 시민들에게 설립기금 납입안내 전단을 배포하는 등 가두 캠페인을 시작했다. 11월 15일에는 사무국 요원 20여 명이 조를 나누어 명동성당, 영락교회 등 서울 시내 7개 성당과 교회를 돌며 '한겨레신문의 주인이 됩시다'라는 안내 유인물을 신도들에게 나누어주며 설립회원이 될 것을 권유했다. 11월 18일부터 20일까지 송건호 위원장 등 창간위원과 사무국 요원 30여 명은 매일 아침 7시 반부터 9시까지 서울 시청 앞과 종로 2가, 서울역 등 중심가 지하철역을 중심으로 출근길 시민들에게 〈한겨레신문 소식〉지 5만여 부를 배포했다. 21일에는 오후 1시 반부터 서울역 구내에 들어가 승객들에게 안내전단을 나눠주었다.

(3) 외부 창간추진세력의 지원

김수환 추기경 등 각계 원로 24명이 새 신문 발의를 환영하고, 시민들의 적극적 참여를 당부하는 다음과 같은 새 신문 창간 지지성명을 10월 12일 발표했다.

해직 언론인들과 현직 기자들이 뜻을 모아 새 신문을 창간하고자 발의했다 합니다. 지난 수십 년 동안 언론이 제 구실을 못하고 권력의 방패노릇을 하거나 국민을 속이는 모습을 너무도 자주 보아온 우리는 1970년대 중반부터 1980년 초에 이르기까지 언론계의 일선에서 자유언론을 실천하려다 온갖 고난과 박해를 당한 사람들이 새 신문을 만들기로 했다는 소식을 듣고 자못 반가운 마음이 들었습니다. 이 언론인들이 앞장서서 펴내기로 한 새 신문은 기존의 신

문과는 달리 돈 많은 사람들의 지배를 받지 않고 권력의 간섭에서
도 벗어나려고 국민 여러분이 땀이 묻은 돈으로 살림을 시작하기로
했다고 합니다. 이는 일찍이 언론의 역사에 없던 일입니다.

바로 오늘 이 시간에도 기존의 신문들이 있는 일을 없는 듯이 덮
어버리고 없는 일을 있는 듯이 만들어 국민에게 위기감을 느끼게
하기 때문에 민주화는 정말 난관에 부딪쳐 있습니다. 그리고 이 신
문들은 갈라진 겨레가 다시 하나되게 하는 데에 소홀하고 더러는
반목하고 다투게 하는 데에 앞장서는 일까지 있으니 참으로 가슴
아픈 일입니다. 바른 소식을 애타게 기다리는 국민의 갈증을 해소
시키고 국민의 알 권리를 충족시켜 줄 새로운 신문의 출현이 절실
히 요구되고 있습니다.

이번에 첫 걸음을 내딛는 새 신문은 국민이 알아야 할 것을 알리
고 비판해야 할 것을 제대로 비판해서 우리의 이러한 소망을 풀어
줄 것으로 확신하며 이들의 이 역사적 작업이 열매를 맺을 수 있도
록 각계의 대표들과 시민 여러분이 새 신문에 적극 참여하시고 이
신문을 아끼고 키워주시기를 간곡히 당부드립니다.

김관석, 김수환, 김옥길, 김정한, 김지길, 문익환, 박경리,
박두진, 박형규, 박화성, 변형윤, 송월주, 이돈명, 이우정,
이태영, 이효재, 이희승, 윤공희, 성내운, 조기준, 지학순,
함석헌, 홍남순, 황순원.

이 성명은 사회 각계에 큰 영향력을 발휘해 20여 일 만에 출자 청
약서에 10만 원을 써낸 발기인 숫자가 3천 명을 넘어섰다.

한국여성단체연합(회장 이우정)은 10월 20일경 한겨레신문 창간에
대한 지지성명을 발표, 새 신문이 한국언론의 새 지평을 열 것을 환
영한다면서 이 땅의 모든 여성들이 새 신문 설립에 적극 동참할 것을
촉구했다.

대학교수들이 동문과 제자들에게 한겨레신문 창간기금에 참여해

줄 것을 당부하는 서신을 보내는 등 적극적 모금운동을 벌였다. 편지 보내기 캠페인에 참가한 교수는 변형윤, 김진균 교수(이상 서울대), 팽원순, 이강수, 정대철 교수(이상 한양대), 이효재, 박순경 교수(이상 이화여대) 등이다(〈한겨레신문 소식〉 4호).

한국출판운동협의회(회장 이우회)와 한국여성민우회, KNCC(회장 김성수) 등은 한겨레소식지 7호(1988년 3월 10일)에 광고를 내고 "정부는 한겨레신문 등록증을 신속히 교부하라, 한겨레신문은 국민이 주인인 신문다운 신문이 되어야 한다, 한겨레신문은 민주주의의 선봉에 서서 투철한 전사가 되어야 하며 만에 하나 새 신문이 또 하나의 제도언론으로 안주한다면 그것은 이 땅의 민중에 대한 배반" 등의 주장을 폈다.

4) 지역 주주조직들의 모금운동

인천, 광주, 대구, 대전, 청주, 이리, 순천, 원주, 부산, 목포, 여수, 전주, 군산, 김제, 부안, 마산, 창원, 진주, 김해, 울산, 포항, 안동, 상주, 점촌, 구미, 선산, 부여, 공주, 대천, 보령, 충주, 제천, 춘천, 강릉, 성남, 가평, 구리, 제주, 서귀포 등 전국 여러 지역에서 새 신문의 창간 발기를 축하하고 범시민적으로 설립기금 모금운동에 동참하는 조직운동이 전개되었다.

이들 지역 후원회를 이끄는 인사들은 대부분 해당 지역에서 민주화를 위해 애써온 종교계, 학계, 법조계 등 각계 인사들을 비롯해 일반 시민, 학생 등 다양한 계층을 망라하고 있어 새 신문에 대한 기대를 반영했다. 이들은 새 신문 등록필증이 교부되지 않자 〈한겨레신문 소식〉지에 광고를 내고 정부에 그 발급을 촉구하기도 하는 등 지역운동 차원에서 적극적 지원을 보냈다.

인천과 부천지역 발기인인 강영진, 김상옥, 김영준, 박귀현 씨 등

을 중심으로 지역단체 대표들이 자발적으로 1987년 11월 22일 인천
도화동 성당에서 개최한 인천시민 창간후원대회에서 송건호 한겨레
신문 창간위원회 공동위원장의 강연과 정태기 사무국장의 경과보고
및 김병상 신부의 축사 등이 있었다. 10월 30일 명동 YWCA에서 열
린 창간발기인대회에서 공연되었던 민중문화운동연합의 제도언론 풍
자 마당극도 열렸다.

광주지역 창간발기인 강신석, 강연균, 고재기, 김경천 씨 등이 주
축이 되어 결성된 시민후원대회가 11월 27일 광주 YWCA 강당에서
열렸고 기금모금 등 활발한 활동을 벌였다.

부산과 경남지역 발기인들을 중심으로 법조계, 학계, 언론계 인사
들이 모여 한겨레신문 부산·경남지역후원회(공동대표 김정한, 최성
묵, 박재우)를 결성하고 11월 20일 사무실을 부산시청 앞 부산데파트
4층 504호에 열었다.

한겨레신문 대구·경북지역 후원회(회장 김윤수)는 12월 15일 대구
동성로 3가의 한 건물에 새 사무실을 마련하고 첫 모임을 가졌다. 이
날 정지창(경북대), 이수인(영남대) 교수 등이 이 지역발기인들을 중심
으로 60여 명이 참석한 시민모임에서 대표로 선임된 김윤수 교수(영
남대)는 한겨레신문 창간을 돕게 되어 기쁘다고 말했다.

송건호 공동대표 등 창간과정에 참여했던 사람들은 각지의 후원회
를 순회 방문하면서 한겨레신문의 창간취지와 국민주주 참여의 당위
성 등을 전달했다. 송 대표는 1980년대의 독재치하에서도 민주화운
동에 앞장섰던 극소수 원로 언론인의 한 사람이었고, 특히 《말》지를
발행해 공식언론이 보도지침 등으로 권력의 나팔수 역할을 할 당시
전국적으로 유일하게 진실을 알리는 참 언론의 역할을 수행함으로써
사회 각계각층에 널리 알려져 있는 인물이었다. 송 대표가 직접 각지
를 방문해 창간기금 모금에 앞장섬으로써 일반 국민들은 새 신문창간
에 대해 신뢰하고 주주가 되었다.

국민주주들은 새 신문 창간과정에 직접 돈을 내 주식을 사는 형식으로 참여하게 되고 특히 '국민이 주인인 신문'이라는 점이 강조되면서 매우 적극적인 자세를 지니게 되었다. 즉, 자신이 주주로서 한겨레신문의 실질적 주인이라는 의식을 지니게 되고 향후 경영에도 직접 참여할 수 있다는 기대를 갖게 되었다. 그러나 이 같은 기대는 신문 창간 이후 주주들을 경영에서 배제함으로써 결국 주주대표들과 신문사가 경영권 참여를 놓고 심한 갈등관계에 빠지는 하나의 원인이 되었다. 이는 사회운동과정에서 매우 중요한 자원인 물적 토대, 즉 경제적 수단의 형성과정에서 참여한 다수의 당사자들이 자원 지배권 행사과정에서 배제되었을 때 어떤 현상이 나타날 수 있는가를 나타내는 하나의 사례가 되었다.

5) 기존 일간지를 통한 창립기금 모금광고

새 신문 창간사무국은 창립기금을 모금하기 위해 기존 신문에 광고를 수차례 냈으며, 이는 새 신문 창간소식을 널리 알리면서 창간기금 모금을 촉진했다. 즉, 조선일보에 1987년 11월 8일 첫 번째 기금모금 광고를 낸 후 1988년 2월 25일 동아일보에 모금목표가 달성되었다는 광고 등을 포함해 모두 13번의 기금모금 광고를 게재했다. 이들 광고는 전면 · 7단 · 5단 등의 크기였는데, 기금모금에 큰 역할을 한 것으로 평가된다. 당시 기존 일간지들이 새 신문 창간과정에 대해 인색하게 보도했기 때문에 이들 광고는 새 신문 창간에 대한 비교적 정확한 정보를 제공하는 역할을 했다고 보여진다. 당시 일자별 광고내역은 아래와 같다.

1987년 11월 8일 조선일보 8면에 모금관련 전면광고를 실었다. 3천여 창간발기인명단과 함께 "온 국민이 만드는 새 신문 — 한겨레신문의 주인이 됩시다"라는 제목의 전면광고는 이 조간신문 독자와 함께 많은 시민들에게 새 신문의 창간소식을 구체적으로 알리고 국민주주를 모집하는 데 큰 자극제가 되었다. 이 광고를 내면서 창간사무국 관계자들간에는 국민들이 어떻게 모아준 돈인데 조선일보에 그렇게 큰 광고를 싣느냐는 논란이 있었다(〈한겨레신문 소식〉 9호, 1988년 4월 19일).

1987년 11월 17일 중앙일보와 한국일보에 실린 "온 국민이 주인인 새 신문 ─ 한겨레신문은 39억 3천만 원이 더 필요합니다"라는 헤드라인 광고(5단)는 대통령 선거를 한 달 앞두고 선거전에 관심을 빼앗긴 국민들에게 직접출자를 당부하는 내용이었다. 이 광고는 하루 1,500만 원대에 이르던 모금액을 3천만 원대로 끌어올렸다.

1987년 11월 24일 동아일보와 한국경제신문 광고의 경우 "대통령 뽑는 일만큼이나 중요한 일!", "한겨레신문에 출자하십시오. 내일의 민주주의에 투자하는 일입니다"라는 내용이 실렸다. 대통령 선거전의 열기가 날이 갈수록 더해가던 상황에서 집행된 이 5단 광고는 하루 2천만 원대의 입금액을 3천만 원대로 끌어올렸다.

1987년 12월 23일~26일 중앙일보, 동아일보, 한국일보, 조선일보의 7단 광고는 대통령 선거에서 민주후보가 낙선하고 군인정치인이 당선되면서 부정선거 시비가 발생한 데 대한 국민적 허탈과 분노가 높았던 시점에서 등장했다. "민주화는 한 판 승부가 아닙니다. 허탈과 분노를 떨쳐버리고 한겨레신문 창간에 힘을 모아주십시오"라는 헤드라인의 광고가 4개 일간지에 연속 게재된 뒤 모금액은 급격히 상승해 12월 26일에는 4,700만 원, 12월 28일에는 6,400만 원으로 급증했다. 그러나 12·16선거를 전면적 부정선거로 규정하고 선거무효화 투쟁에 나서던 일부 운동권에서는 선거결과에 승복한다는 뜻이 담긴 '허탈과 좌절'이라는 표현을 쓴 광고내용에 대해 새 신문에 항의하기도 했다.

1988년 1월 13일자 동아일보, 1월 14일자 조선일보 광고의 경우, 창간기금 모금 겸 사원모집을 알리는 7단 광고는 한겨레신문이 윤전기를 확보하고 사원을 공채할 수 있도록 힘을 모아준 국민에게 감사를 표하고, 나머지 설립기금 25억 원을 하루 속히 모금할 수 있도록 조금만 더 출자해달라고 부탁하는 내용이었다. "고맙습니다, 한겨레신문에 조금만 더 출자해 주십시오"라는 제목이 붙었다. 이 광고 뒤 1월 15일 모금액은 1억 3천만 원으로 뛰어 올랐다.

1988년 1월 27일자 조선일보와 동아일보 7단 광고에 "한겨레신문이 창간등록 신청을 끝냈습니다"라는 내용이 실렸고, 그 다음날 입금액이 1억 6천만 원으로 모금 캠페인 이래 최고액수를 기록했다. 이후 하루 1억 원 내외의 입금액이 들어왔다. 2월 20일 이후 입금액이 50억 원에 육박하자 4개 은행과 우체국에 마련된 창간기금 모금창구를 폐쇄했다.

1988년 2월 25일 동아일보 4면에 "창간기금 50억 원이 다 모였습니다"라는 5단 광고가 나갔다.

한편 1987년 11월 초부터 본격적으로 창간기금을 모금하기 시작한 뒤 목표가 달성된 1988년 2월 하순까지 〈한겨레신문 소식〉지가 공개한 모금내역은 아래와 같다.

> 11월 14일, 5,100여 명의 설립회원 확보하고 10억 7천만 원 모금
> 11월 21일, 5,800여 명의 회원에 12억 3천만 원 모금
> 12월 10일, 7,500여 명의 회원에 16억 원 모금
> 12월 28일, 9,500여 명 회원에 19억 원 모금
> 1988년 1월 20일, 1만 2천여 명 회원에 26억 6천만 원 모금
> 1988년 2월 7일, 1만 7천여 명 회원에 35억 8천만 원 모금[6]
> 1988년 2월 1일, 40억 원 돌파
> 1988년 2월 24일, 50억 원 돌파

---

6) 1988년 1월 28일 하루 입금액은 캠페인 시작 이래 최고액수인 1억 6천만 원이 접수되는 등 1월 하순경 매일 1억 원대의 설립기금이 접수되었다.

새 신문은 1988년 2월 창간기금 50억 원 모금을 완료한데 이어 같은 해 9월 발전기금(목표-100억 원) 국민모금에 나서 이듬해인 1989년 5월 15일 창간 1주년 기념일에 목표액을 초과 달성해 115억 원이 모였다. 한겨레신문은 지령 100호를 넘기면서 1988년 9월 20일부터 발전기금 국민모금에 들어갔다. 목표액은 100억 원이었다. 한겨레신문은 시리즈 광고를 통해 모금 캠페인을 벌였다.

"국내에서 가장 못난 신문, 세계 언론사상 가장 놀라운 신문 ― 국민 여러분이 힘을 합쳐 새 윤전기 한 대를 사주십시오"로 캠페인을 시작, 창간 1주년 기념일인 1989년 5월 15일 목표액을 15억 초과달성 하면서 발전기금 모금은 완료됐다. 이 발전기금 모금은 한동안 실적이 저조해 한겨레 임직원들의 애를 태웠으나 '공안정국'에 접어들면서 리영희 논설고문이 구속되는 등 사건이 잇따르자 폭포처럼 기금이 쏟아져 들어왔다. 북한이라는 자원을 놓고 벌인 취재노력에 대해 관련자들이 국가보안법 위반으로 고통을 당해야 했지만 국민주주들이 발전기금이라는 자원을 제공한 것이다.

6) 창간기금 모금 등에 대한 국내외 언론보도

새 신문에 대한 국내외 언론보도는 새 신문의 창간과정에서 매우 중요한 변수였다. 국내 기존 언론이 새 신문의 역사적, 사회적 의미를 제대로 평가하는 등 긍정적 태도를 보였을 경우 새 신문 창간은 매우 용이했다는 가정이 가능하기 때문이다. 그러나 기존 언론은 새 신문에 대해 외면하거나 최소한의 관련기사를 보도해 일반인들의 새 신문에 대한 이해를 돕지 않았다. 이를 통해 기존 신문이 가깝게는 1980년대 초의 언론사 통폐합 이후 강화된 권언(權言) 유착에서 벗어나지 못하고 국민의 알 권리를 충족시키지 않았다는 평가가 가능할 것이다.

일부 기존 신문은 새 신문의 창간기금 모금단계에서 수차례 관련광고를 실었지만 새 신문에 대한 기사는 적절하게 보도하지 않는 모습을 보였다. 한편 외국언론은 새 신문의 등장, 특히 창간기금 모금단계에서 큰 관심을 보이면서 새 신문에 대해 활발한 취재와 보도 활동을 했다.

(1) 국내 언론

창간발의 한 달 만인 1987년 10월 30일 각계의 지식인 3천여 명이 발기인으로 참여하고 그후 4개월여 만에 3만 가까운 국민들이 창간기금을 입금시키는 동안 국내신문의 반응은 매우 냉담했다(〈한겨레신문소식〉 9호, 1988년 4월 19일). 새 신문은 창간과정을 소식지 등을 통해 지속적으로 공개했는데도 기존 언론은 뉴스가치를 무시한 채 의도적으로 외면하고 축소해 겨우 보도한다 해도 제2사회면에 1단 크기를 넘지 않는 공통된 태도를 보였다. 방송의 경우 반 년 남짓한 기간 동안 TV와 라디오가 한겨레신문을 다룬 것은 단 두 차례의 뉴스와 한 차례의 기획프로그램 뿐이었다(주동황 외, 1997, 236).

이같이 국내언론이 뉴스가치를 판단하는 모습이 동일하게 나타나는 것은 1980년 신군부에 의해 추진된 언론사 통폐합과 그 이후 언론과 권력의 유착관계 영향이 아닌가 추정된다. 즉, 통폐합 과정에서 살아남은 신문, 방송, 통신사들은 새 신문의 창간 이전 언론기본법과 보도지침과 같은 정부의 언론통제 속에서 언론시장 독과점의 특혜와 카르텔에 안주했기 때문이다.

기존 신문은 신문시장을 분점한 독과점과 신문 발행부수까지 협의해 조정하는 카르텔이라는 무풍(無風)지대 속에서 지내오다가 해직기자들이 중심이 되어 국민주주 신문을 만든다고 시도하는 것을 쉽게 받아들이기 어려웠을 것이다. 특히 새 신문이 발의자 성명 등을 통해 공언한 편집방향은 기존 언론을 제도언론으로 규정하고 그 대안으로서 제시되었기 때문이다. 국내언론의 이 같은 부정적 태도는 외국언론들이 큰 관심을 보이면서 다방면으로 보도하는 것과도 대비되었고 국내 대학신문들과 재야운동단체, 종교단체의 적극적 지원과 큰 차이를 보였다.

국내 일간지의 경우 한겨레신문 관련기사는 거의 예외 없이 1단 크기로 제 2사회면인 10면 한 귀퉁이에 작게 싣는 공통점을 보였다. 대부분의 지방신문의 경우도 마찬가지였는데 간혹 기사제목을 2단으로 키우거나 제 1사회면인 11면에 싣는 경우가 있었다. 1987년 10월 12일 각계원로 24명이 발표한 한겨레신문 창간 지지성명에 대한 중앙일간지들의 보도는 10면 하단에 1단으로 실렸다. 당시 새 신문에 대한 원로들의 지지표명은 사회적 관심을 끌 만한 것이었다. 즉, 그 원로들이 김수환 추기경, 이희성, 함석헌 선생, 김옥길 전 이대총장 등 우리 사회의 지성을 대표할 지도적 인사들이었기 때문이다. 각계 인사 1천여 명이 참석했던 발기인선언대회도 '1단 벽'을 벗어나지 못했다. 이들 기존 언론은 한겨레신문을 포함해 20여 개의 일간지들이 등록 신청한 것을 놓고 마치 언론계가 큰 혼란에 휩싸일 것처럼 부정적인 논평을 하기도 했다.

방송의 경우는 일간지보다 더 심했으며, 주요 월간지도 큰 차이가 없었다. 즉, 신동아, 월간 조선은 한 차례도 관련 기사를 싣지 않았다. 그러나 월간 경향, 샘이 깊은 물, 주부생활 등은 기획기사, 대담기사 등으로 새 신문을 다뤘다. 주간지 일요신문은 새 신문에 대해 여러 차례 보도해 큰 차이를 보였다.

기존 대중매체의 이와 같은 태도와 달리 대학신문과 학보, 민주운동단체들의 기관지나 유인물은 새 신문에 대한 보도를 충실히 했다. 즉, 발의자 총회 이후 줄곧 상황전개에 따라 기획기사, 인터뷰, 탐방기사 등을 통해 새 신문 창간과정과 그 언론사적 의미까지 부각시켰다. 종교단체들도 유인물이나 성명서, 주보 등을 통해 새 신문에 대한 적극적 지지를 표명했고 창간기금 모금에 적극 나서기도 했다.

  (2) 해외 언론

  새 신문 창간준비 작업에 외국언론이 관심을 보이기 시작한 것은
1987년 9월 새 신문 발의자 총회 때이며, 전 국민을 대상으로 창간기
금 모금운동이 전국적으로 확산되고 국민적 호응이 적극적으로 되자
주요 외국언론의 보도가 급격히 늘어났다. 새 신문 창간운동 초기에
는 외국언론은 큰 관심을 보이지 않았으며 단지 로이터, 교토 통신들
만이 발기인대회 등을 보도했을 뿐이다(〈한겨레신문 소식〉 9호, 1988
년 4월 19일). 그러나 모금활동이 국민들의 뜨거운 성원 속에서 전국
적으로 확산되자 세계적 통신사와 신문 및 TV들이 새 신문의 창간을
연이어 보도했다. 즉, AP, 로이터, AFP와 일본의 아사히신문, 프랑
스의 리베라시옹, 서독의 타게스차이퉁, 미국의 크리스천 사이언스
모니터 등과 미국의 KCBS(LA지역 방송국), 벨기에 국영방송, 일본
의 NHK 등이 한겨레신문의 창간준비 작업을 취재·보도했다. 또한
영국의 이코노미스트와 대만의 신신보 등 주간지도 새 신문의 설립과
정을 보도했다.

  이들 외국언론은 한겨레신문의 창간발의 및 발기대회, 모금활동,
정기간행물 등록신청, 사원모집 등 주요한 창간준비 작업과 함께 새
신문의 창간정신, 편집방향, 한국언론사에서 차지하는 의미 등 다양
한 측면에서 보도했다. 외국언론들은 새 신문이 국민적 모금에 의해
창간기금을 모으며, 박정희, 전두환 정권 아래에서 언론자유투쟁을
벌이다가 해직당한 기자들을 주축으로 추진되고, 권력과 자본의 간
섭을 배격하는 독립지를 지향하고 있다는 점, 새 신문에 참여하는 기
자 및 직원들의 도덕성을 소개했다.

  군사정권하에서 한국 국민의 인권이 크게 탄압받는 것을 주목했던
외국언론이나 사회운동가들에게 한국사회에서 시민들에 의해 민주적

언론사가 만들어지는 것은 큰 관심사였다. 독재체제에서 언론이나 정보라는 사회적 자원은 정치권력의 지배를 받는 것이 당연한 것이어서 민주시민의 투자에 의한 새로운 언론사의 등장은 외국언론의 취재 대상이 되었다. 이런 과정에서 한겨레신문의 사회적 의미와 그 가치 등이 형성된 측면도 있다. 즉, 독재정권하의 후진사회에서 서구에서도 유례가 없는 국민주주에 의한 언론사 탄생은 언론이라는 측면을 떠나서 사회운동차원에서도 주목의 대상이 될 만했다(《신문연구》 49호, 1990, 57~60).

한겨레신문이 서울 영등포구 변두리에 있는 창고를 개조해 만든 사옥에 입주한 뒤 외신기자들이 자주 그곳을 찾아 성공적인 국민주주 신문의 창간과정을 취재했다. 그들은 군사정권 아래 신음하던 한국에서 세계 최초의 국민주주 신문의 형식으로 한겨레신문이 창간되는 과정을 뉴스로 담아 세계로 내보냈다. 1988년 3월 4일 AFP통신은 서울발로 이렇게 타전했다.

> 정부의 언론통제가 완화됨에 따라 진정한 언론자유의 구현을 다짐하는 야심적인 한 일간지를 포함한 여러 신문사가 수지맞는 매체시장을 휘어잡으려고 치열한 경쟁을 벌이고 있다. … 한국 국회가 지난 11월 권위주의적 언론기본법을 개정한 이후 정부는 110개 일간지를 포함한 130여 종의 정기간행물 등록신청을 접수했다. 이 가운데는 전두환 씨와 전임자 박정희의 집권기간 해직당한 1천여 명의 언론인 중 200여 명이 주축이 되어 설립된 한겨레신문도 포함돼 있다.
> "우리는 정치권력과 대자본 및 대광고주로부터의 진정한 독립을 추구한다"고 한겨레신문의 한 관계자는 말했다. 그는 "'한겨레신문'은 특정한 신문을 모방하지 않지만 정치와 경제에 대한 심층분석 등 프랑스의 《르몽드》와 서독의 《프랑크푸르트 알게마이네 차이퉁》이 지닌 일부 특징을 수용하고 있다. 한국에는 지금까지 이 같은 신문이 존재한 적이 없다"고 말했다. … 수습이 끝난 기자들이 일류

기업 중견간부보다 많은 보수를 받는 한국의 언론상황에서 이 신문은 오로지 자유롭고 공정한 언론에 대한 호소에 의존하여 기자들을 모집하고 있다. 한겨레신문 관계자에 따르면 이 신문의 월급은 기존 신문사 월급의 3분의 1에 불과하고 정치인들이나 기업들로부터 촌지를 받는 것을 엄격히 금지하고 있음에도 불구하고 경력·수습 기자 모집에 수천 명이 입사원서를 제출했다는 것이다.

미국의 크리스천 사이언스 모니터는 1988년 2월 17일자에 다음과 같은 기사를 게재했다.

경복궁에서 그리 멀지 않은 곳에 서 있는 유리벽 건물(안국빌딩을 가리킴) 속에서 일단의 낙관적 언론인들이 한국 최초의 독립적 신문인 한겨레신문의 창간을 준비하고 있다. 대표이사 송건호 씨와 편집인 임재경 씨를 비롯한 60여 명의 직원들은 전두환 정권과 그 이전 박정희 정권에 의해 언론에서 쫓겨난 엘리트들이다. 이들이 공개적으로 한겨레와 같은 신문의 발행을 생각할 수 있다는 것은 한국 민주화의 진전을 어느 만큼이나마 가늠케 해 주는 일이다.
"우리는 독립적이고자 합니다. 중립적이 아닌 독립적인 신문을 지향합니다"라고 송건호 씨는 말한다. … 송건호 씨와 동아일보에서 함께 근무했던 김근 씨는 1980년 해직 이후 프랑스로 유학을 떠났다. 박사학위를 취득하고 최근 귀국한 김씨에게 동아일보는 세 번이나 복직을 권유했으나 그는 한겨레에 참여했다. "진정으로 자유로운 신문에서 글을 쓰고 싶었다"라고 그는 말한다.

또 서독의 타게스 차이퉁은 그해 1월 20일자에서 이렇게 썼다.

한국에서 언론인이라는 직업은 실로 안정된 생활을 보장해 준다. 다른 일자리가 없기 때문이 아니다. 전국적인 6대 일간지가 모두 1천만 부를 발행한다는 것은 분단된 한반도의 남쪽에서 살고 있는 4

천만 국민이 인쇄매체에 큰 관심을 가지고 있음을 보여주며 언론인들의 보수 역시 나쁘지 않다는 것을 뜻한다. 이 나라 언론인들의 한 달 평균수입은 1,000달러 이상인데, 그들은 '한강의 경제기적'으로 찬양받은 이 나라에서 고소득 계층에 속한다. 문제는 다른 데 있다. 한국의 언론계에서 살아남고자 하는 사람은 매우 순종적이거나 참을성이 강하지 않으면 안 된다. 왜냐하면 "한국에는 신문은 존재하지만 제대로 된 신문은 없기 때문이다. 대중매체는 정권과 배타적이고 독점적인 대재벌의 이익을 충실히 대변하고 있다"고 민주언론운동협의회의 송건호 의장과 임재경 씨는 설명한다.

한국의 유력지에서 종사한 적이 있는 두 전직 언론인은 그런 일을 직접 체험했다. 한국에서 최대 발행부수를 자랑하는 동아일보의 편집국장을 역임한 송건호 씨는 1975년 그의 동료기자 160명이 정치적 이유로 해고되자 이에 항의해 스스로 사임했다. 그의 동료인 임재경 씨도 1980년 5월 전두환 씨가 쿠데타를 일으킨 뒤 다른 지식인 134명과 더불어 '인권·민주주의 선언'에 서명했다는 이유로 한국일보 논설위원자리를 잃었다. … 그 후 언론계는 침묵이 지배해왔다. 이런 가운데서도 유일한 불빛은 민주언론운동협의회에서 발행하는 《말》지였다. 1985년부터 지금까지 12호가 발행된 《말》지는 비합법적 잡지로서, 발행될 때마다 정부의 탄압을 받아왔다.

그러나 해직기자들은 여기서 멈추지 않고 새해에 1960년대 이후 최초의 새 신문인 한겨레신문을 창간할 준비를 서두르고 있다. 한겨레 인들의 창간준비는 때가 맞았다. 왜냐하면 지난해 전국적 항의시위 끝에 전두환 씨의 후계자 노태우 씨가 선언한 6·29 민주화조치는 언론문제를 언급한 데다, 정부여당은 앞으로 각종 선거를 치러야 하기 때문에 새 신문 창간을 심하게 방해하지는 못할 것이기 때문이다.

약 180명의 해직기자들이 이미 지난해 9월 23일 창간발의대회에 참석했다. 이들은 대부분 1975년과 1980년에 해고된 사람들로서 '비록 번역이나 야채장사로 오랜 세월 생계를 꾸려오지 않을 수 없었지만 언론인은 죽을 때까지 언론인'이라는 입장을 고수하고 있다.

한겨레신문의 편집방향은 단순하다. "국민들은 참다운 민주적 신문을 원하고 있다. 따라서 우리는 진실만을 보도할 것이며 그 어떤 정치적 압력이나 대자본의 이익도 이를 방해하지 못할 것"이라고 송건호 씨는 말했다.

한겨레신문의 창간정신을 한눈에 알아볼 수 있는 것은 이 신문이 한국 신문으로서는 처음으로 한자를 거의 쓰지 않고 보다 쉬운 한글을 전용할 것이라는 점이다. 따라서 기사는 일본 식민주의자들이 한국에 도입한 세로쓰기가 아니라 가로쓰기로 씌어질 것이다. 한겨레신문은 민중의 돈으로 설립되며 가장 광범위한 주주들로 이루어진 최대의 주식회사가 될 것이라고 한다. "우리는 기부금을 한 푼도 바라지 않는다. 투자자본만을 받는다"고 이 신문 관계자는 설명했다. 이 신문의 새 주주들은 모든 계층을 대표하며 심지어 군인들도 주식청약을 했다.

4. 창간을 위한 제도화 추진

한겨레신문은 창간을 위한 행정절차를 밟아 사회운동 단계에서 제도화로 진입하기 위해 시도하면서 제도권 언론으로서 활동하기 위한 행정절차 등을 시도했다.

1) 한겨레신문 주식회사 설립등기

창간사무국은 1987년 12월 14일 서울민사지법에 법인 설립등기를 완료해 법적 실체를 갖춘 주식회사로 출범했다. 수권자본금 50억 원의 한겨레신문주식회사는 7천여 명의 국민들이 낸 설립기금 12억 5천여 만 원을 우선 발행자본금으로 하고, 많은 주주를 대표해 창간위원회를 법정발기인으로 해 설립등기를 마쳤다. 새 신문 창간사무국

은 주식회사 설립등기를 마친 후에도 창간기금을 계속 모금하여 단계
별로 증자를 해 나간다. 새 신문 법인설립 등기가 끝남에 따라 설립
기금을 낸 회원들은 정식 주주자격을 갖게 되었고, 주권 교부가 다음
해인 1988년 1월 9일부터 실시되었다. 그러나 주주명부에 등재된 주
주들은 주권을 직접 갖고 있지 않아도 주주로서 권리를 행사하는 데
지장이 없는 것으로 창간사무국은 밝혔다.

2) 새 신문 사업자등록증 신청

한겨레신문의 사업자등록증이 신청 석 달 만인 1988년 3월 12일
종로세무서에서 발급되었다. 사업자등록증은 당국의 인가와 허가를
필요로 하지 않는 사업일 경우 신청 1주일 만에 발급하는 것이 일반
적 관례였으나 새 신문의 경우 뚜렷한 이유 없이 발급이 지연되었다.
새 신문과 비슷한 시기에 사업자 등록을 신청한 대구의 경북일보, 광
주의 전남일보 등 다른 신청자들은 그 발급이 거의 정상적으로 이뤄
졌다. 그러나 새 신문에 대해서는 문공부 등록증 사본과 주주들의 재
산세 납부증명서, 인감증명서 등을 첨부하라고 요구하면서 발급을
늦춰왔다. 세무당국의 이 같은 조치는 홍보용 TV광고방송 불허조치
와 함께 새 신문 창간준비에 대한 음성적 방해라는 인상을 주었다.
새 신문 창간사무국은 사업자등록증이 없어 윤전기 등 각종 기자재의
구매계약, 지사와 지국 계약 등에 어려움을 겪었다(〈한겨레신문 소
식〉 8호, 1988년 3월 23일).

3) 일간신문 등록신청

한겨레신문사는 1988년 1월 23일 정기간행물의 등록 등에 관한 법
률에 따라 윤전기 등 법정시설 요건을 갖추고 문공부에 일간신문 등

록 신청서를 접수시켰다. 약 3개월 후인 4월 25일 등록증이 교부되기까지 송건호 한겨레신문 발행인은 기자회견 2번, 문화공보부장관을 3차례 방문했고 한겨레신문 기자, 사원은 2차례에 걸친 시위를 벌여야 했다.

새 신문 정기간행물 등록 신청서는 접수번호 제 1131번으로 접수되었는데 당시 정기간행물의 등록에 관한 법률 7조 3항은 "정기간행물을 등록한 때에는 문공부장관은 지체 없이 등록증을 교부해야 한다"고 규정되어 있었다. 새 신문의 송건호 발행인은 1988년 1월 25일 기자회견을 통해 한겨레신문의 등록신청 사실을 공개했으며, 당시 문공부장관 이웅희는 1월 28일 국회 문광위에서의 답변을 통해 "오는 2월 20일까지 정기간행물의 등록 등에 관한 법률의 시행령이 마련될 것이라면서 한겨레신문의 등록신청을 전향적으로 검토할 것"이라고 밝혔다. 그 자리에서 김정남 의원(민정당)은 한겨레신문의 광고와 소식지 배포에 대한 단속을 요구하자 문공부 측은 "현행법상 그런 광고를 단속하고 규제할 수 있는 규정은 없다"고 답변했다(〈한겨레신문 소식〉 6호, 1988년 2월 9일).

그러나 등록필증 교부가 지연되면서 지사 보급소 계약을 하지 못하고 판매조직 구성이 늦어지면서 자연 새 신문의 창간이 늦어지게 되었다. 이에 대해 송건호 대표이사는 2월 19일 이웅희 당시 문공부장관을 방문해 항의하자, 이 장관은 정기간행물 등록법 시행령 제정이 법제처의 업무과다 및 정권 인수인계에 따른 업무처리 때문에 늦어졌으며 정치적 의도는 없다고 해명했다(〈한겨레신문 소식〉 7호, 1988년 3월 10일). 이 장관은 차기정부가 정기간행물 등록법 시행령을 최우선적으로 처리할 것이라고 전망했다. 이후 송 대표이사는 2월 24일 기자회견을 통해 정부가 한겨레신문의 일간신문 등록신청에 대해 그 법적 시한인 2월 22일까지 등록절차를 끝내지 않은 것은 직무유기라고 비판했다.

송건호 대표는 3월 11일 정한모 문화공보부장관을 방문해 새 신문 등록필증을 법에 따라 조속히 발급해 줄 것을 촉구했으며 정 장관은 이에 대해 정기간행물의 등록 등에 관한 법률시행령이 확정되면 절차에 따라 시설기준 등을 확인한 후 적법하다고 판단되면 즉시 등록증을 교부할 것이라고 답변했다(〈한겨레신문 소식〉 8호, 1988년 3월 23일). 송 대표는 4월 18일 정한모 문공부장관을 방문해 새 신문사가 창간호를 1988년 5월 15일로 잡았다고 밝히고 정부당국이 일간지 등록증을 내줄 것을 요구했다. 정 장관은 이에 대해 "4월 19일까지 다른 신청사들의 시설확인을 매듭짓고 총선 전이라도 빨리 등록증을 내주도록 지시했다. 특수신문들과 한겨레신문을 구분해 종합일간지를 먼저 등록절차를 종결토록 조처했다"고 답변했다.

새 신문은 창간일정을 5월 15일로 정했으며 정부가 등록증 발급을 더 늦춘다면 국민과 함께 강력 대응한다는 내용의 소식지 9호를 4월 19일자로 만들어 배포했다. 이 소식지는 1면 머리기사로 편집진용 등 준비가 매듭지어졌고 당국이 시설확인을 끝냈는데도 등록증을 내주지 않는 것은 납득할 수 없다고 주장하면서 아래와 같은 내용을 실었다.

국회는 1987년 12월 정기간행물의 등록 등에 관한 법률을 통과시켰지만 정부는 그 법의 시행령을 1988년 3월 10일에 만들고 한 달여 후인 4월 15일 현장시설 확인반이 한겨레신문사를 방문해 조판, 제판 및 윤전시설을 확인하고 이들 시설이 한겨레신문 소유인지 확인했다. 당시 문공부 당국자는 4월 25일까지 이미 등록신청을 한 21개 신문사에 대한 확인을 모두 끝낸 뒤 종합평가를 해 일괄적으로 등록증 교부 결정을 하겠다고 말했다. 이 같은 정부 태도에 대해 소식지는 당시 4월 중순 실시될 예정인 총선과 관련해 그 저의가 의심스럽다고 주장했다.

한겨레신문 기자평의회는 1988년 4월 19일 정부당국에 신속한 등록증 교부를 촉구하는 성명서를 발표한 데 이어 4월 22일과 23일 서울

세종문화회관 입구와 명동성당에서 연좌시위를 벌였다. 이틀간의 시위에 편집국 기자 100여 명과 일반 사원 30여 명, 대부분의 편집위원들도 참가했다. 22일 오전 11시 30분부터 세종문화회관 입구 계단에서 벌어진 1차 침묵연좌시위에서 한겨레신문 기자, 사원들은 "한겨레신문의 등록필증을 즉각 교부하라, 언론자유 보장하라"고 쓴 플래카드를 내걸고 성명서를 통해 "정부당국의 등록필증 교부지연은 국민들의 언론자유를 안중에 두지 않은 행정편의주의 소산"이라고 비판하고 등록필증 교부를 계속 늦출 경우 온 국민과 함께 강력히 대처할 것이라고 밝혔다.

경찰은 이날 오전 11시 50분쯤 버스 5대를 농성대열 앞에 갖다 대고 시민들의 통행을 차단한 뒤 전경 2개 중대 300여 명을 투입해 새 신문 기자와 사원들 모두를 강제로 버스 3대에 태워 경기도 구리시 입구, 공항 부근, 경기도 백제 등 인적이 드문 곳에 내려놓았다. 기자평의회는 이에 대해 경찰의 불법적 강제연행을 규탄하고 치안책임자의 의법조치를 요구하는 성명서를 발표했다.

한겨레신문 기자, 사원들은 다음 날인 23일 오전 9시 30분부터 1시간 동안 명동성당 입구에서 2차 연좌시위를 벌였다. 이날 기자 평의회는 '국민께 드리는 글'이라는 유인물을 통해 등록필증 교부를 지체할 경우 언론자유 쟁취와 민주주의 회복이란 역사적 대의를 위해 투쟁할 것이라고 밝혔다. 문화공보부는 4월 25일 한겨레신문 등록필증을 교부했다.

5. 한겨레신문의 정체성

집단의 동질성에 기초한 네트워크는 더욱 강한 연대성과 도덕적 실천력을 갖추게 해 집합적 유인(collective incentives)을 만드는 기초가

된다. 한겨레신문 창간이라는 사회운동이 성공하기 위해서는 집단의 연대와 도덕적 목적을 수행할 수 있는 매개물인 집합적 유인이 매우 중요했다. 한겨레신문 창간운동의 지지자들도 창간과정에의 참여가 자기 이익에 어떻게 부합하는지에 대한 합리적 계산과정을 거치거나 자신의 내면적 가치 또는 감정의 맥락에 따라 움직이기 때문이다.

이에 따라 성공적 동원화라는 과제를 달성키 위해서는 다중으로부터 지지를 획득할 수 있는 집합적 유인을 제공하는 다양한 프로그램의 개발이 긴요했다. 그 가운데 창간운동의 이념적 지향이 가장 중요한 유인책의 하나였다고 판단된다. 이 신문의 이념적 지향분석은 이 신문의 창간사, 윤리강령 분석을 통해 가능하다고 판단된다.

1) 창간사

대중적 정론지임을 표방하고 나선 한겨레신문의 창간사는 국민의 알 권리를 충족시키기 위해 정보라는 자원을 어떻게 정당하게 전달할 것인지에 대한 다짐이다. 그것은 종래 언론들의 정보자원 전달방식을 개선하겠다는 국민을 향한 약속이었다. '국민 대변하는 참된 신문 다짐'이라는 창간사의 전문은 아래와 같다(《한겨레신문》, 1988년 5월 15일).

> 우리는 떨리는 감격으로 오늘 이 창간호를 만들었다. 세계에서 일찍이 유례를 찾아 볼 수 없는 국민모금에 의한 신문창간소식이 알려지자 그간 수십 명의 외신기자들이 찾아왔고, 우리 역시 억누를 수 없는 감격으로 전혀 새로운 신문의 제작에 창조적 긴장과 흥분으로 이 날을 맞이하였다.
>
> 한겨레신문의 모든 주주들은 결코 돈이 남아돌아 투자한 것이 아니요, 신문다운 신문, 진실로 국민대중의 입장을 대변하는 참된 신문을 갈망한 나머지 없는 호주머니 돈을 털어 투자한 어려운 시민

충이므로 이 신문은 개인이익에서 벗어나지 못하는 재래의 모든 신
문과는 달리 오로지 국민대중의 이익과 주장을 대변하는 그런 뜻에
서 참된 국민신문임을 자임한다. 이와 같은 점을 염두에 두고 우리
는 다음과 같은 원칙에서 앞으로 새 신문을 제작하고자 한다.

첫째, 한겨레신문은 결코 어느 특정 정당이나 정치세력을 지지하
거나 반대하는 것을 목적으로 하지 않을 것이며 절대 독립된 입장
즉, 국민대중의 입장에서 장차의 정치 · 경제 · 문화 · 사회문제들을
보도하고 논평할 것이다.

왜 이 같은 점을 강조하느냐 하면 지금까지 거의 모든 신문들이
말로는 중립 운운하면서 현실로는 언제나 주로 권력의 견해를 반영
하고, 한때는 유신체제를 지지하다가도 전두환 정권이 들어서자 어
느새 유신을 매도하고, 새 시대 새 질서를 강조하고, 노태우 정권이
들어서자 일제히 이제까지 우러러 모시던 전두환 정권을 매도하는,
하룻밤 사이에 표변하는 자주성 없는 그 제작태도야말로 사회혼란
을 조장하는 지극히 위험한 언론으로 보지 않을 수 없기 때문이다.
우리가 특별히 여당 야당 할 것 없이 어떠한 정치세력과도 특별히
가까이 하지도 않고, 특별히 적대시하지도 않고 오로지 국민대중의
이익과 주장만을 대변하겠다는 이유가 여기에 있는 것이다. 재래
신문사의 많은 언론인들이 이렇게 표변하는 까닭은 그 원인을 그들
의 윤리도덕에서 찾을 것이 아니라 오늘의 한국 언론기업의 구성이
이미 순수성을 잃고 독립성을 상실하고 있기 때문이다. 한겨레신문
이 정치세력 앞에 공정할 수 있는 힘은 무엇보다도 신문사의 자본
구성이 국민대중을 바탕으로 삼고 있기 때문이다. 우리는 한겨레신
문이 정치적으로 절대 자주독립적임을 거듭 밝히고자 한다.

둘째, 한겨레신문은 절대로 특정 사상을 무조건 지지하거나 반대
하지 않을 것이며, 시종일관 이 나라의 민주주의 실현을 위해 분투
노력할 것이다. 우리는 오늘의 현실에서 크게 벗어나지 않는 범위
안에서 사상적으로 자유로운 입장임을 거듭 밝힌다.

한겨레신문이 이 사회에 민주주의 기본질서를 확립하고자 하는
염원 외에는 어떠한 사상이나 이념과도 까닭 없이 가까이 하거나

멀리하지 않을 것을 밝히고자 하는 것이다. 그간 우리나라는 일부 정치군인들이 쿠데타로 정권을 탈취, 고도성장을 이루어 놓았다고 구가하고 있으나, 안으로는 빈부의 차이를 심화시키고 밖으로는 예속적 경제구조를 굳혀, 성장이 되면 될수록 오히려 사회불안이 조성된다는 지극히 위험한 상황에 놓여 있다. 반항적 민중이 경제성장이 되면 될수록 더욱 거세게 저항하는 이유가 여기에 있음을 간과해서는 안 된다. 이제까지 집권자들은 이러한 불안정을 경제정책의 민주화로 개혁할 생각은 않고, 안보를 강조하여 반항하는 민중을 탄압하는가하면, 한편에서는 각종 구실로 언론자유를 억압하여 정보를 독점하고, 그 뒤에서는 권력을 휘둘러 부정과 도둑질을 자행하여 당대에 천문학적 치부를 하는 것이 이제까지 우리나라 권력의 일반적 행태였다. 자유롭고 독립된 언론은 따라서 권력의 방종과 부패를 막고 국민의 민권을 신장하여 사회안정을 기할 수 있는 가장 믿을 수 있는 운동이랄 것이다.

이 나라의 민주화는 남북간의 관계개선을 위해서 특히 동족의 군사대결을 지양하고 통일을 이룩하는 데 있어 절대적 조건이 될 것이다. 치부를 위해 광분하는 자일수록 남북간의 군사대결을 필요로 하고, 그럴수록 안보를 강조하고, 정보를 독점하여 독재를 자행하는 것이 이제까지 이 나라의 독재정권의 특징이기도 했다. 따라서 민주화는 남북문제의 해결에 불가결의 조건이 되나 한편 남북관계의 개선은 민주화를 위해 불가결의 조건이 된다는 것을 깨달아야 한다. 민주화와 남북관계의 개선을 떼어서 생각할 수 없는 한 가지 문제의 표리를 이루고 있다는 것을 깨달아야 한다. 남북통일 문제는 전 민족의 이해관계와 직결된 생사가 걸린 문제로서, 어느 누구도 이를 독점할 수 없으며, 이런 뜻에서도 민주화는 기필코 실현되어야 한다. 한겨레신문은 따라서 이 나라에 이제까지 이데올로기로서만 이용되어온 민주주의와 자유로운 언론을 실현하기 위해 앞장서 노력할 것이다.

신문사에는 자기 봉급의 절반도 안 되는 수입을 감수하고, 참된 신문기자가 되어보겠다고 기성 타 신문사에서 옮겨온 야심있는 기자들이 수십 명에 달하고, 다른 어느 신문사보다도 치열한 경쟁을 뚫고 합격한 유능한 수습사원들이 수두룩하고, 그리고 온갖 어려움을 무릅쓰고 십여 년 간 신문다운 신문을 만들겠다고 온갖 고난을 참고 오늘까지 견뎌온 수십 명의 해직기자들이 중심이 되어 제작에 참여하고 있으므로, 한겨레신문의 등장은 틀림없는 타성과 안일 속에 젖어 있는 기성 언론계에 크나큰 충격과 파문을 일으켜 한국언론에 하나의 획기적 전기를 가져올 것으로 믿어 의심치 않는다.

한겨레신문의 3만 명에 달하는 주주들은 참된 신문을 만들어 보겠다는 일념으로 가난한 호주머니를 털어 투자를 했다. 그러나 이와 같은 염원은 오늘날 4천만 전체 국민대중의 꿈이지 어찌 한겨레 주주들만의 꿈이겠는가. 한겨레신문은 실로 4천만 국민의 염원을 일신에 안고 있다해도 과언이 아니다. 따라서 한겨레는 기성언론과는 달리 집권층이 아닌 국민대중의 입장에서 나라의 정치·경제·사회·문화를 위해서가 아니라 밑에서 볼 것이다. 기성언론과는 시각을 달리 할 것이다.

5월 15일 창간일을 맞아 밤잠을 설치고 창간준비에 심혈을 바친 300여 사원들의 노고를 만천하의 독자들에게 알리며, 참된 언론을 지향하는 한겨레신문에 뜨거운 격려와 성원을 보내주시기를 손 모아 빌고자 한다.

이상의 창간사에는 한겨레신문의 물적 토대인 자본금 형성과 신문의 보도형식 등에 대한 새로운 자원동원 또는 공정한 전달을 통한 적정 배분방식, 그리고 국민의 기본권 신장에 대한 언론운동의 방향에 대해 제시하고 있다. 여기에는 사회전체의 자원, 즉 민주주의, 정보전달, 국민주권 확립 등 자원의 동원과 배분 등에 대한 정의로운 원칙수립과 그 실천운동의 의지가 담겨있다. 창간사에는 주요 내용이 명료하게 담겨있어 더 이상의 분석이나 추가 설명이 필요치 않은 듯하다.

한편 창간호에 실린 국민들의 격려광고 가운데는 "한겨레신문아!

너는 국민이 땀흘려 낳은 옥동자, 우리는 너의 올바른 성장을 지켜보마", "한겨레신문이 갈 길은 '예' 할 것은 '예', '아니오' 할 것은 '아니오'", "말 좀 하고 삽시다" 등의 것들이 있다. 이는 당시 기존 언론들에게서 여러 가지 불만을 느끼던 독자들의 새 신문에 대한 기대감을 함축하고 있는 바, 창간사의 기본취지와 흡사하다.

2) 윤리강령

한겨레신문사의 모든 임직원은 창간을 앞둔 1988년 4월 25일 한겨레신문 윤리강령과 윤리실천요강을 확정했다(별첨 7). 새 신문은 언론이 그 시대적 사명을 다 하기 위해서는 진실보도와 비판적 기능이라는 언론 본연의 구실을 수행하는 한편 언론의 사회적 책무에 따르는 언론인 자신의 도덕적 결단과 실천이 함께 이루어져야 하기 때문에 윤리강령을 제정, 채택한다고 밝혔다.

언론자유 수호, 사실과 진실의 보도책임, 언론인의 품위 등 14개 항으로 된 윤리강령은 "한겨레신문의 임직원은 외부의 어떤 간섭도 배격하는 가운데 스스로의 판단과 책임 아래서만 신문을 만든다. 수사 정보 기관원의 신문사 출입을 허용치 않고 보도나 논평과 관련한 불법적 연행을 거부한다. 나라와 민족, 그리고 세계의 중대사에 관해 알아야 할 모든 진실을 밝히며 모든 형태의 인권침해를 철저하게 파헤친다. 어떤 형태의 금품을 받는 것도 언론인으로서의 품위를 해칠 수 있다고 믿기에 이를 받지 않는다"는 등의 내용을 담고 있다.

새 신문사 임직원은 이 강령에서 언론의 자유와 표현의 자유는 인간의 기본적 권리이며 모든 자유의 기초이기 때문에 한국의 언론자유 수호는 한겨레신문사 전 사원의 의무임을 거듭 확인하는 한편, 정치권력과 자본으로부터의 독립은 한겨레신문의 움직일 수 없는 원칙이라고 밝혔다.

한겨레신문은 윤리강령을 구체적으로 지켜나가기 위해 윤리실천요
강을 마련했는데, 이 실천요강은 언론자유의 수호와 진실보도를 위
해 "외부의 간섭이나 압력으로부터 편집권이 침해되는 것을 용납하지
않으며 편집권 독립과 보호를 위해 모든 노력을 다하고, 한겨레신문
이 특정 자본으로부터 독립하기 위해 개인이나 집단이 회사의 지배적
인 주주가 되어 경영권을 소유화하는 것을 막고, 언론활동과 관련해
어쩔 수 없이 불법 연행 당했을 때 그 원상회복을 위해 공동 대처한
다"는 점을 명시했다.

실천요강은 이어 "금품이 제공될 때에는 윤리강령상 금지되어 있다
는 것을 설명하고 이를 정중히 사절하며 금품이 자신도 모르는 사이
에 전달되었을 때에는 돌려보내며, 보도활동 범위 안에 있거나 그 범
위에 들어갈 것으로 예상되는 취재원으로부터 선물을 받지 않는 것을
원칙으로 할 뿐만 아니란 선물이 자신도 모르는 사이에 배달되었을
때에는 되돌려 보낸다. 취재활동을 위해 어쩔 수 없는 때를 제외하고
무료출장이나 유람여행에 응하지 않으며, 취재편의를 위해 선의로
관람표가 제공된 경우가 아니고는 스포츠 경기나 음악회 영화, 연극
등의 공연에 무료로 입장하지 않는다"고 명기했다.

한겨레신문은 창간호에 윤리강령을 게재했다. 이 날짜 신문은 "언
론의 사회적 책무에 따르는 언론인 자신의 도덕적 결단과 실천 속에
서 진실한 보도와 건전한 비판이라는 언론본연의 역할이 수행되어야
할 것임을 우리는 믿는다"고 언급한다. 그리고 언론자유의 수호를 위
해 "우리는 스스로의 판단에 따라 신문을 만들며 정치권력을 비롯한
외부로부터의 어떤 간섭도 배격한다. 한겨레신문이 특정자본으로부
터 독립하기 위해 과점주주가 회사의 경영권을 사유화하는 것을 막는
다"고 선언하면서 사실과 진실보도의 책임과 관련해서는 상업주의,
선정주의 언론을 배격해 광고주나 특정 이익단체의 청탁이나 압력을
배제한다고 밝혔다.

그 밖에 독자의 반론권 보장, 오보의 정정, 취재원의 보호, 사생활의 보호 등을 다짐한다. 정당 및 종교활동에 대해서는 정당에 가입하지 않으며 특정 정당이나 특정 종교 및 종파의 입장을 대변하지 않는다는 점과 언론의 품위를 지키기 위해 신문제작과 관련하여 금품, 기타 부당한 이익을 얻지 않는다. 개인의 이익을 위해 기사를 쓰거나 다루지 않는다고 언급했다. 판매 및 광고활동에 대해서도 상도의에 벗어나는 거래를 하지 않으며 사내 민주주의 확립을 위해 노력한다는 점도 언급했다.

이상과 같은 윤리강령이 실천되기 위해서는 신문사 내부의 경영, 사원의 급여방식 등에서의 새로운 원칙수립이 필요했다. 이는 신문사 밖에서 정착된 다른 신문사 경영방식과는 전혀 다른 것으로 신문사를 중심으로 한 갖가지 자원의 동원방식 등을 부정하는 것과 함께 새로운 사회운동의 선언이라는 의미를 지녔다.

창간 당시 추진된 대표적 경영철학은 단일호봉제였다. 즉, 윤리강령에 의한 금품수수 거부 등을 실현시키기 위해서는 사내 모든 직종의 노동의 가치가 동일하다는 원칙을 수립했다. 회사 밖의 현실은 직종에 따라 수급이 다르고 그에 따라 노동의 가치가 차이가 있었으나, 한겨레신문은 그것을 인정치 않고 사장의 노동과 운전자의 노동을 동일한 것으로 보고 그에 따른 단순한 봉급지급방식인 단일호봉제를 채택했다. 이런 방식은 봉급체계의 큰 뿌리로 남아 존속되었다.

그러나 그것이 갖는 한계는 적지 않았고 그것은 기형적 급여지급으로 나타났다. 즉, 직책에 따라 업무수행비용이 차등이 나는 현실을 받아들이게 되면서, 하급자가 상급자보다 급여가 많아지는 경우가 생겼다. 이에 따라 직책수당이 많은 부서로 서로 가고자 하는 경쟁이 생기게 되어 윤리강령이 유명무실해지기도 했다. 이는 결국 신문사 밖의 현실을 무시하고 한겨레적 윤리와 그를 준수하기 위한 원칙의 수립과 실천으로 나타나 유무형의 자원을 주고받는 형식에서의 변화를 초래했다.

그러나 윤리강령은 다른 언론사는 물론 전체 사회에서 그 유례가 없는 형식이어서 한겨레 공동체의 논리라고 불렸고 초반부터 차질이 빚어졌다. 예를 들어 스포츠 취재를 갈 때 입장권을 사가지고 간다는 식의 원칙은 곧 아무도 지키지 않게 되었고, 광고부문에서의 갖가지 어려움은 광고와 기사와의 연결이 시도되는 쪽으로 쉽게 옮아갔다. 그러나 회사경영이 광고수입에 크게 의존하는 급박한 현실 때문에 그런 변화에 대한 심각한 내부 문제제기는 그리 많지 않았다.

윤리강령은 시간이 흐르면서 하나하나 변질되거나 지켜지지 않는 쪽으로 변했으며 외부기구의 경비지원으로 이뤄지는 해외연수에 대한 장벽이 무너지는 것을 끝으로 촌지수수를 제외하고 다른 언론사와 큰 차이가 없어지는 형국이 되었다. 촌지의 경우 다른 언론사 기자들이 촌지를 거부하자는 취지에 동참하지 않음에 따라 한겨레 기자 등은 불가피하게 촌지가 지급될 경우 이를 반납하는 방법을 택하기도 했다. 그러나 시간이 지나면서 다른 언론사 기자들도 촌지거부에 동참하게 되었으며 대부분의 기자들이 창간 이후 십수 년이 된 후에도 촌지를 거부하는 태도를 고수하고 있다.

제 5 장

한겨레신문 창간운동의 결과

언론운동으로서 한겨레신문 창간운동의 결과는 이 신문 창간을 전후해 발생한 언론 등 제반 사회적 변화 속에서 분석할 수 있다. 즉, 6월 항쟁 이후 언론관련법의 개선으로 언론사 창간과 복간이 러시를 이루게 되는데, 이는 1980년 신군부의 언론사 강제 통폐합과 언론인 강제 해직에 대한 반작용의 의미로 해석되기도 한다. 이 같은 언론상황의 개선은 당시 제한적 형식으로 취해진 정치 및 시민사회의 민주화와 그 맥을 같이 하고 있다고 보아야 할 것이다.

이러한 점을 고려해 한겨레신문 창간운동의 결과는 이 신문의 창간으로 인한 정치·사회적 영향과 언론문화 등에 미친 영향, 한겨레신문 조직원의 정체성, 창간이념 보전전략 등을 통해 살펴보기로 한다.

1. 창간의 정치·사회적 영향

1) 정치·경제적 파급효과

한겨레신문 창간 전후 시대상황의 변화는 1987년 대선과 1988년 총선을 통한 군부독재정권의 합법적 재등장, 여소야대의 출현과 함께 시민사회 운동의 공간확대가 가능한 잠재력의 증대 등이 대표적이다(정관용, 1990, 127~137). 1987년 대선이 노태우 후보의 당선으로 마무리되어 군부독재의 합법적 재집권이 이루어지자, 이들 군부지배 계급은 안정적 지배구조를 창출하고자 했지만 36%의 낮은 지지율과 5공과의 관련성 등 많은 장애요인을 안고 있었다. 보수야당은 대선시기의 분열에 따른 사회적 불신 등으로 많은 타격을 받았다. 시민사회 운동세력은 1987년 대선 패배 후 1988년 총선에 적극적으로 참여했는데, 이는 보수야당을 견제하고자 하는 의지도 담고 있었다. 그러나 총선의 결과로 나타난 여소야대 국회는 군부독재의 단일한 지배를 견제한다는 의미와 함께 여야 협조체제를 통해 시민사회의 정치·사회적 역할을 축소한다는 의미도 함축하고 있었다.

양대 선거를 거치면서 한국 시민사회는 종래의 민주·반민주 대립구도가 진보·보수의 대립으로 가시화되는 변화를 겪었다. 1988년 총선 이후 부각된 정치적 쟁점은 5공 청산, 광주학살 책임규명, 악법 개폐, 통일운동 활성화 등이었으나, 1990년 3당 합당은 이 같은 추세에 제동을 걸었다.

국내 독점자본은 6월 항쟁과 노동자 대투쟁기를 거치면서도 88 서울올림픽 등을 통해 경제호황의 이익을 확보했다. 그리고 여소야대 국면이 3당 합당으로 연결된 것은 독점자본의 정치적 영향력을 배가시킬 안정적 정치구조를 구축한 것을 의미했다. 독점자본은 경제력을 통한 중국과 러시아와의 관계개선을 대북정책의 지렛대로 삼는다는 북방정책 실현에 주요한 역할을 담당함으로써, 그 사회적 역할을 더욱 공고히 했다. 6공화국의 기본적 경제정책은 민간주도 경제운용 방식을 통해 기술지원으로 자본축적 메커니즘에 간접적으로 개입하면서도 경제 민주화를 실현하는 이해 조정자(state as umpire)의 역할을 담당해 과거 5공화국이 추구한 기업체적 국가(state as enterprise)와는 다른 국가성격을 구현하는 것이었다. 그러나 6공화국은 5공화국의 잔재를 청산하지 못한 채 출발했고, 기존의 지배연합에 큰 변화를 주지 못해 결국 경제민주화 정책은 후퇴하고 자본으로부터는 기업 확신(business confidence)을 상실해 국가 관리능력이 약화되는 등의 위기를 맞게 된다(김석준, 1992, 552~586).

결국 6공화국에서는 민주화는 의미 있는 진전을 보지 못하고, 시민사회영역 또한 답보상태에 머물렀다는 평가를 받는다. 그 원인은 국가에 의한 분열·이반정책의 결과로 허약해진 시민사회와 국가의 강경해진 노동탄압 정책으로 시민사회 성장의 주요 부문이었던 노동운동 세력의 약화였다(임희섭, 1998, 81). 정치적 지배구조의 재편은 1987년 노동자 대투쟁과 그 이후 노동자계급을 위시한 기층민중에 대한 독점자본의 대응책의 일환으로 나타난 측면도 있다. 국민당의 창당은 지배세력의 정치구조와 통치방식이 독점자본의 이익을 보장하는 데 적합치 않다고 판단한 독점자본이 능동적으로 정치구조를 개편하려는 시도로 평가되기도 한다. 국민당은 3당 합당으로 형성된 여·야 구도를 3당 구도로 전환시켰지만, 그것은 결국 지배계급의 분열과 정치적 구조개편이라는 결과를 가져왔다(이종오, 1992, 439).

노태우 정권의 언론과의 관계는 새로운 언론관계 법률, 언론민주화운동, 언론기업의 성장 등 세 가지 관점에서 고찰될 수 있다(김영선, 1995, 175). 언론관계 법률은 전두환 정권의 악법을 부분적으로 바로 잡았으나 여전히 자유언론을 보장하기엔 미흡했고, 그로 인한 언론민주화운동이 그 공백을 대신하게 된다. 그렇지만 언론기업의 성장과 그에 따른 자본통제의 강화는 궁극적으로 언론민주화운동을 통제하게 된다.

1987년 6월 항쟁 이후 한겨레신문 창간운동 과정에서 발생한 언론계의 변화는 매우 급속하게 컸으며, 그것은 새 신문 창간 이후에도 지속되었다. 즉, 1987년 8월에는 신문사 주재기자 제도가 부분적으로 부활됐고 9월에는 6년 만에 신문이 증면되었다. 신문잡지의 발행이 자율화 단계로 진입했으며 11월 언론기본법이 폐지됐다. 당시 언론시장의 특징은 국민주주 신문 창간을 표방한 한겨레신문 창간운동의 전개와 종교계의 각 종파가 일간지, 주간지 등 정기간행물을 창간하거나 방송사를 운영하는 사례가 늘어났으며, 도 단위의 지방신문과 서울지역 구, 동 단위나 지방 군 단위의 지역신문 창간이 늘어났다. 또한 경제지, 시사잡지와 여성잡지도 창간러시를 이루었다. 이에 따라 신문기업의 경영방식 변화와 대기업화 현상도 나타났다. 또한 언론인 복지와 편집권 문제를 쟁점으로 1987년 10월 29일 한국일보 기자노조를 출발로 신문사마다 언론노조가 결성되고 언노련도 결성됐다.

1988년 2월 취임한 노태우 정권의 언론정책은 언론기본법을 폐기하고 만들어진 정기간행물 등록 등에 관한 법률과 방송법 등을 중심으로 전개되었다. 이들 대체입법은 문공부장관이 정기간행물의 정·폐간을 명할 수 있는 등 언론기본법의 독소조항을 그대로 유지하고 있는 것으로 지적되었다. 즉, 정기간행물 등록을 하지 않으면 신문이나 잡지를 발행할 수 없고 등록 없이 발행하면 1년 이하의 징역이나 벌금에 처해지도록 되어 있다. 시설기준도 일간신문이면 타블로이드 2배판 4면 기준의 신문지를 시간당 2만 부 이상 인쇄할 수 있어야 한다는 점에서 과거의 법과 크게 달라진 것이 없다. 등록취소도 취소의 경우 그 결정을 법원의 심판에 맡기기로 한 것만 달라지고, 발행정지는 여전히 문화공보부장관이 3개월 내지 6개월간에 걸쳐 그의 재량으로 정기간행물의 정간을 명령할 수 있도록 규정했다.

노 정권은 과거 정권의 강권적 직접적인 언론통제방식 대신, 자본의 직접적 언론지배와 경쟁체제 도입에 따른 광고주의 지배력 강화를 통한 간접적 통제방식을 취한 것으로 평가된다(주동황 외, 1997, 218~229). 우선 노 정권하에서는 신문의 창간과 복간이 붐을 이루면서 신문산업에 질적 변화가 일어난다. 한겨레신문 창간을 전후해 정부의 일간지 발행 자율화 조치에 힘입어 중앙지, 특수지, 지방지가 다수 창간되었다. 〈표 5-1〉과 〈표 5-2〉에서와 같이, 중앙지는 4개지, 특수지는 9개지, 지방지는 19개지가 창간되거나 복간되었다.

한겨레신문을 제외하고 대부분의 창·복간지는 독점자본에 의한 소유, 경영의 특성을 지니고 있어 종래 국가로부터 행해진 신문산업에 대한 통제가 자본에 의한 통제로 이행했다.[1] 이는 언론사간의 자율경쟁 강화와 기존 언론 독점구조의 온존으로 이어졌다. 언론사간의 경쟁강화는 결과적으로 정치권력의 언론에 대한 직접적 통제보다 독점자본의 언론소유를 장려해 독점자본의 언론통제를 가능케 했다. 또한 새로운 매체출현을 장려해 언론경쟁을 부추김으로써 자사이기주의를 통한 언론민주화운동에 제동을 걸고, 광고주로서 독점자본의 영향력을 증대시키며, 기존 언론자본의 독점적 구조를 온존시키는 결과를 가져왔다.

---

1) 정용준은 민주화운동 세력에 의해 창간된 합법적 언론매체인 한겨레신문에 대한 평가의 기준점으로 ① 언론의 계급적 성격―언론자본의 성격, ② 광고주로부터 독립성의 정도, ③ 주된 독자, 시청자층의 계급적 집단적 성격, ④ 기자 및 경영진의 언론관 및 편집 편성정책, ⑤ 언론조직의 의식성과 조직성 등을 제시한다. 그는 "많은 비판에도 불구하고 이 매체가 민족민주운동에 기여하는 역할은 매우 크다. 독점자본언론들과의 외로운 이데올로기 투쟁을 거의 전담하다시피 하는 현실에서 이 언론에 대해 거는 기대가 존재하고 이 언론 또한 그 기대에 부응해야 할 의무가 있다"면서, 한겨레신문은 1987년 민주항쟁의 산물로서 민족민주진영의 절대적 후원 속에서 나왔으나 점차 민족민주 진영의 뜻을 저버리고 쁘띠부르주아지 언론으로 경도되고 있다고 주장한다(정용준, 1990, 316).

노 정권의 언론정책의 근간은 독점자본의 언론진출 장려를 통해 기존의 언론독과점 구조를 온존시키려는 것이었다. 그 과정에서 편집권을 둘러싼 언론계 내부의 언론민주화운동은 자사이기주의의 증대로 약화되었다.

노 정권의 언론자율화 정책은 수많은 신생매체의 등장과 언론산업 자율화 경향에도 불구하고 3년 만인 1990년 전두환 정권 때와 엇비슷한 과점적 신문시장질서로 재편되었다. 전두환 정권 시절의 중앙언론사의 카르텔, 지방지의 1도 1사 원칙에 의한 독과점적 이익보장이라는 강압적 언론통제 대신 노태우 정권은 자본의 직접적 언론지배와 경쟁체제 도입에 의한 광고주의 지배력 강화를 통한 간접적 방식을 택한 것이다. 이에 따라 신문의 상대적 자율성이 증대되고 신문은 정권 전체에 대한 총체적 충성이 아닌, 특정 정파와 선택적 친화력을 보이게 되었다. 그 결과 '언론의 대통령 만들기' 등 언론권력의 등장이 구체화되었다.

〈표 5-1〉 6·29 이후 창간된 중앙지와 특수지

	제 호	창(복)간일	발행인	발행지
중앙지	한겨레신문	1988. 5. 1	송건호	영등포구 양평동 2가 1-2
	국민일보	1988. 12. 10	조용우	마포구 신수동 371-16
	세계일보	1989. 2. 1	곽정환	용산구 한강로 3가 63-1
	민주일보	1989. 11. 21	김영수	영등포구 여의도동 44-37
특수지	서울경제신문	1988. 8. 1	권혁승	종로구 중학동 14
	중앙경제신문	1988. 8. 9	이종기	중구 순화동 7
	일간공업신문	1988. 9. 1	엄자경	중구 명동 2가 1
	중학생조선일보	1988. 9. 1	방상훈	중구 태평로 1가 61
	대한경제일보	1988. 2. 28	은재표	용산구 청파1동 162
	조세금융일보	1988. 10. 15	이원수	용산구 한강로 3가 40-1
	금융증권일보	1988. 11. 15	정육수	마포구 마포동 153
	내외경제신문	1989. 6. 1	최서영	중구 회현동 3가 1-12
	스포츠조선	1990. 3. 27	신동호	중구 태평로 1가 61

　　방송은 서울방송, 교통방송의 설립, 교육방송의 분리 등을 통한 방송구조 개편이 이뤄졌는데 이는 상업방송의 폐해를 명분으로 공영화했던 방송이 다시 공·민영 이원체제로 환원된 것을 의미했다. 이 같은 방송구조 개편은 6월 항쟁 이후 활성화된 KBS, MBC 등의 노동조합의 영향력을 약화시키기 위한 조치로 풀이되기도 한다(주동황 외, 1997, 220~222).

〈표 5-2〉 6·29 이후 창간된 지방지

제 호	창(복)간일	발행인	발행지
국제신문	1989. 2. 1	최식림	부산시 동구 범일동 252-127
항도일보	1989. 1. 25	최주식	부산시 동구 대청동 2가 7-1
경기일보	1988. 8. 17	윤석한	수원시 장안구 송죽동 203-2
경인매일신문	1989. 12. 15	이양우	안산시 와동 152-1
기호신문	1988. 7. 20	서강훈	인천시 중구 중앙동 1가 1
인천신문	1988. 7. 15	문병하	인천시 중구 항동 4가 2
남도일보	1988. 12. 10	이순항	마산시 중앙동 3가 3049
경상일보	1989. 5. 15	김상수	울산시 남구 신정 1동 639-9
신경남일보	1989. 2. 25	심흥치	진주시 상청동 2B-4L
경북일보	1988. 7. 30	김양호	대구시 북구 대현동 229-1
영남일보	1989. 4. 19	박배근	대구시 중구 서문로 1가 71
중도일보	1988. 9. 1	이웅렬	대전시 중구 대흥 2동 501-1
중부매일신문	1990. 1. 20	이상훈	청주시 봉명동 642-1
전북도민신문	1988. 11. 22	송주인	전주시 고사동 1가 340-1
전라일보	1988. 12. 20	이치백	전주시 덕진구 서노송동 568-12
무등일보	1988. 10. 10	박성섭	광주시 북구 신안동 118-10
전남일보	1989. 1. 7	이훈동	광주시 동구 금남로 5가 154-1
전남매일신문	1989. 6. 29	안광양	광주시 동구 학 3동 901-303
한라일보	1989. 4. 22	강영석	제주시 2도 2동 1176-76

주: 《대한경제일보》는 1989년 11월 8일부터 휴간중. 《조세금융일보》는 1989년 7월 31일부터 휴간, 1990년 6월 《제일경제신문》으로 복간. 《남도일보》는 《경남매일》로, 《기호신문》은 《기호일보》로, 《항도일보》는 《부산매일》로 게제, 《민주일보》는 1991년 7월 폐간신고 냄.
출처: 《한국의 언론 1》, 1991, 226~227.

2) 언론기업의 카르텔 파괴와 경쟁심화

신문기업은 1987년을 전후해 발행의 자유에 편승, 출판물 종류를 다양화하고 언론기업을 기업군화하거나 그룹화하면서 대기업화되고 매출이 크게 신장했다. 신문은 카르텔 파괴와 함께 부분적 자유경쟁 시대를 맞아 뉴미디어 도입은 물론 새로운 기술도입에 장단기 계획을 세우고 투자에 전력했다. 정보량의 증가와 신규 신문의 창간이 늘고 동종 업체간의 경쟁이 심화되자 각 신문사는 이에 대응해 제작기술 개발투자를 늘린 것이다(원우현, 1991, 147~176).

각 신문사는 인쇄와 제판 부분에서 1980년대 중반부터 활판 제작방 식에서 옵셋 제작방식으로 변화했으며, 1989년에는 국내 신문사 대 부분이 옵셋 제작방식으로 전환했다. 조판부문에서도 1980년대 말부 터 컴퓨터에 의한 조판방식을 채택하기 시작했으며 초보적 CTS방식 이라 할 수 있는 사진식자기에 의한 출력방식인 페이스트업 방식으로 전환했다.

1989년 이후 각 신문사는 장기적 경영전략 속에서 데이터베이스 구축과 뉴미디어사업에 본격적으로 진출했다. 한국경제신문은 이미 KETEL을 가동하고 있으며, 매일경제신문은 1988년 12월에 온라인 리얼타임 전자신문 MEET의 대외서비스를 시작해 증권사 투자정보 를 제공했다. 중앙일보도 1989년에 뉴미디어 전용의 대형 컴퓨터 설 비를 도입하고 '중앙 JOINS'를 가동, 인물정보나 문헌정보 데이터베 이스를 구축했다. 조선일보는 1988년에 독자정보 서비스센터 운영을 시작했고 1989년에는 데이터의 광디스크 수록을 검색하는 2단계 시 스템을 구축했다.

〈표 5-3〉에서와 같이, 1980년대 언론계 종사자 수는 전체적으로 완만한 증가추세를 보이다가 1988년 신문발행의 자유화와 더불어 급 격히 늘어나고 있다.

〈표 5-3〉 1980년대 언론계 종사자 증가추이

	1980	1981	1984	1985	1986	1987	1988	1989
신문	10, 210	8, 849	9, 881	10, 778	10, 898	11, 008	11, 652	17, 507
방송	7, 065	7, 297	8, 721	8, 117	8, 602	9, 144	10, 210	11, 061
통신	1, 208	640	653	664	675	683	666	570
합계	18, 703	16, 786	19, 356	19, 559	20, 175	20, 385	22, 528	29, 138

출처: 원우현, 1991, 233.

1980년 신문·통신·방송사 등 64개에 1만 8,703명의 언론인이 종사하던 것이 통폐합 이후에는 완만한 증가추세를 보이다가 1987년에 2만 명 가량 됐고, 1988년 이후에는 창·복간된 일간지 23개사에서 5,978명을 채용했다. 당시 기자들의 임금수준은 우리나라 대졸 이상 사무직 및 전문기술직 종사자들의 평균 임금의 두 배에 이르는 수준이다. 뿐만 아니라 후생복지 측면에서 언론인 아파트 분양, 해외연수, 세금공제, 자녀교육비 부담 등으로 그들의 경제적 요구를 적극적으로 충족시켜 주고 있다(원우현, 1991, 234).

3) 새 신문의 기존 언론계 편입과정

한겨레신문의 창간과 때를 같이 해 발생한 대표적 환경변화들은 소련과 동구권 변동 등에서 가속화된 동서이념 대결의 종식, 국내 민주화의 가속화 등이었다. 신문사의 환경은 신문사 조직원들의 성향을 변하게 만드는 주요한 요인의 하나이다. 신문은 포괄적 의미에서의 환경, 즉 정치·경제·사회·문화 등 제반분야와 상호작용하기 때문에 신문의 환경이 변한다는 것은 큰 의미를 지닌다. 한겨레신문의 창간에 사회적 호응이 컸던 것도 창간 당시의 제반모순에 대한 사회적 분노와 그 해소를 위한 구체적 수단확보라는 함의가 있었다.

노태우 정권 이후 민주화가 가속화되면서 국내에서 해방 이후 금기

시되었던 사회주의 서적에 대한 해금조치가 내려지면서 일부 좌파지
식인 계층을 중심으로 사회주의 탐구열풍이 불었다. 그 같은 과정이
한겨레신문에도 영향을 미쳐 6·25 전쟁 이후 금기시되었던 미국에
대한 객관적 비판과 주한미군 조명 등이 이뤄졌다. 한겨레신문이라는
언론자원이 우리 사회에서 소수의 목소리를 대변하는 방향에서 활용
된 것이다. 사회주의를 자본주의 사회의 모순해소가 가능한 단계로
인식한 우리 사회의 일부 지식인 및 대학가에서는 현실 사회주의 사
회의 붕괴로 일거에 이념적 방향상실 현상을 나타냈다.

이처럼 창간 당시의 상황과 크게 달라지면서 편집방향의 혼선과 언
론운동 조직체로서 한겨레신문의 목표와 방향설정에서 혼란 등이 발
생, 조직체의 결속력이 약해져 내부갈등이 격화된 측면도 있다.

한겨레신문은 창간 이후 제도권으로 진입해 환경에 대한 감시와 비
판의 역할을 수행했으나 제도권 언론의 생존전략 추진과정에서 대가
를 지불해야 했다(김해식, 1994, 320~321). 우선 국민주주 형식으로
출발했으나 광고수입과 구독료에 의존해야 하는 수입구조에 따라 기
존 언론시장의 영향을 받아야 했다. 이 신문은 경쟁과 생존을 위해
광고수입을 증대시켜야 했으며 그 과정에서 창간 당시의 신문제작 원
칙들은 변형되어 중산층을 겨냥한 신문으로 변했다는 비판을 받기도
했다. 주동황 등은 한겨레신문이 노태우 정권의 신종 언론정책인 '언
론시장 개방과 경쟁격화' 구조 속에서 신문의 성격이 변화돼 갔다며
다음과 같이 지적하기도 했다.

한겨레신문은 의도와 취지와는 무관하게 신문시장 안에서 움직이는
것이고 그런 점에서 시장의 운동방식에 적응해야 했다. 신문시장은
판매수익만으로 신문을 유지할 수 없고 광고수입에 수입의 70% 이
상을 의존해야 하는 자본주의적 시장구조로 변모해 있었다. 신문사
경영을 위해서는 광고수입을 늘려야 했고, 그 결과 주 독자층을 구

매력 있는 중산층으로 삼아야 했으며 그 결과 노동현장에 대한 보
도가 줄어들었다. 대신 소시민을 위한 생활정보, 관광명소 안내,
대중문화 비평 등이 들어서고, 스포츠 면이 선정적으로 바뀌어 가
는 등의 변화가 일어났다(주동황 외, 1997, 232~236).

제도권 언론으로서의 한겨레신문은 창간 당시 사회적 기대치로 부
여되었던 사회운동조직체로서의 기능이 약화되고 기존 언론사의 특
성을 닮아간 반면, 다른 신문들은 한겨레신문의 특성을 자기 것으로
받아들이는 현상이 일어났다. 한겨레신문은 다른 언론사와 구별되던
독특한 공동체 결속력으로 제시된 윤리강령의 엄격성이 점차 허물어
져 초창기의 모습을 점차 잃어갔다. 즉, 외부기관의 보조를 받아 장
기 해외연수를 간다든지, 기업의 지원으로 돈이 많이 드는 기획기사
취재를 가는 등 다른 신문사와 큰 차이가 없는 쪽으로 변해갔다. 한
편 다른 신문들은 한겨레신문의 가로쓰기, 한글전용 등을 흉내냈으
며 회사에서 정식으로 촌지수수를 금하는 조치 등을 취했다. 이런 과
정은 동일한 언론시장 내의 이질적 조직체들이 초기에는 갈등을 겪지
만 각자 내부조정을 통해 공존할 수 있는 체계로 수렴해 가는 것을
의미한다.

(1) 차별성 유지와 공존
한겨레신문은 창간 직후 기존 언론사들의 공동조직체인 신문협회
나 기자협회 등이 신문의 카르텔 존속이나 언론의 담합 등 부정적 관
행에 일정 부분 도움을 준 측면이 있다는 점에서 이들 단체에 가입하
지 않았다. 그러나 신문의 가두판매 등을 위해 언론시장의 기존 조직
을 활용하는 등 기존 언론과 별반 차이가 없는 영업방식을 택했으며
언론사에 제공되는 세금감면 등의 법률적 혜택도 거부하지 않고 활용
했다. 단지 기자실에서 제공하거나 출입처에서 제공하는 촌지 등은

거부하는 것을 원칙으로 삼았다. 기존 언론사 언론인들은 촌지의 수수가 아주 자연스러운 관행이었기 때문에 한겨레신문 기자들이 공개적으로 또는 비공개적으로 촌지를 거부하거나 반납하는 경우가 많아지면서 촌지에 대한 기존의 뿌리깊은 고정관념을 깨는 계기가 되었다. 그렇지만 새 신문창간 초기에는 기존 언론사 기자들은 촌지를 받지만 한겨레신문 기자들은 촌지를 받지 않는다는 차이 때문에 그들이 개인적으로 친근해질 수 있는 여지는 매우 적었고, 일선 취재현장에서의 그 같은 관계는 언론사 대 언론사의 관계에까지 연장되었다. 즉, 새 신문과 기존 언론사와의 교류·협력과 같은 우호적 관계는 맺어지지 않았다.

한겨레신문은 신문제작과 관련해 청와대 등의 주요 정보제공기관에서 이른바 보도협조(예를 들면, 외국 원수의 한국 방문이나 한국 원수의 외국 방문사실을 일정 시점까지 보도하지 않도록 관계당국이 요청하고 언론사가 이를 받아들이는 관행의 하나) 요구를 해올 경우에도 대부분 편집국에서 공론에 부쳐 결론을 내리는 방식을 취했다. 한겨레신문과 기존 언론사 간의 이 같은 차이는 시간이 지나면서 점차 엷어져 갔다. 해외연수도 다른 언론사와 별 차이가 없이 허용되었고, 광고와 연결된 기사가 자주 지면에 실리게 되었다. 이처럼 기존 언론사와 닮아가는 것 같은 과정을 거치면서 한겨레신문과 다른 신문과의 차이는 가난한 회사, 돈 많이 주는 회사라는 차이점이 두드러지게 되었다.

한겨레신문은 기존 언론과의 차별성 속에서도 창간초기 매출총액, 매출 총이익 등에서 성장세를 나타냈다. 즉, 창간 2년 후인 1990 회계년도 매출액은 164억 원, 1991년 179억 원, 1992년에는 236억 원으로 나타났다. 이는 1991년의 경우 그 전해보다 9.1% 늘어났고, 1992년에는 그 전해보다 31.8% 늘어난 것이다. 같은 기간 매출 총이익도 1990년 49억 6천만 원에서 1991년에는 60억 원(전년대비 21% 증가)으로, 1992년에는 83억 8천만 원(전년대비 40% 증가)으로 각각 늘어났다. 이상과 같은 추세는 여러 각도에서 그 원인분석이 이루어져야 하겠으나, 한겨레신문이 광고시장에서 크게 배척당하지 않고 점차 선호도가 높아가고 있었다는 것으로 풀이된다.

(2) 기존 신문의 한겨레신문 배척

기존 언론의 한겨레신문에 대한 비우호적 태도가 가장 노골적으로 나타난 경우가 한겨레신문 기자의 출입처 제한이었다. 창간초기 한겨레신문 기자들은 곳곳의 출입처 기자실에서 '배척'받았다(《신문연구》 49호, 1990, 64~65). 이는 신문을 만드는 데 절대적으로 필요한 정보라는 자원에 대한 한겨레신문 구성원의 접근을 저지한 것이다. 정보접근이 차단되었을 때 신문이라는 상품은 다른 경쟁지에 비해 경쟁력이 떨어지게 되어 정상적 신문경영이 어렵게 된다. 한겨레신문의 관공서 기자실 출입은 정부당국의 직접적 거부에 의해 이뤄지기도 했는데 이는 표면적 이유였고, 대부분 해당 기자실 기자들의 전체 의견을 출입처가 대변하는 것이 상례였다.

청와대는 창간한 지 2년이 지나서야 한겨레에 대해 기자실 출입을 허용했다. 청와대 쪽의 해명은, 기자실이 비좁아 프레스센터 신축 이전에는 한겨레신문의 출입이 불가능하다는 것이었다. 이에 한겨레신문은 지령 100호를 낸 다음 날인 그해 9월 9일 송건호 대표명의로 노태우 대통령에게 공개서한을 보내는 한편 이 서한을 신문에 게재했다. 서한은 "한겨레신문이 정기간행물 등록 등에 관한 법률에 의해 문공부에 등록돼 신문을 발행하고 있음에도 불구하고, 종합일간지 중 유독 본지에 대해서만 청와대 출입자체를 봉쇄해 뉴스원에 대한 접근권조차 허용치 않는 것은 공평하지 않은 처사"라고 지적하고, "이는 헌법에 보장된 언론의 자유에 대한 침해"라고 강조했다. 서한은 이어 "한겨레신문이 문공부로부터 등록필증을 받은 뒤 지난 5월 9일 청와대 출입·취재 요청 공한과 출입내정기자에 대한 인적사항 자료를 보냈으나 아무런 반응을 보이지 않았고, 지난 7월 14일자 항의공한에 대해서도 7월 29일 홍성철 비서실장 명의로 '종합대책을 검토 중'이라는 짧은 회신만 보내왔었다"고 상기시키고, "우리가 요구하는 것은 기자실이나 특별한 편의시설의 제공이 아니라 뉴스원에 대한 접근권 자체"라고 밝혔다.

청와대가 한겨레를 이렇게 외면하고 있을 때 노동쟁의 현장의 노동자들과 학원시위 현장의 학생들은 한겨레 취재차량이 도착하면 함성과 함께 박수갈채로 맞아주곤 했다. 서울지하철 노조가 한때 한겨레 기자만 취재를 허용했고, 현대중공업 노동자들도 한겨레 기자만 찾으면서 한겨레 기사를 인용한 쟁의속보를 뿌렸다.

한겨레신문의 기자실 출입저지는 청와대 등 관공서뿐 아니라 비관공서 출입처에서도 거의 공통적으로 일어났다. 이처럼 후발 신문사 기자의 기자실 출입이 저지되는 또 다른 이유는 기존 신문사의 입장에서 볼 때, 새로운 경쟁지가 출현하면 자기가 속한 신문사의 경영이 악화될 가능성이 커진다는 것 때문이다. 이런 상업주의적 방어태도는 민주적 언론의 출현과 번성을 억제하려는 권위주의 정부의 정치적 의도와 방향이 같았다. 권언유착의 형태로 나타난 권력과 기존 언론조직들의 이해관계 일치는 신생 신문의 출현으로 야기될지 모를 기득권 침해에 대비하는 방어적 태도라는 공통점을 지니고 있다.

그러나 관공서 등 공공기관에 설치된 기자실은 그 운영비가 대부분 언론사가 아닌 기자실을 제공하는 조직에서 부담하고 있어 특정 언론사나 그 언론인이 다른 사람의 출입을 저지하는 것은 자연스럽지 않다. 기자실은 언론사들이 출입처를 상대로 무한 취재경쟁을 하는 것을 피하고 출입처에서 공급하는 정보를 공동으로 활용하는 기회를 제공하는 역할을 한다. 기자실 출입제한은 이 같은 기회를 차단해 관련 정보의 활용을 제한하는 결과를 가져온다.

그러나 한겨레신문과 같은 신생지에 대한 기자실 출입제한은 또 다른 이유가 있는 것으로 지적된다. 즉, 한겨레가 "취재원으로부터 금품이나 향응을 받지 않는다"는 윤리강령을 창간호에 게재하고 나서자 기존 언론사 기자들은 거부감을 표시하면서 기자실 출입을 제한하겠다고 나선 측면이 있다는 주장도 제기되었다(《신문연구》49호, 1990, 64~65). 이는 촌지라는 음성적 자원의 뿌리깊은 수수 전통이 한겨레신문의 촌지거부 선언으로 변동될 가능성이 커지는 데 대한 저항의 표시라 할 수 있다는 것이다.

한겨레 기자들은 기자실 출입금지에 대해 "공공기관의 기자실은 어디까지나 국민세금으로 운영되는 만큼 기자단이 출입여부를 결정할 아무런 권한이 없으므로 기자실을 이용하겠다"고 맞섰다. 그러나 이 문제는 길어야 6개월 이내에 해결됐다. 기존 언론사의 젊은 기자들을 중심으로 "한겨레에 대한 기자실 출입금지·제한은 있을 수 없는 일"이라는 움직임이 확산된 것이다.

2. 새 신문 창간이 언론문화 등에 미친 영향

1) 한겨레신문의 보도특성

한겨레신문의 보도가 어떤 특성을 지니고 있는가를 확인키 위해 이 신문이 창간된 1988년 5월 15일부터 4개월 뒤인 같은 해 9월 15일까지 발행된 105일치의 한겨레신문과 조선일보 1면 머리기사를 분석했다. 이는 당시 조선일보가 기존 일간지의 대표적 신문 가운데 하나였기 때문이다. 분석기간 동안의 두 신문 1면 머리기사를 정치·경제·사회·통일·국제 및 기타 등 6개 분야로 나누고, 이들 기사를 현상에 대한 단순한 보도기사인지 아니면 개혁과 개선을 요구하는 기사인지로 대별해 그 빈도수를 확인하여 비교 분석하는 방식을 택했다.

그 결과 〈표 5-4〉에서와 같이 해당기간 동안 두 신문의 1면 머리기사로 가장 많이 실린 분야는 사회로 그 빈도수는 65회, 그 다음은 정치 58회, 통일 49회, 국제 19회, 경제 14회 등으로 나타났다.

이들 분야 가운데 사회, 정치, 통일, 경제 등 4개 분야의 기사를 현상에 대한 단순보도인지 아니면 개혁과 개선을 촉구하는 기사인지로 나눠 분류했다. 그 결과 사회분야의 단순보도 빈도수는 조선 9회, 한겨레신문 1회로 나타나고, 개혁개선 요구보도의 빈도수는 한겨레신문이 26회, 조선은 거의 절반인 13회로 나타났다. 이 같은 경향은 정치, 통일, 경제에도 유사하게 나타났다. 즉, 정치의 경우 현상 단순보도 빈도수 비율은 조선 28 : 한겨레 14, 개혁·개선요구보도의 빈도수 비율은 그 반대로 한겨레 12 : 조선 4로 나타났으며, 통일분야도 단순보도 빈도수 비율은 조선 9 : 한겨레 1, 개혁과 개선을 요구하는 보도의 빈도수 비율이 한겨레 26 : 조선 13이다. 이는 결국 한겨레신문이 현상을 단순보도가 아닌 개혁과 개선을 촉구하는 기사를 많이

〈표 5-4〉 조선일보와 한겨레신문 보도특성 비교

(단위: 보도횟수)

분 야	보 도 성 향	조선일보	한겨레신문	합 계
정치	현상 단순 보도	28	14	42
	개혁·개선 촉구	4	12	16
사회	현상 단순 보도	9	1	10
	개혁·개선 촉구(노동쟁의포함)	20	35	55
통일	현상 단순 보도	9	1	10
	개혁·개선 촉구	13	26	39
경제	현상 단순 보도	4	1	5
	개혁·개선 촉구	1	8	9
국제	사건·사고	13	6	19
기타	올림픽·문화	5	1	5
합 계		105	105	210

신는 경향이 있었음을 나타낸다. 이처럼 한겨레신문이 현상의 문제점에 대해 비판적 보도를 함으로써 의제설정의 기능을 강하게 표출한 것으로 평가된다.

조선일보와 한겨레신문의 보도기사 비교분석에서 나타난 바와 같이 한겨레신문은 종래 정부의 보도지침 등에 의해 권력에 순치된 언론과 다른 시각에서 보도하고 논평함으로써 권위주의 정권하에서 고착화된 보도평가 기준에 중대한 문제제기를 하게 되었다. 즉, 기존의 언론들이 외면하거나 왜곡했던 민중 또는 시민운동 부문에 대한 적극적 보도를 지속함으로써 사회의 의도된 무관심과 냉대를 받았던 시민운동 영역에 대한 관심도를 높이는 긍정적 영향을 미치게 되었다.

민주화운동 세력에 대한 기존 언론들의 외면현상이 한겨레신문에 의해 해소되고, 민주·민중·통일 가치의 실현을 지면을 통해 추구할 수 있게 되고 정부에 대한 공개적 비판이 가능해졌으며, 학생과 노동자에 대한 사회적 관심이 높아질 수 있는 계기가 되었다.

한겨레신문의 기자들은 창간 당시의 기존 언론이 객관적 보도태도에 매달려 현실을 왜곡하고 진실을 알리지 않는 현실의 타개책으로 가치보도에 더 비중을 둔 보도태도를 취했다. 단순히 사진을 찍듯이 현상의 표피적 면만을 드러내는 사실보도보다는 진실에 입각한 가치보도를 지향한 것이다. 김정탁도 한겨레신문 창간 이후 2년이 지난 뒤 한겨레신문의 입장과 객관적 사실을 동시에 전달하여 이를 여론화하는 방법은 객관적 사실만을 전달하는 기존 신문의 방식과 충돌하고 있다고 지적하고 있다.

> 이 문제는 매우 사소한 것처럼 보이지만 사실은 한겨레신문의 성격과 관련지어 보면 매우 중요한 문제라고 보여진다. 즉, 한겨레신문이 '당파지'(黨派紙)를 지향하는 것이라면 기존의 신문들은 '불편부당지'(不偏不黨紙)를 지향하는 것이기 때문이다. 그런데 불편부당지

만이 바람직한 것은 결코 아니다. 현실적으로 소외계층을 제대로 대변하는 언론이 우리사회에 존재하지 않는다는 점을 고려하면 한겨레신문의 당파성은 갈등의 제도화를 위해 바람직한 역할을 수행할 수 있다고 보여진다(김정탁, 1990, 87).

(1) 소외계층의 커뮤니케이션 소외감 해소

한겨레신문은 기존의 사회 또는 정보자원의 생성과 분배에 대한 체계변화를 요구한 6월 항쟁의 민주화 욕구의 구체적 성과물의 성격을 지닌다. 따라서 이 신문의 보도내용은 사회운동론에 입각한 특성을 지닌다고 가정할 수 있다. 이 신문의 제반 불평등 현상에 대한 문제제기와 성취해야 할 사회운동 목표의 강조는 자연히 기존 일간지와 차별성을 나타냈다. 즉, 이 신문은 민족통일과 정치적 민주화 및 분배정의의 실현이라는 목적가치에 관심을 집중시키면서 그 구현에서 기존의 신문에 비해 매우 민중지향적이고 진보적인 성향을 띠고 있는 것으로 나타났다(《월간경향》, 1988년 8월호, 284~299).

김정탁은 한겨레신문의 등장을 가능케 했던 사회적 배경으로 우리사회에 커뮤니케이션 소외계층이 양산되고 있었으나 그 같은 갈등이 제도화되지 못하고, 오히려 갈등이 조장되어온 사실 등을 지적한다. 권위주의 정권하에서 커뮤니케이션이라는 사회적 자원에 대한 접근이나 이용이 차단되면서 그 같은 갈등상황을 해소할 새로운 신문의 필요성이 증대되어왔다는 것이다(김정탁, 1990, 86). 그의 글의 주요 내용은 아래와 같다.

우리 언론은 사회의 급속한 변화를 제대로 수용하기에는 지나치게 편향적이거나 일방적인 자세를 보여 왔다. 한마디로 소외된 사람들의 입장을 대변하기보다는 소외되지 않은 사람들의 입장을 대변하는 데 우리 언론이 보다 익숙했다. 예를 들어 정치적으로는 시민의 시각보다는 정치인의 시각이, 경제적으로는 없는 자의 입장보다는

가진 자의 입장이, 문화적으로는 체제 지향적 문화인의 입장이 체
제 초월적 문화인의 입장보다 항상 우선했던 것이다.

　언론의 이러한 자세는 우리사회에서 유신체제를 빨리 종식시키지
못하게 기여하고, 경제적으로는 국가독점자본주의 구조가 보다 뿌
리를 내리는 데 기여하고, 문화적으로는 사람들의 의식을 군사문화
로부터 쉽게 탈출하지 못하도록 하는 데 일조했다고 보여진다. 그
결과 사회 내에 표출하고 싶은 메시지가 있어도 이를 전달할 수 있
는 언론매체를 소유하지 못함으로써, 자신의 메시지를 결코 여론화
하거나 조직화하는 길을 영원히 봉쇄당한 커뮤니케이션 소외계층이
우리사회에 양산되었다. 이 같은 현상이 커뮤니케이션 소외계층들
로 하여금 자신들의 표현할 권리를 확보하기 위해 농촌과 노사현
장, 그리고 학원 등지에서 극한투쟁을 마다하지 않도록 만들었다.
즉, 커뮤니케이션 통로를 사회적으로 보장받지 못한 구성원들이 우
리 사회에 존재한 하나의 현상이었다.

　한겨레신문은 그 같은 필요성을 충족시키기 위해 출발 당시부터 국
민주 모금과 같은 획기적 방식을 취하고 개인이 최대한 가질 수 있는
주식소유 상한선을 정함으로써 특정 개인에 의해 신문의 보도태도가
바뀌는 것을 방지하고자 했다. 그리고 경영으로부터 편집의 독립성
을 보장받기 위해 편집국장을 기자들이 투표를 통해 직접 선출하는
조치도 취했다. 바로 이러한 것들이 한겨레신문의 독립성을 보장하
는 대표적인 제도적 장치이다. 내부 조직원의 충원도 왜곡된 언론상
황을 변경하기 위해 1974년 동아·조선의 해직언론인과 1980년의 해
직언론인이 중심이 되어 신문사를 구성했다.

　이 같은 제도적 장치와 조직원 구성으로 한겨레신문은 그 창간 당
시부터 강한 인상을 주었다. 그러나 한겨레신문의 그 같은 구성에 대
해 김정탁은 독자들에게 꼭 어필해 많은 독자를 확보할 수 있는 필요
충분조건이라 단정적으로 말할 수 없다고 경고한다. 왜냐하면 '좋은
독자'라면 모르지만 '많은 독자'를 확보하기 위해서는 다른 여타의 조

건들이 함께 충족되어야 한다고 보기 때문이라는 것이다. 이 같은 김정탁의 경고는 그대로 현실로 드러났다. 창간 이후 수년이 경과한 뒤부터 이 신문은 정체성 확립과 독자확보라는 두 가지 목표를 놓고 끊임없이 고민해야 했다.

한겨레신문이 어떠한 방식으로 갈등을 제도화하겠느냐 하는 문제는 결국 어떤 방식의 기사를 작성하느냐로 귀결되었다. 김정탁은 이에 대해 정확히 진단하고 있다. 즉, 객관적 사실을 사진을 찍어 전달하는 사실보도, 객관적 보도는 적절치 않으며 옳고 그름을 기사 속에서 보여주는 방식, 즉 평가적 사실보도라는 형식을 취했다. 당시 언론은 특정 시점에 표면화된 사실들을 객관적으로 보도하는 형식을 취하면서 거기에 담겨있는 깊은 원인, 구조적 모순 등을 보도하지 않았다. 예를 들어 노사분규 현장의 폭력성만을 부각시킴으로써 노동자들이 겪고 있는 살인적 근무조건과 저임금의 실상을 보도하지 않았다. 이에 대해 한겨레신문은 객관적 보도가 갖는 그 같은 맹점을 배격하고 현장에서 취재하는 기자가 양식을 가지고 판단하는 내용을 스트레이트 기사에 담는 식의 새로운 보도방식을 도입한 것이다.

이런 태도는 한겨레신문이 창간 초기 신문제작 과정에서 '노사분규'라는 용어를 사용하는 것을 피하고 '노동쟁의'라는 용어를 고집했던 태도에서도 드러난다. 노사분규는 노사가 법률적으로 균등한 입장이 보장된 상태에서 벌어지는 갈등현상으로 한겨레신문은 내부적으로 정의했다. 하지만 당시 우리사회의 노사관계는 노동자보다 사용자의 권익이 차등적으로 우월하게 법률적으로 보장받는 데 반해 노동자는 기본적 생존권이 위협받을 정도로 법률적 보호가 박탈된 상태로 규정한 것이다. 이 때문에 노동자가 자신의 권익을 위해 정당하게, 사용자에 비해 차등적이고 불합리한 상황에서 투쟁하는 상황은 노동쟁의라 이름붙였다(《신문과 방송》, 1988년 6월, 73).

(2) 민주·민중·통일 가치의 추구

한겨레신문은 '민주주의적 가치의 완전실현', '민중의 생존권 확보와 생활수준 향상', '분단의식의 극복과 민족통일의 지향' 등을 슬로건으로 내걸었다. 이 같은 슬로건이 어떻게 구현되는가를 살펴보고 다른 일간지와의 차별성을 확인하기 위해 김민환은 양적 분석을 바탕으로 하는 내용분석법으로 한겨레신문이 창간된 5월 15일부터 6월 14일까지의 이 신문과 같은 기간의 동아일보 사설, 1면 머리기사를 분석대상으로 하였다(《월간경향》, 1988년 8월호, 288).

우선 두 신문의 국내문제에 관한 사설 중 '정치', '경제', '사회'의 사설을 다시 유목별로 구분하여 비교한 결과 한겨레신문과 동아일보 사이에 정치·경제 두 범주에서 상당한 차이가 발견되었다. 즉, 정치문제에서 한겨레신문이 대체로 현안문제 — 특히 인권, 광주항쟁문제, 5공 비리 등에 높은 관심을 보인 반면, 동아일보는 국회(정당 포함)에 대해 집중적 관심을 나타냈다. 이는 한겨레신문이 문제 그 자체를 집요하게 추궁하고자한 데 비해 동아일보는 문제의 제도권 수렴에 높은 비중을 둔 데 따른 차이로 볼 수 있다.

경제문제에서는 노사문제에 대한 관심도에 현격한 차이가 드러났다. 즉, 노사문제에 대한 사설이 한겨레신문이 동아일보보다 3.5배가 많았다. 사회문제에서는 동아일보가 대학문제와 공해문제에 상대적으로 높은 관심을 보인 것을 알 수 있다. 이 가운데 대학문제에서 동아일보는 대체로 대학생의 자제를 당부하면서 교수의 적극적 역할을 부각시키고자 하였다.

1면 머리기사의 주제를 비교한 결과 동아일보가 정치문제에 압도적으로 높은 관심을 보인 반면에 한겨레신문은 1면에 경제관계 기사를 머리기사로 올린 사례가 상대적으로 많았다. '정치', '경제' 관계 머리기사의 하위 유목별 관심도에서도 두 신문 사이에 상당한 차이가 나타났다. 정치문제에 있어 사설에서와 마찬가지로 한겨레신문이 현

228

안문제들에 고른 관심을 보인 반면 동아일보는 국회(정당) 활동에 집중적 관심을 보였다. 경제문제에서는 한겨레신문이 노사문제에 상대적으로 높은 관심을 보였다. 한겨레신문은 전반적 기업호황에도 불구하고 분배문제 등에 인색하다는 기사, 재벌의 상호출자 관계기사, 정부투자기관의 이사장제 반대기사를 실었다.

신문의 언론행위의 대상, 즉 소구대상을 김민환은 크게 '위'와 '아래' 및 '기타' 등 셋으로 나눠 분석을 다음과 같이 시도했다. 신문은 '위'의 뜻을 '아래'로 전달하는 상의하달(上意下達)의 기능을 하면서 아울러 '아래'의 뜻을 '위'로 올리는 하의상달의 기능을 함께 수행한다. 보다 민주적 상황에서는 하의상달의 기능이 활성화되며 민중지향적 신문일수록 또한 하의상달에 치중하게 된다. 한겨레신문과 동아일보가 설정한 언론행위의 대상이 누구인가를 알아보기 위해 여기서는 사설의 소구대상만을 비교하였다.

한겨레신문은 소구대상을 '위'에 집중시키는 반면, 동아일보는 일반 기타에 상당수를 분산시키고 있었다. 한편 '위'를 다시 행정부, 사법부, 의회, 정당, 기업, 기타로 세분하여 살펴보면, 한겨레신문이 소구대상을 행정부에 집중시킨 데 비해 동아일보는 의회와 정당에 상당수를 분산시킨 것으로 나타났다. 이는 동아일보가 현안문제에 관한 의회 또는 정당의 제도적 수렴을 중시한 반면, 한겨레신문은 힘의 실체를 중시한 입장이 반영된 것으로 볼 수 있다. '아래'를 대상으로 한 사설의 경우, 동아일보는 한겨레신문에 비해 '학생'에 상대적으로 높은 비중을 두었다.

(3) 정부 비판과 민중지향적 논조 강화
김민환에 따르면 사설의 논조가 소구대상에 대해 비판적인가, 옹호적인가 아니면 가치중립적인가에 대한 분석에서는 한겨레신문이 상대적으로 보다 비판적이었으며, 동아일보는 가치중립지향적이었다. 소

구대상별로 나누어 살펴보면, 한겨레신문이 '위'에 대해 비판적인 데
비해, 동아일보는 '위'에 대해서는 대체로 가치중립적이며 '아래'에 대
해서는 상당히 비판적인 것으로 나타났다. 위의 결과들을 통해 한겨
레신문이 동아일보에 비해 비판적이며 민중지향적임을 알 수 있다.

비판의 기준이 무엇인가를 알아본 결과, 한겨레신문은 '위'에 대해
인권탄압·권력남용·비리·불평등(주로 경제) 등을 이유로 비판적이
었으며, '아래'에 대해서는 능동성, 순수성을 주된 이유로 하여 옹호
적이었다. 한편 동아일보는 '위'에 대해 주로 비민주·권위주의·비리
등을 이유로 비판적이었으며, '아래'에 대해서는 폭력주의·무분별
등을 주된 이유로 하여 비판적이었다. 동아일보는 '위' 가운데 야당에
대해서도 상대적으로 비판적이었는데, 그 주된 이유는 '공동책임의식
의 결여'였다.

한겨레신문과 동아일보가 지향하는 가치는 무엇일까에 대한 분석
을 위해 김민환은 두 신문의 사설에 나타난 가치주제의 분석을 시도
했다(《월간경향》, 1988년 8월호, 295). 그 결과 한겨레신문이 '정치적
민주화', '민족통일', '분배정의'에 집중한 반면, 동아일보는 '정치적
민주화'와 '타협·공존'에 관심을 집중한 것으로 나타났다. 여러 가치
가운데 민족통일, 정치민주화, 분배정의 등이 일종의 목적가치라면
안정, 타협·공존, 효율성(실용주의) 등은 목적가치의 실현을 위한
수단가치라고 할 수 있다. 따라서 한겨레신문이 목적가치에 집중적
관심을 보인 반면에 동아일보는 목적가치 가운데 정치적 민주화에 관
심을 집중하면서 수단가치로서 안정, 타협과 공존, 효율성(실용주의)
등을 강조했다.

동아일보는 모든 문제의 제도권 수렴을 강조하면서 정부·여당에
대해서는 특히 권위주의에서 탈피할 것을 강조하였다. 이 신문에 의
하면 '정부 내, 그리고 정치권에서도 전향적 개방론자'(1988년 6월 9일
자 사설, "시험대 오른 정치권 역량")가 적지 않지만, '관료들의 내부적

230

저항'(1988년 5월 15일자 사설, "제5공화국의 법적 청산")도 만만치 않으며, 따라서 밑으로부터의 지나친 요구는 '궁지에 몰린 극우세력에게 유혹의 기회'(1988년 6월 9일자 앞의 사설)를 줄 우려도 있다. 그렇기 때문에 정부·여당이 권위주의를 탈피하기 위해 노력하는 한편, 이들이 개방적 태도를 견지할 수 있는 여건을 조성하는 것도 매우 중요하다는 입장이다.

동아일보는 현안문제의 제도권 수렴과 관련, 야당의 역할 역시 중시하고 있다. 이 신문은 야권에 대해 특히 '공동의 책임의식'을 강조하였다. 현안문제의 제도권 수렴을 강조하는 동아일보의 태도는 학원문제에도 그대로 투영되어 교수의 적극적 역할을 강조하고 있다. 통일문제에 대해 언급하면서 이 신문은 '학생들의 분별 없는 통일논의'(1988년 6월 5일자 사설, "학원과 통일논의")에 대해 정치권에서 이를 수렴하는 새롭고 실질적인 통일론을 제시해야 하며, 이와 관련, 교수들의 적극적이고 헌신적인 노력이 학원가의 통일논의를 주도해야 한다고 지적하였다.

한편 현안문제의 제도권 수렴을 강조하면서 이 신문은 민중(학생·노동자 등) 세력에 대해서는 일관되게 자제를 매우 강조하고 있다. 이 신문은 특히 학생들에게 '이데올로기에의 전념, 몰두, 맹신은 끝내 국민, 민중, 서민을 해치고 만다는 역사의 교훈'(1988년 6월 12일자 사설, "사회주의와 정의")에 눈감지 말아야한다고 당부한다. 민중세력이 자제하지 않을 경우 '에비'가 등장한다는 것이 이 신문의 주장이다.

광주문제에 대해 언급하면서 이 신문은 다음과 같이 지적하였다.

광주문제를 … 이데올로기에 연결시켜 체제전복적 방향으로 유도하려는 세력이 나타날 가능성도 있다. 그것은 자칫 피의 악순환을 부를지 모른다. 모처럼 착근되어 가는 민주헌정질서를 또 다시 몇십년 후퇴시킬지 모른다(1988년 5월 19일자 사설, "광주의 그날").

한겨레신문은 수단가치보다 목적가치, 즉 민족통일·정치적 민주화·분배정의 등에 집중적 관심을 기울이고 있다. 이들 목적가치의 구현을 위한 방법론에서 한겨레신문의 입장은 동아일보와는 상당한 차이를 드러내고 있다. 한겨레신문이 무엇보다 앞서 요구하는 것은 '발상의 전환'(1988년 5월 22일자 사설, "남북 정상회담")이다. 이 신문에 의하면 '발상'은 이제 민의가 무엇인가를 바탕으로 이루어져야 한다. '강력한 민중적 요구'(1988년 5월 17일자 사설, "일의 앞뒤 사정 가려야")를 소화하는 일이야말로 평민당뿐만 아니라 모든 정당, 아니 제도권의 시대적 명제이다. 이를 위해 우선 집권층의 철저한 자기반성이 선행되어야 한다고 하였다.

광주문제나 양심수 석방·비리·민주화·통일문제 등에 있어 정부는 '고해하는 심정으로'(1988년 5월 21일자 사설, "광주의 산 여론 들어야"), '진실에 대한 인정과 속죄가 있은 뒤에'(1988년 5월 18일자 사설, "5월 항쟁을 역사의 제자리에") '국민 앞에 겸허하게 사과'(1988년 5월 19일자 사설, "양심수는 다 나와야 한다") 하고, '욕된 과거를 단절'(1988년 5월 27일자 사설, "대법원은 거듭나야 한다") 해야 하며, 결코 '미온적 태도를 취해서는 안 된다'(1988년 5월 28일자 사설, "검찰 수사 앞서 스스로 밝혀야") 는 것이다.

(4) 학생과 노동자세력에 비중

한겨레신문은 특히 학생과 노동자 세력에 높은 비중을 두어 이들의 의견이 적극 수렴되어야 한다고 강조하였다고 김민환은 분석했다. 김민환은 한겨레신문에 대해 다음과 같이 기술했다. 이 신문은 특히 정부당국으로 하여금 "학생들의 순수한 의도를 추호라도 왜곡선전 하거나 … 근거 없는 피해망상을 유포함으로써 새로운 탄압의 계기를 마련하려고 시도해서는 절대로 안 된다"(1988년 6월 10일자 사설, "젊은이의 통일 열정 이해하길")고 강조하였다. 노동문제에서도 노조의 정치활동 금지조항을 철폐하여 조직력과 정치력을 바탕으로 한 노조 정치활동이 새롭게 출발되어야 하며(1988년 6월 1일자 사설, "산업구조를 고치라니"), 또한 노동자들의 집단적 요구표출은 물리적 힘으로 억누르지 말고 적극 수렴하여야 하고, 부당한 압력은 '그들의 폭발적 저항이 자본주의 제도 자체를 뿌리째 뒤흔들어 놓을 수도 있다는 점을 명심해야 한다'(1988년 6월 3일자 사설, "지나친 우려를 우려한다")고 하였다.

그러나 이 신문은 민중세력에게 결코 대중적 기반을 잃지 않도록 당부하고 있다. 한겨레신문은 6·10 학생회담과 관련 다음과 같이 강조하였다.

우리는 학생들에게도 충심으로 당부한다. 모든 운동은 가능한 한 많은 대중과 함께 나갈 때 성공할 수 있다. 이번에 일부 국민이 보인 냉담한 반응을 업신여기지 말고 … 꾸준히 함께 생각하고 홍보해야 할 것이다(1988년 6월 14일자 사설, "대중과 함께 하는 운동으로").

이 신문은 아울러 "조급한 격정에 사로잡힌 나머지 … 극한 행동을 하는 일이 있어서는 절대로 안 된다"(1988년 6월 10일자 사설, "젊은이의 통일 열정 이해하길")고 지적하면서, '역사에 대한 건강한 낙관'(앞의 사설)을 강조하였다.

김민환은 이상과 같은 분석을 마친 뒤 아래와 같이 결론을 내리고 있다(《월간경향》, 1988년 8월호, 299).

여기서 분명히 해 둘 것은 다만 하나, 즉 어느 한 색깔의 주장만이 타당한 것이 아니라 다양한 색깔의 주장이 공존하는 가운데 때로는 대립하고 때로는 타협하면서 국민여론의 형성과정을 변증법적으로 발전시켜야 한다는 사실이다. 고전적 자유주의자들이 강조하였듯이 언론의 공개시장에서 모든 의견이 자유로이 거래될 때, 보다 오류가 없는 진실에 도달하게 될 것이며 그 과정을 보장하는 것이야말

로 정부가 해야 할 가장 중요한 임무라는 걸 확인해 둘 필요가 있
다. 한편 한겨레신문으로서는 정보의 양과 다양성에서의 결정적 한
계를 극복하기 위해 획기적 대책을 시급히 강구해야 한다. 현재의
상태로 한겨레신문은 다른 신문에서 소홀히 취급한 문제에 대한 보
완적 정보를 제공하는 보완지(補完紙) 또는 병독지(竝讀紙)의 성격
을 벗어날 수가 없다.

　김민환의 결론은 한겨레신문이 기존 신문의 하나로 성공하기 위해
갖추어야 할 조건을 제시하고 있다.

2) 한겨레신문이 언론문화에 미친 영향

　한겨레신문 창간이 언론문화에 미친 영향은 컸다. 즉, 언론계 전
체에 과거 권위주의 정권시절 언론이 권력의 나팔수 노릇을 했던 것
에 대한 반성과 함께 민주언론을 담보할 수 있는 제도적 장치를 만들
기 위한 노력이 행해졌다. 이는 전국적 언론노조 결성운동의 밑거름
이 되었고 이어 공정보도를 위한 편집·편성권 독립주장으로 이어졌
으며 언론인 처우개선 실현의 결실을 맺었다.
　그러나 이 같은 성과들은 시간이 지나면서 언론사 이기주의와 언론
인의 '고액 샐러리맨화'라는 부정적 측면도 부각시켰다. 한겨레신문
의 등장과 함께 언론과 권력의 역학관계도 변화하기 시작했다. 즉,
1980년대 상반기에는 정치권력이 언론에 대해 상대적 우위에 있었다
면, 1987년 이후의 언론은 국가권력과 동등하거나 때로는 보다 상위
의 권력기구 역할을 하는 것으로 변화한다. 이는 국가권력이 지속적
인 민주화 추진으로 상대적으로 그 폭력성이 약화된 반면 언론은 통
제받지 않는 권력의 위상을 지니기 시작하기 때문으로 풀이된다.
　이 같은 상황의 특성은 특히 보도지침으로 대변되던 5공의 일방적
언론통제가 6공 들어서는 언론 플레이 전술 즉, 외형적으로는 언론의

자율성을 인정하면서도 'YS장학생'과 같은 방식으로 언론에 대한 영향력을 강화하는 식으로 바뀐 데서 잘 나타난다(정용준, 민족·민주언론운동론, 《한국언론의 정치경제학》, 아침, 1990, 297).

(1) 언론노조의 활성화

매스미디어는 자본주의 경제체제하의 대규모 영리기업인 동시에 이데올로기적 기구로서도 기능한다. 따라서 그 언론기업에 종사하는 노동자들의 조직인 언론노조는 기본적으로 타 산업 노동조합이 갖는 성격과 임무를 공유하는 동시에 매스미디어가 지닌 이데올로기적 도구의 구성원으로서 기능한다는 특수성을 지닌다(이효성, 1989, 37).

한겨레신문 창간과 각 언론사 노조 및 전국언론노동조합연맹 결성 이후 언론계는 국민으로부터 언론자유를 지키기 위한 제도적 장치로서의 편집권 주장과 언론노동자 권익보호 운동 등이 활발히 전개되었다. 5공 정권출범 이후 권력과 언론기업주의 언론장악에 대하여 언론인들은 침묵을 지켰고 사회민주화운동이 1985년 이후부터 활성화되면서 방송사 등 언론기업은 민중의 비판적 공격 대상이 되었다. KBS 시청료 거부운동은 제도언론, 특히 정권의 시녀역할의 선봉이었던 공영방송에 대한 저항운동이었다.

1987년 초까지만 해도 기존 언론매체는 공신력 상실의 위기에 빠졌지만 언론노동자들의 움직임은 전혀 조직화되지 못했다. 그러다가 언론노동운동은 1987년 6월 민주화 대투쟁을 계기로 조직화와 투쟁 내용에서 활성화되기 시작했다(윤창빈, 1989, 8~55). 당시 언론노조 운동의 투쟁과제는 편집권 독립쟁취로 압축되었다. 이를 계기로 기존 기자중심의 언론운동은 자유언론쟁취 투쟁에 공무, 보급부문의 육체 노동자들이 결합하여 전면적 언론노조운동으로 활성화되었다.

당시 언론노동운동의 또 하나의 특징은 언론민주화 토양이 가장 열악했던 이른바 여권(與圈) 매체와 지방언론사에서 언론노동운동의 조

직화와 투쟁이 활성화되는 모습을 보였다는 점이다. 회사 형태전환
및 관선경영진의 퇴진을 통한 권력으로부터의 독립으로 요약되는 경
향신문사의 1987년 7월부터 1년여에 걸친 투쟁, 한국방송사상 최초
의 파업투쟁이었던 1988년 5월의 MBC 파업, 1988년 4월의 부산일
보사 노동조합의 파업투쟁 등이 언론노동운동의 대표적 경우다.

이러한 노조투쟁은 이후 거의 전 언론사에 노조가 결성되는 것과
함께 1988년 11월 26일 전국언론노동조합협의회(언노련)라는 연맹체
차원의 조직으로 발전하였다.

언노련은 출범 첫해를 '언론해방 원년'으로 선포하면서 ① 자신의
비리로부터 해방, ② 사내 민주화를 저해하는 제도적 속박으로부터
해방, ③ 권력과 자본으로부터 해방으로 규정하고, 언론해방투쟁을
실천목표로 세웠다(김왕석, 1990, 350). 바로 언론해방의 개념을 언
론노동운동의 기본이념으로 제시한 것이었다.

언노련은 출범 당시 조합원 1만 3천여 언론노동자의 전국적 결집
체이며, 신문·방송·통신사 노동조합이 가맹한 독자적 산별노련이자
단위노조의 상급단체 위상을 지니고 있었다. 가맹 노조수의 변화를
살펴보면, 1988년 11월에는 42개, 그리고 1990년 4월 현재 52개 노
조가 가입하여 지속적 조직확대가 이루어졌다. 매체별로는 신문사
27개·방송사 23개·통신사 2개 노조로 구성되었다. 각 언론사 노조
에 가입하여 활동하는 조직노동자도 전체 언론노동자의 60~70%에
이르며 약 1만 6천여 명 정도이다(김왕석, 1990, 345~346).

1980년 언론운동이 조직운동의 차원으로 발전하면서 나타난 특징
적 양상 가운데 하나가 연대활동이었다. 연대는 언노련을 매개로 이
루어지고 성명서, 지원방문, 연합집회 또는 재정지원의 방식으로 이
루어졌다. 이 가운데서도 가장 두드러진 사례는 성명서 발표였다.
1988년 11월에서 1989년 10월까지 약 43건에 이르는 각종 성명서를
발표했다.

언론노조의 활성화와 편집·편성권 확보 등의 성과가 있었지만, 신문과 방송내용 전반에 걸쳐 왜곡·편파·은폐의 보도내용은 별반 변화가 보이지 않는다는 평가를 받았다. 즉, 언노련 기관지 등에 실린 조합원의 언론자유와 공정보도에 대한 주의, 주장은 매우 합리적이나 동일한 조합원이 속한 매체에 실리는 기사는 민주언론실천과는 거리가 멀었다. 이 같은 이중구조에 대한 사회적 지탄의 목소리가 높았지만 별다른 개선은 없었다(김중배, "언론노련을 위한 쓴 소리", 《언론노보》 39호, 1991).

(2) 공정보도 운동

언론사 노조를 중심으로 젊은 언론인들은 과거 수십 년 동안 권력과 자본 및 경영의 지배를 받아온 한국언론의 구조적 문제를 해결하고 언론자유를 제도적으로 보장하기 위해 편집권 독립과 공정보도 실현을 담보할 장치가 마련되어야 한다고 주장했다. 이에 따라 1988년 언론계 내부의 편집권 논의는 언론사 노조와 발행인간의 단체협약 체결과정에서 편집권 귀속과 편집권 독립보장을 위한 제도적 장치라는 두 측면에서 진행되었다(유재천, 《언론노조와 편집권》, 1988).

편집권은 언론사주의 전반적 권리일 수 없으며 편집제작진 모두의 권리라는 점과 편집권은 정치권력·자본·언론사주 등 특정 세력으로부터 독립되어야 한다는 점을 분명히 했으며, 편집권 독립을 보장하기 위해 편집책임자의 선출과정을 민주화하는 제도적 장치를 확보한다는 것으로 요약된다(《기자협회보》, 1988년 6월 17일).

그러나 이 같은 편집권 논의는 노·사 간의 단체교섭이라는 형식을 취해 외견상 언론기업 내부의 문제인 것처럼 나타났지만, 정치권력이 언론을 지배하는 상황에서 그것은 지배권력과의 투쟁이라는 성격도 있었다(장명국, 《언론노조의 특성과 과제》, 206~208).

편집권 논쟁과정에서 나타난 특이한 사항은 언론사 내부의 발행인

대 기자간에 이해관계를 달리하는 대립구도의 설정과, 노동조합이라는 합법단체가 법적 구속력 있는 단체협약을 통해 편집권 독립 등을 주장하는 것 등이다(박인규, 1988년, 59).

편집권 독립과정은 순탄치 않았는데, 부산일보의 경우 일주일간의 파업 끝에 편집국장 3인 추천제를 도출한 경우 등이 대표적이다. 부산일보는 정부재단이 주식을 100% 소유하고 관선이사가 경영, 편집을 담당해 1980년대 이후 정치권력과 경영층의 파행적 신문경영이 내부적 반발을 야기했다. 부산일보 사태 이후 관선인사에 의해 운영되는 정부소유 매체인 서울신문, 경향신문, 코리아헤럴드, KBS와 MBC 등에서도 편집·편성권과 공정보도에 대한 주장이 강하게 제기되었다(《경향노보》 16호, 1988년 7월 23일자).

각 신문, 방송사 노조는 단체협약을 통해 편집권이 노사 한쪽에 귀속될 수 없고 권력과 경영자로부터 침해될 수 없다는 전제아래 편집 최고책임자의 선출방식 등에 대해 약간씩 차이가 있는 결론을 이끌어 냈다(《동아노보》 28호, 1989년 1월 19일).

전국 일간지와 방송사의 편집권 독립관련 합의사항을 유형별로 살펴보면 ① 부산일보, 경남신문, 대전일보, 대구매일 등은 편집국장 복수추천제, ② 한국경제와 경인일보는 편집국장 임명동의제, ③ 서울신문, 코리아헤럴드는 조합원 총의를 편집국장 인사에 반영, ④ MBC는 보도국장 취임 후 1년 이상을 하되 중간평가제 실시, ⑤ 광주일보는 해임건의제, ⑥ 대전일보는 편집국장 탄핵제도, ⑦ 한겨레신문은 편집국장 직선제 등이다.

언론사들은 편집·편성권 독립과 공정보도를 위한 기구로 공정보도위원회나 자유언론실천위원회 등을 설치했다(《동아일보 노보》 28호, 편집권 관련 단체협약 내용, 1989년 1월 19일). 동아, 경향, 중앙, 코리아헤럴드, 경인, 연합통신, 한국경제 등은 공보위 활동보장을 명문화했다. 경향, 서울, KBS, MBC, 대전, 대구매일 등은 편집책

임자, 편집간부, 평기자 또는 노사공동으로 구성하는 편집제작평의
회나 공정보도협의회를 구성키로 했다. 언론노조의 활성화와 함께
관선이사에 의해 운영되는 정부소유매체 등 '여권 매체'로 불리는 서
울신문, 연합통신, KBS, MBC 등에서는 언론사 소유구조 변경을
통해 권력으로부터 독립해야 한다는 언론자유운동이 광범위하게 전
개되었다. 이들 관영매체들은 1980년 언론사 통폐합조치 후 권력으
로부터 직·간접적 영향을 받았으며, 그런 과정에서 파행적 경영이
이루어졌다. 이들 매체에서는 관선이사 퇴진운동이 벌어졌고, 정치
권력으로부터 제도적으로 독립하기 위해 회사형태를 전환해야 한다
는 요구를 제기했다(《경향노보》 16호, 1988년 7월 23일).

　　그러나 편집·편성권 논의는 언론사 내부의 갈등을 증폭시키고 그
같은 과정에서 다른 경쟁매체와의 관계 등을 고려해 노조의 주장이
약화되거나 방향이 수정되는 현상이 벌어졌다. 신문업계의 과당경쟁
현실은 결국 개별 신문사 노조가 자사의 대외적 이해관계를 편집권
주장보다 더욱 중시하거나 때로는 회사에 대한 요구사항을 포기하는
등 자사이기주의에 빠지는 경향까지 나타났다. 즉, 일부 언론사 노조
는 자사 소유주를 상대로 한 투쟁구도를 우선해야 하는 데도 언론사
간 경쟁이라는 논리를 최우선시 함으로써 전체 언론계의 노조운동을
약화시켰다. 이 같은 현상의 원인에 대해 1988년의 언론노조운동이
언론인 스스로 자성하고 노력해서 이뤄진 것이기보다 사회전체의 민
주화 추세에 편승한 탓이라고 보는 견해가 있다(《서울노보》 2호,
1989년 1월 1일).

　　공정보도위원회의 경우, 그 초기에는 지면분석, 방송 내용분석 등
을 통한 자체 비판과 개선방안 제시의 성격이 강했으나 점차 특정 기
획프로그램의 제작을 노조가 강력히 요구하고 어떤 특정기사의 게재
를 요구하는 등 제작과 편집방향에 대해 노조가 개입하는 경향을 나
타냈다(장명국, 1989, 204).

(3) 언론인 처우개선

언론노조는 편집권 독립요구와 함께 단체협약 과정에서 언론노동자의 임금현실화와 근로조건 개선이라는 권익쟁취운동을 벌였다(옥선미, 1989, 64~71). 언론노조가 결성되어 확보하는 구체적 성과로 나타난 것이 바로 임금인상과 몇몇 경제적 요구에 관한 사항이다(김왕석, 1990, 351). 조합 측의 교섭목표는 대체로 임금제도의 개선, 경쟁사와 동일한 수준의 임금인상, 인사고과에 의한 급여차 폐지, 시간외 수당 지급, 단일호봉제 실시 등으로 설정되었다. 이에 대한 성과는 한국일보노조 호봉제, 동아일보노조 근무수당의 기본급 환원, 중앙일보노조 단일호봉제와 임금인상, 경향신문노조 32~45% 임금인상, 조선일보노조 단일호봉제, 문화방송노조 시간외 수당의 기본급 가산과 연 1,000% 상여금, 한국방송공사노조의 국내방송사 중 최고의 수준보장 등이다. 임금투쟁의 성과는 언론사 내의 다양한 직종간의 불평등 구조에서 단일호봉제 실시로 조직원간의 일체감을 마련하여 조합의 단결력을 강화하는 데 기여했다.

한편, 언론노동자의 임금수준이 다른 산업노동자와 급여격차가 더욱 커짐으로써 연대감을 저해할 수도 있다는 점과 그동안 언론노동자에 대한 높은 급여가 회유책으로 통제되었다는 부정적 측면도 함께 지적되었다.

3) 새 신문에 대한 평가

한겨레신문에 대한 평가는 극에서 극으로 치닫는 식으로 다양하다. 매우 긍정적 평가가 있는가 하면 그렇지 않은 것도 있다. 이는 관점에 따른 차이일 수도 있고, 이 신문이 아직 완성형이 아닌 계속 실험하는 과정에 있기 때문일 수도 있다. 이 같은 점을 전제로 해 한겨레신문에 내려진 평가 몇 가지를 소개한다.

김정탁은 한겨레신문이 창간 이후 2년이 지나도록 적어도 표면적
으로 언론구조와 관련하여서는 독점적 구조가 아니고, 민주적 구조
를, 언론인의 성격은 전문성보다는 투쟁성을, 그리고 보도태도는 객
관성보다는 가치성을 지향하였으며 바로 그 같은 점이 한겨레신문을
'불편부당지'라기보다는 '당파지'라는 이미지를 형성하는 데 크게 기여
했다고 지적한다(김정탁, 1990, 94~95).

한겨레신문의 이 같은 특징이 오늘날 이 신문을 어느 특정인들로부
터 칭송받는 것과 동시에 비난받는 근거를 함께 제공하고 있다. 즉,
한겨레신문에 대해 "병독(竝讀) 신문에 불과하다", 또는 "운동권 신문
이다", "누가 광고를 주겠어"라는 비난의 화살을 퍼붓는 사람들이 있
는가 하면, 또 한겨레신문에 대해 "해직기자의 신문이다", "다른 신문
이 흉내내지 못하는 보도를 하는 신문이다"라고 격려하는 사람들도
있다. 그런데 문제는 비난을 퍼붓는 사람들이 우리 사회에 결코 적지
않게 존재한다는 사실이고, 그리고 그 비난이 양극단의 사람들에서
나온다는 사실이다. 즉, 극단적 우파에 해당하는 사람의 한겨레신문
에 대한 비난은 운동권신문이라는 것으로 귀결되고, 극단적 좌파에
속하는 사람의 비난은 메시지다운 메시지가 없는 '맹물신문'이라는 것
으로 귀결된다.

이상과 같은 현상에 대해 김정탁은 근본적 원인이 한겨레신문의 내
재적 요인과 함께 한겨레신문을 둘러싼 언론환경이라는 외부요인에
의해 촉발된다고 분석한다(김정탁, 1990, 95). 1990년대 초의 한국 언
론학은 언론을 정치권력과 시민 또는 언론소비자 등과의 관계 속에서
파악하는 경향이 있었고 한겨레신문에 대한 분석도 그 같은 영향을
받았다는 것이다. 당시 언론학계는 중앙일보 창간이 이루어진 1960
년대 중반부터 언론인의 대량해직이 초래된 1980년대 초반까지의 기
간을 정치권력 및 정치권력과 밀착한 언론소유주와 언론인의 갈등관
계, 그리고 언론인의 정·관계 진출이 본격적으로 이루어진 1970년

대 중반부터 1990년 초까지의 기간을 정치권력 및 언론기관, 그리고
이에 동조했던 언론인과 이들에게 자신의 커뮤니케이션 권리를 위임
했던 시민과의 갈등관계로 규정하고 있다. 나아가 정치권력 기관과
언론기관은 물론이고, 나아가 언론소비자에게도 언론왜곡 현상의 책
임을 돌리는 주장도 제기되었다.

　이런 시각과 주장은 '비판 언론학'에 의해 제기되었는데, 정치권
력·언론사주와 언론인과의 갈등관계는 정치경제학(*political economy*)
입장에서, 정치권력·언론소유주·언론인과 시민의 갈등관계는 구조
주의적(*structualism*) 입장에서, 그리고 정치권력·언론소유주·언론
인뿐 아니라 언론소비자에게도 언론 왜곡현상의 책임을 돌리는 것은
문화주의(*culturalism*) 입장 내지는 프랑크푸르트 학파(*frankfurt school*)
의 입장에서 각기 다루고 있다. 김정탁이 이들 학파의 시각에 기초해
평가한 1990년 초 전체 언론과 한겨레신문에 대한 평가는 다음 (1) ~
(3) 항과 같다(김정탁, 1990, 95~99).

　(1) 정치·경제학적 입장에서 평가한 한겨레신문
　이 관점은 언론을 그 토대인 경제구조에 의해 설명하고 언론메시지
의 생산과정을 주목한다. 자본이 언론메시지의 생산과정에 투입되어
이윤을 창출함으로써 언론은 궁극적으로 지배 이데올로기의 확산에
기여한다고 보기 때문이다. 언론을 평가할 때 언론매체가 담는 메시
지의 내용보다 그 메시지를 담는 신문의 형식을 더 중요시한다. 따라
서 값비싼 인쇄시설, 독자에 영합하는 편집원칙, 효율적 보급시스템
등과 같은 언론 외적 문제가 언론메시지 제작에 보다 중요한 가치로
등장하게 된다.

　이 이론에 따르면, 언론은 다른 경쟁사와 경쟁해 궁극적으로 시장
을 독점하려 하고 신문부수 경쟁과 함께 엄청난 물량공세를 전개한
다. 일부 신문이 주도적으로 갑작스럽게 증면하는 것들이 신문사간의

순수한 선의의 경쟁차원을 넘어 다른 경쟁신문을 고사시키는 데 그 목적이 있다. 신문사도 하나의 기업으로 본다면 몇몇 언론사의 이 같은 행위가 하등 문제될 것이 없지만 언론을 하나의 공기(公器)로 본다면 이 같은 경쟁은 바람직하지 않다.

언론사의 과당경쟁은 기존 신문시장의 독점화를 가져오는 것만이 아니라 신생신문사의 출현마저도 현실적으로 봉쇄한다. 그 구체적 예가 우리사회에서 엄청난 돈을 투입하지 않고서는 제대로 된 언론사를 절대로 소유하지 못한다는 점이다. 말하자면 신문사 하나를 설립하려면 최소한 수백 억 원의 자금이 소요된다. 기존 언론사들이 언론을 철저한 기업적 기반 위에 올려놓음으로써 신생언론의 참여를 봉쇄하게 된다. 한국의 언론상황은 의견이 아니라 자본에 의해 종속되는 상황이다. 즉, 누구든지 사회 내에 전달하고 싶은 메시지가 있어도 이를 효과적으로 전달할 수 있는 언론매체의 소유가 어렵다. 이것이 과거에는 한겨레신문과 같은 새로운 신문의 등장을 어렵게 만들었고 현재는 한겨레신문과 같이 자본보다는 의견에 의존하는 정론지의 생존을 어렵게 만드는 이유이다.

한겨레신문이 창간 2년여가 지난 현재보다 발전적이지 못하다면 그것은 바로 한국사회가 지닌 언론의 정치·경제학적 성격 때문이라고 말할 수 있다. 즉, 기존 언론이 유신과 5공 정권 시절의 독점적 언론구조하에서 엄청난 자본을 기초로 한겨레신문의 등장을 쉽지 않게 만들었으며, 또 이러한 장애물을 어렵게 뚫고 나온 한겨레신문에 대해서 지면경쟁과 증면경쟁과 같은 과당경쟁을 통해 압력을 증가시키고 있다. 결국 언론은 이윤창출이라는 목적 때문에 궁극적으로 상업적 성격을 갖게 된다. 한국언론도 정론지에서 상업지로 급속하게 변화하고 있으며, 한겨레신문도 그러한 추세에서 벗어나지 못한다.

(2) 구조주의적 입장에서 평가한 한겨레신문

이 이론은 기본적으로 언론인의 의식에 그 초점을 맞추고 있다. 즉, 언론은 그 토대인 경제구조도 중요하지만 정치구조, 그리고 이데올로기 구조도 동시에 중요하다는 것이다. 따라서 경제와 정치구조, 그리고 이데올로기 구조가 동시에 반영되는 것을 언론현상 속에서 찾아야 하는데 그것이 바로 언론메시지라는 것이다. 언론메시지를 제작하는 일차적 당사자인 언론인의 의식이 바로 구조주의 언론학의 관심사이며, 언론메시지 분석은 그 방법론에 해당한다. 이 입장에 따르면 언론인은 사회적으로는 체제유지 성향을 지니고 있으며, 개인적으로는 자기중심적 사고를 하므로 언론인은 기본적으로 보수적 가치관을 지닐 수밖에 없다.

이 같은 설명이 어느 정도 설득력 있게 들리는 것은 1990년 현재 우리 언론인이 우리 사회 내에서 누리는 사회경제적 지위와 관련이 있다. 우리나라 언론인의 봉급은 '봉급쟁이' 중에서 최고수준이다. 1988년 7월에 기자협회보에 실린 '전국 언론사 월 급여 및 연봉액'에 따르면 서울에서 발행되는 중앙지 기자의 초봉이 연평균 1천만 원으로 한 달에 80만 원 이상을, 5년차 기자의 연평균 봉급은 1,300만 원으로 한 달에 100만 원 이상을, 차장급 기자의 연봉은 평균 2천만 원대로 한 달에 160만 원 이상을, 부장급 기자의 연봉은 2,400만 원대로 한 달에 200만 원 이상을 각각 받는 것으로 나타났다.

언론인의 높은 급여만이 언론인을 보수화시키는 것은 아닐 것이다. 그러나 5공 시절 주택조합을 통한 기자아파트 건립에서 보여준 언론인의 특권의식은 언론인의 보수화된 의식을 단적으로 드러내고 있다. 즉, 서울시내 최고의 아파트 지역인 강남의 일원동에 기자 아파트를 건립하여 집 없는 기자들에게 나누어주었는데, 그것은 정부의 특혜에 의해 건립이 가능했었다고 보인다. 이밖에 언론인에게는 정치적으로 또 하나의 특혜가 부여되고 있다. 그것은 정치엘리트 층

원에로의 기회이다. 유신통치하에서부터 시작된 언론인의 정치인 변신은 매우 빈번하게 이뤄지고 있다. 이것이 정치권을 기웃거리는 언론인의 비판성향을 약화시키는 요인이 되고 있다.

한겨레신문 기자는 이상과 같은 혜택과는 거리가 멀다. 5공 시절 다른 기자들은 기자협회의 아파트건립 사업으로 주택을 매우 헐값으로 구입할 때 정치권력에 의해 타의로 언론사를 떠났던 상당수 언론인은 주택구입은커녕 취업 제한조치 속에서 생존권의 위협을 받았다. 체제에 안주했던 기자와 그렇지 못하고 쫓겨났던 기자 사이에 이루어진 엄청난 차이였다. 1990년 당시 한겨레신문의 기자 봉급은 다른 신문사에 비해 적었다. 한겨레신문 기자가 다른 언론사와의 봉급 차이를 비교할 때 상당한 정도의 상대적 박탈감을 피하기 어려웠다고 본다. 이 때문에 한겨레신문 기자는 심리적 보상차원에서 독선적 기자관을 지닐 가능성이 컸다. 즉, 자신만이 옳고, 정당하고, 훌륭하다는 등의 편중된 가치관을 지니게 되는 것은 결국 언론현상을 왜곡할 수 있는 위험성을 지니고 있기 때문이다.

(3) 프랑크푸르트학파의 입장에서 본 한겨레신문

이 이론은 언론현상 왜곡의 이유를 언론 소비자의 언론메시지 수용과정에서 찾는다. 이는 언론메시지 공급과 관련된 경제구조, 정치구조, 이데올로기 구조가 언론현상을 왜곡시키는 것이 아니라 언론메시지 수용과 관련된 수용자의 의식이 언론메시지 제작에 영향을 주어 언론현상을 더욱 왜곡시킨다는 논리이다. 이 이론의 주장은 언론 메시지가 아무리 지배 이데올로기를 정당화하기 위한 수단으로 제작된다 하더라도 언론소비자가 이를 거부할 경우 언론메시지가 그와 같은 방향으로 제작되지 않도록 유도할 수 있다는 것이다.

언론소비자의 성향이 언론왜곡을 부추긴다는 주장이다. 언론소비자는 흔히 투박한 '정론지'를 추구하는 것이 아니라 잘 포장된 '정보지'를 추구하는 데 익숙하며, 어려운 '의견지'를 읽는 것보다는 읽기 쉬운 '상업지'를 읽는 경향이 있다. 이 같은 언론소비자의 성향이 정론지와 의견지의 등장을 더욱 어렵게 만드는 반면, 정보지나 상업지의 출현을 더욱 쉽게 한다.

이런 언론상황에서 한겨레신문과 같은 정론지는 의견보다는 정보 위주로 메시지를 제작하는 정보지에 대항할 수 없으며, 또 한겨레신문과 같은 의견지는 스포츠지와 같은 철저한 상업지에 대항할 수 없다. 사실 기존의 정보지에 익숙해 있는 독자들에게 한겨레신문의 정론성은 선전·선동지로 오해받을 수 있는 소지가 많으며, 또 스포츠와 같은 철저한 오락지에 익숙한 독자들에게 한겨레신문의 의견성은 오히려 머리를 복잡하게 만드는 골치아픈 신문으로 인식될 수 있는 소지가 많다. 언론소비자는 제목도 시원시원하게 뽑고, 화보도 이곳저곳에 많고, 또 연예인들의 동정과 관련한 기사들이 많이 있는 신문을 자진해서 선택하기 때문이다. 스포츠지에 의해 대표적으로 드러나는 언론의 상업성과 정보성은, 기존의 신문에 비해 적당한 판매망을 갖지 못한 한겨레신문이 뚫고 들어가야 하는 지하철 같은 곳에서조차 판매를 어렵게 만드는 요인이 된다.

(4) 한겨레신문에 대한 그 밖의 평가들

유재천은 한겨레신문이 창간 후 3년 동안 기존 언론과의 차별성을 뚜렷이 하면서 다음과 같은 몇 가지 혁신의 기틀을 마련했다고 지적했다(《시사저널》, 1991년 4월 18일, 22).

첫째, 이념적 지향성을 명확히 제시하고, 그것의 실현에 신문제작의 모든 노력을 기울였다. 즉, 민주주의적 모든 가치의 온전한 실현, 민중의 생존권 확보와 생활수준의 향상, 분단의식의 극복과 민족통일의 지향 등 민족·민주·민중언론으로서의 사명에 충실했다.

둘째, 자유롭고 책임 있는 언론이 되기 위해 갖추어야만 하는 독립성을 확보할 수 있게 되었다는 점을 들 수 있다. 정치권력·대자본·광고주 등으로부터 독립성을 유지할 수 있다는 것은 국민모금에 의한 자본형성에서 비롯된 것이기는 하지만, 경영상의 압박이 주는 유혹을 거부한다는 것은 투철한 사명감 없이는 불가능한 것이다.

셋째, 편집의 자율성을 제도적으로 보장한 점을 지적할 수 있다. 편집국장의 권한보호, 기자를 위한 양심조항, 인사권에의 참여, 기자의 권한유지를 위한 편집협의회 설치 등이 그러하다. 이른바 내적 자유의 확보이다.

넷째, 창간과 더불어 채택한 '윤리강령'을 들 수 있다. 신문제작과 관련해 금품이나 기타 부당한 이익을 얻지 않는다는 것을 비롯해 독자의 반론권 보장·오보의 정정·취재원의 보호·사생활의 보호 등 윤리강령을 준수하는 데 최선의 노력을 기울였다는 점은 누구도 부인할 수 없을 것이다.

그러나 한겨레신문은 다음과 같은 몇 가지 개선해야 할 과제를 드러냈다. 첫째, 시각의 편향성이다. 중요한 관심사일 경우 쌍방의 입장을 공평하게 제시해주어야 함에도 불구하고 어느 일방의 견해나 이익만을 대변하고 옹호하는 편향성을 보인다는 뜻이다. 둘째, 편향성과 연관된 문제로서, 보도기사의 경우 기자가 지향하는 가치를 위해 필요한 사실만을 선택해 뉴스를 조작하는 경향을 지적할 수 있다. 사실이나 사건을 있는 그대로 기사화하지 않고 명백하게 규정된 목표를 위해 뉴스를 조작한다면 그것은 선동에 지나지 않는다는 점에 유의할 필요가 있다. 셋째, 한겨레신문 역시 사건위주의 신문제작을 하고 있다는 느낌이 짙다. 예컨대 민중의 생존권 확보와 생활수준의 향상을 위해 연관 사건의 발생과 상관없이 문제를 파헤치고 대안을 제시하는 노력이 지속되기를 기대하는 것이다.

한편 한겨레신문의 창간 3주년을 맞아 한 주간지는 다음과 같이 이 신문을 긍정적으로 평가했다(《시사저널》, 1991년 4월 18일, 19).

세계 최초로 국민주를 바탕으로 설립된, 자본과 권력으로부터 독립
된 한겨레는 많은 지식인과 언론인, 그리고 노동자들에게는 하나의
'이상향'이었다. 한겨레는 "편집권은 기자들의 총의에 있다"는 원칙
하에 편집위원장의 직선제와 사장의 임명동의제를 실시했으며, 언
론인에 금품수수를 배격하는 기자윤리강령을 언론사에서는 최초로
채택해 언론민주화운동을 선도했다. 특히, 통일과 노동문제의 보도
에서 새로운 시각으로 기존 언론의 관변보도에 식상해 있던 젊은
독자층의 폭넓은 관심을 끌었다. 대기업화된 기성신문들의 물량공
세에 밀려 다른 신생언론사들이 고전을 면치 못하고 있는 데 반해
한겨레의 발행부수는 하루가 다르게 신장했다.

국내 여론조사기관들의 조사결과를 종합해보면 한겨레는 1991년 4
월 현재 구독률에서 중앙 주요 일간지의 하위그룹을 위협하는 것으로
나타나고 있다. 신문구독자 조사를 전문적으로 실시하는 매스미디어
리서치가 그해 2월 말 서울·부산·대구·광주·대전 등 5개 도시 구
독자 1,397명을 대상으로 실시한 조사에 따르면 한겨레 구독률은
8.9%로 종합일간지 중 상위그룹에 속했다. 특히 광주사람들(20.9%)
과 20대 남자들(28.9%)이 한겨레를 많이 보는 것으로 나타났다.
광고 매출액도 1990년은 그 전년도에 비해 50%에 가까운 신장세
를 보였으며 서울의 언론사 중 최하위권을 맴돌던 광고단가도 계속
높아지는 추세이다.
시사저널은 1991년 당시 흔히 기자들은 이른바 '한겨레성 특종'이
라는 말을 자주 했다면서 이는 한겨레신문 또는 그 신문의 기자들이
지닌 두드러진 차별성을 강조하기 위함이었다고 설명했다(《시사저
널》, 1991년 4월 18일, 20~21). 한겨레신문의 창간 이후 3년 동안 이
신문의 성가를 높인 특종들을 아래와 같이 꼽았다.
① '이근안 경감 안 잡나 못 잡나'(당시 민권사회부 문학진 기자,
1989년 1월 6일)는 제목의 기사는 한겨레신문 기자의 문제의식을 유

248

감없이 발휘한 것으로 손꼽힌다. 그때만 해도 '이근안'이라는 이름만 알려져 있었을 뿐 누가 이근안인지, 즉 이름이 얼굴에 대입이 되지 않던 때였다. '얼굴 없는 고문 기술자' 또는 '성명불상의 반달곰'이라는 별명으로 불린 이근안 씨의 얼굴을 밝힌 이 기사는 당시 고문피해자들의 잇따른 폭로와 여론에 밀려 '고문 기술자'에 대한 수사착수를 선언하고서도 정작 소재를 파악하지 못하던 검찰수사에 대한 의혹을 증폭시켰다. 인권분야의 대표적 5공 비리로 지목된 이 사건은 이씨가 10여 년의 도피생활 끝에 체포되어 실형을 받는 것으로 끝난다.

② '서울시장 승용차 번호판 둔갑술 부려'라는 익살스런 폭로기사(민권사회부 이상현 기자, 1988년 9월 21일)도 기자의 문제의식에서 얻은 특종이다. 당시 올림픽을 앞두고 원활한 교통소통을 위해 '자가용 승용차 짝홀수 격일제 운행'을 시행중이었는데 김용래 시장의 외제 승용차가 짝수와 홀수 번호판을 번갈아 바꿔 달며 운행중인 것을 보도한 것이다.

③ '23개 대기업 비업무용 부동산 취득실태, 업계로비에 밀려 감사 중단' 기사(경제부 이봉수·이홍동 기자, 1990년 5월 11일)는 위장 분산된 비업무용 부동산에 대한 기사였다. 재벌의 반사회성을 확연히 부각시키는 계기가 되었다.

④ '윤석양 이병이 양심선언을 통해 보안사의 민간인 사찰 폭로'(민권사회부 김종구 기자 등 5명, 1990년 10월 5일) 기사도 대표적 '한겨레성 특종'으로 꼽힌다. 이는 군부의 정치개입을 구조적으로 근절한 역사적 계기가 되었다.

⑤ '원진레이온, 이황화탄소 중독자 12명 발생' 기사(생활환경부 안종주 기자, 1988년 7월 22일)는 환경보건을 전공한 기자가 자신의 전문지식을 토대로 발로 뛰어 기획 특종한 기사로, 보도 후 국회에 진상조사단이 구성되고 원진레이온 노동자들이 적절한 보상금을 받을 수 있는 길이 열리게 되었다.

4) 대안언론의 과제와 전망

(1) 국내 시각

한겨레신문 등 1980년대에 등장한 대안언론에 대한 평가는 1990년 대 초까지 다양하게 제시되지는 않았다. 그것은 이들 대안언론이 시 민사회의 민주화운동과 부문별 민주화운동을 동시적으로 담아내면서 대중성을 획득해 살아남을 수 있느냐 하는 생존문제가 더 절박했던 탓인지 모른다.

정용준은 1988년 이후 민주화운동 세력에 의해 창간된 합법적 언 론매체인 한겨레신문, 대학정론과 주간 전국노동자신문 등에 대한 평 가의 기준점으로, ① 언론의 계급적 성격 — 언론자본의 성격, ② 광 고주로부터 독립성의 정도, ③ 주된 독자, 시청자층의 계급적 집단적 성격, ④ 기자 및 경영진의 언론관 및 편집 편성 정책, ⑤ 언론조직 의 의식성과 조직성 등을 제시한다(정용준, 1990, 316). 그는 "많은 비판에도 불구하고 이들 매체가 민족민주운동에 기여하는 역할은 매 우 크다. 독점자본 언론들과의 외로운 이데올로기 투쟁을 거의 전담 하다시피 하는 현실에서 이들 언론에 대해 거는 기대가 존재하고 이 들 언론 또한 그 기대에 부응해야 할 의무가 있다"면서 이들 4개 매 체에 대해 아래와 같이 요약한다.

① 한겨레신문은 1987년 민주항쟁의 산물로서 민족민주 진영의 절 대적 후원 속에서 나왔으나, 점차 민족민주 진영의 뜻을 저버리 고 쁘띠부르주아지 언론으로 경도되고 있다.

② 대학정론은 부문 대중의 총체적 이해와 요구에 입각한 언론운동 을 전개하지 못하고 있다. 이는 합법민주언론의 쁘띠적 계급성 이 민족민주운동의 틀 속에 견인되는 것이 아닌 제도언론의 기회 주의성의 추구로 전락하는 경향을 보이고 있다는 것을 의미한다.

③ 1988, 1989년 노동자 대투쟁의 산물이었던 노동자신문은 올바른

원칙의 견지에도 불구하고 기획력과 지도성을 대중적으로 제시
하지 못하고 있고, 그 결과 노동자 언론의 최초의 합법적 제도진
출이라는 과제에 부응치 못하고 있다(정용준, 1990, 330).

① 한겨레신문

한겨레신문은 우리 사회에서 기존의 언론상품이 갖는 특성 때문에
출범 때부터 민주화운동 세력 사이에서는 기대 반, 우려 반의 시각이
있었으나 기존 언론의 반민중성에 시달리면서 진실에 굶주렸던 많은
노동자, 농민들과 진보적 지식인들의 적극적 성원으로 단시간 내에
언론기업으로 성장하는 데 성공했다. 정용준은 한겨레신문에 대해 다
음과 같이 평가한다.

민중의 이념을 총체적 혹은 부분적으로 대변하여 제도언론과 투쟁
하고 있다는 점, 신문사의 경영진 및 기자들이 해직기자 출신으로
써 1980년대 초반의 재야언론운동을 주도했다는 점과 함께 이 신문
은 제도권 내의 진보적 언론으로 그것은 계급운동의 합법적 제도
진출이 아니라는 점, 주식회사의 형태로 명백히 광고와 구독료에
의존하여 기사의 내용이 변질되고 있다는 점, 기자들이 1970년대
언론자유의 낭만성을 극복하지 못하다는 점 등이다.

그러나 그는 또한 당시 언론운동의 합법적 제도진출이 용이하지 않
은 상황에서 한겨레신문의 역할은 매우 크다는 점을 강조한다(정용준,
1990, 298, 316~322).

한겨레신문에 대한 비판이 가시화된 것은 1989년 5월 '이철규 열사
사진'과 '노동해방문학 지지광고'에 대해 한겨레신문이 게재 거부 결
정을 내리면서부터이며, 그후 노동자와 학생세력으로부터 이 신문에
대한 감정적 분노와 함께 제도권으로 편입된 대안언론의 한계에 대한
문제제기가 시작되었다. 그후 한겨레신문은 제도언론 내의 다소 진

보적 언론일 뿐이다라는 부정적 평가와 합법민주언론으로서 그 역할
이 의미 있고 매우 중요하다는 두 가지 상이한 평가를 받았다.

한겨레신문은 기존 일간지와 차별성이 확실한 지면제작 철학과 전
략을 제시했으나 그 경영전략은 기존 언론과 별 차이가 없다는 한계
를 지니고 출발했다. 이는 창간 당시 구성원들의 결의와 사회적 책임
감 등이 세월이 지난 뒤에도 유지될 수 있는 총체적 경영전략 수립의
부재를 의미한다. 한겨레신문은 결국 기존 언론과 유사한 자원확보
전략, 즉 광고수입이 회사 경영상태를 결정하는 구조 속에서 광고주
와 광고시장으로부터 점차 자유스럽지 못한 상황으로 빠져든다.

한겨레신문이 광고주로부터 진정으로 자유로운 경영전략을 제시하
지 못함에 따라 광고는 이 신문의 아킬레스건이 될 가능성이 컸고,
언론학자들도 그러한 점에 주목했다. 이효성은 한겨레신문의 광고에
대해 다음과 같이 분석한다.

> 한겨레의 생존은 철저한 자본논리가 지배하는 독과점 자본주의체제
> 에서 거대자본을 가진 보수언론에 맞선 진보언론이 가능하느냐의
> 여부를 결정짓는 시금석이 될 것이다. 자본의 논리로만 따진다면
> 한겨레는 제도언론과 경쟁할 수 없다. 대항언론이 시장논리에 지배
> 당하는 한 진퇴양난에 빠지게 된다. 대항언론은 성질상 제도언론보
> 다 진보적일 수밖에 없고, 진보적이면 대광고주를 구하기 어렵다.
> 그렇다고 대광고주를 구하기 위해 내용을 보수적으로 하면 그것은
> 이미 대항언론도 아니며 존재이유도 없어지고 만다. 이 진퇴양난을
> 해결하는 길, 즉 진보성을 적극적으로 살리면서 경영난에 빠지지
> 않는 길은 우리사회의 민주화를 위해서도 대단히 중요하다(이효성,
> 정치언론《이론과 실천》, 1989, 154).

정용준도 광고에의 의존도가 심한 언론상품의 특성으로 볼 때, 한
겨레신문은 광고주들의 대부분을 차지하는 독점자본들의 통제를 받을

<표 5-5> 한겨레신문 구독자의 성향

직 업		학 력		연 령		성 별	
학생	18.4	국졸	0.6	10대	2.2	남자	41.5
가정주부	18.4	중졸	3.2	20대	30.2	여자	38.1
사무기술직	18.2	고졸	27.3	30대	21.2		
자영업·판매서비스직	13.8	대졸	38.7	40대	15.0		
무직	5.6	대학원이상	10.0	50대	10.0		
경영관리직·전문 자유직	3.0			60대	1.2		
기능숙련공·일반 작업직	1.6						
기타(군인)	0.8						

무응답 20.4%

출처: 정용준, 1990, 318.

수밖에 없고 또한 광고로 인해 많은 고충을 겪고 있다는 점은 충분히 이해할 수 있다고 지적했다(정용준, 1989).

한겨레신문의 소비자들이 이 신문을 어떻게 평가하고 있느냐가 매우 중요한데, 이는 창간 100호와 1주년 독자조사를 통해 어느 정도 유추가 가능하다. <표 5-5>는 한겨레신문이 지령 100호를 기념하여 조사한 독자조사로, 1988년 7월 16일부터 7월 25일까지 전국 14개 도시에서 이 신문 구독자 500명과 다른 6대 중앙일간지 구독자 500명을 표본 추출하여 분석한 것이다(《한겨레신문》, 1988년 9월 8일).

<표 5-6>은 한겨레신문이 창간 1주년을 기념하여 한국갤럽조사연구소에 의뢰한 조사결과이다. 한겨레신문 독자 614명과 일반 국민 1,200명을 대상으로 하여 1989년 4월 14일부터 21일까지 실시한 것이다(《한겨레신문》, 1989년 5월 16일). 이 두 조사는 조사를 주관한 집단이 다르고 개별항목도 조금씩 다르게 선정되어 있다.

여러 가지 한계에도 불구하고 <표 5-5>와 <표 5-6>을 비교해 보면 이 신문의 주 독자층이 중산층으로 전환하고 있다는 추정이 가능하다. 즉, <표 5-5>에서 주된 독자층이던 학생, 사무, 기술직에서 학

〈표 5-6〉 한겨레신문 독자 특성

직 업		학 력		연 령		성 별		고정란	
학생	13.7	국졸	4.0	20대	39.5	남자	56.1	그림판	30.7
가정주부	25.7	중졸	8.4	30대	34.2	여자	43.9	한겨레논단	26.2
사무기술직	13.6	고졸	36.3	40대	16.9			만화	11.4
자영업	19.3	대재	51.4	50대	9.4			더불어 생각하며	8.4
무직, 기타	5.6	(이상)		(이상)				도리깨	7.8
농림, 어업	1.1							사랑방	6.7
생산직	7.3							아침햇살	2.6

출처: 정용준, 1990, 318.

생은 감소하고 가정주부, 사무기술직, 자영업은 증가하였다. 또한 대학 재학이나 졸업 이상이 이전보다 증가하였고, 남자보다 여자독자의 비율이 상대적으로 증가하였다. 이는 한겨레신문의 주된 독자층이 점차 중산층으로 이전했음을 보여준다. 이는 한겨레신문의 관련기사에 포함되어 있다

> 한겨레 독자들의 생활정도를 보면 중산층 74.4%, 하층 25.3%로 나타나고 있으며, 독자의 65.5%가 자기 집이 있으며 자가용 자동차가 있는 독자가 34.3%를 이루고 있어 직종과 재산정도, 그리고 학력수준이 우리나라 신문독자의 일반적 수준보다 훨씬 높다는 점에서 우리나라의 여론을 형성하고 이끌어 나가는 계층이 한겨레 중심 독자임을 알 수 있다(《한겨레신문》, 1989년 5월 16일).

정용준은 이처럼 주독자층이 중산층이라고 밝힌 1989년 상반기 이후 이 신문의 노동관계 특히 생산직 노동관계기사가 점차적으로 축소되고 자유주의 부르주아적 생활정보, 관광명소 안내, 대중가요 비평란 등이 확대되었는데, 이는 자유주의 부르주아지 및 쁘띠부르주아지 계급을 염두에 둔 논조의 개량화임을 잘 나타내준다고 주장했다

(정용준, 1990, 320). 주독자층을 중산층인 자유주의 부르주아지 및 쁘띠부르주아지로 삼는 것은, 한겨레신문이 민중매체가 아닌 쁘띠부르주아지 언론으로 변화하고 있으며, 그 같은 변화는 이 신문이 창간사에서 "민중생존권 확보와 그 생활수준의 향상이라는 소외된 계층의 이익을 대변하겠다"고 밝혔던 점을 상기한다면 많은 모순을 가지고 있다는 것이다.

또한 정용준은 한겨레신문 기자 및 경영진의 언론관과 관련해 분석하기를, 한겨레신문의 주요 조직구성원들인 해직기자출신들은 1980년대 전반기 민주언론운동협회를 중심으로 재야언론운동을 고난과 역경 속에서 주도했다는 점에서 매우 진보적이지만 제도언론 속에서 길들여졌던 자유주의 부르주아지이며, 주체적으로 각성했다기보다는 전례 없이 언론자유를 탄압했던 독재세력에 의해 쫓겨났다는 측면이 강하다고 분석한다. 이들은 부르주아적 언론자유의 낭만성에 머물러 있어 민족민주언론의 계급적 당파성의 원칙을 체득하지 못하면서 제도언론 기자들에 비해 낮은 보수를 받고 상대적인 사상적 진보성을 갖고 있을 뿐이라는 것이다. 물론 이 상대적 진보성은 한겨레신문의 논조에 커다란 영향을 미치며, 특히 이에 기반한 제반쟁점에 대한 풍부한 해설과 칼럼은 전체 민족민주세력의 의식화에 많은 도움을 주고 있다. 한겨레신문이 민중매체의 위상에 등을 돌림으로써 한겨레신문에 등을 돌리는 민족민주운동 세력이 존재하며 이 신문의 기자와 경영진들은 향후 한겨레신문에 대한 탄압이나 자체적 곤경에 빠졌을 때 과거의 우군이 도움을 주지 않을 수도 있다는 것을 교훈으로 삼아야 한다고 주장한다(정용준, 1990, 315).

② 대학정론

대학정론은 한겨레신문의 성공에 뒤이어 1989년 10월 3일, 790명의 발기인이 출자한 1억 8천만 원의 창간기금으로 출범하였다. 대학정론의 창간의의에 대해 대학인의 대변지를 자임한 이 신문 창간 이전의 '소식지'는 다음과 같이 적고 있다.

> 대학정론의 지향과 내용성이 민족민주언론의 그것과 다르지 않다면, 왜 굳이 대학신문이라는 제한된 틀을 선택해야 했는가? 여기에 대해 '신문창간의 주체와 토대가 대학인과 대학사회이기 때문'이라는 정도의 이유제시는 결코 충분한 답변이 되지 못한다. 우리는 한겨레신문과 같이 일반대중을 상대로 한 민족·민주적 신문이 있을진대, 전국노동자신문과 같은 특수 대중을 상대로 하는 대항언론 또한 존재해야 한다고 믿는다. 그것도 합법대중지로서("전 대학인의 대항언론으로", 〈대학정론지 소식지〉 2호, 1989).

그러나 고현희는 이 신문이 창간 초기라는 점을 고려한다 하더라도 정세분석을 위주로 하는 고급 의견지를 지향한다는 편집원칙이 구조적 한계로 인해 거의 지켜지지 못하고 있다면서 대학정론에서 다루는 기획기사들은 대학 내 학보에서 다루는 기획과 커다란 차이를 보이지 못하고 있다고 비판하였다(고현희, "새로 창간된 종합대학신문을 평가한다", 〈이대학보〉, 1989년 10월 30일). 대학정론의 기획기사가 대학학보 수준을 넘지 못하는 것은 조직에 의해 지도받거나 학술단체협의회 등 학술운동가들의 조직적 참여를 적극적으로 이끌어내지 못했고, 대학정론주체들의 안이한 편집방침과 기자들의 기획력 부족 때문이라는 것이다.

정용준은 대학정론의 시대사적 의의에도 불구하고 그 존재에 대해 회의를 갖는 민족민주세력 및 대학생들 또한 적지 않았다고 주장한다(정용준, 1990, 323). 즉, 대학인 및 지식인을 대상으로 하는 많은 합법 출판물과 대학신문이 있는데도 불구하고 대학정론의 발간은 언론운동이 처한 긴급한 임무를 저버린 채 대학인과 지식인의 구매력을 의식한 편협한 발상에 불과하다는 것이다.

256

③ 주간 전국노동자신문

정용준은 주간 전국노동자신문(이하 '노동자신문')이 노동자계급의 시각과 이해에 기초하여 피억압 제반 계층과의 연대를 명시적으로 강조하고 있다는 점이 한겨레신문에 비해 매우 주목할 만하다고 지적한다(정용준, 1990, 325). 즉, 한겨레신문은 1987년 민주대항쟁의 중심 주체가 노동자보다는 진보적 지식인이었고 이를 기반으로 태동하였기 때문에 추상적 민중성을 벗어날 수 없었던 반면, 노동자신문은 1988, 1989년 노동대중 파업투쟁과 노동계급의 정치세력화를 토대로 나왔기 때문에 보다 분명한 노동계급의 당파성 등을 드러낼 수 있었다는 것이다. 그는 이어 이 신문의 정체성을 아래와 같이 평가한다.

> 이 신문은 민주화 투쟁 및 노동운동상의 비합법, 반합법, 합법투쟁 각각이 갖는 제반 의미를 분석하면서 분업적 합법투쟁의 일환으로써 자기 위상을 정립하고 있다. 그리고 노동운동의 제반 정치적 견해의 수용과 그 근거들에 대해 노동대중들에게 진실하게 전달하고 대중이 평가할 수 있게끔 함으로써 노동운동의 통일성에 기여하는 언론이 되겠다고 천명하고 있다. 이는 대중성을 근간으로 지도성(편집방침)을 추구하고 있다는 점에서 노동운동에서 차지하는 합법 노동대중신문의 위상을 정확히 파악한 것으로 보인다.

㉠ 통신원제도

정용준은 노동자신문이 통신원제도를 적극적으로 모색해 대중성을 확보하고 있다고 분석한다(정용준, 1990, 325~326). 통신원제도는 기존 제도언론은 물론이고 한겨레신문까지도 조직적으로 활용하지 못한 것으로서 민주언론이 가장 중요하게 실천해야 할 사항 중의 하나라는 것이다. 통신원제도는 편집부와 독자 간의 정기적이고도 조직적인 상호교류망을 실제적으로 확립하기 위한 제도인 반면, 기존 제도언론들에서 이루어지는 독자투고나 심야 토론프로의 전화를 통한 의견제시는 실제로는 언론의 허위적, 형식적인 공신력을 높이고 이를 통해 언론의 상품성을 높이기 위한 조치에 불과하다고 한다.

통신원제도의 실질적 확립은 독자의 신문에 대한 정기적 평가와 나아가 신문제작에까지 독자들이 능동적으로 참여하게 함으로써 매체 민주주의를 이룩하고 대중들의 의식화와 조직화를 적극적으로 가능하게 한다는 평가다. 그럼에도 불구하고 노동자신문은 기획력과 취재력의 부족 때문에 단위사업장에 대한 취재는 기자들이 책상에 앉아 자료를 통해 기사를 쓰거나 기껏해야 노동조합신문을 이용하는 정도에 그치는 한계를 보이고 있다는 것이다. 정용준은 그러나 노동대중의 다양한 이해와 요구라는 대중성의 철저한 견지는 노동자신문의 존립에 관한 문제로 이를 위한 실천적 방안으로써 통신원제도의 안정적 확립은 노동자문제의 혈관과도 같은 역할을 할 것이다라고 전망한다.

ⓛ 광고

노동자신문의 광고 게재원칙은 구독료와 광고료의 비율이 85 : 15% 정도까지를 최대한으로 잡고 있다. 이와 같은 광고비율과 노동자 계급의 이해에 반하는 반민중적 광고의 거부에 대한 정확한 방침은 한겨레신문의 무원칙의 어리석음을 예방할 수 있다고 정용준은 주장한다.

(2) 해외 사례

김정탁은 한겨레신문이 넘어야 할 장애물은 언론 외적 요인과 함께 한겨레신문 내부가 갖고 있는 문제점이라고 주장했다(김정탁, 1990, 99). 한겨레신문을 둘러싼 환경이 한겨레신문의 성장을 아무리 방해한다 해도 한겨레신문이 좋은 지면을 구성하면 독자는 한겨레신문을 선택하기 때문이라는 것이다. 외부의 악조건에도 불구하고 한겨레신문 내부의 진지한 노력을 통해 수요가 많은 신문자원의 생산이 가능하다는 논리다.

김정탁은 한겨레신문과 비슷한 조건에, 비슷한 이유로, 그리고 비슷한 시기에 창간된 스페인의 엘 파이스지와 영국의 인디펜던트지의 성공사례를 예로 들면서 한겨레신문의 성공가능성 등을 분석했다. 그는 엘 파이스의 예를 들어 한겨레신문이 향후 유력지로 성장하기 위해서는 창간 당시의 진보적 이념 대신 권위지로서 지녀야 할 품위와 격조, 그리고 보도의 정확성과 공정성이 성공의 열쇠가 될 것이라는 견해를 완곡하게 제시한다.

① 《엘 파이스》

프랑코 독재정권이 무너진 직후인 1976년 5월에 스페인이 낳은 대철학자 오르테가 E. 가세트의 아들 오르테가가 주동이 되어 만든 신문이다. 1990년 현재 창간 14년째인 이 신문은 이미 스페인 최대의 일간지인 아베쎄를 능가하여 당시 스페인에서 가장 영향력 있는 신문으로 자리 잡았다. 이 신문의 출현은 프랑코가 죽더라도 언론자유가 제대로 보장받지 못하거나, 또는 이 같은 자유가 있더라도 언론에 의해 제대로 향유되지 못한다면 스페인에 진정한 민주화는 이루어질 수 없다는 오르테가의 신념에 의한 것이다.

프랑코 통치 아래 있었던 100여 개의 신문은 직·간접으로 프랑코 독재체제에 협력했다. 따라서 이들 신문들을 가지고는 민주화를 제대로 이룰 수 없었다. 100여 명의 스페인 정치·경제학계의 지식인들이 프랑스의 르 몽드나 미국의 뉴욕 타임스와 같은 신문을 만들자는 열망에 따라 창간작업이 이뤄졌다. 1990년 현재 이 신문은 유럽에서 가장 영향력 있는 4~5개 신문 중 하나로 성장했다.

이 신문이 한겨레신문과 유사한 점은 신문사의 구조적 형태이다. 이 신문은 한겨레신문과 마찬가지로 주식공모를 통해 신문사를 설립했고, 어느 누구도 6% 이상의 주식을 소유하지 못하도록 했다. 그리

고 주식소유자의 상당수는 엘 파이스 지에서 일하는 사람들이다. 그
리고 경영과 편집을 제도적으로 분리하기 위한 규정(에스타투토 델 라
레닥시온 엘 파이스)을 창간위원회와 전 편집국 임원회의, 그리고 주
주총회의 승인을 거쳐 제정하였다. 모두 18조로 이루어진 이 규정은
어떤 정치, 경제, 종교집단의 이익으로부터도 독립적 신문임을 상징
적으로 말해주는 것이다. 이러한 정신을 구현할 구체적 장치로 편집
국장 등 편집국의 간부는 편집국 전체기자들에 의해 선출되며, 별도
로 매년 선거로 선출되는 기자대표 5인으로 구성된 편집위원회가 편
집국 간부들과 중요한 문제를 수시로 협의한다.

 이 신문은 창간 당시 8만 부를 발행한 뒤 1990년 현재 35만 8천 부
를 발행한다. 이 같은 성장은 이 신문이 보수적 아베쎄에 본격적으로
대항하기 위해 처음 지녔던 진보적 이념의 후퇴의 결과일 수 있다.
그러나 이 신문이 표명한 창간 당시의 진보적 이념은 다소간 후퇴했
을지 모르지만 권위지로서 지녀야 할 품위와 격조, 그리고 보도의 정
확성과 공정성은 창간 당시보다 훨씬 향상되었다고 보여진다. 바로
이것이 이 신문이 스페인은 물론이고, 유럽에서도 손꼽히는 권위지
로 탈바꿈하는 결정적 계기가 된 것이다.

 프랑코의 독재가 여전히 위세를 떨치던 반민주의 시대에는 무조건
적인 진보적 이념이 사람들에게 설득력을 지녔을는지 모르지만 프랑
코의 망령이 사라진 현재는 무조건적 진보적 이념은 더 이상 신문의
품위나 또는 상품성을 증진시키는 요인이 될 수 없는 것이다. 이 신
문의 변신은 바로 이 같은 기대에 부응한 결과이며, 이것이 오늘날
이 신문을 있게 한 것이다.

 ② 《인디펜던트》
 이 신문의 성공도 엘 파이스와 별반 다를 바 없다. 이 신문은 이념
성에 가까운 당파지와 스캔들을 중심으로 지면을 구성하는 오락지로

양분된 영국의 언론계에 새로운 바람이 필요하지 않겠느냐 하는 시대적 요청이 계기가 되어 1986년 10월에 창간되었다. 이 신문은 현역 신문기자들이 주축이 되어 창간에 착수한 후 2년 반만에 창간 첫호를 냈는데 1990년 현재 200년 전통을 자랑하는 타임스를 따라잡고 있다. 이 신문은 한겨레신문과 마찬가지로 대주주의 손에 의해 신문이 좌지우지되는 것을 막기 위해 최고 투자액을 10% 이내로 제한했으며, 또 사원들이 10%의 주식을 소유하도록 하였다.

인디펜던트지의 특징은 무엇보다 정치적 엄정중립과 정확하고도 명료한, 그러면서도 재미있는 기사에 있다. TV 뉴스를 보완할 수 있도록 심층해설 기사에 중점을 두는 것은 물론이고, 여행과 예술 등 취미기사에도 심혈을 기울이고 있다. 그 결과 인디펜던트지는 창간되던 해부터 1990년 현재까지 올해의 신문상, 올해의 기자상, 기획기자상, 특종사진상 등 거의 모든 상을 휩쓸었다. 인디펜던트지가 이렇게 대성공을 거둘 수 있었던 비결은 무엇보다 오랜 역사를 가진 영국 고급신문들의 굳어진 타성과 그로 인한 쇠퇴에 있었지만, 그보다는 권위지로서 지켜야 하는 정확성과 공정성을 유지한 덕분이다.

3. 한겨레신문 조직원의 정체성과 창간이념 보전전략

모든 조직체는 다양한 자원으로 이뤄진다. 조직체는 유기체와 같은 측면이 있어서 새로운 환경에 적응하거나 운동 또는 운영의 방향을 바꿀 경우 내부 자원의 활용이나 그 중요도 순위를 변경시킨다. 이 같은 자원에 대한 동원과정의 변화는 순환적으로 일어난다.

한겨레신문의 경우도 창간에 가장 결정적 역할을 했던 인적 자원인 원로언론인 송건호가 창간 3년 만에 직원들로부터 사장취임 동의를 받지 못했다. 이는 창간 당시 한겨레신문의 가장 중요한 자원이 인적

자원이었다는 점에서 내부에서 요구한 최고 경영자상이 더 이상 언론
운동가가 아니다는 의미를 함축하고 있다. 창간된 이후의 신문사 경
영은 신문사 구성원의 생활인으로서의 욕구 즉 풍족한 급여지급 등에
대한 비중이 더 커졌다고 볼 수 있다. 이는 결국 한겨레신문 내부 자
원에 대한 재평가, 또는 그 활용에서의 변화를 가져왔다.

　한겨레신문이 창간 당시 사회적 기대치로 부여되었던 사회운동조
직체로서의 기능이 약화되고 기존 언론사의 특성을 닮아간 반면, 다
른 신문들은 한겨레신문의 특성을 자기 것으로 받아들이는 현상이 일
어났다. 한겨레신문은 다른 언론사와 구별되던 독특한 공동체 결속력
으로 제시된 윤리강령의 엄격성이 점차 허물어져 초창기의 모습을 점
차 잃어갔다. 즉, 외부기관의 보조를 받아 장기 해외연수를 간다든
지, 기업의 지원으로 돈이 많이 드는 기획기사 취재를 가는 등 다른
신문사와 큰 차이가 없는 쪽으로 변해갔다. 한편 다른 신문들은 한겨
레신문의 가로쓰기, 한글전용 등을 흉내냈으며 회사에서 정식으로 촌
지수수를 금하는 조치 등을 취했다.

　이런 과정은 동일한 공간 속의 이질적 조직체들이 초기에는 갈등을
겪지만 내부조정을 통해 공존할 수 있는 체계로 수렴하는 것을 의미
한다. 이 같은 변화가 발생하게 된 한겨레신문 내부의 잠재요인과 창
간이념 실천에 필요한 조직원의 정체성 등을 규명하고 이어 내부 구
성원의 시각차로 빚어진 갈등사례에 대한 분석을 시도해 보았다.

1) 새 신문 조직원간의 시각차

　한겨레신문이 성공적으로 창간된 뒤 외국의 대안언론과 같은 사회
적 기여를 할 것을 희망하는 기대치가 높았다. 그러나 창간 이후 2~
3년이 지나면서 이 신문 내부 구성원간의 갈등이 발생해 외부로 알려
지는 지경에 이르게 된다. 이는 세계에서 유례가 없는 신문으로 창간

되는 과정에 동참한 새 신문 구성원의 사회적 배경과 새 신문 참여 동기 또는 기대치 등이 차이가 있을 수밖에 없었던 데서 비롯된 측면이 크다고 본다.

한겨레신문 조직원의 정체성은 이 신문의 물적 토대나 지향성 등에 대한 의미부여가 동일하지 않은데서 비롯된 측면이 있다. 예를 들면, 이 신문의 정관 전문에 기술된 '국민의 신문, 신문기자의 신문을 지향하는 한겨레신문'이라는 새 신문의 의미규정에 대한 해석이 그런 경우이다. 이 신문이 국민의 신문으로 보는 시각과 한겨레신문사 기자의 신문이라고 보는 극단적 시각차를 들 수가 있는데, 그 같은 시각차는 상이한 정체성의 형성으로 연결되어 경영과정에서 접합점을 찾기가 어려워지고 궁극적으로 불가피하게 충돌할 경우 접점이 없는 갈등으로 치달을 소지가 많았다.

이 신문의 창간과정에서 대한 시각차가 구체적으로 나타난 것은 창간기금 모금단계부터이다. 즉, 이 신문은 창간운동 과정에서 발행했던 소식지인 〈한겨레신문 소식〉에 창간기금에 대해 '주식투자'라는 시각과 '국민의 성금'이라는 시각이 아무 설명 없이 제시되었다. 주식투자는 주주가 주인인 조직체의 경우를 전제하고 있으나 성금은 대가를 바라지 않고 기부하는 그런 경우를 일컫는다. 그런데도 소식지 7호(1988년 3월 10일) 1면 '창간기금 50억 원 돌파' 기사 머리부분에 "민주언론에 대한 뜨거운 열망이 담긴 국민의 성금 50억 원이 마침내 다 모였다"라는 표현이 나오고, 9호(4월 19일 발행)의 5면 '한겨레에 대한 국내언론보도 태도'의 기사 머리부분에서 "국민들의 성금으로 50억 원의 창간기금을 거뜬히 마련한 신문"이라는 글이 나온다. 이들 기사의 그 같은 기술은 같은 날짜에 발행된 소식지의 같은 면 또는 다른 면 하단의 광고란에 나온 사고(社告) "창간기금을 낸 분들께 주식 교부절차를 안내해 드립니다"라는 내용과 걸맞지 않는다.

이 신문 소식지는 창간기금을 모으는 단계에서 한결같이 '국민주주

신문 창간을 위한 기금모금'이라는 표현만 나오는데 창간기금이 다 모인 시점 이후에는 '국민이 주신 성금'이라는 표현이 나오기 시작한다. 이 같은 시각은 창간작업에 참여했던 일부 인사들 가운데 '국민의 신문'보다는 '신문기자의 신문'쪽에 무게 중심을 두는 사람들이 있었다는 것을 반증하고 있다. 창간기금이 국민 투자인가 아니면 국민 성금인가에 대한 논란은 창간 이후 수년이 지나면서 공개적으로 언급되면서 '한겨레신문은 주인 없는 신문'이라는 부당한 주장으로까지 비화되었다.

한겨레신문 조직원의 정체성이 개인차가 적지 않았던 이유는 우선 창간 당시 참여했던 조직원들의 다양한 출신배경을 들 수 있다. 〈한겨레신문 소식〉지 7호(1988년 3월 10일)에는 당시까지 확보한 편집국과 판매국, 광고국 인원과 출신회사가 나와 있는데, 그것을 해직기자, 경력기자, 기타(일반 회사, 시민·언론운동단체, 출판사) 등으로 나눠 분류한 결과는 다음과 같다. 즉, 편집국의 경우 해직기자 출신이 34%, 경력기자 21%, 신입사원 23%, 기타 22%이고, 판매국은 해직기자 10%, 언론사 출신 50%, 기타 40%이며, 광고국은 해직기자 9%, 언론사 출신 64%, 기타 27%로 나타났다.

이 같은 인적 구성을 국 단위로 보면 편집국은 해직기자들이 부서장을 맡았지만 실제 취재와 제작은 경력기자의 의존도가 매우 높았다. 판매국과 광고국은 해직기자는 간부직만 맡았을 뿐 실무를 담당하는 일반직원은 언론사 해당분야 출신이거나 일반회사 출신이었다. 새 신문 창간 당시에 참여한 인력 가운데 해직기자들은 간부직을 맡은 반면 일상적으로 업무를 처리할 인력은 기존 언론사나 시민·언론운동단체, 일반회사 출신 조직원인 것으로 나타난다. 이는 편집국의 경우 기존 언론과는 매우 판이한 취재·편집원칙이 수립되어 있고, 매일 생산되는 신문으로 그 같은 작업의 성과가 가시적으로 확인될 수 있는 반면, 판매와 광고국은 편집국에 비해 낮은 수준의 독창성과 개혁성을 표방한 탓으로 기존 언론에 비해 큰 차별성이 없었다.

이 같은 회사 내 단위조직간의 독창성과 개혁성의 편차 때문에 이들 소속 조직원들은 회사에 대한 정체성에 차이가 날 가능성이 컸다. 특히 창간과정에 직접 참여치 않았던 다수의 조직원들은 새 신문의 자본구조와 지향성에 대한 인식차가 존재했고 그 같은 간극은 빈번한 사내교육을 통해 좁혀져야 했지만, 창간 이전 사원연수회는 1회에 불과했고 창간 이후에도 어려운 재정형편 등으로 창간이념 고취 등을 위한 사내교육의 기회는 많지 않았다.

2) 한겨레신문 조직원의 정체성 이념형 모색

창간 당시 한겨레신문 조직원은 해직기자, 기존 언론사의 경력기자와 직원, 언론유관단체 사원, 신입사원 등의 다양한 배경을 지니고 있었고, 그에 따라 이들의 정체성(*identity*)은 동일하다고 보기 어렵고 개개인에 따라 차이가 존재할 수 있었다. 이는 신문사 창간 시기를 기준으로 삼을 때 조직원의 언론운동 참여 정도 또는 기존 언론에 대한 비판수위, 새 신문의 사회적 역할 등에 대한 인식이 차별성을 보일 수밖에 없었고 실재 그런 사례가 창간 직후부터 자주 발생했다. 예를 들어 새 신문이 기존 언론에 대한 강한 비판과 함께 대안언론으로써 출발했는데도 다른 매체에 대한 비판, 즉 매체비판을 놓고 내부의 반발이 심했고 결국 창간 1년이 안돼 중단되고 말았다. 이는 편집국 구성원 사이에 벌어진 많은 갈등사례 가운데 하나인데 편집과 비편집 부분 구성원간에 소속부서의 독창성과 개혁성의 차이로 인한 갈등도 피할 수 없었다.

한겨레신문 구성원의 정체성 위기는 이 신문의 창간과정에 대한 과학적 인식과 창간이념에 대한 내부 합의와 추진이 편집과 비편집 부서간의 독창성과 개혁성 차이의 방치 등의 과정에서 발생했다고 추정된다. 새 신문 구성원의 정체성 확립에는 한겨레신문 창간과정에 대한 해석과 의미부여에 대한 내부 합의가 가장 중요했다고 본다. 그것이 첫 단추였으며 그것이 잘못 끼워졌을 때 그 다음 단계는 거의 피할 수 없는 갈등과정으로 진입할 가능성이 컸다.

한겨레신문 구성원은 자기가 소속한 새 신문사와 기존 언론과를 구별하는 데서 출발하는 소속감을 지니고 있었을 것으로 추정된다. 새 신문 구성원은 일반인들에게 일상적으로 확인된 편집전략의 특성, 촌지거부 등으로 대별되는 윤리성 강조, 광고·판매전략의 제한적이나마 나름대로 의미가 큰 차별성 등에 대한 우월감을 가지면서 이 신문의 열악한 봉급체계, 빈약한 사세 등의 어려움을 견뎠다고 본다. 한겨레신문에 대한 개혁성, 도덕성 등의 이미지를 떠올리는 것에 대한 '한겨레 식구'라는 소속감에 만족했던 것으로 추정된다. 그러나 그들이 지닌 소속감 혹은 정체성이 원래부터 차이가 나거나 조직간 인사이동을 통해 정체성 혼란이 발생하면서 생존전략 수립 등에서 견해차가 발생했다.

한겨레신문 조직원이 지녀야할 가장 바람직한 소속감, 또는 그들의 정체성에 대한 이념형을 모색할 필요가 제기된다. 이 신문 창간과정에 기여한 시민사회와 언론민주화운동 세력 등 다양한 변인들의 염원이 수렴된 창간이념을 보전하기 위해서는 이 신문 조직원들이 그에 걸맞은 정체성을 지녀야하기 때문이다. 이에 따라 한겨레 조직원의 정체성 이념형 모색, 한겨레신문 창간이념을 보전할 전략수립에 긴요한 회사 안팎의 자원들이 무엇인지를 창간과정의 특성 속에서 추출코자 한다. 새 신문 창간정신 보전전략 수립 또는 그 추진과정에서 발생한 갈등은 결국 정체성의 위기에서 비롯된 것으로 추정된다.

이 신문 조직원이 지녔어야 할 정체성의 이념형은 새 신문 창간과정에 대한 사회과학적 분석작업에서 나타난 한겨레신문 창간의 역사적 의미 속에서 쉽게 발견된다.

한겨레신문 창간은 사회운동 과정에서의 대안언론 창간을 의미하는데, 이 신문은 1980년대 후반 분출한 시민사회운동과 언론민주화운동이 결실을 맺었다는 역사적 의미를 지닌다. 국민주주 투자형식으로 창간기금을 모금해 신문사를 창간한 것은 세계에서 그 유례가 없는 독특한 것이었다. 시민사회는 해방 이후 국가와 정치사회에 의해 지속적 통제대상이었으나 광주민중항쟁을 계기로 지속적 자아성숙과 동원력 확대의 과정을 거치면서 권력의 언론통제와 상업주의 언론의 폐해를 극복하려는 대안언론 창간운동을 지원해 국민주주 신문의 창간이라는 결실을 이뤄냈다.

새 신문 창간운동이 단시일 내에 시민사회의 지지 속에 성공할 수 있었던 이유의 하나는 해직언론인을 중심으로 1970년대 후반 이후 1980년대에 걸쳐 진행된 언론민주화운동세력에 대한 사회적 신뢰가 누적된 결과라 할 수 있을 것이다. 한겨레신문의 창간과 제도권 언론으로의 정착은 한국사회의 전반적 변동과 직결되어 있고 언론민주화운동을 통한 정보자원의 배분기제가 변화한 의미를 함축하고 있다.

이상에서 요약한 한겨레신문의 역사성을 담아낼 그 조직원의 이념형적 정체성은 한겨레신문 창간 당시의 정관(별첨 7)에 규정되어 있다. 즉, 그 정관 전문에 '국민의 신문, 신문기자의 신문'으로 적절히 축약되어 있는 바, 해당 부분은 다음과 같다.

우리는 나라의 민주적 기본질서 확립과 민족의 통일을 목표로 국민에 바탕을 둔 자유롭고 책임 있는 언론을 정립하려 한다. 이를 위해 민주적 가치와 사회정의의 구현에 전력하고, 편집권의 독립을 통해 신문이 걸어야 할 정도를 지킴으로써 '국민의 신문, 신문인의 신문'을 지향하는 '한겨레신문'을 창간하여 자유언론의 참뜻에 신문을 길이 만들어 가고자 이 정관을 만든다.

3) 한겨레신문 창간이념 보전전략

한겨레신문 창간 이후, 창간과정에서 시민사회에 약속한 창간이념을 오랜 세월 동안 어떻게 유지하고 확산시킬 전략은 무엇이냐에 대한 사회적 관심이 높았다. 국민주주 신문으로 창간된 것이 세계에서 유일한 사례로 손꼽히지만 창간 당시 약속한 정체성이 변질되지 않고 어떻게 지켜질 수 있느냐에 대해 시민사회와 언론운동 세력 간에 논란이 있었다.

창간이념의 보전은 새 신문 구성원의 노력과 함께 창간과정에 동참했던 시민사회와 언론민주화운동 세력의 공동책무라 할 수 있다. 그것의 보전을 위해서 신문사의 안팎과 관련된 여러 가지 필요충분조건이 충족되어야 하기 때문이다. 즉, 사회운동과정에서 시민사회에 행해진 여러 가지 약속들이 이행되는지에 대한 전 사회적 감시와 격려, 6월 항쟁의 유일한 성과물인 한겨레신문 창간의 물적 토대를 만들어준 전체 주주와 신문사 경영에 직접 참여한 당사자들의 지속적 노력 등이 필요하다. 그러나 신문사의 조직원에게 더 무거운 책임이 주어진다는 점에서 한겨레신문 창간이념의 보전전략에 대한 점검을 시도했다. 창간이념 보전전략은 한겨레신문이 창간과정에서부터 확보한 회사 안팎의 유·무형의 자원활용으로 가능하다고 본다. 그 같은 자원들은 창간발기위원회 등에 참여했던 창간운동 동참세력과 지역에서 창간기금 모금에 노력한 주주 모임, 전체 주주, 새 신문의 독창적 편집전략, 광고·판매전략 등으로 그것을 살펴보면 아래와 같다.

① 창간발기위원

3,319명의 창간발기인들은 창간발기인대회를 통해 신문의 사업계획 기본원칙을 민주주의의 실현, 분단의식 극복과 통일지향 등으로 삼고, 주요 사업으로 일간지 및 도서와 잡지발행과 판매, 교육, 문

268

화, 사회사업 등을 추진키로 공표하는 등 새 신문 창간과정에서 결정
적 역할을 했다. 창간발기인들은 전국의 교육계·종교계·문화예술
계·민주사회단체·의료계·여성운동계 등과 함께 전국 각지의 교
수·종교·사회단체 대표들이 포함되어 있는데, 새 신문이 단기간
내에 창간기금을 모금하고 전국종합일간지로 출발할 수 있었던 것은
창간발기인과 이들의 활동에 힘입은 바 컸다. 새 신문에 범국민적 참
여를 촉구하기 위해서 새 신문에 대한 사회적 신뢰감 부여가 필요했
으며 창간발기인들은 그 같은 역할을 담당했다.

발기인들은 각계 대표 56인으로 '창간위원회'를 구성했는데, 이 위
원회는 주주총회에 이사진 후보를 선정·보고하고 회사의 기본방향
과 관련한 주요사항을 논의하는 역할을 담당했다.

② 사회 원로와 주주 등의 지원세력
김수환 추기경 등 각계 원로나 종교 및 사회단체들은 새 신문 발의
를 환영하고, 시민들의 적극적 참여를 당부하는 지지성명을 발표하
는 형식으로 새 신문 창간기금 모금운동을 지원했다. 또한 인천, 광
주, 대구, 대전, 부산 등 전국 여러 지역에서 새 신문의 창간발기를
축하하고 범시민적으로 설립기금 모금운동에 동참하는 조직운동이
전개되었으며, 이들 지역후원회를 이끄는 인사들은 대부분 해당지역
에서 민주화를 위해 애써온 종교계, 학계, 법조계 등 각계 인사들을
비롯해 일반시민, 학생 등 다양한 계층을 망라하고 있었다. 이들의
지원으로 새 신문은 1988년 2월 창간기금 50억 원 모금을 완료하고,
같은 해 9월 발전기금(목표 100억 원) 국민모금에 나서 이듬해인
1989년 5월 15일 창간 1주년 기념일에 목표액을 초과 달성해 115억
원의 모금이 가능했다.

③ 편집전략

새 신문 창간이라는 언론민주화운동이 시민사회의 신뢰를 확보하기 위해서는 편집전략이 기존 언론과 큰 차이가 있다는 점을 확인시켜야 했고 그것은 새 신문 창간운동의 성패를 좌우할 만큼 중요한 의미를 지니고 있었다. 새 신문의 창간정신을 구체화시킬 기본적 편집방향과 편집국 구성, 지면배정, 신문체제 등에 대해 〈한겨레신문 소식〉 등을 통해 수차에 걸쳐 공개되었으며, 그것은 기존 언론의 부정적 측면에 대한 정면 공세이자 확실한 대안제시의 성격을 지녔다. 그 주요 내용은 다음과 같다.

권력과 자본으로부터 독립하고 보도지침과 같은 외부의 간섭과 압력을 배제해 사실과 진실만을 알리는 것이 가장 중요한 원칙이며 뉴스와 보도가치를 정하는 원칙도 민주적, 민족적 관점에서 정립한다. 새 신문은 대중적 정론지를 지향하며 기사의 가치척도, 취재원, 지면구성 등 모든 것에 대한 새로운 발상을 제시했다. 상업주의적, 선정적 편집태도를 배격하고 보도할 가치가 있는 진실만을 중점적으로 깊이 있게 보도한다. 새 신문은 편집자나 기자의 특권의식과 독단주의를 철저히 배격하고 독자의 반론권을 보장한다. 새 신문 제작실무는 해직기자와 함께 수습기자 공채 등의 방식으로 한다. 새 신문 기자는 촌지를 받지 않는 품위 있고 존경받는 기자상을 지켜나간다.

④ 광고·판매전략

새 신문의 생존을 보장하고 성장잠재력을 키울 경영전략은 언론사회운동의 성과물인 새 신문의 혁신적 편집전략을 장기적으로 유지, 발전시킬 수 있느냐를 결정짓는 생존전략으로 볼 수 있다.

광고전략은 새 신문의 창간호부터 발행부수를 공개하고 창간 1년 후부터 ABC(발행부수공사기구)에 가입하며, 전체 지면에서 광고가 차지하는 비율을 기존 신문의 45~50%에 비하면 낮은 39%선(약 47단)으로 유지키로 한다. 기업체의 광고를 취급하지만 광고주로부터의 압력 때문에 신문의 본질을 흐리지 않게 한다는 것이 뼈대다. 신문 판매정책으로 정가 판매제를 철저히 이행하고 구독신청을 받은 후 신문을 배달해 주는 '선 신청 후 구독'으로 한다. 신문사와 지사·지국의 관계는 종래 기존 언론의 수직적 관계가 아닌 공존공생하는 공동체관계를 추진키로 한다.

이상에서 본 바와 같이 새 신문의 광고 판매전략은 편집전략에 비해 참신성이 낮다. 이는 당시 신문사 조직유지와 윤전기 등 제작설비 투자 등을 위해서 확보해야 할 재원마련을 위해 불가피한 측면이 있다 해도 중장기적으로 보면 창간이념 유지에 적극 기여할 수 있다고 보기 어려운 측면이 있다.

이상에서 고찰한 여러 자원 가운데 창간발기위원회와 사회 원로와 전국주주 조직 등의 지원세력, 편집전략 등은 한겨레신문의 창간이념을 보전하는 데 긍정적 역할을 할 수 있을 것으로 보인 반면, 광고·판매전략은 기존 언론의 그것과 큰 차이를 보이지 않는 내용이어서 지속적인 긍정적 기여를 기대키 어려운 측면이 있는 것으로 나타난다. 특히 편집전략과 광고·판매전략이 독창성과 개혁성 등에서 현격한 차이를 보인 것은 한겨레신문사 조직이 편집과 광고·판매부분으로 대별된다는 점에서 심각성이 내재해 있다. 편집부분 업무의 높은 개혁성이 광고·판매부분 업무의 낮은 개혁성과 갈등을 일으킬 소지가 크며, 이 같은 차이는 전체 조직원의 정체성 확립 또는 일체감 조성과 생산성 증대 등을 통한 창간이념 유지와 확산에 걸림돌이 될 가능성도 적지 않다. 따라서 창간직후의 상황에서 보면 한겨레신문의 창간이념을 보전키 위해 창간발전위원회나 전국 주주조직 등을 경영전략에 활용할 수 있도록 노력하고 편집전략의 탁월성에 걸맞은 광고·판매전략의 보완노력이 필요한 것으로 나타난다.

 4) 정체성 위기와 갈등사례

  한겨레신문 창간 이후 3~4 년 사이 발생한 갈등사례 몇 가지는 정체성 위기나 창간이념 혼선 등에서 유발한 것으로 추정할 수 있는 요인이 많다. 즉, 이 신문 창간과정의 복합성으로 창간과정에 대한 의미부여의 편차가 커 이 신문사 소속원간에도 신문사의 정체성에 대한 차이가 존재했다. 그것은 내부 구성원간에 신문사 경영과정에서 갈등의 형태로 구체화되기도 했다. 이는 앞서 지적한 신문사 창간이념을 보전키 위한 회사 안팎의 자원활용 전략과 내부 조직간 독창성, 개혁성의 차이에서 유래했다고 추정된다.

  한겨레신문 창간이념과 윤리강령을 내면화한 한겨레신문 조직원은 기존 언론의 촌지수수, 권력과 자본의 논리에 경도된 보도성향 등에 대해 초연한 태도를 보일 수 있었다고 가정할 수 있다. 그러나 한겨레신문은 기존 신문사와 유사한 편집과 비편집 부문의 인력과 조직으로 구성되었으며, 편집전략과 광고·판매 전략의 독창성, 개혁성 차이로 인해 이들 두 개 조직 구성원간에 정체성 위기가 발생할 개연성이 높았다. 즉, 편집부문은 광고·판매부문에 비해 일상적으로 매우 높은 작업의 창의성과 윤리의식 등을 요구받는 데 반해, 광고·판매부문은 편집부문에 비해 경미한 창의성을 요구받기 때문이다. 이들 두 부문의 소속원은 상호 교류할 수도 있어 개인이나 소조직 단위에서의 정체성 위기를 느낄 경우가 많았다고 추정된다.

  이와 함께 한겨레신문은 창간 후 사세확장 등의 과정을 거치면서 신문사 안에 유·무형의 자원이 증가했고 이를 둘러싼 내부갈등이 발생했다. 국민주주 모금형식에 대한 해석차이 등은 신문사 경영권과 편집권 등의 내부 자원을 둘러싼 구성원간의 갈등으로 연결되었는데,

272

그에 대한 안팎의 조정 또는 견제장치가 존재치 않아 심각한 상황으로 전개되기도 했다. 기존 정치권력과 기존 언론의 비우호적 태도 등을 극복하고 창간된 한겨레신문은 성공적 창간단계를 거치면서 많은 자원을 축적케 되었는데, 유형의 자원은 발행시설, 인력, 소비시장 확보 등이고, 무형의 자원은 사회적 영향력 획득, 신문제작 기술의 향상 등이다. 이 같은 자원의 재생산과 집행과정에서의 주도권 행사를 둘러싼 갈등이 생산적으로 조정될 기제가 한겨레신문 안팎에 없었고, 그것은 전 사회에 충격적 모습으로 나타났다.

대표적 사례에 대한 분석결과는 아래와 같다.

① 경영전략의 시각차

한겨레신문의 자본성격, 이 신문의 지향성 등에 대한 시각차는 1989년 11월부터 중장기 경영전략 수립과정에서 갈등을 초래했다(《시사저널》, 1991년 4월 18일). 당시 총괄상무는 신사옥 건립계획을 수립하면서 '확대 경영론'을 주장한 반면 상무 등 일부 이사들은 '축소 경영론'을 주장했다. 두 사람은 접점을 찾지 못하고 팽팽히 맞서다 결국 두 사람 모두 사표를 내기에 이르렀다. 이사회의 중재로 두 사람은 사표를 철회했으나 이때부터 한겨레신문은 서서히 분열양상을 보이기 시작했다.

이 같은 경영전략의 시각차는 이른바 '기채론', '자립론'과 연결되어 있었다(《신동아》, 1991년 6월호). 기채론은 1989년 이 회사 개발본부가 신사옥 건축과 고속윤전기 도입계획을 수립할 때 처음 공식 거론됐다. 개발본부는 당시 200여 억 원이 드는 사업계획안을 임원회에 제출하면서 자금조달을 위해 은행융자나 사채를 얻는 방법을 고려해봄직 하다고 주장했다. 그 같은 주장은 한겨레신문이 발전기금 100억 원의 모금을 마친 뒤에 나온 것이어서 이해하기 어려운 측면이 있다. 국민주주로부터 거금을 모금한 뒤 은행에서 융자를 얻어 경영하

겠다는 발상은 당시 권력과 금융권과의 비정상적 관계에 비춰볼 때
자본으로부터 독립이란 명제에 반하는 것으로 판단되기 때문이다.
당시 대다수 임원들은 "한겨레가 은행문턱에 들어서는 순간 정부에
발목을 잡히게 되는 것"이라며, "천막을 치고 윤전기를 놓더라도 은
행 빚이나 사채를 얻어서는 안 된다"고 반대해 사업계획은 대폭 축소
되었다. 한겨레신문이 창간운동 당시 권력과 자본으로부터 독립한
신문을 시민사회에 약속했으면서도 토대를 굳히려는 과정에서 조직
원의 정체성 차이가 심각하다는 것이 드러났다.

한겨레신문 창간운동 주체들이 기존 언론의 부정적 측면을 부정하
고 독창적이고 혁신적인 신문을 만들겠다고 다짐한 것은 기존의 정
치, 경제, 사회, 언론의 지배적 논리에 반기를 든 것으로 그것은 고
난의 길을 의미했다. 즉, 기존 언론처럼 광고수입이 많을 수도 없었
고, 판매도 여의치 않을 것이며 그에 따라 한겨레신문 조직원의 급여
수준도 열악할 수밖에 없는 구조적 한계를 지닌 것으로 인식해야 했
다. 그러나 내부의 일부 조직원들은 당시의 국민주주 신문이 지닌 엄
혹한 한계상황을 인정치 않고 기존 언론의 반열에 오르고 싶어하는
빗나간 열정을 보이기도 했다.

② 편집권을 둘러싼 갈등

한겨레신문은 1990년 경영층의 인사권과 편집권이 대립하면서 사
회적 주목대상이 되었다. 이것은 편집권 독립에 대한 내부 구성원의
시각차가 빚은 비극적 사례였다. 이는 국내에서 최초로 시행된 혁신
적 제도였지만 구성원간에 그에 대한 인식의 정도가 큰 차이가 있었
기 때문이다. 한겨레신문이 주식회사로 등록된 상황에서 편집권은
형식 논리상 당연히 대표이사의 인사권에 종속되어야 하는데도 편집
권의 배타적 행사를 주장하는 사례가 발생한 것이다. 특히 대표이사
가 당시 언론운동의 상징이었던 송건호라는 점에서 이런 제도가 창간

후 수십 년이 지난 상태에서 어떻게 합리적으로 운용될 수 있을 것인
가 하는 문제를 제기했다.

그 사건은 편집위원장이 낸 기자 인사안을 임원회가 심의해 수정발
표하자 편집위원장이 이에 반발하여 보직 사퇴서를 제출하고, 편집
국 일부 기자가 임원회의 결정은 편집권 침해라며 반발하고 나서면서
시작되었다. 결국 편집위원장은 정관에도, 단체협약 규정에도 없는
편집국 기자들만의 편집위원장 신임투표를 강행해 기자들의 재신임
을 받았으나 두 명의 임원이 보직사퇴하고, 논설위원 3명이 집단사표
를 내는 등 사태가 악화되자 회사를 떠나고 말았다(《시사저널》, 1991
년 4월 18일).

③ 주총의 권한에 대한 갈등

지난 1991년 3월 23일 열린 주주총회에서 송건호 대표이사가 주주
몇 사람의 제안을 받아들여 창간위원회가 추천한 이사명단에 빠져 있
던 김태홍 씨를 추가하고 황인철 감사를 탈락시키자 노조 대의원 다
수가 크게 반발하고 나섰다. 이들은 창간위원회의 합의를 어기고 송
대표가 파행적 의사진행을 했다면서 송 대표와 임원 2명의 퇴진을 요
구했다. 그 같은 상황에서 회사정관에 따라 송 대표에 대한 사원신임
투표가 실시돼 결국 송 대표는 과반수 지지를 얻지 못하고 말았다.
이는 주식회사 법에 따르면 주주총회가 최고의 의결기구인데도 한겨
레신문 조직원 일부는 그 같은 법리적 측면보다 창간위원회라는 사내
기구의 결정이 주총보다 더 상위에 있다는 주장을 함으로써 실험단계
의 한겨레신문 경영에 문제를 제기한 것이다.

④ 주주와의 관계 혼선

한겨레신문은 창간기금 50억 원 모금에 이어 1988년 9월 발전기금
(목표 백억 원) 국민모금에 나서 이듬해인 1989년 5월 15일 창간 1주

년 기념일에 목표액을 초과달성해 115억 원을 모았다. 주주는 5만 9
천여 명에 이른다. 발전기금 모금은 한동안 실적이 저조해 한겨레 임
직원들의 애를 태웠으나 '공안정국'에 접어들면서 이영희 논설고문이
구속되는 등 사건이 잇따른 뒤 기금이 쏟아져 들어왔다. 북한이라는
자원을 놓고 벌인 새 신문의 취재노력에 대해 관련자들이 국가보안법
위반으로 고통을 당해야 했지만 국민주주들이 발전기금이라는 자원
을 제공한 것이다.

창간 당시 기금모금에 앞장섰던 한 해직언론인은 "기금 10만 원을
모으는 것이 얼마나 어려웠는지 모른다"고 회상했는데, 백수십억 원
이 새 신문에 투자된 것은 당시 정치와 언론의 민주화에 대한 시민사
회의 열망이 얼마나 뜨거웠나 하는 반증이 되고 있다. 1990년 초 현
재 한겨레신문 주식의 98%는 사외주주들이 소유하고 있었고 소속
직원들이 소유한 주식은 전체의 2% 정도였다. 창간 당시부터 이들
98%의 사외주주들이 경영에 참여하는 방식으로는 주주총회에 주주
들이 주총 소집 및 주총 의결권을 위임하는 위임장을 회사로 보내는
형식이 취해졌다. 이는 한겨레신문이 사회운동 차원에서 창간되었다
는 특성상 언론민주화를 지지했던 일반 주주들이 구체적 경영참여 요
구를 강하게 제기하는 잠재적 요인을 안고 있었다.

창간 초기에는 축제 분위기에서 주주들의 주총 참여가 이뤄졌지
만, 이 신문사가 기업화되면서 나타난 경영 난맥상에 대해 주총에서
일부 주주들이 문제제기를 하는 일이 잦아졌고 강도도 높아졌다. 한
겨레신문 경영층은 전국 각지에 흩어져 있는 6만여 명의 주주들이 어
떤 방식으로든 직접적으로 경영에 참여한다는 것은 언론의 전문성에
비춰 적절치 않다는 논리를 앞세웠다. 이 같은 논리는 창간기금 모금
당시 주주들의 민주언론 운동참여를 약속 받았던(그것이 비록 모금 캠
페인 과정에서 구두로 행해진 것이라 해도) 다수의 소액주주들이 경영
에 직접적 영향력을 행사할 수 없게 된 것으로 해석되기도 해서 한겨

레신문은 창간 이후 흔히 '주인 없는 신문'이라고 언급되는 원인을 제공한 측면이 있다.

그것은 한겨레신문 안팎에서 너무도 자연스럽게 언급되었다. 이는 일제강점 당시 창간된 동아일보가 한겨레신문과 유사한 주주 모금 형식으로 이뤄졌지만 결국 사유화되고 말았다는 사례가 거론되면서 더욱 광범위하게 유포되었다. 전국의 일부 주주들과 독자들은 1991년 여러 지역에서 자생적으로 조직을 만든 후 전국조직을 형성한 후 한겨레신문의 일부 부실경영에 대해 공개적 문제제기를 지속하다가 급기야 대표이사 선임과 관련해 법정소송까지 벌이게 된다(박해전 편저, 1994).

제 6 장
결 론

1. 연구의 요약 및 결론

한겨레신문 창간은 1987년 6월 항쟁 후 제한적 민주화 공간의 확대 속에서 사회운동의 한 형태로 시도되어 다음 해인 1988년 5월 그 결실을 맺어 대안언론 또는 제도권 언론의 하나가 되었다. 이 신문 창간과 동시에 진행된 정치·경제적 변화 속에서 민주화 진전과 언론사 창·복간 러시, 그리고 동구권 붕괴 등의 큰 변화가 진행되었다. 이 신문의 창간과정을 분석하는 것은 그것이 지닌 사회학적 의미를 규명코자 하는 데 있다.

이 신문의 창간은 정치적 민주화운동의 일환으로 또는 그 중요한 수단의 하나로 추진되었고 언론 자체의 민주화, 즉 언론민주화운동의 성격도 지니고 있다. 또한 국민주주 신문으로서 창간되어야 했던 당위성, 즉 대안언론운동의 성격을 띠었는데, 그것은 기존 언론이 지닌 보수적 성향을 개혁·진보적 성향으로 탈바꿈시키고자 한 시민운동의 방향성이 주요 추동력으로 작용했기 때문이다.

　이론적 논의의 주제는 권위주의 정치체제하에서 언론의 성격, 자본주의 시장경제하에서 언론의 성격, 정치·사회운동으로서의 언론운동, 사회운동의 동원과정에 대한 것으로 압축했다. 그리고 분석 틀은 한겨레신문 창간운동의 구조적 배경과 한겨레신문 창간운동 전개과정, 결과 등으로 삼원화시켰다. 이는 구조적 배경은 한겨레신문 창간의 필요조건이 되었던 일반화된 시대상황 개념으로 설명할 수 있는 데 비해 새 신문 창간운동 전개과정은 대안매체 성격의 신생매체 결성이라는 단일 사안에 그쳐 그 분석차원에서 차이가 있기 때문이다. 이 신문의 창간 이후는 사회운동의 단계에서 제도권으로의 진입을 의미하기 때문에 별개의 차원으로 다루는 것이 합리적이라고 판단된다.

　새 신문 창간의 구조적 배경은 권위주의 정권하에서 언론의 성격, 생존전략과 민주화운동 등의 요인이 포함된다. 1980년대 사회운동의 특성은 광주항쟁을 통해 지배권력의 폭력성을 극복대상으로 부각시킨 의식이 확산되면서 미국의 군부세력에 대한 지원확인을 통해 반외세 자주화역량 확보의 필요성에 대한 사회적 공감대가 형성되었다. 5공화국을 전후해 자행된 언론탄압을 분류하면 법률적 통제로는 헌법·국가보안법·신문 통신 등의 등록에 관한 법률·계엄법·반공법·대통령-국회의원 선거법·집시법 등이었고, 행정적 통제로는 기자 신분증제 실시·정부 각 부처 대변인제 도입 등이 손꼽힌다. 불법적 탄압은 보도지침을 통한 규제, 기관원의 언론사 출입, 임의동행 형식의 언론인 불법 연행조사, 기자에 대한 폭력행사 등이 포함된다.

　권위주의 정부의 언론탄압에 대해 기존 언론은 이윤극대화라는 상업주의를 생존전략으로 채택했으며, 권력은 그 같은 언론의 속성을 이용한 행정적, 재정적 지원과 특혜로 언론을 권력에 편입시켰다. 당시 정부는 신문 카르텔을 묵인했고 신문사에 감세혜택을 주었다. 신문사들은 권력의 허용으로 출판업을 확장해 많은 잡지들을 창간했으며, 중소기업 고유업종인 상업인쇄, 부동산 임대, 스포츠사업, 문화사업 등의 진출이 가능했다.

군부통치 기간동안 공식 언로(言路)가 권력에 의해 차단되고 왜곡되면서 비공식적 매체 즉, 각종 유인물과 테이프, 미등록 주·월간지 등이 정보전달 역할을 대행하는 언론운동이 전개되었다. 지배구조가 독점자본 위주로 재편이 이뤄지면서 사회운동도 변화했다. 즉, 과거 반독재 저항운동에 결집했던 다양한 계층의 이해관계와 관점을 대변하던 사회운동 집단들이 1987년 이후 급속히 분화, 재결집했다. 이 같은 정치·사회적 상황변화는 시민운동, 민주화운동에 모아졌던 대중적 지지와 열기가 민주언론이라는 비정치적 슬로건을 내건 한겨레신문 창간운동에 대한 사회적 관심과 참여의 정도를 고양시켜 단기간 내에 창간기금 모금과 창간조직화 성공, 그리고 창간을 가능케 한 요인의 하나가 되었다.

6공화국에서는 신문사 창간규제가 완화되면서 한겨레신문 등을 비롯해 수많은 매체가 전국적으로 등장했다. 정부수립 이후 억제되었던 언론사 노조가 결성되고 권력과 자본으로부터 자유로운 언론을 쟁취하기 위한 운동이 활발히 전개되어 신문과 방송사의 파업으로 비화되었다. 언론자본의 무한경쟁이 벌어져 신문업계의 완강하던 카르텔이 깨지면서 증면경쟁, 중앙과 지역 동시인쇄 등의 변화가 일어났다.

6공화국이 시작된 뒤 정치권력의 언론에 대한 통제는 협조와 조정을 통한 형식으로 변화되었다. 1980년대 중반까지 기존 언론은 제도언론으로 비하될 만큼 권력의 요구에 순응했다. 그것은 또한 재벌경제구조의 특성을 지닌 일반시장에서 광고주의 이윤창출 논리에 영합하는 상업주의 언론의 특성을 강화시켰고, 그 같은 부정적 특성이 한겨레신문 창간의 구조적 배경의 하나가 되었다.

1980년대 시민사회의 발전과 함께 등장한 것은 기존 언론에 대한 배척과 함께 언론자유 확보의 중요성에 대한 사회적 각성과 그 실천운동이다. 5공화국 당시 가장 대표적 시민사회의 언론운동은 KBS

시청료 거부운동이었고 그 과정에서 젊은 언론인들의 자성(自省)운
동이 KBS, MBC 등을 중심으로 전개되었다.

새 신문 창간의 전개과정은 언론민주화 및 대안언론 운동, 창간운
동의 조직화, 동원화 과정과 한겨레신문 정체성 확립의 분석을 통해
설명했다.

1980년대 시민사회의 민주화운동은 언론민주화운동과 병행해서 추
진되었는데, 이는 기존 언론이 시민사회의 민주화 추진운동 등의 움
직임에 대해 침묵했기 때문이다. 시민사회의 운동세력들은 기존 언
론의 그 같은 행동을 비판하는 한편 자신들의 투쟁소식을 알리기 위
해 스스로 민중언론매체를 만들어서 선전홍보에 활용했다. 그 같은
활동은 노동자, 농민운동 단체들을 중심으로 활발하게 전개되었고,
언론민주화운동세력은 1980년대 중반 조직체를 발족시켜 《말》지라는
대중매체를 만들어 시민사회를 상대로 배포활동을 벌였으며, 특히
'보도지침'을 폭로해 6월 항쟁의 기폭제의 하나가 되기도 했다.

민언협은 1985년 6월 《말》지 창간호 제언 '새 언론 창설을 제안한
다'를 통해 민언협의 궁극적 목적이 민주, 민족, 민중언론의 창달에
있음을 밝힌 데 이어 민중언론 시대의 요청에 따라 새로운 언론기관
의 창설을 제안한다고 밝혔다. 그리고 《말》지 14호는 한겨레신문의
창간을 위한 최초의 본격적 행동인 창간발의자 총회와 관련한 기사를
보도해 언론운동 세력이 합법적 매체 창간운동을 시작한 사실을 확산
시켰으며, 그후 17, 20, 22호 등은 새 신문 창간과정에서 관련정보
를 적극 보도하는 역할을 담당했다.

한겨레신문 창간 조직화과정의 단초는 6월 항쟁 후 해직기자들이
새 신문 창간움직임을 구체화시키면서 시작되었다. 그들은 '새 언론
창설연구위'를 구성해 '민중신문(가칭) 창간을 위한 시안'을 내놓고,
거기에서 새로운 신문의 형태로 국민적 참여, 편집권 독립, 한글 가
로쓰기, 독자의 반론권 보장 등을 제시했다. 이어 창간발의 준비위원

회(위원장 송건호)가 196명의 전·현직기자들에 의해 결성됐고, 1인당 50~100만 원씩, 모두 1억여 원의 창간발의 기금을 내고 창간발의 동의서에 서명했다.

9월 23일 해직언론인과 현직기자 등 100여 명이 참석한 새 신문 창간발의자 총회가 열려 전 국민적 참여의 주식공모를 통한 새 신문 창간을 다짐하는 발의문과 발의자 명단이 발표되었다. 총회는 새 신문 발의문을 통해 새 신문 창간의 방향성 등과 관련해 민주주의적 모든 가치의 온전한 실천, 민중의 생존권 확보와 민중의 생활수준 향상, 분단의식의 극복과 민족통일의 지향을 최대 이념으로 삼고, 이를 위해 정치권력, 대자본, 광고주로부터의 독립을 확고히 할 제도적 장치와 경영·편집진의 혁신적 구성방침을 정하며 국민적 자본참여를 통한 편집권 독립실현, 선정주의 배격, 광고지면의 정보화 지향, 독자의 반론권 보장 등을 제시했다.

이날 총회는 주주 한 사람이 출자액을 창립자본금 50억 원의 1% 이내로 제한하도록 했고, 창간발의준비위는 창간발기추진위원회로 개편됐으며, 이 위원회는 새 신문 창간작업의 최고 의사결정기구로 발의자 총회에서 인준을 받은 23명으로 구성됐으며, 10월 22일 전체 회의에서 새 신문의 제호를 '한겨레신문'으로 결정했다. 이어 10월 30일 3,319명의 창간발기인들에 의해 창간발기인대회가 열려 새 신문 사업계획의 기본원칙을 민주주의의 실현, 분단의식 극복과 통일 지향 등으로 삼고, 주요 사업으로 일간지 및 도서와 잡지발행과 판매, 교육, 문화, 사회사업 등을 추진키로 했다.

간행물의 편집원칙은 제도언론의 타성적 편집태도와 획일주의를 극복, 취재원을 권력기구 중심에서 민생중심으로 이동하고 가로쓰기, 독자의 반론권 보장에 두기로 했다. 이날 대회에서는 발기인들을 대표하는 각계 대표 56인으로 '창간위원회'를 구성했는데, 이 위원회는 주주총회에 이사진 후보를 선정·보고하고 회사의 기본방향과 관련한 주요사항을 논의하는 주요기구였다. 새 신문 창간발기인을 보면 교육계, 종교계, 문화예술계, 민주사회단체, 의료계, 여성운동계 등과 함께 전국 각지의 교수, 종교, 사회단체들이 포함되어 있는데, 새 신문이 단기간 내에 창간기금을 모금하고 전국종합일간지로 출발할 수 있었던 것은 창간발기인과 이들의 활동에 힘입은 바 컸다. 새 신문에 범국민적 참여를 촉구하기 위해서 새 신문에 대한 사회적 신뢰감 부여가 필요했으며 창간발기인들은 그 같은 역할을 담당했다.

창간을 위한 행정절차를 보면, 창간사무국은 1987년 12월 14일 서울민사지법에 수권자본금 50억 원의 한겨레신문 주식회사 법인 설립 등기를 완료해 법적 실체를 갖춘 주식회사로 출범했다. 한겨레신문 사업자 등록증이 신청 석 달 만인 1988년 3월 12일 종로세무서에서 발급되었다. 사업자 등록증은 당국의 인가와 허가를 필요로 하지 않는 사업일 경우 신청 1주일 만에 발급하는 것이 일반적 관례였으나 새 신문의 경우 뚜렷한 이유 없이 발급이 지연되었다. 한겨레신문사는 1988년 1월 23일 정기간행물의 등록 등에 관한 법률에 따라 윤전기 등 법정시설 요건을 갖추고 문공부에 일간신문 등록 신청서를 접수시켜 약 3개월 후인 4월 25일 등록증이 교부되었다. 등록증 교부 때까지 송건호 한겨레신문 발행인은 기자 회견 2번, 문화공보부장관을 3차례 방문했고, 한겨레신문 기자, 사원은 2차례에 걸친 시위를 벌여야 했다.

새 신문 창간을 위한 내부조직 정비과정을 보면, 12월 14일 한겨레신문주식회사 창립총회를 열어 임원선임, 정관확정 등 법적 요식절차를 마무리지었다. 창간사무국은 1988년 1월 초부터 새 신문 창간 작업을 구체화하기 위해 내부조직에 착수, 윤전기를 구입하고 편집진용 구성, 사원공채에 이어 전산제작체제(CTS) 도입 등을 실시했다.

창간준비 사무국은 새 신문 창간에 가장 중요한 자원의 하나인 창간기금을 모금하기 위해 전 국민을 대상으로 주식을 공모키로 하고

1987년 11월부터 일반 국민을 상대로 주식모집에 들어갔다. 새 신문 창립 자본금으로 책정한 50억 원을 마련키 위해 1주당 액면가격을 5천 원으로 하고, 새 신문의 편집권을 제도적으로 보장하기 위한 장치로 1인당 출자 상한액이 창립자본금의 1%를 넘지 않도록 제한했다. 모금방식은 은행과 우체국을 통해 송금되거나 창간사무국에 직접 납입하는 방식이었다.

창간준비사무국은 기금모금 등에 대한 선전홍보 활동과 유명인사의 지지선언, 시민사회단체의 동조 등 창간 준비과정을 알리기 위해 1987년 10월부터 3회에 걸쳐 '새 신문 소식지'를 만든 데 이어 같은 해 11월부터 다음 해 4월까지 10회에 걸쳐 〈한겨레신문 소식〉을 발행해 배포했다. 이와 함께 발의자와 창간위원, 사무국 요원, 지역주주 모임 등을 통한 직·간접적 홍보와 가두 캠페인을 실시했으며, 종교, 여성단체, 교수 등 외부지원 세력들의 지원활동이 전개되었다. 새 신문창간사무국은 창립기금을 모금하기 위해 기존 신문에 광고를 십여 차례 냈으며, 이는 새 신문 창간소식을 널리 알리면서 창간기금 모금을 촉진했다. 즉, 조선일보에 1987년 11월 8일 첫 번째 기금모금 광고를 낸 후 1988년 2월 25일 동아일보에 모금목표가 달성되었다는 광고 등을 포함해 모두 13번의 기금모금 광고를 게재했다. 이들 광고 크기는 전면, 7단, 5단 등의 크기였는데 기금모금에 큰 역할을 한 것으로 평가된다. 당시 기존 일간지들이 새 신문 창간과정에 대해 인색한 보도를 했기 때문에 이들 광고는 새 신문 창간에 대한 정보를 제공하는 역할을 했다.

한겨레신문 창간운동 과정에서 시민사회의 지지자들의 동참을 유인하기 위한 노력이 행해졌고 새 신문의 이념적 지향성은 창간사, 윤리강령에 압축되어 있으며 이는 이 신문의 정체성 확립에 중요한 역할을 담당했다. 창간사는 대중적 정론지임을 표방하고, 국민의 알 권리를 충족시키기 위해 정보라는 자원을 어떻게 정당하게 전달할 것인지에 대한 다짐이자 기존 언론들의 정보자원 전달방식을 개선하겠다는 국민을 향한 약속이었다. 한겨레신문 윤리강령과 윤리실천요강은 언론이 그 시대적 사명을 다하기 위해서는 진실보도와 비판적 기능이라는 언론 본연의 구실을 수행하는 한편 언론의 사회적 책무에 따르는 언론인 자신의 도덕적 결단과 실천이 함께 이루어져야 한다는 점을 강조하고 있다.

한겨레신문 편집국의 구성은 민주적 방식으로 구성원의 역량을 최대한 발휘하게 하자는 민주 집중제라는 논의구조를 도입해 편집위원회를 구성했으며, 이 위원회는 위원장과 위원들로 구성되지만 모두 동일한 위치에서 의견을 내고 의결권을 행사하는 원칙에 따라 운영되었다. 한겨레신문은 편집국의 권한을 각 부서의 장인 편집위원과 편집위원 가운데 뽑은 편집위원장 등이 공유하는 방식을 택했다. 편집국의 각부를 이끌어갈 편집위원(부장)들은 해직기자들로 채워졌다.

창간운동의 결과는 이 신문 창간을 전후해 발생한 제반 정치사회현상, 즉 제한적 형식으로 취해진 정치 및 시민사회 민주화와 언론사 창간과 복간 러시현상 속에서 분석했다. 6·29선언 이후 정기간행물의 신규허가 규제조치의 완화로 신문, 방송, 주간지 등이 폭발적으로 늘어났는데 정기간행물은 1986년 2,134개사, 1988년 3,388개사, 1989년 4,402개사 등으로 증가했다. 언론대기업들은 중앙일간지와 경제전문지 또는 잡지, 스포츠지 등에 다투어 진출해 언론산업의 소유집중 현상이 심화되고, 재벌그룹의 언론사 인수와 종교자본의 언론사 진출이 활발해졌다. 이는 언론에 대한 통제가 일정부분 정치권력에서 언론자본 또는 독점자본으로 옮아간 것을 의미한다.

한겨레신문의 보도특성을 확인키 위해 이 신문이 창간된 1988년 5월 15일부터 4개월 뒤인 같은 해 9월 15일까지 발행된 105일치의 한겨레신문과 조선일보 1면 머리기사를 분석한 결과, 한겨레신문이 현상을 단순보도가 아닌 개혁과 개선을 촉구하는 기사를 많이 싣는 경향이 있었음을 나타냈다. 이는 한겨레신문이 현상의 문제점에 대해 비판적 보도를 함으로써 의제설정의 기능을 강하게 표출한 것으로 평가된다. 한겨레신문은 종래 정부의 보도지침 등에 의해 권력에 순치된 언론과 다른 시각에서 보도하고 논평함으로써 권위주의 정권하에서 고착화된 보도평가 기준에 심각한 문제제기를 하게 되었다. 즉, 기존의 언론들이 외면하거나 왜곡했던 민중 또는 시민운동 부문에 대한 적극적 보도를 지속함으로써 궁극적으로 사회의 의도된 무관심과 냉대를 받았던 시민운동 영역에 긍정적 영향을 미쳤다. 또한 민주화운동 세력에 대한 기존 언론들의 외면현상이 한겨레신문에 의해 해소되고, 민주·민중·통일 가치의 실현을 지면을 통해 추구할 수 있게 되고 정부에 대한 공개적 비판이 가능해졌으며 학생과 노동자에 대한 사회적 관심이 높아질 수 있는 계기가 되었다.

또한 한겨레신문 창간은 언론계에 권언유착 현상에 대한 반성과 민주언론을 담보할 수 있는 제도적 장치를 만들기 위한 노력을 촉발시켰다. 즉, 전국적 언론노조 결성운동의 밑거름이 되었고, 공정보도를 위한 편집 편성권 독립주장으로 이어졌으며, 언론인 처우개선 실현의 결실을 맺었다.

한겨레신문 창간은 권력과 자본으로부터 독립한 대안언론을 지향한 언론민주화운동이 결실을 맺은 것으로 평가된다. 이 신문이 창간운동 과정에서 시민사회 운동세력의 전폭적 지지 속에서 자원의 동원과 조직화 목표를 수개월 만에 달성했다. 이는 박정희 정권 이래 전두환 정권까지 누적된 권력의 탄압과 그 극복운동이 시민사회의 신뢰를 획득한 결과였다. 새 신문이 채택, 공개한 편집전략은 기존 언론의 체질화된 부정적 측면에 정면 도전한 독창적, 개혁적 성격을 지녔고, 그것은 한겨레신문 창간 후 수년이 지나면서 기존 언론의 체질개선에 큰 영향을 미쳤다. 새 신문은 기존 언론이 외면하던 사회운동부문에 대한 집중적 보도 등을 통해 시민사회 운동역량의 증대에 기여했고 언론문화의 개혁에도 기여했다.

한겨레신문에 대한 평가는 매우 긍정적인 면이 있는가 하면 그렇지 않은 면도 있는데, 이는 관점에 따른 차이의 결과이기도 하고 이 신문이 완성형의 것이 아닌 계속적인 실험을 하는 과정이기 때문이기도 하다. 김정탁은 한겨레신문이 창간 이후 2년이 지나도록 적어도 표면적으로 언론구조와 관련하여서는 독점적 구조가 아니고, 민주적 구조를, 언론인의 성격에서는 전문성보다는 투쟁성을, 그리고 보도태도에서는 객관성보다는 가치성을 지향했으며, 바로 그 같은 점이 한겨레신문을 '불편부당지'라기 보다 '당파지'라는 이미지를 준다고 지적한다. 이어 그는 정치경제학적 입장, 구조주의적 입장, 문화주의입장 내지는 프랑크푸르트 학파의 입장에서 전체 언론과 한겨레신문에 대한 평가를 시도했다.

유재천은 한겨레신문이 이념적 지향성을 명확히 제시하고, 그것의 실현을 위해 신문제작 과정에서 모든 노력을 기울였으며, 자유롭고 책임 있는 편집의 자율성을 제도적으로 보장한 점을 지적했다. 또한 편집국장의 권한보호, 기자를 위한 양심조항, 인사권에의 참여, 기자의 권한유지를 위한 편집협의회 설치 등을 들었다. 그러나 한겨레신문이 개선해야 할 과제로 시각의 편향성과 보도기사의 경우 기자가 지향하는 가치를 위해 필요한 사실만을 선택해 뉴스를 조직하는 경향 등을 들었다.

한겨레신문 및 이 신문 창간과 비슷한 시기에 합법적 매체로 출발한 민주, 노동운동 부문 대안언론이 안고 있던 과제는 시민사회의 민주화운동과 부문별 민주화운동을 동시적으로 담아내면서 대중성을 획득해 살아남을 수 있느냐 하는 것이었다. 한겨레신문은 우리 사회에서 기존의 언론상품이 갖는 특성 때문에 출범 때부터 민주화운동 세력 사이에서는 기대 반, 우려 반의 시각이 있었으나 기존 언론의 반민중성에 시달리면서 진실에 굶주렸던 많은 노동자, 농민들과 진보적 지식인들의 적극적 성원으로 단 시간 내에 언론기업으로 성장하는 데 성공했다는 평가를 받았다. 그러나 대안언론의 하나로 시도된 대학정론의 경우 기사의 수준이 고품질이 아니라는 비판이 제기되는 반면, 노동자신문은 노동계급의 당파성을 분명히 드러내고 있다는 것이다.

한겨레신문의 주요 수입원인 광고문제에 대해, 이효성은 독과점 자본주의체제에서 거대자본을 가진 보수언론에 맞선 진보언론의 생존이 가능한가의 여부를 결정짓는 시금석이 될 것으로 보았다.

김정탁은 한겨레신문을 둘러싼 환경이 한겨레신문의 성장을 아무리 방해한다 해도 한겨레신문이 좋은 지면을 구성하는 등 진지한 노력을 한다면 성공적 신문자원의 생산이 가능하다면서 한겨레신문과 그 성격이 유사한 스페인의 엘 파이스와 영국의 인디펜던트의 성공사례를 예로 들었다.

새 신문 창간이념의 보전은 창간과정에 동참했던 시민사회와 언론민주화운동 세력, 그리고 새 신문 창간발기위원회와 전국주주 조직 등의 직접적 지원세력, 새 신문 구성원의 공동책무라 할 수 있다. 그러나 신문사의 조직원에게 더 무거운 책임이 주어진다는 점에서 한겨레신문 창간이념의 보전전략에 대한 점검이 필요했다. 새 신문이 시민사회운동세력에게 공약한 언론매체로서의 파격적 전략은 독창적, 개혁적인 것이었으나, 신문의 재정적 수입원을 기존 신문과 같이 광고에 주로 의존하는 등 경영전략적 측면에서는 상대적으로 독창성과 개혁성이 낮았다는 아쉬움이 있다. 즉, 한겨레신문은 기존 언론이 시행하는 상품판매, 광고수입전략을 채택함으로써 기존 언론의 경영전략과 큰 차이가 없는 생존전략을 수립한 것이며, 그 추진과정에서 창간이념과 조직원의 정체성 혼란 등으로 내부갈등이 빚어지기도 했다.

한겨레신문이 창간되면서 국내에서는 제한적 민주화 조치가 취해지고 언론의 창간과 복간이 러시를 이루고 국제적으로는 사회주의권 붕괴와 동서이념대결 종식이라는 세기적 지각변동이 일어났다. 창간 전후가 판이한 시대상황에 처한 한겨레신문은 독점자본이 지배하는 무한경쟁시장에서 대안언론의 생명력 보존문제를 기존 언론과 유사한 경영전략으로 해결해야 하는 구조를 지니게 되었다. 이는 자본금의 소유지분을 제한했으면서도 외부의 거대한 독점자본 시장의 논리 앞에 체질보존에 필요한 저항력이 미약한 태생적 한계를 지니고 제도언론의 하나로 출발한 것이라고 설명할 수 있을 것이다.

이처럼 한겨레신문의 혁신적 편집전략을 보존·유지시킬 경영전략의 부재는 결국 시간이 흐르면서 기존 신문이 한겨레신문의 편집전략을 모방하는 반면 한겨레신문의 개혁성은 크게 진전하지 못하는 결과를 가져왔다. 이 같은 한계는 대안언론 창간이라는 사회운동의 추진력을 제도언론으로 진입한 이후에도 창조적 생존전략으로 확대발전시킬 수 있는 내부주체 세력의 노력과 시민사회의 협조로 극복할 수 있다고 생각된다.

2. 연구의 의의와 한계

한겨레신문이 창간 이후 십여 년이 지난 시점에서 이 신문 창간과정에 대한 사회학적 고찰을 시도할 수 있었다는 점에서 이번 연구의 의의가 있다고 판단된다. 한겨레신문의 창간방식, 특히 국민주주 모금 방식은 세계적으로 그 유례가 없는 독창적인 것이어서 창간과정이라는 사회운동에 대한 체계적 분석을 시도한 것은 만족스럽지 못하지만 그 나름대로 의의가 있다고 본다.

이 책에서 시도한 분석 틀은 국가와 정치 및 시민사회의 구조 속에서 형성된 언론과 정치권력 및 시장과의 관계 속에서 나타난 권언유착, 상업주의 언론의 특성, 왜곡된 정보를 전달받는 시민사회의 반발 등이 언론민주화운동, 대안언론운동으로 수렴되는 과정과 그 결과를 설명할 수 있는 단초를 열었다고 본다. 하지만 그 같은 분석작업을 필요하고도 충분하게 수행했는지에 대해서는 관련자료가 만족할 만큼 충분했다고 보기 어렵고 또한 부족한 자료나마 체계적으로 분류해 설명하는 능력이 부족했다는 점에서 이번 연구의 한계가 분명하다고 판단된다.

이번 연구과정에서 절감한 것은 한겨레신문에 대한 종래의 연구작업이 전반적으로 희소하고 설령 시도되었다 해도 단편적 수준에 머물거나 대중매체적 관점에 국한되었다는 점이다. 앞으로 좀더 심도 있는 활발한 연구가 추진되면서 다른 나라의 대안언론과 본격적으로 비교 분석할 수 있게 되었으면 하는 바람이 크다.

이와 함께 이번 연구의 범위를 사회운동의 과정인 창간과정에 국한한 것은 나름대로 의미가 있다 해도 창간 이후 십여 년이 된 현 시점에서 분석기간을 더 연장했어야 하지 않나 하는 아쉬움이 있다. 이번 연구가 한겨레신문 등 민주언론운동에 뜻을 둔 주체들에게 실증적 도움이 되기 위해서는 앞으로 기회가 있다면 편집전략과 광고·판매전략의 상관관계 등을 포함해 다양한 방면에서의 연구가 실행되었으면 한다. 그것이 이 신문이 가능한 오래 그 창간정신을 유지하면서 번창해 우리 언론전체에 긍정적 영향을 지속적으로 미쳐야 할 사회적 필요성을 충족시키는 것이며, 6월 항쟁의 열기 속에서 언론운동 추진세력이 시민사회에 행했던 약속을 지키는 길이라고 생각한다.

이 글의 분석작업 과정에서 가급적 주관성과 가치관을 배제하고 연구방법론에서의 엄밀성을 강조하는 태도를 지키려 노력했으나 불필요한 요소의 개입이 완전히 배제되었다고 단언키 어렵다. 따라서 이 글은 수많은 문제점(그것이 구체적으로 드러났거나 또는 감추어져 있거나 간에)을 안고 있음에도 불구하고 시민사회운동 속에서 행해진 언론민주화운동에 대한 사회학적 분석을 시도했다는 점에서 유사한 연구노력에 작은 보탬이 되기를 희망한다.

자료 1 : 새 신문 창간발의자 명단

《말》지 14호(1987년 10월 1일)에 실린 창간발의자 명단은 전체 196
명 가운데 155명만이 공개되고, 나머지 현역 언론인 41명의 명단은
공개되지 않았다. 이는 당시 현역언론인 발의자들은 소속 언론사와
의 관계 등의 이유로 공개를 원치 않았다.

강운구(동아일보)	박선애(조선투위의	윤영숙(동아일보)	장윤환(동아일보)
강정문(〃)	고 마성원 씨 부인)	유장홍(조선일보)	전희천(중앙일보)
고승우(합동통신)	박성득(경향신문)	윤광선(국제신보)	정교용(〃)
고준환(동아일보)	박순철(동아일보)	윤석봉(동아일보)	정남기(합동통신)
국홍주(〃)	박영규(합동통신)	윤성옥(〃)	정동익(동아일보)
권근술(〃)	박영배(신아일보)	윤활식(〃)	정상모(MBC)
권태선(한국일보)	박우정(경향신문)	윤후상(합동통신)	정연수(중앙일보)
김대곤(현대경제)	박원근(합동통신)	이경일(경향신문)	정영일(〃)
김대은(동아일보)	박정삼(한국일보)	이광우(국제신보)	정재우(조선일보)
김동현(〃)	박준영(중앙일보)	이규만(동아일보)	정태기(〃)
김두식(〃)	박화강(전남매일)	이기한(현대경제)	정홍렬(동아일보)
김명걸(〃)	배동순(동아일보)	이기홍(경향신문)	조강래(〃)
김민남(〃)	백맹종(현대경제)	이대우(MBC)	조성숙(〃)
김병익(〃)	서재일(전남매일)	이동운(동아일보)	조수은(국제신보)
김선주(조선일보)	서창모(조선일보)	이명순(〃)	조영호(〃)
김성균(동아일보)	성유보(동아일보)	이문양(동아일보)	조학래(〃)
김성원(현대경제)	성한표(조선일보)	이병주(〃)	최병선(조선일보)
김순경(동아일보)	손정연(전남매일)	이병효(TBC)	최병진(〃)
김양래(〃)	송건호(동아일보)	이부영(동아일보)	최성민(KBS)
김언호(〃)	송관율(〃)	이상현(현대경제)	최 욱(한국일보)
김영용(조선일보)	송재원(〃)	이시호(〃)	최장학(조선일보)
김영진(동양통신)	송준오(〃)	이영록(동아일보)	최학래(동아일보)
김영환(동아일보)	신동윤(영남일보)	이영일(한국일보)	최형민(중앙일보)
김유원(조선일보)	신연숙(한국일보)	이원섭(조선일보)	하봉룡(영남일보)
김윤자(한국일보)	신영관(동아일보)	이의범(〃)	허 육(동아일보)
김인한(동아일보)	신태성(〃)	이종대(동아일보)	현이섭(현대경제)
김재문(조선일보)	신현국(조선일보)	이종덕(〃)	홍선주(동아일보)
김종원(〃)	신홍범(〃)	이종욱(〃)	홍수원(경향신문)

292

김종철(동아일보)	심재택(동아일보)	이종욱(〃)	홍정선(고 조민기
김주언(한국일보	심정섭(〃)	이지선(〃)	씨 부인)
기자)	안민영(동아투위의	이창화(조선일보)	홍휘자(동아일보)
김진홍(동아일보)	고 안종필 씨 장남)	이태호(동아일보)	황명걸(〃)
김창수(〃)	안상규(동아일보)	이태희(전남일보)	황용복(TBC)
김태진(〃)	안성암(조선일보)	이해성(동아일보)	황의방(동아일보)
김태홍(합동통신)	안정숙(한국일보)	이홍재(중앙일보)	황헌식(조선일보)
김형배(조선일보)	양한수(동아일보)	임부섭(동아일보)	
노서경(한국일보)	오봉환(동아일보)	임응숙(〃)	
노향기(〃)	오성호(조선일보)	임재경(한국일보)	
문영희(동아일보)	오정환(동아일보)	임채정(동아일보)	
문창석(조선일보)	오홍진(TBC)	임학권(〃)	
박노성(동아일보)	왕길남(현대경제)	임희순(조선일보)	

주: 괄호 안은 해직 당시의 소속 언론사.

자료 2 : 새 신문 창간발의문

우리는 마침내 새 신문의 창간을 발의하게 되었습니다. 이는 언론의 자유를 초석으로 하는 참 민주주의의 실천을 눈앞에 둔 지금, 시대의 요청과 민주의 기다림에 응답하려는 것이며, 바르고 용기있는 언론이 없음으로 하여 겪은 국민들의 고통과 분노의 세월을 종식시키려는 것이며, 언론으로부터 쫓겨나고, 그러나 언론인임을 포기하지 않음으로 해서 치른 10여 년 인고(忍苦)의 시간동안 우리들이 깨달은 언론의 정도(正道)를, 언론의 진실과 용기를 이 땅에 새로 구현하려는 뜻입니다. 또한 이는 시대의 어둠을 깨고 이 땅의 민중을 일으켜 자유와 평등을 실현케 하고, 세계를 숨쉬게 하여, 나라의 주권과 민족의 자존을 지키게 하려던 1896년, 그 독립신문이 있은 이래 비뚤어진 민족언론사의 정통성을 바로잡아 계승하려는 책임감과 긍지의 발로이기도 합니다. 돌이켜보면 우리 근대사의 큰 흐름이 그러하듯, 한 세기가 채 못되는 우리 언론사가 바로 수난의 역사이기도 하였지만 그 중에서도 지난 20년간의 기간은 독재권력에 의해 언론의 본질이 뿌리뽑히고 언론 그 자체가 부정당하는 암흑의 과정이었습니다. 5 · 16쿠데타 이래 권력의 언론탄압 공작은 애초부터 집요하였지만 '유신' 이후의 그것은 세계 언론사에 유례가 없는 혹독한 것이었습니다. 차츰 빈도를 더해가던 체포와 투옥의 긴급조치 시대는 1974년 10 · 24 자유언론선언, 동아일보의 광고탄압, 1975년 3월 동아일보와 조선일보 기자 160여 명의 해직 · 파면 · 투옥에 이어 급기야 1980년 저 끔찍한 광주 대학살의 현장보도 통제에 항거한다 하여 수십 명의 기자들이 가지가지 죄목으로 투옥되었고, 700여 명의 기자들이 언론매체로부터 추방되는 폭거로 결과지어졌으며, 아직도 동료를 옥중에 남겨두고 있는 것이 오늘의 언론현실입니다. 통탄할 일이 아닐 수 없습니다. 그러나 참으로 불행한 일은 추방된 해직기자들이 감옥에서, 거리에서 그래도 끝내 언론인임을 포기하지 않은 데 비해, 언론 그 자체는 그렇지 못한 사실입니다. 일간지에서 월간지에 이르기까지 총 1천만 부를 자랑하는 발행부수와, 제각기 1천 명이 넘는 종업원 수, 다투어 지어올린 현대식 고층사옥과 전자화된 최신 인쇄시설 등의 경탄할 만한 거대기업으로의 성장에도 불구하고, 지금의 언론은 한낱 배타적, 독립적 이권집단일 뿐입니다. 일찌감치 권력에 투항해 기자들을 혹은 축출하고 혹은 매수하면서 권력체계의 일부로 편입되어 온 갖 은폐와 왜곡, 선정적이고 상업적인 보도에 급급함으로써 주권자의 시야를 가리고, 비판의식을 마비시키며, 권력 지탱의 가장 중요한 구실을 해온 이들 언론기업들만큼 명백한 언론의 자기부정은 없을 것입니다. 그러나 이들 제도언론은 민중의 죽음으로써 쟁취한 민주화의 대세에 기민하게 편승하여 머잖아 언론탄압의 희생자로, 자유언론의 기수로 변신하면서 수난의 역사를 그들의 것으로 가로채 갈 것입니다. 이 같은 악순환으로 불행하게도 우리는 '민주사회에서의 신문다운 신문'을 접해본 적이 없는 반민중적 언론부재의 참담한 시대를 살아왔습니다. 우리의 동시대 국민 모두에게 한글로 된 정도(正道)의 언론이 어떠한 것인지를 보여주고 싶은 간절한 열망, 아니, 생전에 반드시 보여주어야 한다는 절절한 소망이야말로 우리들이 새 신문을 내려는 참 뜻이기도 합니다. 우리의 이제까지 없었던 새로운 신문 창간은 이리하여 역사의 필연적 요청에 부응하는 길이며 사회의 간절한 부름에 응답하는 일입니다. 이는 비록 폭력으로 유배당했다 하더라도 언론인으로서 우리들의 회피할 수 없는 역사에의 책임이며, 사회에의 부끄러움을 씻는 빚갚음입니다. 우리는 새 신문을 만들 것입니다. 진실과 용기, 그리고 긍지를 바탕으로 새 신문은 그 어떤 세력의 간섭도 용납치 않을 것이며, 어떤 폭력에도 굴하지 않을 것입니다. 새 신문은 민주주의적 모든 가치들의 온전한 실현, 민중의 생존권 확보와 그 생활수준 향상, 분단의식의 극복과 민족통일의 지향을 주요 방향으로 삼을 것입니다. 그 실천을 위하여 새 신문은 정치권력으로부터의 독립은 물론 대자본으로부터의 독립, 광고주로부터의 독립을 확고히 할 제도적 장치 위에서 출범할 것입니다. 제도언론의 책임있는 인사들을 배제하고 경영, 편집진을 혁신적으로 구성할 것이며, 국민적 자본참여를 통해 경영권의 독과점을 불가능케 할 것이며, 편집, 제작진의 경영참여를 제도화하여 편집권의 독립을 실현케 할 것입니다. 선정주의를 가장 큰 금기로 삼아 민중의 눈으로 '보도할 가치가 있는 사실'만을 중점적으로 깊이 있게 보도할 것이며, 광고지면까지 정보화를 지향하여 광고의 가치기준을 수립해 나갈 것입니다. 동시에 편집진의 특권의식과 독단주의를 철저히 배격하고 고답적 엘리트주의를 경계하여 가장 쉬운 표현을 쓸 것이며 독자의 반론권을 최대한 보장할 것입니다. 우리는 새 신문이 그 엄숙한 사명으로 하여, 방대한 소요자금의 조달을 위하여, 민주적·민중적 정통성에 기반하기 위하여, 권력과 자본으로부터 독립하기 위하여, 민주적 경영과 편집을 실현키 위하여 반드시 '주식의 공모'를 통한 전 국민적 참여로 창설될 수밖에 없다고 믿습니다. 우리는 새 신문을 기다리는 국민적 여망을 이미 확인하였으며, 우리의 발의에 호응할 국민적 열의를 확신하고 있습니다. 자유언론 운동으로 해직된 언론동지 여러분! 이제 우리는 자리를 떨치고 일어났습니다. 우리들의 새 신문, 민주의 자유의 방패이자 민주주의의 보루가 될 새 신문을 찍는 우렁찬 윤전기 소리가 들리는 듯 합니다

1987년 9월 23일
발의자 일동

자료 3 : 한겨레신문 창간발기선언문

오늘 우리는 언론사상 유례를 찾아보기 어려운 범국민적 모금에 의한 새 신문 창간을 내외에 선언합니다.

우리는 지금 나라와 민족의 역사를 새로이 열어야 할 중대한 전환점에 서 있습니다. 인간의 자유와 기본권을 유린해온 오랜 독재체제를 청산하고 사회 구석구석에 만연되어 있는 비민주적 요소들을 제거하며 국민이 주인인 진정한 민주화를 실현시키고 분단을 극복하여 민족의 평화통일을 성취해야 할 중대한 과업을 우리는 안고 있습니다. 우리는 또한 왜곡된 민족경제를 재건하고 민중의 생존권을 확보하여 생활의 향상을 이룩하는 한편, 사회정의를 실현하고 민족정기를 바로잡아 이 병든 사회를 건강한 사회로 바꾸어 놓아야 할 시급한 과제를 안고 있습니다. 표현의 자유 속에서 참다운 민족문화를 꽃피게 하는 한편 비뚤어진 교육을 바로잡아 인간의 자주성과 창조성을 발휘케 할 수 있는 민주교육을 실현시키는 것 역시 우리가 성취해야 할 주요 과제입니다.

이 같은 우리 사회와 민족의 광범위한 과제는 국민 모두의 힘과 뜻과 지혜를 남김없이 발휘케 하고 동원해냄으로써만 해결될 수 있을 것이며, 그것의 가장 강력한 수단의 하나가 누구나 자기의 현실과 의사를 표현할 수 있는 민주적 언론임은 우리 모두가 다 아는 일입니다.

우리가 한 세기에 가까운 언론의 역사를 두고서도 이제 새 신문을 창간하고자 하는 것은 이 같은 민족적 역사적 과제가 참된 새로운 언론을 어느 때보다도 시급히 요구하고 있기 때문입니다.

돌이켜보면 1896년 이 땅에 "독립신문"이 창간된 지 근 백 년의 세월이 흘렀으나, 그동안 우리의 언론은 외세 아니면 독재권력의 억압으로 고난의 길을 걸어왔고, 진정 민족을 위한 자주적 언론을 갖지 못함으로서 오늘에 이르기까지 민주·민족언론의 숙원을 이루지 못하고 있습니다.

오늘 우리가 새 신문의 창간을 결심하게 된 것은 이 땅에 언론매체가 부족한 때문이 아님은 물론입니다. 다 아는 바와 같이 우리 사회는 백만의 부수를 주장하는 여러 신문, 97%의 보급률을 자랑하는 텔레비전을 포함하여 전국 방방곡곡에 미치지 않는 곳이 없다는 방송망과 수십만 부를 넘는다는 월간지와 주간지 등 수많은 언론매체를 갖고 있습니다. 그럼에도 불구하고 우리가 굳이 새 신문을 창간하고자 하는 것은 국민의 목소리와 민족의 양심을 대변하는 바르고 용기 있는 언론이 없기 때문입니다.

일제통치 밑에서 이 땅의 언론은 외세의 억압으로 민족언론으로서의 구실을 못하다가 8·15 해방을 맞았으나, 민족의 분단상황 속에서 온갖 탄압과 간섭 때문에 제 구실을 못해왔습니다. 특히 5·16 군사쿠데타 이후 20여 년 동안 이 땅의 언론은 이른바 근대화 바람 속에서 시설과 규모 면에서 급속한 양적 확장을 보았지만 권력의 언론탄압 속에서 독립성을 상실한 채 사실과 진실을 은폐, 왜곡하고 상업주의적 보도에 급급함으로써 독재권력의 지탱에 가장 중요한 역할을 해왔습니다. 언론자유를 수호하기 위해 독재에 항거한 양심적 언론인들이 1975년과 1980년 언론현장에서 무더기로 추방당하고 투옥되는 시련이 계속되는 가운데 이 땅의 언론은 국민으로부터 '제도언론'이라는 불신을 받고 있습니다. 1980년대 언론은 언론기본법이라는 법적 규제도 부족해 보도지침을 통한 권력의 일상적 제작지시로 거의 제 기능을 상실하고 말았습니다.

개탄할 일은 오늘의 언론은 이러한 통제 속에서도 이미 지난날 보여준 바와 같이 언론의 자유와 독립을 위한 용기 있는 저항정신을 보여주지 못하고 오히려 유유낙낙 권력 측의 부단한 간섭과 규제에 순응하고 있다는 사실입니다. 오늘의 언론현실은 탄압의 결과라기보다는 많은 경우 자진협조의 결과로 볼 수밖에 없습니다. 이러한 언론다운 언론의 부재는 오늘의 언론인들의 도덕적 차원의 문제만이 아닙니다. 권력의 정책적 의도하에 언론기업이 구조적으로 예속당해, 이미 자주성을 상실하고 권력과 언론기업이 이른바 '권력 복합체'를 이루고 있는 상황 속에서 언론이 자주성을 획득한다는 것은 사실상 불가능하며, 한둘 양심 있는 언론인이 남아 있다 해서 언론이 제 기능을 되찾을 수는 없습니다. 오늘과 같은 통제와 억압의 틀 속에서 언론이 저항다운 저항을 못하는 이유는 바로 그 원인이 여기에 있다고 보아야 합니다. 오늘의 제도언론은 그 기업구조로 보아 비록 이 땅에 민주화의 꽃이 핀다 해도 정치적 경제적 자주성을 견지하지 못한 채 필경은 권력의 입장에서 국민에게 진실을 전달하지 못하고 그들을 오도할 수밖에 없을 것입니다.

오늘 우리는 새 언론의 창간을 통해 지금의 제도언론이 갖는 이 같은 구조적 결함을 극복하고자 합니다. 이것을 위한 첫째 요건은 기존의 언론처럼 몇 사람의 사유물이 되거나 권력에 예속되지 않게 해야 하는 것입니다. 그러기 위해서 우리가 책정한 창간기금 50억 원을 나라의 민주화를 염원하는 모든 사람의 참여로써 이룩하여 문자 그대로 국민이 주인이 되는 신문을 만들고자 합니다.

새 신문은 나라의 민주적 기본질서를 확립하기 위해 노력할 것이며 민족적 고통에 동참하는 가운데 책임 있는 편집을 다하도록 노력할 것입니다. 이런 근거로 해서 새 신문은 국민에 바탕을 둔 언론으로 성장할 것이며, 따라서 민주적 가치와 사회정의를 지향하면서 사회의 정치, 경제, 문화 등 각 방면에 걸친 온갖 사실들을 언제나 일반 국민의 입장에서 숨김없이 공정하게 보도할 것입니다. 오늘의 제도언론이 보여주듯이 사소한 일은 크게 선정적으로 보도하고 정작 크고 중요한 정치·경제·사회의 문제들은 은폐하거나 왜곡보도하여 국민들을 오도하는 일은 결코 하지 않을 것입니다. 또한 노동자 농민 여성 등 기존 언론이 소홀히 다룬 부분에 더욱 깊은 관심을 가지고 보도할 것입니다. 신문이 걸어야 할 정도를 지키기 위해 우리는 권력이 요구해올지도 모를 부당한 간섭을 거부하고, '국민의 신문이며 신문인의 신문'이라는 주인의식을 가지고 공정하고 신중하게 그러나 용기 있게 진실을 보도할 것입니다. 우리는 이 '한겨레신문'이야말로 민주주의 사회에서 언론의 정도를 걷는 참된 신문임을 보여주고자 합니다.

우리는 앞으로 있을지도 모를 어떠한 장애도 극복하고 진실을 알리기 위해, 국민의 알 권리를 위해 '한겨레신문'을 지키고 키워갈 것입니다.

우리의 이러한 굳은 결의는 국민 여러분의 적극적 참여와 협조로써만 열매를 맺을 수 있을 것으로 확신하며 오늘의 이 발기 선언대회가 역사적으로 길이 남게 될 것을 믿어 의심치 않습니다.

1987. 10. 30
한겨레신문 창간발기인

자료 4 : 창간발기선언문 서명자 명단

• 독립운동 원로
조경한 이강훈 한원석

• 대학교수
강내희 강덕수 강만길 강영주 강창민 강창순 강현두 경규학 고철환
고현무 곽신환 곽태운 구성렬 구자용 권광식 권기철 권오훈 권욱현
권창은 권태억 금장태 기종석 기연수 길희성 김경근 김경태 김경희
김계수 김광규 김 구 김건식 김 균 김기석 김기언 김기영 김남두
김남재 김내균 김대행 김 덕 김동성 김동암 김두철 김명모 김명수
김명호 김문규 김상균 김상락 김상열 김상홍 김석현 김선웅 김성수
김성숙 김성훈 김수행 김숙자 김순기 김승혜 김신일 김신행 김애실
김영구 김영무 김영애 김영인 김영진 김영하 김영한 김완배 김완수
김용덕 김용옥 김용운 김용자 김용학 김우룡 김우창 김원식 김유배
김유성 김윤수 김이준 김익기 김인걸 김인석 김인중 김인환 김일수
김장호 김정위 김정탁 김정환 김정희 김주연 김주환 김준석 김준호
김지운 김진규 김진균 김진철 김찬국 김창국 김창효 김태영 김태준
김한규 김현구 김형관 김형근 김형래 김호동 김홍진 김화영 김황조
김효자 김홍규 김홍규 남기영 남경희 남성우 남영우 노승우 노영기
노재규 노태돈 도정일 도진순 류문찬 류양선 류인희 문준연 민경환
민병록 민용태 민홍식 박거용 박기덕 박기서 박기순 박노준 박명진
박명희 박삼옥 박상섭 박성래 박순경 박시현 박영근 박영상 박영신
박영재 박용운 박원호 박은구 박은정 박재우 박종대 박종철 박찬국
박철희 박필수 박한제 박현서 박현채 박혜일 박호성 반병률 반성완
방정배 배기열 배광준 배손근 백낙청 변형윤 서광선 서 숙 서연호
서우석 서재명 서정목 서정수 서정희 석희태 성내운 성대경 성백남

성의제 성태용 성환갑 소광섭 소광희 소홍렬 손대현 손병헌 손예철
손종호 송기형 송윤엽 송인섭 송재소 송항룡 송해균 송병인 신동소
신병현 신상웅 신의순 신인령 신효철 심재룡 안국신 안두순 안병만
안삼환 안석교 안윤기 안철원 안휘준 양 건 양동휴 양문흠 양보경
양승규 양승태 양윤재 양재혁 엄영석 여 운 여운승 여정동 연기영
연점숙 오규원 오병선 오세영 오세철 오수형 오원배 오인석 오탁번
왕한석 원우현 유관회 유기환 유병석 유승남 유승우 유승주 유영렬
유인호 유일상 유재원 유재천 유평근 유한성 윤경로 윤도중 윤석범
윤석산 윤세철 윤여덕 윤원배 윤인섭 윤재근 윤정옥 윤정은 윤종규
윤지관 이가원 이가종 이각범 이강수 이강숙 이강혁 이건우 이경의
이공범 이교충 이균환 이 균 이균성 이균영 이근수 이근식 이기수
이기홍 이대근 이동향 이도환 이만열 이만우 이명현 이병혁 이보철
이삼열 이상만 이상범 이상신 이상우 이상희 이석윤 이선복 이성규
이수원 이순구 이신복 이안희 이영수 이영자 이영주 이영호 이영환
이영환 이영희 이완재 이우리 이우성 이운형 이은영 이은철 이이화
이인웅 이인호 이장규 이재웅 이종걸 이종수 이종숙 이종일 이종진
이종태 이좌용 이준구 이지순 이지형 이진영 이 철 이태동 이태진
이팔범 이헌창 이혜경 이혜성 이효재 이하숙 이효성 이효재 임승표
임영상 임영재 임종률 임진권 임진창 임철규 임한순 임현진 임형택
임호일 장동철 장을병 장원석 장태환 장회익 전경수 전기호 전문배
전성우 전성자 전용원 전인수 정갑영 정성호 정양모 정연탁 정영미
정운영 정운찬 정윤형 정광선 정규복 정기태 정대철 정대현 정문길
정인임 정일용 정재일 정정호 정종락 정진석 정창렬 정창현 정태수
정필권 정하영 정학성 정현백 정현종 정현채 정혜영 정혜원 정홍익
조 광 조광희 조긍호 조남장 조남철 조병로 조영수 조요한 조 은
조일홈 조창현 조희연 주광열 주종환 주진오 차경아 차기벽 차상호
차수련 차인석 차주환 차하순 채수환 최경구 최 광 최기호 최남회

302

최대권 최두석 최두한 최 명 최무영 최문영 최병선 최생림 최선열
최양수 최장집 최재철 최재현 최차용 최창섭 최현무 최홍선 팽원순
표한용 한동철 한명남 한명수 한상권 한상문 한상범 한승옥 한완상
한인규 한정일 한진수 허명희 허 웅 허창수 허창운 현길언 홍기택
홍상희 홍순권 홍승기 홍승수 홍승인 홍영남 홍원식 홍재성 황문수
황병기 황병태 황석승 황패강 황필호 황현기

・천주교
강종훈 강희성 경갑실 공한영 구요비 김근대 김명식 김병상 김상진
김서규 김성룡 김승오 김승훈 김승훈 김영남 김영식 김영진 김영필
김욱태 김용봉 김용현 김윤태 김재기 김재복 김재영 김정식 김종인
김지혁 김창수 김태윤 김택신 김택암 김학록 김한기 김현준 김희항
남국현 남재희 남정홍 노세현 노완석 류강하 문정현 문양기 박규학
박병준 박성렬 박승원 박우성 박윤정 박창균 박창신 박철주 박항오
박호인 박희봉 배은하 배진구 서상범 서춘배 석찬귀 송문식 송병수
송병철 송성식 송 진 송홍철 신현만 신현봉 안승길 안충석 안호석
양영수 양요섭 양 홍 오성백 오요한 오태순 원유술 유근복 유재준
윤용남 이규영 이대수 이병돈 이상복 이상헌 이성길 이성길 이성득
이수현 이승홍 이용섭 이응석 이재을 이재휘 이종옥 이준형 이철호
이춘우 이태우 이학근 이한영 이해욱 이호근 이홍섭 임병태 전달수
정규완 정상억 정세균 정웅모 정월기 정의덕 정 일 조구정 조규남
조규덕 조성교 조승균 조응환 조정율 조창래 조학문 차기병 최기식
최원일 최치규 탁헌상 하화식 한연흠 함세웅 허 근 허성학 허중식
허철수 홍승권 홍충수 황양주(신부)
한용희 이귀철 김태원 장문영(천주교 평신도사도직협의회)
이명준 문국주 김정남(천주교 정의평화위원회)
주: 천주교 사제들은 천주교회법상 주식소유를 하지 못하기 때문에 발기후원인
　　으로 동참했습니다.

• 기독교

강순칠 강원하 강진호 강희남 고민영 고영근 고환규 구행모 권오성
권태복 금영균 김갑배 김경식 김경호 김경희 김관석 김관용 김광집
김규복 김규섭 김동완 김병균 김병희 김상근 김상해 김성환 김소영
김영주 김영태 김예기 김용대 김용복 김용한 김원진 김윤식 김윤환
김재열 김정우 김정호 김종희 김지길 김진석 김진호 김치영 김학봉
김헌곤 김현식 김희방 나길동 류인하 모갑경 문동환 문정식 박광선
박덕신 박명서 박봉배 박복양 박상영 박석진 박선균 박은국 박준철
박종기 박형규 방영종 방철호 변광순 변철규 서재일 석준복 설삼용
송인정 신두수 신삼석 신영철 신현태 안광덕 안기중 안병무 안상혁
안창협 엄마리 염영일 오기만 오병수 오재식 오충일 원금순 원홍식
유성일 유영래 유인창 유재덕 윤영애 이계문 이귀선 이귀철 이규호
이길수 이동련 이석환 이종옥 이 철 이해동 이해학 이희동 인명진
임기준 임기택 임태섭 임호출 장기천 장승현 장의성 정병금 전양권
전이상 저기철 정우겸 정진일 조남기 조승혁 조용술 조일선 조화순
차구영 차유황 최기서 최창수 최창의 표환구 한규준 한사석 한상렬
한숙자 한시석 허병섭 허원배 황규록 황인성 황인하
김성수(성공회주교)

• 불교

석주 월주 고산 법정 월서 혜성 보각 지선 관조 도리천 도법 도현
돈연 동명 명진 명궁 목우 무상 법명 법성 법연 석담 선종 성본 성문
성조 수완 여연 영담 원각 원명 원종 원타 원행 원혜 일원 일진 자명
정각 종열 주영 지환 지원 지종 진관 청화 평상 현공 현기 선혜 현응
현정 원과 일초 정진 진각 진우(승려)
강윤도 고광진 배영진 서동석 여익구 윤창화 이상구 최석호(재가)

•문화·예술

강　민　고　은 고정희 구중서 권혜수 김민숙 김병권 김사인 김성동
김수자 김승옥 김원우 김원일 김정한 김정환 김주영 김지연 김지하
김채원 김치수 김향숙 김　현 김형영 노경식 노순자 노영희 문정희
민병하 박두진 박상기 박완서 박진숙 박태순 방영웅 배태인 백시종
서원동 송기원 송원회 신경림 신상철 안수환 안종관 안혜성 양귀자
오생근 오종우 유덕회 유시춘 윤명혜 윤조병 이경자 이덕재 이선관
이승하 이시영 이인성 이창동 이청준 이향림 이호철 임헌영 전영태
정소성 정현기 정희성 조세희 조정래 조태일 조혜경 주강현 진형준
천승세 최승자 최자영 표문태 현기영 홍성원 홍일선 황광수 황석영
황송문 황순원 황지우(문학)

강근식 강유정 곽태천 구교문 구자홍 국수호 권병길 권영락 권오일
김경식 김경애 김광림 김규식 김기팔 김기하 김기홍 김도향 김동빈
김매자 김명곤 김명구 김미미 김민기 김복희 김석만 김성숙 김성욱
김수연 김수용 김수회 김영식 김영연 김영웅 김영철 김영희 김완수
김용식 김유성 김유진 김의경 김인태 김재운 김정옥 김창남 김철리
김철호 김태수 김현자 김화숙 맹영미 문성근 문일지 박건섭 박계향
박광수 박규채 박근형 박기자 박범훈 박용기 박용범 박　웅 박이엽
박인배 박인환 박정자 박조영 박철수 박현덕 박혜인 배한성 백인철
서정호 손　숙 손진책 송길한 송능한 송도영 신병하 신성호 신연욱
신영균 심우성 안성호 양윤모 오광록 오문자 오세곤 오승명 오재호
온영삼 우영미 우종양 유덕형 유용환 유인택 윤광희 윤문식 윤청광
이명실 이명원 이병복 이상우 이상현 이성수 이성용 이애주 이은우
이완호 이장호 이현순 이효인 이휴태 이희복 이희정 임권택 임명구
임무정 임종재 임진택 임학선 장선우 장형규 정경희 정병각 정진우
정재철 정지영 정한용 조명남 조수동 주수홍 지정신 진봉규 차범석
최명수 최상화 최성운 최창봉 최　현 하명중 하태진 한규회 한상철

황희연(연극·영화·음악·무용·방송)

강대철 강연균 강행운 권옥연 김광배 김방죽 김상철 김서봉 김수남
김용태 김응현 김인순 김준권 김진숙 김현표 노현재 문영태 민충근
박불똥 박상대 박용숙 백창흠 손장섭 심광현 심정수 원동석 유연복
유은종 유홍준 이강하 이경배 이희재 정복석 정진석 정환섭 주명덕
주정순 최민화 최 열 추응식 홍선웅(미술·서예)
조훈현 양상국(바둑)

· 민주·사회단체

문익환 계훈계 이두수 유운필 백기완 이창복 곽태영 오대영 박용수
이해찬 김도연 정봉주 신대균 김부겸 김병걸 이재오 김광수 김덕수
나강수 최규성 신관섭 정동민(민통련)
강문규 이남주 이신행 오장은 조희부 유종성 권태욱(YMCA)
강성동 김광수 김도원 김명애 김성만 김영숙 김옥현 김정제 박인주
박성극 박성대 박승희 박용준 반재철 서병훈 서영훈 서인규 서정자
성연택 신영수 신정식 오영준 윤석용 이경남 이근배 이민근 이상주
이석희 이세용 조성두 조항원(흥사단)
서경원 권종대 정호경 정성헌 우병권 유남선 장두석 이병훈 김익호
이진선 이병철 금동혁 서정용 정준수 유영훈 김상덕 오상근 최병욱
이재만 이수금 강기종 정관수 백종덕 재웅진 전용구 윤정석 정동남
전현찬 강병기(가톨릭농민회)
박재일(전 가농회장)
박용일 김재훈(민가협)
이소섭 김말룡 김금수 천영세 방용석 이총각(노동운동)
김미혜 박성진 박진희 이인우 한동승 김 영 전명진 서지근 윤재근
정명애(청년과학기술자협의회)
윤순녀 최일해 박순희 이철순 정양숙 김은미(이상 가톨릭 노동사목)

심상완 최영선(기사연)
한경남 윤형기(민청련)
최 열(공해문제연구소)
이우재(농어촌사회연구소)
안양로(사회운동협의회)
최정심(민언협)

• 교 육
윤영규 심성보 이수호 이규삼 정해숙 김창효 고광환 김미영 김민권
김성식 김영준 김 원 김윤수 김정균 김종만 김지철 김창태 김태진
김태형 김헌택 김현준 김혜원 김효곤 남궁효 노웅희 도종환 박진주
백종상 서문수 서병섭 손해련 송문재 신학철 오용탁 오원석 오창훈
원영만 윤광장 윤중기 윤지형 은연규 이광호 이기출 이남희 이명복
이미영 이병렬 이병우 이북주 이상돈 이석우 이성재 이세천 이영주
이오덕 이재원 이종인 이주영 이효영 임일택 장두원 장재인 전수환
정기태 정길자 장명수 정병관 정양희 정해직 조창래 차영민 최병만
최영민 표정숙 한만훈 한병길 한상훈 한상균 황시백 황호영

• 여성운동
공덕귀 허훈순(가톨릭여성농민회)
이태영 곽배희 강경을 김동자 김봉숙 김숙자 김혜숙 도순이 박부자
박애경 박선형 백미도 송기봉 안정희 양정자 이양자 이혜숙
(가정법률상담소)
이우정 박영숙 이미경 이현숙(여성단체연합)
이요식(여성단체협)
이열희(교회여연)
김 형 박경애 박영숙 신희운 차경애 최수경(YWCA)

김회선 신윤옥 이유일 진정희 한우섭(여성의 전화)
김순진 김화령 정강자(여성민우회)
김미경 김효선 박진숙 허순이(또 하나의 문화)
김천주 김계복 김명실 김복기 김판숙 김혜경 박소희 박순자 박옥규
박은혜 신용균 신정희 이윤희 이정희 이종태 이한순 이헌정 정창희
조동민 조용선 조종숙 홍승희(주부클럽)
이연숙(존타클럽)
송보경(소비자운동)
김선곤

• 출판광고
고춘남 권병인 권병태 김경회 김순이 김성재 김영종 김인혜 김제원
김종수 김준묵 김충식 김태경 김학민 김현표 나병식 나혜원 문이경
박기봉 박맹호 박병진 박인혜 박종만 박지서 박지열 백낙신 변녹진
서정옥 설호정 성상건 성 욱 소병훈 원황철 윤형두 이갑섭 이건복
이기웅 이기후 이동명 이두영 이 범 이의영 이우회 이정호 이종복
이철지 임승남 임홍조 전병석 정양섭 정필영 정해렴 조남일 조상호
진철승 최동전 최민지 최선호 최영희 한창기 함영회 황 건 황세연
(출판)
이만재 이영원 임웅배 임한규 장정학 정선근(광고)

• 법조
강한영 곽진태 김용회 김태형 문애란 서순일 송재완 윤석태 이강우
강봉제 강신옥 강철선 고영구 곽동헌 권종철 김강영 김공식 김광정
김구일 김동현 김상철 김성남 김신재 김은호 김제형 김주원 김춘수
김춘봉 김충진 김형진 김형태 김홍헌 문진탁 박광영 박성귀 박성민
박세경 박승서 박연철 박용일 박원순 박인제 박찬주 박할림 배진수

백승헌 변정수 서예교 서태영 소동기 손경한 신형조 심재찬 안동일
안명기 안영도 양승찬 우수영 유영혁 유택형 유현석 윤종현 이건호
이경우 이기문 이돈명 이돈희 이범렬 이상수 이석조 이석태 이양구
이양원 이원영 이종관 이종순 이혜림 임재연 장건상 장수길 전충환
정광진 정명택 정성철 정주식 조경근 조영래 조준희 주성민 최병모
최영도 하경철 하죽봉 하재일 한경국 한봉희 한승헌 한일환 홍성우
황인철

• 의학 · 한의학 · 약학
홍창의 권기익 김상인 문옥륜 서정선 엄대용 유병철 유태열 이성국
이시백 이재선 이충국 장임원 조한익 최 용 홍강의 황상익(의대교수)
강명희 강영훈 계기성 고광성 권호근 김광식 김록호 김상현 김세연
김승원 김옥희 김운식 김은경 김정문 김정택 김천식 김태권 김태석
김평일 노동두 박길용 박선병 박순서 박양희 박우찬 박은기 백태우
서정기 서홍관 성열수 손현선 송학선 신언일 심재식 안효섭 양길승
양승기 오영천 유영재 유영준 이광호 이기택 이덕은 이동우 이문령
이석우 이연종 이영원 이인승 이준규 이필한 이혜자 이홍열 임정재
장명훈 전종원 정 청 정희태 조영환 최대호 최창규 최창혁 한상룡
한영철 함일성 허상보 홍영진(의사)
권용주 김덕호 김상익 박성보 소진백 송공호 유기덕 윤석용 이범용
정민성 조광호 조창주 천병태(한의사)
심길순 (전 서울약대)
강봉주 김수경 김현수 박남운 박혜숙 신광식 신민경 윤진홍 이선옥
정규정 정진숙 조수월 최수경 하성주 황성동 김양일 김용찬 노환성
문웅대 박경래 손치석 이무남 이범구 이재원 임익근 장경현 최금자
(약사)

· 시 민

강 란 강영숙 고광석 고아석 고현진 곽병준 구창웅 권 영 김경중
김경희 김계선 김기남 김기종 김나리 김 당 김대수 김대현 김덕봉
김도묵 김두성 김문철 김부웅 김상남 김상익 김석원 김소정 김순식
김연숙 김연식 김연옥 김연희 김영기 김영수 김영숙 김유경 김은규
김은상 김인자 김인홍 김장천 김재복 김점숙 김정수 김종태 김주일
김주윤 김중철 김진수 김진우 김태의 김학진 김해영 김현대 김현실
김홍규 김희삼 김희우 남관희 류예동 민병숙 민원배 박광열 박남숙
박동선 박상순 박선숙 박순섭 박순실 박영숙 박영혜 박용기 박유미
박인호 박일재 박종훈 백운학 백혜진 서명숙 서원석 서은숙 서인석
서정숙 석규관 손승현 송문호 송상윤 송인호 송창의 신문섭 신민용
신성용 신수복 신자현 심병호 심옥자 심우보 안광애 안영재 안정옥
안창룡 안철인 안평수 안형순 양광민 양병용 양성근 양인숙 염정현
오근찬 오병문 오병수 오세훈 오영호 오원배 오준철 우명자 우찬규
원유학 원정근 유도열 유석호 유승희 유우열 유종건 윤석철 윤양헌
윤태원 윤형기 윤형모 윤화자 이경재 이광석 이기령 이길후 이덕실
이도재 이동오 이동철 이만희 이병산 이보영 이삼규 이상옥 이상철
이상현 이성일 이숙민 이승일 이신범 이영언 이영우 이용석 이은철
이은호 이장호 이재록 이재욱 이재혁 이정미 이정태 이정희 이종린
이종희 이준우 이지형 이지현 이창근 이혜옥 이효우 이후경 안미자
임금순 이동철 임명구 임장빈 임장철 장광근 장두환 전득배 전미숙
전은주 전종호 정금란 정낭모 정문호 정병문 정석우 정승규 정영택
정택균 정학래 조동원 조승봉 조은호 조일래 조정화 주용성 주창돈
진병호 진영도 채현규 최규성 최낙진 최명세 최명의 최미경 최세희
최순덕 최오섭 최옥림 최옥주 최정명 최정윤 최풍식 최형규 추애주
하만수 한인숙 한화자 한혜경 허영무 현강섭 홍승새 홍승아 황선삼
황성숙 황정혜

• 건 축

강영건 강영환 강대운 강홍빈 김기홍 김기석 김용식 김인선 김무언
김석철 김영웅 김 원 김유경 김자호 김중업 김진균 류춘수 박영건
박성규 변 용 송정문 윤승중 이준원 이삼재 이상헌 이원교 여태석
정운주 전봉수 조건영 장웅재 조인숙 최정명 최종현 최명철 함인선
홍태형 황일인

• 인천 · 경기

강남훈 강돈구 강영선 곽기완 국순옥 김경모 김경인 김기삼 김대환
김문창 김성재 김영규 김영호 김윤자 김준기 김진우 김창락 박광용
박영일 박영호 박종화 서광일 설준규 성완경 송영배 신영상 신황호
안병우 안병욱 안병학 안회수 양계봉 오영석 우명섭 원종례 유영준
윤호균 이경호 이기영 이미숙 이세영 이순근 이승교 이시재 이영자
이영훈 이윤구 이정용 이준모 이한주 임명방 정요일 정자환 정재훈
조현연 차봉희 최순남 최원식 최천택 한영국 홍영복 홍정선(교수)
김명옥 김정택 김지한 맹환재 박영모 박종열 백도기 송병구 윤지석
이경수 이근찬 이덕상 이승복 이은규 현명수 호인수 홍창만(종교인)
강근희 강희대 권병기 김관식 김동기 김명식 김명종 김민태 김영준
김지선 박귀현 박기순 박동래 박일성 박종훈 성수열 성원주 송봉길
안영근 염범석 오순부 이교성 이교정 이민우 이봉일 이성식 이승일
이용원 이우재 이종열 이호웅 이희영 임송남 장인숙 장정옥 전관희
정완립 제정구 조인진 지용택 최순영 하동근 한기철 한덕희 한완수
허두측 홍성복 황선진 황주석(민주, 사회단체)
고경심 김상철 김승래 김찬기 박운식 신명호 안용태 이창진 최수자
홍성훈(의약)
김승묵 이동열 이탁규(법조)
강병택 강신중 김구연 김동선 김무길 김영팔 김오일 김원식 김정수

김정열 김혜식 박남수 박대호 박동선 박인홍 박찬옥 박청일 배중길
백국종 선호균 성낙수 송지수 안삼룡 양지환 염명순 오형국 용한신
용환신 유석호 이광재 이동기 이 병 이양우 이완주 이용현 이원규
이은철 이은학 이현수 인태선 정공훈 정승렬 조명숙 조용명 조우성
최풍식 하태연 한영환 한윤수 홍성걸 황성숙

• 강 원
강치원 김건수 김성기 김 영 김영명 김용은 김재환 노명식 배동인
백영서 손병암 손주일 오경심 오춘택 오태현 이경수 이병천 조인형
최창회 홍숙기(교수)
고광섭 성원주 홍재경(민주, 사회단체)
김성목 김종화 이재호 황재우

• 충 북
강철구 강형기 강혜숙 고병호 고석하 구연철 권영태 권오룡 김갑기
김병태 김복문 김우식 김정기 김종원 김종하 김진기 김 철 김홍숙
남기민 남재봉 노경희 민경희 박정규 박정수 박허식 배병균 배영목
서관모 서대식 손문호 송규범 신호철 안상헌 양기석 양병기 오제명
유지훈 유초하 윤광흠 윤구병 윤기영 이승복 이옥경 이장희 이종철
이주현 이해복 전채린 전형준 정진경 정초시 정승래 조홍식 차범석
최병수 최세만 한석태 한홍렬 허석렬(교수)
김창규 서정소 연제식 이도형 이쾌재 이현로 장성택 장차기 최현성
(종교인)
김덕배 김희식 박기식 이유근 정지성(민주, 사회단체)
이태화 정영수(법조)
고찬재 권영국 김성구 류사혁 문성식 박수용 유선요 유운기 이관복
이승원 이유중 이주형 이철수 정규영 정명희 정문화 조성현 주재성

진영희 최병찬 황선욱

●충 남
김병욱 김정헌 김홍수 박노영 손명환 이목훈 이병주 이승원 전철환
정명교 정윤애 표언복 허수열(교수)
강우석 구봉완 권영각 김순호 김영범 김용호 노정길 박종덕 박철규
원형수 유영소 이광수 이명남 이선주 이춘복 장길섭 전용호 정창수
조홍구 현광희 황대성(종교인)
강구철 김신환 김필중 박영기 양봉석 오원진 유의영 이규동 이번영
이종근 이하원 장수찬 정효순 최교진 최윤석 한의택(민주, 사회단체)
김우룡 정락기 진병관(의약)
강연숙 권술룡 김경희 김대기 김상호 김석희 김승영 김옥엽 김창수
남성현 민명수 서득원 송석인 송치호 양충모 유인종 이의영 조수형
채정숙 한기온 황인준

●전 북
강건기 강 성 강태권 고덕곤 고상순 권문봉 김경욱 김도종 김성환
김승수 김영기 김영정 김용우 김용욱 김의수 김일광 김일환 김재용
김종국 김희준 류종완 문제안 박광서 박동규 박명규 박영학 박종렬
박준완 박중정 박태영 백승화 백의선 봉필훈 서정철 신순철 심호택
오하근 위행복 유제호 윤덕향 윤미길 윤인선 이석영 이석형 이용인
이우정 이종민 이호선 이현순 임옥상 임철호 정두희 정명기 정초왕
정학섭 조순구 조영철 최규호 최준석 최중열 한단석 허 걸(교수)
백남운 이정용(종교인)
강세현 태재원 황용만(민주, 사회단체)
김성태 김용범 서지영 장태안 황정연(의약)
김동준 김명순 김문기 김인철 김종철 김철용 두치현 류태현 변형수

송돈자 신동룡 심병호 심은숙 엄영택 오　탄 유지은 이강진 이금자
이기연 이난희 이한삼 임승식 조성용 친승호 채용석 한애규

· 광주 · 전남

고재기 고형일 김광수 김당택 김동원 김동중 김동희 김상형 김선부
김윤수 김재률 김정수 김정완 김종재 김형종 나병식 남성훈 노회관
명노근 문순태 박광서 박만규 박상철 박인수 박충년 배영남 서　곤
송기숙 송정민 신경호 오국주 오재일 위상복 윤회면 이경운 이광우
이방기 이상식 이석연 이왕근 이정완 이지헌 이창인 임기건 임현숙
장　신 정대수 정의섭 정재윤 조　담 조승현 지병문 지성애 차성식
최　민 최영태 최진수 한상완 홍덕기 (교수)
강신석 김정면 김회중 박광식 윤구현 윤기석 정형달 조철현 (종교인)
김경천 김영대 김영진 김영호 김윤기 김은수 김재균 문홍기 박　무
오광주 오홍상 윤용상 윤후근 조아라 이래일 이학영 천기옥 허진명
(민주 · 사회단체)
강진상 구석원 국태진 김광호 김용일 김원기 김종영 민장식 신영환
윤광삽 이기영 이수헌 정만영 정수용 조기영 조남중 허경룡 허학부
황성하 (의약)
고병상 고영천 고재청 곽종철 국석표 기재필 김대규 김병채 김상곤
김성남 김신근 김신용 김양진 김영일 김옥태 김영전 김정성 김제평
김천배 김　헌 김호천 김홍길 김회현 리병재 마원훈 문병희 박광식
박국철 박두규 박석무 박순자 박용수 박정규 박　준 박형선 박행삼
박희서 배은심 서명원 서준만 송선태 안성례 양창렬 양천택 염장렬
오수성 위의환 위정철 유공숙 유상표 유성수 우연창 유형근 유효숙
이대우 이상문 이상석 이석찬 이철환 이항규 임봉한 임승식 임종하
임추섭 장길석 장휘국 전희장 정광식 정규철 정동년 정삼균 정승욱
정용화 정일섭 정철웅 정혜속 조　영 조점복 조한유 최답천 최대봉

최연섭 하재귀 한민수 한상석 한정수 한혜정 홍기룡

• 대구·경북
강대석 강대인 권영규 권오대 권오중 권이구 김민남 김세철 김윤수
김종길 김종민 김종철 김혈조 김형기 민병준 민주식 박승길 박찬석
박현수 서정숙 서종학 성삼경 성호경 송병순 신현직 심회기 염무웅
윤병철 윤세훈 윤영천 이개석 이규성 이덕성 이덕형 이성대 이상욱
이성복 이수인 이윤갑 이윤석 이재성 이정옥 이정우 이종오 임병훈
장지상 정석종 정지창 정태철 주보돈 최광식 최상천 최익주 황태갑
(교수)
김종필 이정우 이종원 조창래(종교인)
나우웅 마경렬 전호영(민주, 사회단체)
김용범 박승국 유성규(의약)
권혁주 남상용 박문성 박방희 박호성 신봉호 유시훈 이영희 이진구
전경상 조병한

• 부산·경남
강영조 강인순 강재태 고석남 고재문 공명복 곽상진 권철현 김계섭
김공대 김광철 김기석 김남석 김대영 김덕현 김동수 김동철 김봉렬
김상온 김석준 김석희 김선범 김선중 김성득 김성언 김성연 김성열
김세윤 김승석 김승환 김양화 김연민 김영주 김용기 김용운 김유동
김유일 김의동 김일현 김재현 김종덕 김종현 김준형 김지화 김진식
김치두 김창호 김학범 김학수 김해명 김현우 노원희 명형대 문병근
문치은 문현병 민병기 민병위 박동혁 박 령 박문호 박민선 박순태
박영태 박유리 박육현 박인호 박일근 박재환 박종근 박종윤 박종진
박종탁 박주철 박철수 박홍규 박희병 배경한 배홍규 백좌흠 백혜숙
서정근 서헌제 서혜란 성인수 손성호 손진우 손현숙 손호은 송 무

신동순 신 진 심지연 안미영 안숭욱 안신호 안원현 안지환 안철현
엄국현 여성구 여운필 오상헌 오상훈 오정섭 우창웅 원상기 유낙근
유장근 유재건 유희수 윤문숙 윤병희 윤용출 이규정 이기영 이도수
이명재 이병화 이봉근 이상목 이성현 이성훈 이송희 이수동 이승헌
이연규 이영기 이영덕 이영석 이영일 이영철 이은우 이재하 이재희
이종석 이준식 이창호 이필영 이학주 이현석 이혜숙 이호열 이 훈
임영일 임정덕 임종운 장기풍 장남수 장대익 장동표 장회창 전국서
정기영 정기호 정명환 정문성 정민자 정상윤 정성진 정성훈 정영숙
정의광 정진상 정진주 정태훈 정홍섭 조계찬 조인성 조현선 조형제
진영철 채상식 채숙희 채희완 최덕규 최상경 최영규 최영순 최원준
최유진 최 일 최정일 최태룡 태선영 표교열 하일민 한규철 한규희
한석태 허권수 허영재 허평길 홍금희 홍성군 홍순찬 황준연 황창윤
황한식(교수)

공명탁 김재헌 남주석 도 승 박광선 소 암 손덕만 송기인 송영웅
수 안 신석규 염영일 원 광 이일호 이재만 임명규 전병호 전재식
정영문 정 허 조재영 조창섭 종 수 최성묵 최철희 황대봉(종교인)
고승안 김광남 김명재 김종석 김창남 김희욱 도재원 박병철 백 인
서영창 유경호 이경숙 이봉균 이상익 임정남 전성은 정동화 정찬용
정혜란 조헌주 주중식 최윤규 하동삼 허진철(민주, 사회단체)
김광일 노무현 문재인 박윤성 안병희 오장희 이규학 이형규 이홍록
장두경 정세용 정시영 조성래(법조)
강세구 고광주 곽수훈 김대영 김세윤 김영세 김정일 김종명 김종석
김종하 김준호 김택영 김현식 남기탁 목길수 문백섭 문우환 박용수
박주미 배상도 배종삼 손광웅 이광주 이기선 이동환 이병옥 이상봉
이영준 이장호 이호재 임성조 전장화 조기종 주영광 차봉환 최영철
추창구 하영환(의약)
강병철 권희수 김건호 김경태 김규도 김극기 김근목 김기조 김동희

316

김병대 김사숙 김상배 김선희 김수경 김수태 김승기 김신부 김연만
김영옥 김영옥 김완식 김 용 김윤환 김인자 김 일 김일만 김정특
김종석 김종세 김찬환 김창수 김희로 도원호 박기만 박기찬 박복훈
박상도 박성원 박순섭 박순호 박정관 박정임 박희도 반병일 변수갑
변재관 서근수 서익진 서익진 신시범 신창호 한갑수 양인숙 윤동열
윤정규 이귀자 이길웅 이무웅 이상룡 이상순 이성기 이성순 이수성
이재업 이정자 이진오 장원덕 전정효 전희숙 정진원 주임환 최도술
최명수 최병두 최현두 하 일 한영규 허재웅 허진수 황성근 황해순

• 제주
고창훈 이상철 조성윤 한석기 (교수)
김관후 김영추 김천석 노승권 이승익 (민주, 사회 단체)
강 삼 고시홍 김경옥 김창수 김창후 문무병 오성찬 한림화

• 언론계
강운구 강정문 고승우 고준환 국홍주 권근술 권영자 권태순 김 근
김대곤 김대은 김동현 김두식 김명걸 김민남 김병익 김선주 김성균
김성원 김순경 김양래 김언호 김영용 김영진 김영호 김영환 김유원
김윤자 김인한 김재문 김종원 김종철 김진홍 김창수 김태진 김태홍
김학천 김형배 노향기 문영희 문창석 박경희 박노성 박선애 박성득
박순철 박영규 박영배 박우정 박원근 박정삼 박준영 박화강 배동순
백맹종 서권석 서재일 서정훈 서창모 성유보 성한표 손정연 송건호
송경선 손관율 송재원 송준오 신동윤 신연숙 신영관 신정자 신태성
신현국 신홍범 심재택 심정섭 안민영 안상규 안성암 안윤수 안정숙
양한수 오봉환 우승룡 오성호 오정환 오홍진 왕길남 유영숙 유장홍
윤광선 윤석봉 윤성옥 윤활식 윤후상 이경일 이광우 이규만 이기중
이기한 이기홍 이대우 이동운 이명순 이문양 이병주 이병효 이부영

이상현 이수언 이시호 이영록 이영일 이원섭 이의범 이인철 이종대
이종덕 이종욱 이종욱 이지선 이창화 이태호 이태희 이해성 이홍재
이희호 임부섭 임응숙 임재경 임채정 임학권 임희순 장윤환 전회천
정교용 정남기 정동익 정상모 정연수 정연주 정영일 정재우 정태기
정홍렬 조강래 조성숙 조수은 조영호 조학래 최병선 최병진 최성민
최 욱 최유찬 최장학 최학래 최형민 하봉룡 한현수 허 욱 현이섭
홍명진 홍선주 홍수원 홍정선 홍휘자 황용복 황윤미 황의방 황헌식
(해직 언론인)
김선우 김송번 김승한 김자동 김진식 노서경 박동출 박상신 박정하
박혜란 송상호 신동준 오애영 오정수 유우근 이열모 정상태 조돈만
허종렬(전직 언론인)
고희범 김종구 김주언 배재우 변상욱 송단옥 송희경 신원영 유 경
이수혁 정호상 조성호 한국연(현직 언론인)

자료 5 : 임직원 명단

-괄호 안은 새 신문 입사 전 근무지

· 임원진

발행인 송건호(동아일보)

편집인 임재경(한국일보)

편집이사 권근술(동아일보), 신홍범(조선일보)

영업이사 이병주(동아방송)

관리이사 정태기(조선일보)

기획이사 조영호(동아일보)

· 편집국

편집위원장 성유보(동아일보)

편집담당 편집부위원장 이종욱(동아일보)

취재담당 편집부위원장 성한표(조선일보)

· 기획취재본부

본부장 장윤환(동아일보)

위 원 조성숙(동아일보), 김명걸(동아일보), 이해성(동아일보)

· 편집교열부

편집부위원장 겸임 편집위원 이종욱(동아일보)

기 자 윤유석(전남매일), 왕길남(현대경제), 이영일(한국일보),
        김승국(대전일보), 송상호(중앙일보), 백현기(교통관광),
        김성수(조선일보), 송우달(충청일보), 문병우(일간스포츠),
        문현숙(월간마당), 최인호(한글학회), 권정숙(한글학회),
        김화령(까치출판사)

· 민족국제부

위원보 박우정 (경향신문)

기 자 이경일 (경향신문),   이병효 (조선일보),   권태선 (한국일보),
      강성기 (조선일보),   한승동 (민언협),   강태호 (한국개발원)

· 민생인권부

편집위원 홍수원 (경향신문)

기 자 이태호 (동아일보),   윤후상 (합동통신),   현이섭 (현대경제),
      오상석 (노문연),   권오상 (민언협)

· 정치경제부

편집부위원장 겸임 편집위원 성한표 (조선일보)

기 자 김 근 (동아일보),   이원섭 (조선일보),   정석구 (대학신문),
      최영선 (기사연),   정의길 (민언협)

· 사회교육부

편집위원 김두식 (동아일보)

기 자 최유찬 (동아일보),   유희락 (연합통신),   김형배 (조선일보),
      이상현 (민언협),   문학진 (조선일보),   유종필 (한국일보),
      김종구 (연합통신),   오태규 (한국일보),   김이택 (한국일보),
      이인우 (일간스포츠)

· 여론매체부

편집위원 이기중 (동아일보)

기 자 김선주 (조선일보),   정상모 (문화방송),   고승우 (합동통신),
      고종석 (코리아타임스)

· 문화과학부

편집위원 이종욱(동아일보)

기   자 안정숙(한국일보),   신연숙(한국일보),   신동준(조선일보),
         김영철(민문연),   윤석인(기사연),   조선희(연합통신)

· 생활환경부

편집위원 지영선(동아일보)

기   자 조홍섭(동아일보),   김미경(여성신문)

· 사진부

기   자 진정영(일요신문),   진천규(경인일보),   정원일(연합통신),
         김연수(서울신문)

· 조사자료부

편집위원 임응숙(동아일보)

기   자 이재민(동아방송),   차한필(직훈연),   양욱미(한양대),
         이상훈(일해연구소),

사   원 유근옥(한광여상)

· 수습기자(괄호안은 출신교)

곽노필(서울대), 곽정수(서울대), 권영숙(서울대), 김경무(충남대),
김선규(서강대), 김성걸(성 대), 김용성(고려대), 김정곤(서울대),
김현대(서울대), 김형선(서울대), 박근애(서울대), 신현만(서울대),
안영진(서울대), 오 룡(서강대), 여현호(서울대), 이상기(서울대),
이종찬(건국대), 이주명(서울대), 정상영(부산대), 차기태(고려대),
최보은(방통대), 최재봉(경희대), 하성봉(서울대)

· **판매국**

국장직대 겸 판매1부장 문영회(동아일보), 발송부장 김양래(동아일보)
부   원 이재성(신아일보),   박경원(한국일보),   한남주(경향신문),
        유근우(조선일보),   황철수(경향신문),   이한구(한국일보),
        구자상(한국일보),   송온기(조선일보),   고범진(경향신문),
        문형우(자연문화),   전홍규(교보문고),   김상우(경향신문),
        김태근(삼성전자),   안윤수(현대자동차), 오명철(무인판매),
        태광훈(덕수개발),   유병남(예일여상),   김경선(방통대)

· **광고국**

부국장 윤성옥(동아방송)
부   원 이문호(매일경제),   최용주(한국일보),   강신순(동아일보),
        정옥남(중앙영업소), 김영권(광주일보),   최찬교(신아일보),
        이이순(동아영업소), 유재성(유한양행),   이기성(중앙일보),
        김현득(서울신문),   박영이(현대전자)

· **제작국**

· **전산제작부**

부 장 박성득(경향신문)
부   원 구연실(금성출판사), 권영숙(염광여상),   김난희(통일세계),
        김미옥(영등포여상), 김순자(동아출판사), 김영숙(한국증권),
        김이순(한누리출판사), 김정희(묵호여고),   김현주(현대전자),
        박상희(삼화양행),   박은희(민정문화사), 박정주(서울시스템),
        배숙영(배델사),   배영자(백제여상),   윤미경(삼화양행),

322

윤미경(영산포여상),　윤은경(동아출판사),　이윤진(신광여고),
이정기(양양여고),　　이춘재(동아출판사),　이현자(아남산업),
추숙희(송원여상),　　한창희(출판공사),　　황용숙(염광여상),
황인춘(서천여상)

· 공무부

부 장　윤영수(강원산업),　　　　　부장대우　신동호(경향신문)
부 원　오석재(서울문구),　차영석(신아일보),　정인화(중앙일보),
　　　　이문광(조선일보),　차영구(교학사),　　김한수(한국일보),
　　　　국중완(한국일보),　안은무(향지기획),　정진영(정화여상)

· 시설부

부 장　이창화(조선일보)

· 관리국

· 총무부

부 장　오성호(조선일보)
부 원　한봉일(한양),　　황윤미(동아방송),　조병욱(화담기술),
　　　　조병도(신통기획),　박경하(대아양행),　이미숙(교보문고),
　　　　박옥숙(정화여상)

· 인사부

부 장　박노성(동아방송)
부 원　이재근(주택은행),　양정묵(농경연),　　한명동(럭키),
　　　　김은희(남양유업)

· 경리부

부 장 정영택(화담기술)
부 원 김성희(세민),   김정순(태평양),   임규한(중앙일보),
        강숙희(삼양염업),   이영희(금성물산)

· 운영기획실

실 장 조영호(동아일보, 기획이사 겸임), 부장 서형수(롯데쇼핑),
부 원   오수인(한진해운)

· 주식관리실

실 장 윤활식(동아방송),
부 원   박준철(NCC),   송금자(호텔롯데),   강지숙(신구전문)

· 업무직 수습사원(괄호 안은 출신교)

김소일(외대),   김진현(시립대), 김태읍(고려대), 김형근(서강대),
박정수(성균관대), 유승희(연세대), 윤기현(외대),   이재경(한양대),
장창덕(고려대), 조경욱(서울대), 홍충희(고려대)

자료 6 : 창간시 전국 지사지국

1988년 4월 18일 현재 확정된 전국 지사지국 명단은 아래와 같다.

본사 판매국 : 서울종로구 안국동 175-87
서울시내 총판(가판) : 광화문, 청량리, 강남, 영등포
서울지역 : 성산, 서교, 아현, 마포, 세종로, 창신, 세검정, 종로, 가좌, 홍
　　제, 신촌, 서대문, 길음, 정릉, 안암, 장위, 월계, 불광, 역촌, 응암, 수
　　색, 구파발, 도봉, 상계, 노원, 공릉, 창동, 수유, 미아, 방학, 중부, 남
　　대문, 금호, 중곡, 성수, 공항, 등촌, 화곡, 목동, 신정, 신월, 구로, 고
　　척, 독산, 시흥, 여의도, 영등포, 신길, 대림, 상도, 노량진, 사당, 봉
　　천, 신림, 난곡, 반포, 방배, 서초, 양재, 신사, 논현, 삼성, 대치, 개
　　포, 잠실, 서잠실, 송파, 가락, 고덕, 거여, 성내, 길동, 천호, 을지
대전지역 : 대전지사, 동대전, 서대전, 북대전
대구지역 : 대구지사, 북대구, 남대구, 달서, 수성, 동대구, 서대구
광주지역 : 광주지사, 서광주, 북광주, 광산, 광천
부산지역 : 부산지사, 동래, 북부산, 사하, 남부산, 부산진, 영도, 해운대,
　　광안, 금정, 서부산, 서면
영남지역 : 포항, 남포항, 상주, 경주, 김천, 안동, 영주, 점촌, 구미, 김해,
　　진해, 삼천포, 충무, 진주, 울산, 동울산, 남울산, 창원, 마산, 동마산
호남 제주지역 : 전주, 북전주, 동이리, 이리, 군산, 정주, 목포, 여수, 순
　　천, 나주, 남원, 제주
경기지역 : 광명, 과천, 부천중, 부천남, 안양동, 안양서, 수원서, 수원남,
　　수원동, 수원북, 성남동, 성남서, 안산, 송탄, 평택, 군포, 동래, 오산,
　　안성, 기흥, 용인, 동부, 광주, 이천, 여주, 김포, 강화, 구리, 의정부,
　　남양주, 파주, 포천, 고양
강원지역 : 춘천, 원주, 강릉, 속초, 동해, 태백
충청지역 : 청주, 서청주, 충주, 제천, 천안, 공주, 온양

자료 7 : 한겨레신문 윤리강령

한겨레신문은 이 땅에 민주주의와 민주언론을 실현하려는 국민들의 오랜 염원과 정성이 모아져 창간되었다.

한겨레신문의 모든 임직원은 한겨레신문이 국민에 의해 만들어진 국민의 신문임을 언제나 마음에 새기고 우리의 언론활동은 국민의 뜻을 표현하고 실현하기 위한 것임을 잊지 않는다.

한겨레신문은 우리사회의 민주화를 실현하고 분단을 극복하고 민족의 자주적 평화통일을 앞당기며 민중의 생존권을 확보·향상시키는 데 이바지해야 할 역사적 과제를 안고 있다.

이 같은 사명을 다하기 위해서는 언론의 사회적 책무에 따르는 언론인 자신의 도덕적 결단과 실천 속에서 진실한 보도와 건전한 비판이라는 언론 본연의 역할이 수행되어야 할 것임을 우리는 믿는다. 이에 한겨레신문 임직원 모두는 다음과 같은 윤리강령을 만들어 이를 지킴으로써 민주이론을 실천하고 언론인으로서 올바른 자세를 갖출 것을 다짐한다.

1) 언론자유의 수호
(1) 우리는 언론의 자유와 표현의 자유가 인간의 기본적 권리이며 모든 자유의 기초임을 믿는다. 따라서 언론자유의 수호는 한겨레신문사에서 일하는 우리 모두의 의무이다.
(2) 우리는 스스로의 판단에 따라 신문을 만들며 정치권력을 비롯한 의무로부터의 어떤 간섭도 배격한다.
(3) 우리는 한겨레신문이 특정 자본으로부터 독립하기 위해 과점주주가 회사의 경영권을 사유화하는 것을 막는다. 정치권력의 자본으로부터의 독립은 한겨레신문의 움직일 수 없는 원칙이다.

2) 사실과 진실보도의 책임
(1) 우리는 상업주의, 선정주의 언론을 배격한다.
(2) 우리는 나라와 민족, 세계의 중대사에 관하여 국민이 알아야
할 진실을 밝힌다. 사실과 진실을 바르게 전달하지 않는 것은
언론인으로서 알릴 권리와 의무를 저버리는 것이며 국민의 알
권리를 침해하는 것이다.
(3) 우리는 광고주나 특정 이익단체의 청탁이나 압력을 배제한다.

3) 독자의 반론권 보장
우리는 독자의 반론권을 보장한다.

4) 오보의 정정
우리는 잘못 보도한 것이 확인되었을 때 이를 인정하고 바로 잡는다.

5) 취재원의 보호
우리는 기사의 출처를 밝히지 않기로 한 약속을 반드시 지키며 기
사내용을 제공한 사람을 보호한다.

6) 사생활의 보호
우리는 공익을 위한 것이 아닌 한 보도대상의 명예와 사생활을 존
중한다.

7) 정당 및 종교활동에 대한 자세
우리는 정당에 가입하지 않으며 특정 정당이나 특정 종교 및 종파
의 입장을 대변하지 않는다.

8) 언론인의 품위
 (1) 우리는 신문제작과 관련하여 금품·기타 부당한 이익을 얻지
    않는다.
 (2) 우리는 개인의 이익을 위해 기사를 쓰거나 다루지 않는다.

9) 판매 및 광고활동
우리는 상도의에 벗어나는 거래를 하지 않는다.

10) 사내 민주주의 확립
 우리는 사내의 문제에 대해 자유롭게 의견을 내고 이를 모아 신문
제작과 회사의 운영에 반영한다.

11) 윤리실천 요강
 이 윤리강령을 실천하기 위해 실천요강을 따로 마련한다.

12) 윤리위원회
 이 윤리강령과 실천요강을 지키기 위해 윤리위원회를 만든다. 윤
리위원회에 관한 규정은 따로 마련한다.

13) 시 행
 이 윤리강령은 1988년 5월 5일부터 시행한다.

〈한겨레신문 윤리강령 실천요강〉

 한겨레신문사의 모든 임직원은 윤리강령을 바탕으로 하여 다음과
같이 실천요강을 지키기로 다짐한다.

1) 언론자유의 수호

(1) 우리는 외부의 간섭이나 압력에 의한 편집권의 침해를 막기 위해 모든 노력을 다한다.

(2) 우리는 수사·정보기관원의 신문사 출입 및 신문제작과 관련한 불법연행을 거부하며 부당하게 연행되었을 때에는 원상회복을 위해 힘을 합쳐 대처한다.

2) 금 품

(1) 우리는 윤리강령에 어긋나는 금품을 정중히 사절한다. 금품이 자신도 모르는 사이에 전달되었을 때에는 되돌려 보낸다. 되돌려 보내기가 어려울 때에는 윤리위원회에 보고하고 그 판단에 따른다. 다만, 선의의 사소한 선물은 예외로 할 수 있다.

(2) 전항의 사소한 선물의 기준은 시가 5만 원 이하로 한다. 5만 원을 초과하는 선물을 받는 경우 즉시 윤리위원회에 귀속시키고 윤리위원회가 이를 처리한다.

(3) 우리는 신문사의 지위를 이용하여 상품을 무료로 또는 할인해서 구입하는 등 상거래에서 부당한 이익을 얻거나 그 밖의 개인적인 이득을 꾀하지 않는다.

3) 보도 및 논평자료

우리는 보도 및 논평에 필요한 서적이나 음반 및 테이프 등 자료를 받을 수 있다. 이 같은 자료는 회사의 소유로 하고 활용이 끝나면 정보자료 부서로 이관한다.

4) 취재비용과 여행

(1) 우리는 취재에 필요한 경비를 스스로 부담한다. 다만 일반적으로 승인된 취재편의가 제공된 경우에는 그렇지 아니하다.

(2) 우리는 부득이한 경우를 제외하고는 남의 비용으로 출장이나
여행, 연수를 가지 않는다.
(3) 윤리위원회는 출장과 연수가 윤리강령에 어긋나는지의 여부를
정기적으로 점검한다.

5) 다른 목적을 위한 정보활동 금지
우리는 언론활동 이외의 목적으로 정보나 자료를 수집하지도, 제
공하지도 않는다. 또 회사의 운영이나 신문제작의 기밀을 누설하지
않는다.

6) 외부활동의 제한
(1) 우리는 회사에 직접적으로 손상을 주는 활동에 참여하지 않는다.
(2) 우리는 정부기관 등 외부기관의 사업 및 활동에 참여하지 않는
것을 원칙으로 한다. 외부기관의 사업 및 활동에 참여할 필요
가 발생한 경우에는 윤리위원회의 심의를 거쳐야 한다.
(3) 우리는 자신이 수행하는 회사업무와 직접 관련있는 영리단체
의 사업에 관여하지 않는다.

7) 윤리위원회
윤리위원회는 윤리강령과 실천요강이 지켜지고 있는지를 심의 판
단하여 필요한 조처를 취한다.

8) 시 행
(1) 이 실천요강은 1988년 5월 5일부터 시행한다.
(2) 이 실천요강은 2001년 8월 10일부터 시행한다.

자료 8 : 한겨레신문 정관(안)

우리는 나라의 민주적 기본질서 확립과 민족의 통일을 목표로 국민에 바탕을 둔 자유롭고 책임 있는 언론을 정립하려 한다.

이를 위해 민주적 가치와 사회정의의 구현에 전력하고, 편집권의 독립을 통해 신문이 걸어야 할 정도를 지킴으로써 '국민의 신문, 신문인의 신문'을 지향하는 '한겨레신문'을 창간하여 자유언론의 참뜻에 신문을 길이 만들어 가고자 이 정관을 만든다.

제1장 총 칙

제1조 (상호)
이 회사는 한겨레신문주식회사라 한다.

제2조 (목적)
이 회사는 다음의 사업을 경영함을 목적으로 한다.
(1) 신문의 발행 및 판매
(2) 도서, 잡지의 발행 및 판매
(3) 외부 간행물의 인쇄업
(4) 교육문화에 관한 사업
(5) 사회사업
(6) 광고사업
(7) 전 각호의 사업에 부대 되는 사업

제3조 (소재지)
이 회사는 본사를 서울특별시에 두고 필요에 따라 국내외 각지에 지사, 지국, 보급소를 설치할 수 있다.

제4조 (공고방법)

이 회사의 공고는 한겨레신문에 게재한다. 단, 부득이한 사유로 한겨레신문에 게재할 수 없을 때에는 관보에 게재한다.

제2장 주 식

제5조 (주식 총수)

이 회사가 발행할 주식의 총수는 100만 주(50억 원)로 하고 1주의 가액을 5천 원으로 한다.

제6조 (설립시 발행주식 총수)

이 회사가 설립할 때에 발행할 주식의 총수는 25만 주로 한다(12억 5천만 원).

제7조 (주식 및 주권의 종류)

이 회사의 주식은 액면, 기명식으로 하며 1주권, 10주권, 50주권, 100주권, 1000주권의 5종류로 한다. 단, 창립주주에 대하여는 1인당 1매로 발행할 수 있다.

제8조 (납입 위약금)

주주가 납입을 태만히 할 때에는 그 납입기일의 다음날부터 납일 당일까지 체납금 100원에 대하여 1일 금5전의 계산으로 위약금을 회사에 지불해야 한다.

제9조 (주식의 양도 및 명의개서)

(1) 회사의 주식을 양도하고자 할 때는 회사가 정한 명의개서 청구서에 당해 주권을 첨부하여 명의변경을 청구하여야 한다.

(2) 양도 이외의 사유로 주식의 명의를 개서하고자 할 때는 제(1) 항
에 준하되 그 사유를 증명할 자료를 첨부하여 명의개서를 청구
해야 한다.

(3) 이 회사의 주식을 질권의 목적으로 그 질권의 등록 및 말소를
청구할 때에도 회사가 정한 청구서에 당해 주권을 첨부하며 제
출해야 한다.

(4) 앞 각항의 청구를 맡은 때 회사는 주주명부에 기입 처리하고,
그 주권의 뒷면에 대표이사가 기명날인 한 후 이를 청구자에게
환부해야 한다.

제 10 조 (주권의 재교부)

(1) 주권의 분합 또는 오손으로 인하여 주권의 재교부를 청구하고
자 하는 자는 이 회사가 정한 청구서에 그 사유와 필요한 사항
을 기재한 후 그 주권을 첨부하여 제출해야 한다.

(2) 주권의 상실로 인하여 재교부를 청구하고자 할 때는 회사가 정
한 청구서에 세권판결의 정본 또는 등본을 첨부하여 이를 제출
해야 한다.

제 11 조 (수수료)

제 9조 와 제 10 조의 경우에 회사는 소정의 수수료를 청구자로부터
징수한다.

제 12 조 (주주의 주소 등의 신고)

주주 또는 그 법정대리인은 그 주소와 성명 및 인감을 회사에 신고
하여야 한다. 그 변경이 있는 경우에는 또한 같다.

제 13 조 (주주명부의 폐쇄)

주식의 명의개서 또는 질권에 관한 등록 및 말소는 매 결산기의 최종일부터 그 기에 관한 정기 주주총회가 끝나는 날까지 이를 정지한다. 또 회사는 필요한 경우에 2주일의 사전 공고를 함으로써 주주명부의 기재변경을 임시로 정지할 수 있다.

제 3 장 주주총회

제 14 조 (총회 소집)

(1) 이 회사의 주주총회는 정기 주주총회와 임시 주주총회로 한다.

(2) 정기 주주총회는 매 결산기 종료 후 2개월 이내에 개최하고, 임시 주주총회는 필요에 따라 이사회 결의로써 대표이사가 이를 소집한다.

(3) 주주총회를 소집할 때는 총회일 2주간 전에 각 주주에게 그 일시, 장소 및 회의의 목적사항을 적은 통지서를 발송하여야 한다.

제 15 조 (의장)

이 회사의 주주총회 의장은 대표이사가 된다.

제 16 조 (의결권)

각 주주의 의결권은 1주마다 1개로 한다.

제 17 조 (의결 방법)

(1) 주주총회의 결의는 발행주식 총수의 과반수에 해당하는 주식을 가진 주주의 출석으로 그 의결권의 과반수의 다수로서 한다.

(2) 가부동수인 경우에는 의장이 이를 결정한다.

제 18 조 (의결권의 위임)

주주는 대리인으로 그 의결권을 행사할 수 있다. 그러나 그 대리인은 이 회사 주주에 한한다. 대리인은 대리권을 증명하는 서면을 총회 전에 회사에 제출하여야 한다.

제 19 조 (의사록)

주주총회의 의사경과의 요령 및 그 결과는 이를 의사록에 기재하고 의장 및 출석한 이사가 이에 기명날인한다.

제 4 장 회사의 기관

제 20 조 (정원 및 선임)

이 회사에는 3인 이상의 이사와 2인 이내의 감사를 두며, 주주총회에서 이를 선임한다.

제 21 조 (임기)

(1) 이사와 감사의 임기는 2년으로 한다.
(2) 이 임기는 그 임기중의 최종 결산기에 관한 정기 주주총회 종료일까지 이를 연장할 수 있다.

제 22 조 (보선)

(1) 이사 또는 감사가 결원되었을 때에는 임시 주주총회를 소집하여 보결선임한다. 단, 법정의 인원수에 부족하지 않고, 또 업무에 지장이 없을 때는 보결선임을 다음 정기 주주총회까지 연기하거나 또는 이를 행하지 않을 수 있다.
(2) 보결과 증원에 의하여 선임된 이사와 감사의 임기는 전임자 또는 현재 임원의 임기의 나머지 기간으로 한다.

제 23 조 (보수)

이사와 감사의 보수 또는 퇴직금은 주주총회의 결의로 정한다.

제 24 조 (이사회)

이사회는 이사로 조직되고 회사의 업무집행에 관한 중요사항을 결정한다.

제 25 조 (대표이사)

(1) 이사회는 이사중에서 회사를 대표할 대표이사를 선임한다. 대표이사는 2인 이상 선임할 수 있다.

(2) 대표이사는 회사를 대표하고 주주총회 및 이사회의 의장이 되며, 회사의 중요업무를 총괄한다.

(3) 각 이사의 서열은 이사회에서 결정한다. 대표이사의 유고시에는 그 서열 순위로 대표이사의 직분을 대행한다.

제 26 조 (이사회)

(1) 이사회는 대표이사 또는 이사 3분의 1 이상의 동의로 소집하며, 개최일 1주간 전에 각 이사에게 통지하여야 한다. 그러나 이사 전원의 동의가 있을 때에는 이 소집절차를 생략할 수 있다.

(2) 이사회의 결의는 이사전원의 과반수의 출석과 출석 이사의 과반수로 한다. 단, 전문과 그 정신에 관련되는 사항에 관해서는 과반수의 출석과 출석이사의 3분의 2 이상의 다수결로 한다.

(3) 이사회의 의사에 관하여는 의사록을 작성하고, 의장과 출석한 이사 전원이 기명 날인하여야 한다.

제 27 조(감사)

(1) 감사는 이 회사의 회계와 업무를 감사한다.

(2) 감사는 이사회에 출석하여 의견을 진술할 수 있다.

제 5 장 회 계

제 28 조 (사업연도)

이 회사의 사업연도는 매년 1월 1일부터 12월 31일까지로 하여 연도 말에 결산한다.

제 29 조 (계산 서류)

(1) 이사는 정기 주주총회 2주간 전에 다음의 서류를 작성하여 감사에게 제출한다.

ㄱ. 재산목록(대차대조표 부속명세표로 갈음할 수 있다)

ㄴ. 대차대조표

ㄷ. 영업보고서

ㄹ. 손익계산서

ㅁ. 이익잉여금 처분계산서 또는 결손금처분계산서

(2) 감사는 (1)항의 서류를 맡은 날로부터 4주간 내에 감사보고서를 이사회에 제출하여야 한다.

(3) 이사는 제1항의 서류에 대한 주주총회의 승인을 얻은 때에는 지체없이 대차대조표를 공고하여야 한다.

제 30 조 (주주 배당금)

(1) 주주배당금은 매 결산기 말일 현재의 주주명부에 등록된 주주 또는 등록 질권자에게 이를 지급한다.

(2) 배당금은 정기 주주총회 종료일로부터 3주 이내에 지급하며, 기간 경과 후 3년이 자나도 배당금의 지불을 청구하지 아니할 때에는 그 배당금을 회사에 귀속한다.

제6장 부 칙

제31조
이 정관은 1987년 11월 2일부터 시행한다.

제32조
회사는 필요에 따라 이사회의 결의로써 업무추진 및 경영상 필요한 세칙과 내규를 정할 수 있다.

제33조
정관에 규정되지 않은 사항은 주주총회의 결의와 상법 등 기타 법령에 의한다.

제34조
창립비용은 추후 정산하여 창립주주 총회의 인준을 받는다.

■ 참고문헌

1. 국내문헌

▪ 연구 · 학술서

강명구(1993). 《한국언론전문직의 사회학》, 나남출판.

강용옥 · 옥우석 역(1993). 《근대, 주체, 프로그램화된 사회》, 의암출판사.

고성국(1985). "유신체제의 성립과 붕괴과정,"《한국 자본주의와 사회구조》, 한울.

고승우(1989). 《6공, 5공 언론비판》, 춘추원

_____ (1998). 《언론유감》, 삼인.

고 원(2001). 《언론정책은 악이다》, 북스토리.

김경근(1986). 《언론현상과 언론정책》, 법문사.

김동규(1988). "뉴스의 결정양식에 관한 구조적 연구,"《언론문화연구》제6 집, 서강대 언론문화연구소.

김민남 등(1993). 《새로 쓰는 한국언론사》, 아침.

김석준(1992). 《한국산업국가론》, 나남출판.

김성국(1992). "한국자본주의 발전과 시민사회의 성격,"《한국의 국가와 시 민사회》, 한국사회학회 · 한국정치학회, 한울.

김승수(1989). "정치경제학으로 본 변혁기 언론위상,"《저널리즘》가을 · 겨 울호.

_____ (1989). "자본주의 언론생산의 본질,"《사회비평》제3호, 나남출판.

_____ (1990). "언론학의 방법론적 기초,"《한국언론의 정치경제학》, 아침.

김영선(1995). 《한국의 정치권력과 언론정책》, 전예원.

김왕석(1990). 《한국언론의 정치경제학》, 아침.

_____ (1990). "언론의 헤게모니와 자본주의 이데올로기", "80년대 언론노동 운동의 평가와 전망,"《한국언론의 정치경제학》, 아침.

김정탁(1990). "정파지냐 불편부당지냐,"《신문연구》, 관훈클럽.

김지운(1989). "언론인의 권력지향사례에 대한 고찰,"《사상과 정책》6권, 경향신문사.

340

김태홍(1997). "80년 해직언론인협의회와 민주언론운동협의회,"《80년 5월의 민주언론》, 나남출판.

김해식(1994).《한국언론의 사회학》, 나남출판.

김호기(1994). "그람시적 시민사회론 비판과 비판이론의 시민사회론,"《시민사회와 시민운동》, 유팔무·김호기 엮음, 한울.

박상섭(1986).《자본주의 국가론》, 한울.

박영근(1984). "노동문화의 실상과 가야할 길,"《공동체 문화 2》, 공동체.

박인규(1988). "88년도 편집권 논쟁 양상,"《저널리즘》가을호, 기자협회.

배동인(1992). "시민사회의 개념: 사상적 접근,"《한국의 국가와 시민사회》, 한국사회학회·한국정치학회편, 한울.

서울대학교 사회과학대학 신문학과(1986).《자본주의와 한국신문》, 서울대학교.

서정우 외(1978).《언론통제이론》, 법문사.

송건호(1976). "역사적으로 본 한국언론,"《저널리즘》가을호.

신홍범(1983). "제3세계 언론의 종속성과 신국제 정보 질서운동,"《언론과 사회》, 민중사.

안병준(1990). "성명아인가, 저항아인가,"《신문연구》, 관훈클럽.

오갑환(1974).《사회의 구조와 변동》, 박영사.

원우현(1991). "한국의 언론산업,"〈계간사상〉가을호, 사회과학원.

유일상(1988).《매스미디어와 현대사회》, 지식산업사.

유일상(1987).《공정보도의 사회윤리학》, 일월서각.

유재천(1988). "언론노조와 편집권,"《신문연구》, 관훈클럽.

유팔무(1993). "한국의 시민사회론과 시민사회분석을 위한 개념틀의 모색," (경남대 극동문제연구소 편), 한국 정치·사회의 새 흐름, 나남출판.

이강수(1999).《커뮤니케이션과 정통성》, 나남출판.

이상희(1984). "한국체제와 매스미디어," 한국사회학 제13집.

이시재(1992). "90년대 한국사회와 사회운동의 방향,"《한국의 국가와 시민사회》, 한국사회학회·한국정치학회, 한울.

이옥경(1983). "70년대 대중문화의 성격,"《한국사회변동연구 I》, 민중사.

이태호(1984). "제도언론과 민중언론,"《민중과 자유언론》, 송건호 외, 아침.

이효성(1988). "지배권력과 제도언론,"《선비》제1권 1호.

_____ (1989). "언론의 정치경제학,"《저널리즘》1989년 봄, 여름호, 한국기자협회.

임근수(1986).《신문 발달사》, 정음사.

임동욱(1990). "광고주의 광고, 대중매체 그리고 광고대행사," 《광고연구》 봄호.

임영일 외 편역(1985).《국가란 무엇인가? : 자본주의와 그 국가이론》, 까치.

임희섭(1989). "집합행동에 있어서의 구조적 긴장, 충원 및 이데올로기의 문제," 《사회 변동과 사회과학 연구》, 백석 홍승직 교수 회갑기념 논문집 간행위원회.

_____ (1998).《한국의 시민사회와 신 사회운동》, 나남출판.

_____ (1999).《집합행동과 사회운동의 이론》, 고려대학교 출판.

장명국(1989). "언론노조의 특성과 과제," 《경향신문사 사상과 정책》 봄호.

장윤환(1989). "한국언론 80년대 반성과 90년대 전망," 《신문연구》 겨울 48호.

정연우(1990). "1980년대 신문산업의 사회적 성격," 《한국언론의 정치경제학》, 아침.

정용준(1990). "민족민주언론운동론," 《한국언론의 정치경제학》, 아침.

정태석 등(1995). "민중운동과 시민운동-쟁점과 전망," 《시민사회와 시민운동》, 한울.

정태환(1984). "집합행동이론 비판," 《문리대 논리집》 제2집, 고려대학교 문리대학.

조대엽(1999).《한국의 시민운동-저항과 참여의 동학》, 나남출판.

조희연(1990). "80년대 한국사회운동의 전개와 90년대의 발전전망," 《한국사회운동사》, 한울.

주동황 외(1997).《한국언론사의 이해》, 언노련.

차배근(1976).《코뮤니케이션학개론》, 세영사.

최장집(1985). "그람시의 헤게모니 개념," 홍명 외, 《국가이론과 분단 한국》, 한울.

_____ (1989). "군부권위주의 체제의 내부모순과 변화의 동학, 1972~86," 《한국현대정치의 구조와 변화》, 까치.

_____ (1991). "민중민주주의의 조건과 방향," 《사회비평》 6호, 나남출판.

최 준(1960).《한국신문사》, 일조각.

한국방송프로듀서연합회(1989년).《프로듀서연합회보15호》.

한배호(1992). "한국의 국가와 시민사회," 한국사회학회·한국정치학회, 한울.

한완상(1992). "한국에서 시민사회, 국가 그리고 계급," 《한국의 국가와 시민사회》, 한국사회학회·한국정치학회편, 한울.

■ 석사학위논문

강만석(1985). "한국의 중앙일간지에 게재된 외신뉴스에 관한 비교적 고찰,"
　　　성균관대 석사학위논문.
김대호(1986). "한국노동계급문화에 대한 일 고찰," 서울대 신문학과 석사논문.
김주득(1991). "6공화국 언론활성화 실태와 문제점에 관한 연구," 연세대 행
　　　정대학원 논문.
서수원(1978). "찰스 틸리의 혁명이론에 관한 연구," 한국외국어대학교 석사
　　　학위논문.
옥선미(1989). "자본주의 사회의 신문 언론노동의 성격에 관한 연구," 서울
　　　대 신문학과 석사논문.
윤창빈(1989). "한국언론노조운동의 성격에 관한 고찰," 한양대 석사논문.
정진홍(1989). "한국의 사회변동과 커뮤니케이션 구조간의 역동성에 관한
　　　연구," 성균관대 신문방송학과 석사학위논문.
한인형(1985). "그람시 문화이론의 실천적 특성에 관한 일 고찰," 서울대 석
　　　사학위논문.

■ 신문, 성명서, 잡지류

강태완, "커뮤니케이션 민주화로서의 민중언론,"《경희대 교지》, 1985.
《경향노보》16호, "부일파업 사태의 배경," 1988년 7월 23일자.
고현희, "새로 창간된 종합대학신문을 평가한다,"《이대학보》, 1989년 10월
　　　30일자.
기자협회, "편집권 독립을 논함,"《기자협회보》, 1988년 6월 17일자.
김중배, "언론노련을 위한 쓴 소리,"《언론노보》39호, 1991.
《노동자신문》, 1985년 2월 25일.
《동아일보 노보》28호, "편집권 관련 단체협약 내용," 1989년 1월 19일.
《말》지, 1987년 10월호.
《민주노동 1호》, 1984년 4월 25일.
박인규(1989). "한국언론 사주들의 두 얼굴,"《월간경향》, 1월호.
박해전 편저(1994).《다시 태어나야 할 겨레의 신문》1~3권, 울도서적.
"새 신문창간발기인 성명서," 1987년 10월 30일.
"새 신문창간지지 성명," 1987년 10월 12일.
《서울노보》2호, "거듭 나지 않으면 역사의 죄인이 된다," 1989년 1월 1일.
《시사저널》, 1991년 4월 18일.

《신동아》, 1991년 6월호.

《월간경향》, 1988년 8월호.

유재천, "언론노조와 편집권," 《경향노보》 18호.

이인우 외(1998). 세상을 바꾸고 싶은 사람들 — 한겨레 10년의 이야기, 한 겨레신문사.

"전 대학인의 대항언론으로," 《대학정론지 소식지》 2호, 1989.

정용준(1989). "민족민주언론의 현황과 과제," 《건대신문》.

정해구(1986). "한국의 지배연합과 국가기구," 《연세》 23.

《한국신문연감》, (1977). 62~114, 134~170.

《잡지뉴스통권》, 102호, 1990년 1월, 한국잡지협회.

《한겨레신문》, 1988년 5월 15일, 1989년 7월 26일, 1990년 2월 14일, 1990 년 7월 13일 등 다수.

《한겨레소식지》, 1987년 11월 18일~1988년 4월 28일.

한은경(1987). "한국민중언론에 대한 일 고찰," 《성대 신문방송학보》 5집.

2. 외국문헌

Althusser, L. (1971). *Lenin and Philosophy and other Essays*, London: New Left Books.

Benford, R. D. (1997). "An Insider's Critique of the Social Movement Framing Perspective," *Sociological Quarterly* 67(4).

Brown. L. R. (1970). "Approach to the Historical Development of Mass Studies" in Tunstall J. (ed.), *Media Sociology; A Reader*, Chicago: Univ. of Illinois Press.

Buechler, S. M. (1997). "New Social Movement Theories" in Buechler, S. M., Cylike, Jr. E. K. (eds.), *Social Movements: Perspectives and Issues*, Mountainview, C. A.: Mayfield.

Chafee, Z. (1947). *Government and Mass Communication*, Vol. 1, 2~3.

Charlmers, J. (1996). *Revolutionary Change*, Boston: Little & Brown.

Clinton, F. (1968). "Some Conceptual Difficulties in the Theory of Social Conflict," *Journal of Conflict Resolution* 12.

Coulson, M., Riddle, D. (1970). *Approaching Sociology: A Critical Intro-*

duction, 박영신 역(1979), 《사회학에의 접근 - 비판적 사회 인식》, 대영사.

Curran, J. (1984). *Capitalism and Control of the Press*, 1800~1975, 강상호·이원락 역(1986), 《현대자본주의와 매스미디어》, 미래사.

Curran, J., Seaton, J. (1985). *Power Without Responsibility*, London: Methuen.

Daniel, A. F., Ralph, L. (1986). *Beyond Revolution: A New Theory of Social Movements*, Massachusetts: Bergin & Garvey Publishers Inc., 임현진 역(1991), 《혁명을 넘어서》, 나남출판, 1991.

David, L. (1956). "Some Remarks on the Social System," *British Journal of Sociology* 7, June.

Davis, J. C. (1962). "Toward A Theory of Revolution," *American Sociological Review* 27(1).

Ewen, S., Ewen, E. (1983). "The Bribe of Frankenstein" in Mosco, V. et al. (eds.), *The Critical Communication Review*, Vol. 1, Norwood, New Jersey: Ablex, 11.

Dahrendorf, R. (1957). *Class and Class Conflict in Industrial Society*, Stanford University Press.

Feher, F., Heller, A. (1983). *From REd to Green*, Telos.

Feierabend, I., Feierabend, N, R. (1989). "Social Change and Political Violence: Cross-National Patterns" in Graham, D. H., Gurr, R. T. (eds.), *Violence in America: Historical and Comparative Perspectives*, Washington D. C.: Government Printing Office.

Fernand, T., Solal, L. (1951). Legislation for Press and Radio, N. Y.

Galtung, J. (1965). "Institutionalized Conflict Resolution: A Theoretical Paradigm," *Journal of Peace Research* 2.

Gamson, W. A. (1975). *The Strategy of Social Protest* (1st ed.), Dorsey Press.

_____ (1992). "The Social Psychology of Collective Action" in Morris, A. D., Mueller, C. M. (eds.), *Prontiers in Social Movement Theory*, New Haven: Yale Univ. Press.

Garnham, N. (1983). *Contribution to a Political Economy of Mass Communication*, 이상희 편(1984), 《커뮤니케이션과 이데올로기》, 한길사.

Garnham, N. (1986). "The Media and the Public Sphere" in Golding, P. et al. (eds.), *Communicating Politics*, Leicester Univ.

Geschwender, J. A. (1968). *Social Structure and the Negro Revolt: An Examination of Some Hypotheses*, Social Forces.

Gibbins, J., Reimer, B. (1999), *The Politics of Postmodernity*, SAGE Publication.

Golding, P., Mordock, G. C., *Ideology and the Mass Media: The Question of Determination*, 강상호·이원락 역(1986), 《현대자본주의와 매스미디어》, 미래사.

Golding, P. (1974). *The Mass Media*, Harlow, Longman.

Goldstone, A. J. (1984). "Theories of Revolution: Third Generations," *World Politics*, Vol. 32(3), 김진균·정근식 편역, 《혁명의 사회이론》, 한길사.

Gurr, T. R. (1980). "On the Outcomes of Violent Conflict" in Gurr, T. R. (ed.), *Handbook of Political Conflict: Theory and Research*, N.Y.: Free Press.

Gurr, T. R. (1970). *Why Men Revel*? Princeton: Princeton Univ. Press.

Habermas, J. (1981). *New Social Movements*, 정수복 역(1993), 《새로운 사회운동과 참여민주주의》, 문학과 지성사.

Hardt, H. (1983). "Press Freedom in Western Societies" in Marttin, L. J. et al. (eds.), *Comparative Mass Media Systems*, N.Y.: Longman.

Huntington, S. P. (1968). *Political Orders in Changing Societies*, New Haven: Yale Univ.

Jenkins, J. C. (1982). "The Transformation of a Constituency into a Movement" in Freeman, J. (ed.), *The Social Movements of the 1960s and 1970s*, N.Y.: Longman.

Jouet, J. (1981). "Review of Radical Communication Research: The Conceptual Limits" in McAnany, E. G. et al. (eds.), *Communication and Social Structure*, N.Y.: Praeger Publisher.

Klandermans, B., Tarrow, S. (1988). "Mobilization into Social Movements: Synthesing European and American Approaches" in Klandermans, B. (ed.), *H. Research*, Vol. 1, Jal Press.

Klandermans, B. (1989). *Grievance Interpretation and Success Expectations*:

The Social Construction of Protest, Social Behavior, Vol. 4.

Kriesi, H. D. (1955). *New Social Movement in Western Europe: A Comparative Perspective*, Minneapolis: Univ. of Minnesota Press.

Kriesi, H. D. (1995). "The Political Opportunity Structure of New Social Movements: Its Impact on Their Mobilization," in Jenkins, C. J., Klandermans, B. (eds.), *The Politics of Social Products*, Minneapolis, M. I.: Univ. of Minnestota Press.

Lee, C. C. (1980). *Media Imperialism Reconsidered*, Beverly Hills.

Littlejohn, S. W. (1996). 김홍규 역, 《커뮤니케이션이론》, 나남출판.

Mattelart, A. (1979). *Multinational Corporations and the Control of Culture*, Atlantic Highland, New Jersey: Humanities Press.

McCarthy, D. J., Zald, N. M. (1973). *The Trend of Social Movements in America: Professionalization and Resource Mobilization*, Morristown: General Learning Press.

McCarthy, D. J., Zald, N. M. (1977). *Resource Mobilization and Social Movements: A Partial Theory*, A. J. S.

McCarthy, D. J., Zald, N. M. (1973). *The Trend of Social Movements in America: Professionalization and Resource Mobilization*, Morristown: General Learning Press.

Melucci, A. (1980). "The New Social Movements: A Theoretical Approach," *Social Science Information* 19(2), 정수복 역(1980), 《새로운 사회운동과 참여민주주의》, 문학과 지성사.

Merton, R. K., (1957). "Social Theory and Social Structure," (Revised and Enlarged edition), 198~199: Coser, A. L., *The Functions of Social Conflict*, N. Y.: The Free Press.

Moore, B. (1966), *The Origins of Dictatorship and Democracy*, Boston: Beacon Press.

Mueller, M. C. (1992). "Building Social Movement Theory" in Morris, A., Mueller, M. C. (eds.), *Prontiers in Social Movement Theory*, New Haven: Yale Univ. Press.

Meyer, D. S., Whittier, N. (1994). "Social Movements Spillover," *Social Problems* 41.

Nedelmann, B. (1984). "New Political Movements and Changes," *Process* of Intermediation, *Social Science Information* 23(6).

Obershall, A. (1978). "Theories of Social Conflict," *American Reviews of Sociology* 4.

Offe, C. (1985). "New Social Movement: Challenging the Boundaries for Institutional Politics," *Social Research* 53(1), 이병천, 박형준 편저 (1993), 《후기자본주의와 사회운동의 전망》, 의암출판사.

Paige, J. M. (1975). "Agrarian Revolution, Social Movements and Export Agriculture," *The Undeveloped World*, N. Y. : The Free Press.

Petras, J. F. (1985). *New Perspectives on Imperialism and Social Class in the Periphery*, 정민 편역(1985), 《주변부 사회구성체론》, 사계절.

Pinard, M. (1971). *The Rise of a Third Party*, N. J. Prentice-Hall: Englewood Cliffs.

Piven, F. F., Cloward, R. (1977). *Poor People Movement*, N. Y.: Pantheon.

Rivers, L. W., Schramm, W. (1969). *Responsibility in Mass Communication*, N. Y. : Harper & Row Publishers.

Rochon, T. R., Mazmanian, A. D. (1993). "Social Movement and the Policy Process," *Annals of the American Academy of Political and Social Science.*

Rogers, M. (1974). *Instrumental and Infra-resources*, A. F. S.

Schiller, H. L., *Communication and Cultural Domination*, 강현두 역(1984), 《커뮤니케이션과 문화제국주의》, 현암사.

Schramm, W. (1957). "Twenty Years of Journalism Research," *Public Opinion Quarterly.*

Schumaker, P. D. (1975). "Policy Responsiveness to Protest Group Demands," *Journal of Politics.*

Schwartz, D. C. (1972). "Political Alience: The Psychology of Revolution's First Stage," in Feierabend, J., Feierabend, R. and Gurr, T. R. (eds.), *Anger and Politics*, N. J. : Prentice-Hall.

Scott, A. (1990). *Ideology and New Social Movements*, London: Unwin Hyman.

Sibert, F. S. et al., *Four Theories of the Press*, 이종규 역(1982), 《매스미디어 4대 이론》, 대학문화사.

Smelser, N. J. (1981). *Essay in Sociological Explanation*, 박영신 역(1981),

《사회변동과 운동》, 경문사.

Tarrow, S. (1996). "States and Opportunities: The Political Structuring of Social Movements," in McAdam, D., McCarthy, D. J. and Zald, M. N. (eds.), *Comparative Perspectives on Social Movements*, Cambridge: Cambridge Univ. Press.

Theda, S. (1979). *State and Social Revolution: A Comparative Analysis of France, Russia, and China*, Cambridge Univ. Press.

Themes, R. D. (1992). "Logics and Arenas of Social Movements: Conceptualization and Problems," *Paper Presented as the European Consortium for Political Research*, Limerick: Ireland.

Tilly, C. (1978). *From Mobilization to Revolution, Reading*, M. A.: Addison -Wesley.

Tilly, C. (1999). "From Interactions to Outcomes in Social Movements" in Giugni, M., McAdam, D. and Tilly, C. (eds.), *How Social Movements Matter*, Mineapolis: Univ. of Minnesota Press.

Touraine, A. (1988). *Return of the Actor: Social Theory in Postindustrial Society*, Univ. of Minnesota Press.

Touraine, A. (1992). "Critique de la Modernite," *Fayard Troisieme Partie*, Ch. 3, 이병천, 박형준 편역(1993), 《후기자본주의와 사회운동의 전망》, 의암.

Trimberger, E. A. (1972). *A Theory Elite Revolution*, Comparative International Development.

Trimberger, E. A. (1978). "Revolution from Above: Military Bureaucrats and Modernization in Japan, Turkey, Egypt, and Peru," Nes Brunswick, N. J.: Transaction Books.

Turner, J. H., *The Structure of Sociological Theory*, 김진균 외 역(1982), 《사회학 이론의 구조》, 한길사.

Wilson, W. J. (1973). *Power, Racism and Privilege*, N. Y.: Free Press.

Gamson, W., Fireman, B. (1979). "Utilitarian Logic in the Resource Mobilization Perspective," in McCarthy, J., Zald, M. N. (eds.), *The Dynamics of Social Movements*, Cambridge: Winthrop.

Wolf, E. (1969). *Peasant Wars in the Twenties Century*, N. Y.: Harper and Row.

찾아보기
(일반)

350

찾아보기
(인명)